Die Bühnen des Denkens
Neue Horizonte des Philosophierens

Hamid Reza Yousefi

Die Bühnen des Denkens

Neue Horizonte des Philosophierens

Waxmann 2013
Münster / New York / München / Berlin

Bibliografische Informationen der Deutschen Nationalbibliothek

Die Deutsche Nationalbibliothek verzeichnet diese Publikation in der Deutschen Nationalbibliografie; detaillierte bibliografische Daten sind im Internet über http://dnb.d-nb.de abrufbar.

Waxmann Studium

ISSN 1869-2249
ISBN 978-3-8309-2821-8

© Waxmann Verlag GmbH, 2013
Postfach 8603, 48046 Münster

www.waxmann.com
info@waxmann.com

Umschlaggestaltung: Pleßmann Design, Ascheberg
Umschlagabbildung: Bernhard Braun
Druck: Hubert & Co., Göttingen
Gedruckt auf alterungsbeständigem Papier, säurefrei gemäß ISO 9706

Printed in Germany

Alle Rechte vorbehalten. Nachdruck, auch auszugsweise, verboten.
Kein Teil dieses Werkes darf ohne schriftliche Genehmigung des Verlages in irgendeiner Form reproduziert oder unter Verwendung elektronischer Systeme verarbeitet, vervielfältigt oder verbreitet werden.

Inhalt

Einleitung 11

1. Kulturtheorien der Gegenwart 14

1.1 Was ist das – die Kultur? 14

1.2 Modelle von Kulturtransformationen 16
1.2.1 Multikulturelles Modell 18
1.2.2 Transkulturelles Modell 21
1.2.3 Interkulturelles Modell 23

2. Interkulturelle Philosophie und die Frage nach ihrem Wesen 25

2.1 Formen von Weltverstehen und Selbstgewissheit 25
2.1.1 Was ist das – die Philosophie? 25
2.1.2 Mythologisches Denken und philosophische Reflexion 33
2.1.3 Verschränkung von Mythos und Logos 36

2.2 Begriffsbestimmung Interkultureller Philosophie 37

2.3 Entstehung einer neuen Disziplin 38
2.3.1 Beginn eines offenen Endes 40
2.3.2 Wege und Ziele 40

2.4 Wesen und Funktion Interkultureller Philosophie 43
2.4.1 Von der Kontextualität Interkultureller Philosophie 43
2.4.2 Wege und Motive Interkultureller Philosophie 44

2.5 Zwischen der Moderne und Postmoderne 47
2.5.1 Dimensionen der Moderne 47
2.5.2 Aspekte der Postmoderne 48
2.5.3 Interkulturelle Philosophie als ein Zwischenweg 49

2.6 Universalität des Vernunftvermögens 50
2.6.1 Was ist das – die Vernunft? 50
2.6.2 Vernunft und die philosophische Vielfalt 52

2.7 Methoden Interkultureller Philosophie 53
2.7.1 Beispiel 1: Enzyklische Hermeneutik 55
2.7.2 Beispiel 2: Analogische Komparatistik 59

2.8 Aufgaben Interkultureller Philosophie 67
2.9 Forderungen Interkultureller Philosophie 69
2.9.1 Erstellung einer interkulturellen Begriffsenzyklopädie 69
2.9.2 Beispiel 1: Antagonismen des Zentrismus 71
2.9.3 Beispiel 2: Konsequenzen des Reduktionismus 74
2.9.4 Beispiel 3: Universalismus und Partikularismus 78

3. Orientalische Philosophie und ihre interkulturellen Dimensionen 79
3.1 Klassiker der ersten Generation 81
3.1.1 Mutaziliten und Mutakallimun (8. Jahrhundert) 83
3.1.2 Al-Kindi (801-865) 84
3.1.3 Zakariya Razi (865-932) 86
3.1.4 Abu Nasr Farabi (870-950) 87
3.1.5 Die Zeit der Ikhwan as-Safa (10. Jahrhundert) 90
3.1.6 Ibn Miskawayh (932-1030) 98
3.1.7 Ibn Sina (980-1037) 100
3.1.8 Abu Reyhan Biruni (973-1048) 104
3.1.9 Abu Mohammad Ghazali (1058-1111) 105
3.1.10 Ibn Ruschd (1126-1198) 111
3.1.11 Yahya Sohrewardi (1154-1191) 115
3.1.12 Khage Nasireddin Tousi (1201-1274) 117
3.1.13 Ghotb al-Din Schirazi (1236-1311) 119

3.2 Klassiker der zweiten Generation 121
3.2.1 Ibn Khaldun (1332-1406) 121
3.2.2 Mir Damad (1561-1630) 124
3.2.3 Die Schule von Esfehan (16. Jahrhundert) 126
3.2.4 Molla Sadra (1571-1640) 127
3.2.5 Faiz Kaschani (1598-1680) 131
3.2.6 Molla Ahmad Naraghi (1764-1824) 133
3.2.7 Hadi Sabzewari (1798-1878) 135

3.3 Klassiker der Gegenwartsphilosophie 137
3.3.1 Mirza Fathali Akhondzade (1812-1878) 137
3.3.2 Mirza Aghakhan Kermani (1850-1896) 139
3.3.3 Talbof Tabrizi (1830-1909) 141
3.3.4 Mohammad Ali Foroughi (1877-1942) 143
3.3.5 Allameh Tabatabai (1900-1980) 145
3.3.6 Mehdi Haeri Yazdi (1923-1999) 148
3.3.7 Mohammed Arkoun (1928-2010) 150

3.3.8 Mohammed Abed Al-Jabri (1935-2010) 154
3.3.9 Karam Khella (*1934) 157

3.4 Würdigung und kritische Anmerkungen 162

4. Ansätze der Interkulturellen Philosophie 168

4.1 Methoden – Modelle – Perspektiven 168

4.1.1 Karl Jaspers und seine Hypothese der ›Achsenzeit‹ 168
4.1.2 Heinz Kimmerle (*1930) 179
4.1.3 Franz Martin Wimmer (*1942) 183
4.1.4 Raúl Fornet-Betancourt (*1946) 186
4.1.5 Harald Seubert (*1967) 189
4.1.6 Gregor Paul (*1947) 192
4.1.7 Ram Adhar Mall (*1937) 194

5. Das Modell einer Interkulturellen Philosophiegeschichtsschreibung . 198

5.1 Einige Themenkomponenten 200

5.1.1 Kritikoffenes Geschichtsbewusstsein 200
5.1.2 Strukturelle Funktionen 202
5.1.3 Systemische Aufgaben 203
5.1.4 Perspektivische Methoden 207
5.1.5 Korrelative Darstellungsformen 208
5.1.6 Dialogische Periodisierung 210

Schlussbetrachtungen 213

Begriffserklärungen 215

Literaturverzeichnis 243

Namenverzeichnis 265

Das vorliegende Lehrwerk ist ein Ergebnis meiner langjährigen Tätigkeit in Lehre und Forschung an der Universität Koblenz-Landau, Campus Koblenz. Ohne die Hilfe von Rudolf Lüthe, der mich tatkräftig unterstützte, hätte dieses Werk nicht entstehen können. Ihm ist diese Studie in dankbarer Verbundenheit gewidmet.

Einleitung

Auf die Frage, wie die Interkulturelle Philosophie in den Kanon der Lehrdisziplinen einzuordnen ist, gibt es unterschiedliche Antworten. Während einige Forscher Philosophie *ausschließlich* als griechisch-europäisch betrachten, halten andere sie *per se* für eine interkulturelle Tätigkeit. Jenseits aller Kontroversen trägt Philosophie unterschiedliche Namen und kennt verschiedene Wege, wobei diese stets von Divergenzen und Konvergenzen geprägt sind. Insofern gibt es weder eine *reine* eigene noch eine *reine* andere Philosphie.

> Die vorliegende Studie stellt eine Einführung und eine Anleitung dar, die über Grundbegriffe und wesentliche Gebiete der Interkulturellen Philosophie informiert. Es wird das Ziel verfolgt, Interkulturelle Philosophie als eine wissenschaftliche Lehrdisziplin zu begründen, sie systematisch darzustellen und ihre grundlegenden Fragen, Ziele und Methoden zu erörtern.
>
> Mein Ansatz lehnt eine Totalität oder gar den Anspruch auf eine solche seiner selbst ab und stellt sich kritisch hinterfragend selbst auf die Probe, ohne dass eine strikte Dogmatik der Interkulturalität und Interkulturellen Philosophie aufgestellt würde. Dieser Ansatz will andere Konzepte weder ausschließen noch ersetzen, sondern weiterführend ergänzen. Mein Ansatz versteht sich als eine dynamische Lesart, die von einer starken Standpunktbeweglichkeit getragen wird. Ein solches Vorgehen lässt daher genügend Raum für ambivalente, vielleicht sogar nonkonforme Thesen. Jene Maxime gilt für den gesamten Inhalt des vorliegenden Buches.

Die Wahrnehmung und Anerkennung Interkultureller Philosophie ermöglicht es, ihr ein akademisches Zuhause zu schaffen und eine Programmatik zu formulieren, die der Verständigung zwischen den verschiedenen Denktraditionen und innerhalb dieser im Weltkontext theoretisch wie praktisch förderlich sein dürfte.

> Die Studie ist in fünf Kapitel untergliedert, die aufeinander aufbauen und eine heterogene Einheit bilden.

In einem *ersten* Schritt werden, auf einem offenen Kulturbegriff aufbauend, die Ansätze der Multi-, Trans- und Interkulturalität diskutiert. Bevorzugt wird hierbei der interkulturelle Ansatz, da er von einer generellen Offenheit mit prinzipiellen Grenzen ausgeht, während Multi- und Transkulturalität konzeptionell als zu eng bzw. zu weit gefasst erscheinen.

Auf der Grundlage des interkulturellen Ansatzes wird im *zweiten* Kapitel die Interkulturelle Philosophie vorgestellt und die Frage nach dem Wesen der Philosophie diskutiert. Erläutert werden dabei die inhaltlichen Verbindungen zwischen dem Standpunkt der Moderne sowie der Postmoderne und dem Grundsatz der Interkulturellen Philosophie, die eine Position zwischen beiden einnimmt. In einem weiteren Schritt wird die Debatte um die Universalität der Vernunft analysiert. Im Rahmen der Vorstellung der Methoden der Interkulturellen Philosophie werden die enzyklische Hermeneutik und die interkulturelle Komparatistik exemplarisch skizziert. Zur Darstellung kommen auch Forderungen Interkultureller Philosophie, zu denen vor allem der Verzicht auf jegliche von Zentrismus und Reduktionismus sowie auf die Verabsolutierung des eigenen Standpunktes gehören.

Gegenstand des *dritten* Kapitels ist die kritisch-würdigende Darstellung orientalischer Philosophien. Dabei wird die orientalische Geistesgeschichte in drei Generationen unterteilt: Unter den Klassikern der ersten Generation werden diejenigen Philosophen verstanden, die der Gründergeneration zuzurechnen sind. Daran schließen sich die Klassiker der zweiten Generation an. Hierunter werden Philosophen zusammengefasst, die neue Gesellschaftstheorien und Wissenschaftskonzepte konstruieren, um den orientalischen Geist weiterzuentwickeln. Den Abschluss bilden die Klassiker der Gegenwartsphilosophie: In diesem Zusammenhang werden Philosophen vorgestellt, die neue Wege suchen, um ein realistisches Selbstbild des Eigenen und des Anderen zu entfalten.

Im *vierten* Kapitel kommen zunächst exemplarisch die Ansätze interkulturellen Philosophierens am Beispiel Karl Jaspers' zur Darstellung. Thematisiert werden seine weltgeschichtliche Achsentheorie und die damit einhergehende Zentralperspektive, die eingenommen wird. Ein zentrales Problem dieser Theorie besteht darin, dass Jaspers lediglich von drei Zentren ausgeht: Griechenland, China und Indien. Hier wird ein Erweiterungsmodell vorgeschlagen. Im Anschluss daran werden sechs aktuelle Konzepte Interkultureller Philosophie, unter anderem von Heinz Kimmerle, Harald Seubert, Franz Martin Wimmer und Gregor Paul kritisch gewürdigt, die von jeweils unterschiedlichen Positionen Interkultureller Philosophie ausgehen.

Im *fünften* Kapitel kommt ein Modell künftiger Philosophiegeschichtsschreibung mit ihrer Funktion, ihren Aufgaben und ihren Methoden zur Darstellung. Mit diesem neuen Entwurf werden die traditionellen Formen der Philosophiegeschichtsschreibung korrigiert und kritisch erweitert.

Das Konzept des Buches auf einen Blick

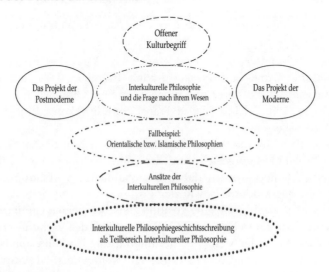

Wie arbeite ich mit diesem Buch?

Die Begründung der Interkulturellen Philosophie ist nach systematischen Prinzipien aufgebaut und führt schrittweise in die theoretischen und praktischen Dimensionen dieser Disziplin ein.

Um die Inhalte übersichtlich zu gestalten, ist der Text durch Orientierungskästen mit Erklärungsversuchen, Hervorhebungen, Merkkästchen und Beispielen sowie Abbildungen und Übungsaufgaben strukturiert. Die Abbildungen sind unterschiedlich gerastert oder auch ungerastert, wobei jedem Unterschied eine Bedeutung zukommt. Die gerasterten Begrenzungslinien visualisieren die Offenheit der Kulturen und ihrer Kontexte, die auch in ihrem Inneren pluralistisch sind. Die ungerasteten Begrenzungslinien verweisen hingegen auf eine Geschlossenheit der Kulturen und ihrer Kontexte.

Der Verfasser erhofft sich, mit diesem Lehrwerk auch einen Beitrag zur Neuorientierung der Interkulturellen Philosophie zu leisten und der wissenschaftlichen Öffentlichkeit Wesen, Struktur und Aufgaben dieser jungen Disziplin nahezubringen.

Für wertvolle Anregungen und Hinweise wissenschaftlicher, methodischer sowie didaktischer Art bleibe ich neben Ina Braun sowie Hans-Gerd Hamacher auch Heinz Kimmerle, Dieter Gernert, Harald Seubert, Karam Khella, Gregor Paul, Jürgen Pferdekamp und Hans-Dieter Aigner zu Dank verpflichtet. Mein Dank gilt auch den Studierenden an der Universität Koblenz-Landau, Campus Koblenz, die mich neben Rudolf Lüthe seit Jahren begleiten und die mich dazu motiviert haben, dieses Studienbuch zu verfassen.

Hamid Reza Yousefi
Trier, im Frühjahr 2013

1. Kulturtheorien der Gegenwart

Das Konzept des Kapitels auf einen Blick

1.1 Was ist das – die Kultur?

Wer sich mit dem Phänomen ›Kultur‹ beschäftigt, wird mit einer beinahe unüberschaubaren Literatur konfrontiert, die Kultur aus unterschiedlichen Perspektiven heraus betrachtet. Psychologen, Soziologen und Ethnologen, Pädagogen sowie Philosophen gehen von verschiedenen Kulturtheorien aus und klassifizieren diese unterschiedlich.[1]

Kultur beeinflusst unsere Wertvorstellungen und Normen sowie unsere Identität, unseren Glauben, unser Weltbild, unsere Sprache. Sie nimmt Einfluss auf unser soziales Umfeld und bestimmt, was gut oder nicht gut ist, was normal oder nicht normal ist. Kultur fördert Gruppenegoismus und diverse andere Superioritätsgefühle, die konfliktträchtig sind. Metaphorisch lässt sich Kultur wie ein Baum betrachten. Die Wurzeln werden lang und gehen tief in den Boden, auf dem wir als Mensch stehen. An den Ästen gibt es Früchte, die zumeist unterschiedlich sind. Wo immer wir auch hingehen, nehmen wir, wie die Abbildung visualisiert, die Wurzeln, also unsere kulturelle Vorprägung, mit. Sie sind sehr wichtig für unsere Begegnung mit Menschen, die andere kulturelle Wurzeln haben.

---

1 Am Ende dieses Buches habe ich ein kleines Wörterbuch aufgenommen, in dem Fachbegriffe erklärt sind. Dieses Verzeichnis finden Sie auch am Ende meines Lehrwerkes: *Wir reden miteinander*, 2013.

Diese Wurzeln, die wir nicht sehen, kommen hervor, wenn wir mit Menschen zusammenkommen, die wir nicht kennen.

Aus der Fülle der Kulturdefinitionen seien hier folgende genannt:

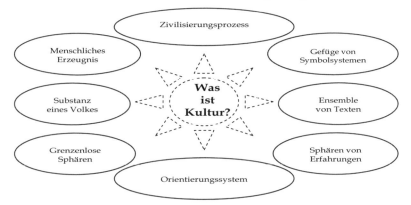

Kulturen entstehen im Allgemeinen entwicklungsgeschichtlich vor allem durch Religion, Kunst, Wissenschaft und alltäglichen Gebrauch.

> **Merke:**
> In diesem Sinne wird »jedes Kind«, so schreibt Ghazali, »in seiner natürlichen Beschaffenheit (fitra) geboren. Es sind seine Eltern, die ihn zum Juden, zum Christen […] machen.«[2]

Wie wir sehen, prägt Kultur auch unsere Erziehungsformen. Wenn Zwillinge in zwei unterschiedlichen Familien inner- und außerhalb eines Landes usw. aufwachsen, so werden sie entsprechend der kulturellen Gegebenheiten erzogen, wodurch sich gewisse Selbstverständlichkeiten entwickeln, die diametral entgegengesetzt sein können. Die sie umgebenden Kulturen beeinflussen das Streben nach Wissen, Kunst sowie individuellen Entfaltungen in allen Bereichen des menschlichen Lebens.

Ein herausragendes Beispiel ist der Einfluss der Religion innerhalb einer Kultur auf die Bildende Kunst und auf die Architektur. Während im Christentum bspw. Jesus Christus – als Hypostase, also Grundlage der göttlichen Trinität – zumindest idealisiert abgebildet werden darf, gilt im Judentum und im Islam das strikte Verbot von Gottesbildnissen. Kirchenbauten, Moscheen und heilige Orte zeigen die Vielfalt und Unterschiedlichkeit dieses Einflusses. Um dennoch das Göttliche zu

---

2 Ghazali, Abu Hamid Mohammad: *Der Erretter aus dem Irrtum*, 1988, S. 5.

beschreiben, ist in orientalischen Kulturräumen eine einzigartige Malerei, wie etwa die Miniatur, entstanden.

Wir können in der Tat behaupten, dass alle Kulturen, wenn auch in unterschiedlicher Form, soziale Ordnungsrahmen und politische Organisationen sowie Wirtschaftsformen, insbesondere aber religiös begründete moralische Traditionen stiften. Das Mensch-Kultur-Verhältnis ist demnach stets zusammenzudenken. Der Mensch bringt dieses Verhältnis hervor, oft ohne sich bewusst zu sein, dass er von seinem eigenen Werk beeinflusst wird.

Das folgende Schaubild veranschaulicht, wie die unterschiedlichen Komponenten und Einflussbereiche der Kultur die Stellung und Funktion des Menschen sowie sein Verhältnis zu sich und seiner Umwelt beeinflussen:

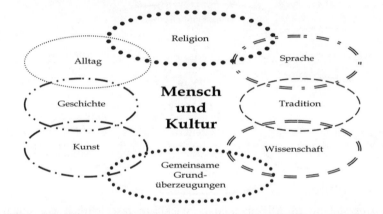

> **Merke:**
> Kultur ist ein Weg des Menschen zu sich selbst. Sie ermöglicht es dem Menschen, a) sein eigenes Verhalten so einzurichten, dass es von Angehörigen des eigenen Kulturraums oder anderer Kulturräume verstanden und interpretiert werden kann. Sie kann ihn in die Lage versetzen, b) das Verhalten anderer Menschen, welcher Herkunft und Hautfarbe auch immer, einzuschätzen und zu bewerten. Und c) Kultur konstituiert schließlich kollektive Identitäten, vornehmlich durch Ausbildung bestimmter Gewohnheiten und Traditionen.

Neben der Beschreibung der Kultur im engeren, relativ überschaubaren Rahmen spielt darüber hinaus die Frage nach dem Verhältnis der großräumigen Kulturen mit ihren Kontexten zueinander eine herausragende Rolle.

1.2 Modelle von Kulturtransformationen

Die vielfältigen Kulturkonzepte in Geschichte und Gegenwart lassen sich sieben Perspektivierungen zuordnen[3], von denen vier kurz angeschnitten und drei weitere ausführlicher diskutiert werden:

---

3 An anderer Stelle habe ich sieben Transformationsmöglichkeiten des Kulturbegriffs eingehend untersucht, auf die hier verwiesen sei. Vgl. Yousefi, Hamid Reza: *Kontextuelle Kommunikation. Eine interdisziplinäre Einführung in interkultureller Perspektive* (im Entstehen).

> **Merke:**
> **Normengebende Perspektivierung des Kulturbegriffs:**
> Dieser Kulturbegriff ist ein nach festen Regeln beurteilendes und wertendes Konzept. Es setzt einen Gesamtentwurf nach idealistischen Prinzipien voraus, der einen universalistischen Anspruch erheben kann, aber nicht muss. Immanuel Kant (1724-1804) und Norbert Elias (1897-1990) sind zwei Vertreter dieses Kulturkonzepts.
>
> **Geschlossene Perspektivierung des Kulturbegriffs:**
> Dieser Kulturbegriff ist ein regionalisierendes und nationalisierendes Konzept, das die spezifische Lebensform eines Kollektivs in einer bestimmten historischen Epoche in den Vordergrund stellt und wonach Kulturen wie Kugeln, die aufeinanderprallen und ohne Bezug zueinander sind, aufgefasst werden. Johann Gottfried Herder (1744-1803), Bronislaw Malinowski (1884-1942), Oswald Spengler (1880-1936), Arnold Joseph Toynbee (1889-1975) und Samuel P. Huntington (1927-2008) gehören zu den prominenten Vertretern einer geschlossenen Kulturtheorie.
>
> **Intellektualistische Perspektivierung des Kulturbegriffs:**
> Dieser Kulturbegriff wird von seinem Bezug ›auf ganze Lebensweisen‹ bzw. die gesamten Erscheinungen des Lebens abgekoppelt und hauptsächlich auf ›intellektuelle und künstlerische‹ Aktivitäten bezogen. Er ist intellektualistisch und ausschließlich in der Theorie beheimatet, kann aber praktisch unter normativen Aspekten gedeutet werden. Friedrich Tenbruck (1919-1994) und Niklas Luhmann (1927-1998) vertreten einen derartigen Kulturbegriff.
>
> **Symbolisch-strukturelle Perspektivierung des Kulturbegriffs:**
> Dieser Kulturbegriff ist ein Konzept, nach dem Akteure die Bedeutung ihrer Handlungen mit symbolischen Ordnungen identifizieren und die Bedeutung dieser Handlungen auf Strukturen beschränken. Clifford Geertz (1926-2006) ist ein Befürworter dieses Kulturansatzes.[4]

Gemeinsam ist diesen vier Perspektivierungen des Kulturbegriffs, das Ziel zu erfassen, was Kultur ist, welche symbolischen Formen, Sitten, Gebräuche sowie Normen und Werte bestimmend sind, und welche Stellung und Funktion dem Menschen innerhalb einer ›Kultur‹ oder ›Subkultur‹ im Kontext einer bestimmten Gruppe zukommt.

> **Übungsaufgaben:**
> 1. Beschreiben Sie, was Kultur ist, und diskutieren Sie die wichtigsten Einflussbereiche der Kulturen.
> 2. Setzen Sie sich mit den genannten vier Perspektivierungen des Kulturbegriffs auseinander und verdeutlichen Sie diese mit jeweils einem Beispiel.

---

[4] Andreas Reckwitz (*1970) unterscheidet vier Kulturkonzepte: das normativorientierte, das bedeutungs- und wissensorientierte, das totalitätsorientierte und das differenzierungstheoretischorientierte. Vgl. Reckwitz, Andreas: *Die Transformation der Kulturtheorien*, 2006. Eine Unzulänglichkeit seiner Klassifikation besteht in ihrem generalisierenden Versuch, diese Konzepte hermetisch voneinander abzuriegeln. Er vernachlässigt die Kulturbegriffe der Trans-, Multi- und Interkulturalität und lässt die Frage unbeantwortet, welcher Kulturbegriff den globalen Herausforderungen Rechnung zu tragen vermag.

Im Folgenden werden die *multi*kulturellen, *trans*kulturellen und *inter*kulturellen Perspektivierungen exemplarisch kurz vorgestellt. Die Begriffe ›Multi-, Trans- und Interkulturalität‹ stehen für eine Reihe von heterogenen Theorien mit unterschiedlichen Handlungsimplikationen, die dem Verständnis der entsprechenden wissenschaftlichen Lehrfächer zugrunde liegen.[5]

Der Vergleich früherer Ansätze, die sich in den heute bestehenden Richtungen der Multi- und Transkulturalität sowie in ihrem Vergleich mit der Interkulturalität spiegeln, ergibt bezeichnende Aufschlüsse über das frühere und das aktuell bestehende Verständnis des Kulturbegriffs.

1.2.1 Multikulturelles Modell

Der Ausdruck ›Multikulturalität‹ kam in Deutschland in der zweiten Hälfte des 20. Jahrhunderts im Zuge der Gastarbeiter- bzw. Migrationsbewegungen auf und gewann mit dem Zustrom von Asylbewerbern zunehmend an Bedeutung. Dieser Ansatz versteht sich als eine Antwort auf die Veränderung der kulturellen Weltverfassung:

> **Erklärungsversuch:**
> Multikulturalität kennt verschiedene Perspektivierungen des Kulturbegriffs: von der totalen Offenheit bis hin zur völligen Geschlossenheit. In ihrer Extremform geht sie von Kulturen als homogenen, ›separaten Einheiten‹ bzw. ›geschlossenen Systemen‹ aus. Daher artikuliert sie den Schutz und die Anerkennung kultureller Unterschiede. Danach existieren Kulturen nebeneinander, die einander wesensfremd sind.

Die folgende Abbildung visualisiert diese Extremform, die von einem ›Nebeneinander der Kulturen‹ ausgeht. Der Buchstabe ›K‹ steht für Kultur, die Buchstaben ›A, B, C‹ können für Kontinente, Gesellschaftsstrukturen, Gemeinschaften, Gruppen, Personen, Religionen, Philosophien oder Weltanschauungen, aber auch für Denkformen, Wissenschaftszweige, Fakultäten und Einzelfächer stehen:

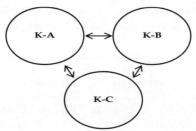

---

5 Vgl. hierzu Nicklas, Hans u.a.: *Theoretische Grundlagen und gesellschaftliche Praxis*, 2006. Kaum wurde ernsthaft eine Systematik dessen erstellt, was die Multi-, die Trans- und die Interkulturalität sind bzw. nicht sind, welchen Stellenwert sie in Theorie und Praxis der Geschichte und Gegenwart besitzen und welche Konsequenzen sie für Gesellschaft, Wissenschaft und Politik haben. Auch interkulturelle Philosophen haben dieses Thema nur nebenbei behandelt. Zum Beleg vgl. Kimmerle, Heinz: *Das Verstehen fremder Kulturen und die interkulturelle philosophische Praxis*, 2002. Auch das Verhältnis zwischen Interkulturalität und Interkultureller Philosophie wurde bislang kaum diskutiert.

Weil hier Kulturen mit ihren konkreten Erscheinungsformen als geschlossene Systeme aufgefasst werden, gewinnt die vielfach vertretene Behauptung an Gewicht, dass Kulturen unabhängig voneinander nicht nur spezifische Werte und Normen entwickeln, sondern unterstellt, auch über eine »eigene Logik« zu verfügen.[6]

> **Merke:**
> Der Ausdruck ›Multikulturalität‹ lässt sich auffassen als die Existenz einzelner Kulturen, die mit geschlossenen Grenzen nebeneinander stehen, oder als Auftreten für den Schutz kultureller Divergenzen.

Die Folge einer solchen Annahme wäre für eine Verständigung zwischen den Denktraditionen verheerend, weil es kaum möglich wäre, inkommensurable, also unvergleichbare Logiken miteinander in Beziehung zu setzen.

Neben dieser Ausprägung der Multikulturalität gibt es, wie erwähnt, weitere Auffassungen von Multikulturalismus, die sich unterschiedlich zueinander verhalten. Eine kurze Erläuterung soll diese Behauptung verdeutlichen.[7]

1. Der ›tolerant-pluralistische Multikulturalismus‹
hält jede Form von Kulturvermischung, im Gegensatz zur Kulturtheorie Herders, für eine Bereicherung der eigenen Kultur.

2. Der ›Multikulturalismus als Chance zur Demokratisierung‹
ist darauf ausgerichtet, die Ausländerpolitik durch Minderheitenpolitik zu ersetzen und auf politischer Ebene einen realistischen Umgang mit Einwanderern zu ermöglichen, um daraus resultierend von der Kunstfigur des ›Ausländers‹ und sozialer Ungleichheit Abschied nehmen zu können. Auf kultureller Ebene wird eine autonome Entfaltungsmöglichkeit eingewanderter Minderheiten vorgeschlagen.

3. Der ›radikal-universalistische Multikulturalismus‹
verteidigt das universalistische Projekt der Aufklärung und ist darauf ausgerichtet, die Integrationsfragen nach den Maßstäben der europäischen Aufklärung zu diskutieren. Die Debatte um den Euro-Islam fußt auf einem solchen Ansatz.

4. Der ›lebenspraktische Multikulturalismus‹
untersucht das Alltagsleben. Praktische Multikulturalität bedeutet hier, individuelle Lebensstile zu entfalten, Biographien zu entwerfen und diese immer wieder neu durch Transformationsprozesse zu verbinden. Der Alltag wird als ein Ort definiert, an dem verschiedene Traditionen oder Kulturen von Fall zu Fall neu verschmolzen werden. Multikulturalität wird in diesem Kontext als eine Dimension des Zusammenlebens verstanden, die für die einzelnen Gesellschaftsmitglieder im Alltag zunehmend belanglos wird, wodurch primär egalitär organisierte Strukturen gefördert werden, welche die Bedingungen zur persönlichen und kulturellen Entfaltung einzelner Gesellschaftsmitglieder erleichtern.

---

6 Vgl. Paul, Gregor: *Logik, Verstehen und Kulturen*, 1998, S. 112 f.
7 Vgl. hierzu Neubert, Stefan u.a.: *Multikulturalität in der Diskussion*, 2008, S. 20 f.

5. Eine ›poststrukturalistische Position des Multikulturalismus‹

setzt beim Anderen an und betont die kommunikative Inkommensurabilität des Anderen, der stets der Andere bleibt und der sich nicht ins Eigene verwandeln lässt. Nach diesem Ansatz finden Ost und West nie zusammen, weil sie als artverschieden und als unterschiedliche Universen betrachtet werden.

6. Der ›Multikulturalismus als Bedrohung‹

geht von einem ethnisch-homogenen Nationenkonzept aus und hält jegliche Vermischung der Kulturen, wie im Ansatz von Herder und Huntington, für eine Bedrohung, weil die Idee der Homogenität des Volkes im Vordergrund steht. Dieser Ansatz tendiert zum Rassismus. Rassismus ist ein Phänomen, das wir überall in unterschiedlicher Form beobachten können. Er hat einen dichotomisierenden Charakter und teilt Menschen aufgrund ihrer Hautfarbe, Nationalität, Herkunft, Kultur oder Religion in höher- und minderwertige Gruppen ein. Rassismus setzt die Superiorität der eigenen Gruppe über anderen voraus.

> **Merke:**
> Ein zentrales Problem der extremen Form der Multikulturalitätstheorie besteht darin, dass der Kulturbegriff in der Regel ins Politische übersetzt und dabei ethnisch definiert wird, wobei Kultur als undurchdringbar, als ein geschlossener Kreis, aufgefasst wird.[8]

Eine solche Denkart vernachlässigt die grundsätzliche Heterogenität der Kulturen und deren fließende Grenzen. Sie unterstellt eine nicht vorhandene Geschlossenheit und übersieht dadurch ihre innere Lebendigkeit wie auch ihre reziproke Beeinflussung.[9]

Der Ansatz der ›Multikulturalität‹ wird in der Fachwelt unterschiedlich diskutiert. Als prominenter Vertreter dieser Theorie soll Charles Taylor (*1931) vorgestellt werden, ein Kritiker ist Homi K. Bhabha (*1949).

Taylor, ein philosophischer Theoretiker der Multikulturalität, thematisiert die Gleichbehandlung der Individuen bei Achtung kultureller und ethnischer Identitäten. In einer Studie beschreibt er am Beispiel Kanadas die Idee der multikulturellen Gesellschaft in einem ideengeschichtlichen und politisch-praktischen Zusammenhang. Dabei analysiert er den Wertewandel, die Selbstbehauptungswünsche von Minderheiten, besonders der sprachlich und kulturell französisch geprägten Minorität innerhalb der englisch sprechenden Mehrheit sowie rechtliche Widersprüche in den Autonomiebestrebungen von Volksgruppen. Taylor verfolgt das Ziel, sein Kanadamodell als Prototyp auf alle anderen Kulturen anzuwenden.[10]

Bhabha weist in seiner Theorie der ›kulturellen Differenz‹ diesen Ansatz grundsätzlich zurück. Er betrachtet diese Konzeption als Grundlage der neoliberalen Identitätspolitik, die sich verabsolutiert und andere Ansätze *ausschließlich* nach eigener Definition beurteilt. Liberale Multikulturalität geht Bhabha zufolge auf politi-

---

[8] Vgl. hierzu Ateş, Seyran: *Der Multikulti-Irrtum*, 2007.
[9] An anderer Stelle habe ich diese Problemstellung erörtert. Vgl. Yousefi, Hamid Reza und Ina Braun: *Interkulturalität*, 2011.
[10] Vgl. Taylor, Charles: *Multikulturalismus und die Politik der Anerkennung*, 1992.

scher Ebene von einer Festschreibung von Identitäten, auf theoretischer Ebene von einer illusorischen Simultanität aus. Dies bedeutet, dass Kulturen Kugeln mit konstanten Merkmalen seien, die miteinander nichts zu tun hätten. Bhabha kritisiert diese und ähnliche Theorien, die Kulturen in solcher Form betrachten. In der Hybridität sieht er eine prozesshafte Neukonstruktion von Identitäten.[11]

> **Übungsaufgaben:**
> 1. Erläutern Sie die Ansätze der Multikulturalität. Arbeiten Sie ihre Vor- und Nachteile heraus und belegen Sie diese mit jeweils einem Beispiel.
> 2. Diskutieren Sie den Standpunkt von Taylor und Bhabha.

1.2.2 Transkulturelles Modell

Geht die extreme Form der Multikulturalität von einer Homogenität und Geschlossenheit einzelner Kulturen aus, so unterstellt der transkulturelle Ansatz, ebenfalls basierend auf einem Homogenisierungsgedanken, völlige Grenzenlosigkeit und Verschmelzung einzelner Kulturen miteinander. Der Ausdruck ›Transkultur‹ lässt sich ferner auffassen als völliges Auslaufen der Kulturen ineinander, jenseits der Kulturen oder über Kulturen hinaus:

> **Erklärungsversuch:**
> Transkulturalität geht auf der Grundlage allgemeiner Strukturen des Menschseins und der menschlichen Vergesellschaftung von der Annahme einer völligen kulturellen Grenzenlosigkeit und kulturellen Verflechtung aus, nach der Kulturen bis zur Unkenntlichkeit völlig ineinander übergehen.

Transkulturelle Ansätze gehen grundsätzlich von Universalien aus und unterstellen, »dass historisch sowohl die einzelnen Systeme als auch die individuellen Denk- und Handlungsmuster innerhalb eines universalen Gesamtsystems integriert und vereinheitlicht werden, wodurch sich allgemein gültige Strukturen ausformen.«[12] Eine Folge dieser Entwicklung ist die Überwindung der bestehenden Kulturbegriffe und Identitäten zu Gunsten einer transkulturellen Identität.

Die Kombination von Elementen verschiedener Herkunft könnte ein transkulturell gedachtes Individuum als grenzenlose Mischung erscheinen lassen. Die folgende Abbildung zeigt dieses Modell als ›Durcheinander der Kulturen‹:

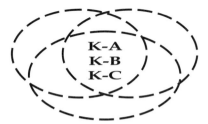

Solche Ansätze lassen sich von den oftmals technologisch initiierten, weithin anzutreffenden allgemeinen Strukturen und Verhältnissen oder von den herausragenden exzeptionellen Erscheinungen des Künstlerischen leiten, jedoch vermögen sie nicht

---
11 Vgl. Bhabha, Homi K.: *Die Verortung der Kultur,* 2000.
12 Kiesel, Doron: *Das Dilemma der Differenz,* 1996, S. 112.

die vorhandenen kulturellen Tiefenstrukturen und Grundorientierungen tatsächlich zu erfassen und wiederzugeben.[13]

Angesichts dieser Kritik geht Wolfgang Welsch (*1946), ein prominenter Kritiker der Multi- und Interkulturalität, von der Annahme aus, im Konzept der Transkulturalität würden die Komplexität von partikularisierter Kultur und die zahlreichen hybriden Übergänge, Binnendifferenzierungen und kulturellen Vernetzungen angemessen reflektiert. Allein so werde der »geschichtlich veränderten Verfassung heutiger Kulturen Rechnung«[14] getragen und ein Denken von Kulturen als ›separaten Einheiten‹ überwunden.[15] Dabei teilt er den Kulturbegriff in einen ›partikularistischen‹ und einen ›hybridisierten‹ Begriff ein.

> **Merke:**
> Ein zentrales Problem der Transkulturalität besteht darin, letztlich eine Unterschiedslosigkeit der Werte und Ordnungen in Kauf zu nehmen, die alles *gleich* und alles gleich *gut* erscheinen lässt.

Bernhard Waldenfels (*1934) hält die Annahme von der im System der Transkulturalität ausgegangen wird, dass die Kluft zwischen der ›eigenen‹ Kultur und den ›fremden‹ Kulturen lückenlos geschlossen werden könne, für illusorisch.[16] Er vertritt die Ansicht, dass es »keinen Ort jenseits der Kulturen« gäbe, »den man als transkulturell bezeichnen könnte«.[17] Trotz dieser Kritik Waldenfels' könnte man Interkulturalität als die Bedingung der Möglichkeit von Transkulturalität diskutieren. Von grundlegender Bedeutung ist freilich das Gelingen von Theorie und Praxis der wechselseitigen Verständigung, welche die Konvergenzen ineinander auslaufen lassen würde, ohne die Divergenzen auszublenden.

---

13 Vgl. Elm, Ralf: *Notwendigkeit, Aufgaben und Ansätze einer interkulturellen Philosophie*, 2001, S. 14.
14 Welsch, Wolfgang: *Transkulturalität*, 2000, S. 336. Vgl. auch Antor, Heinz: *Inter- und Transkulturelle Studien*, 2006.
15 Welsch, Wolfgang: *Transkulturalität*, 2000, S. 330. Multi- und Interkulturalität sieht Welsch davon geprägt, dass dort eine Vorstellung von Kulturen als separaten Entitäten und deren Nebeneinander bzw. dialogischem Miteinander zugrunde liegt. Beide würden die Prämisse einer »insel- oder kugelartigen Verfassung« der Kulturen mit sich schleppen. Er vergleicht dies mit Herders Kulturbegriff, der jede Vermischung von Kulturen als Verlust an »Eindrang, Tiefe und Bestimmtheit« bezeichnet, vgl. Herder, Johann Gottfried: *Ueber die Würkung der Dichtkunst auf die Sitten der Völker in alten und neuen Zeiten*, 1967, S. 423. Welsch kritisiert die Interkulturalität auf zwei Stufen: Auf der Primärebene gehe diese von wohl abgegrenzten und sehr verschiedenen Kulturen aus; auf der Sekundärebene frage sie dann, wie diese Kulturen sich miteinander vertrügen, wie sie einander ergänzen, miteinander kommunizieren, einander verstehen oder anerkennen könnten. Insofern würden diese Kategorien allein nicht mehr ausreichen, um die kulturelle Grundorganisation einzelner wie ganzer Gesellschaften zu erfassen. Deshalb müssten Inter- und Multikulturalität nach Welsch durch das Konzept der Transkulturalität ersetzt werden.
16 Vgl. Waldenfels, Bernhard: *Topographie des Fremden*, 1997, S. 110.
17 Waldenfels, Bernhard: *Grundmotive einer Phänomenologie des Fremden*, 2006, S. 109. Auch Jacques Demoron und Hagen Kordes weisen die Idee der Transkulturalität zurück und sprechen von »Paradoxien der transkulturellen Perspektive«. Demorgon, Jacques u.a.: *Multikultur, Transkultur, Leitkultur, Interkultur*, 2006, S. 31.

Merke:
In einer Zeit, in der die Welt immer mehr zusammenrückt und Informationen weit entfernter Kulturregionen im Sekundentakt per Mausklick verfügbar gemacht oder weitergeleitet werden können, ist es *per se* nicht mehr möglich, Kulturen als ›separate Einheiten‹ mit konstanten Merkmalen aufzufassen, wie dies viele Ansätze der Multikulturalität immer noch für richtig halten. Ebenso wenig verschmelzen Kulturen zu einer homogenen Einheit, wie dies in der Theorie der Transkulturalität angenommen wird.

Diese und ähnliche Vorgehensweisen entsprechen nicht mehr den tatsächlichen Verhältnissen unseres Zeitalters und lassen sich unter empirischen Gesichtspunkten nicht halten; überdies ist den Herausforderungen der Gegenwart mit solchen Kulturauffassungen nicht mehr zu begegnen.

Übungsaufgaben:
1. Analysieren Sie die Idee der Transkulturalität. Verdeutlichen Sie diese mit einem Beispiel.
2. Setzen Sie sich mit dem Ansatz von Welsch und Waldenfels kritisch auseinander.

1.2.3 Interkulturelles Modell[18]

Um der hermeneutischen Situation und gewandelten Verfassung kultureller Kontexte angemessen begegnen zu können, benötigen wir einen neuen Kulturbegriff, der von der Vorstellung eines bloßen Nebeneinanders oder einer grenzenlosen Vermischung bis zur Vereinheitlichung der Kulturen Abstand nimmt und zwischen diesen beiden Positionen vermittelt.[19]

Überdies darf nicht vernachlässigt werden, dass es keine Kulturen an sich gibt, sondern dass jede Kultur von Menschen konstituiert wird, die sich innerhalb unterschiedlicher kultureller Kontexte bewegen und sich mit diesen irgendwie identifizieren, und zwar einmal mehr oder einmal weniger. Im Schaubild lässt sich dies folgendermaßen verdeutlichen:

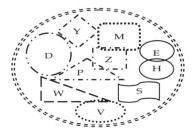

---

18 An anderer Stelle habe ich Interkulturalität als eine akademische Disziplin definiert, welche, um einige Beispiele zu nennen, die Grundlage der Teildisziplinen ›Interkulturelle Kommunikation‹, ›Interkulturelle Germanistik‹ und ›Interkulturelle Philosophie‹ bildet. Hier wird nicht erneut auf diese Disziplin eingegangen, sondern es sei auf die folgende Studie verwiesen. Vgl. Yousefi, Hamid Reza: *Interkulturalität als eine akademische Disziplin*, 2012.

19 Für Waldenfels bedeutet »Interkulturalität mehr als Multikulturalität im Sinn einer kulturellen Vielfalt, mehr auch als Transkulturalität im Sinn einer Überschreitung bestimmter Kulturen«. Waldenfels, Bernhard: *Topographie des Fremden*, 1997, S. 110.

Hier wird die interne Eigendynamik des kulturellen Kontextes durch unterschiedliche Rasterungen deutlich. Es gibt Bereiche wie **E**, **H** und **S**, die eine eigene Selbständigkeit oder Reinheit behaupten und sich innerhalb einer offenen Großraumkultur von den übrigen zu dieser Suprakultur gehörenden Kulturbereichen abgrenzen, aber dennoch mit diesen und auch unter sich Gemeinsamkeiten aufweisen. Nach dem hier erläuterten Kulturmodell finden die deutschen Philanthropen viel mehr Gemeinsamkeiten mit den französischen Philanthropen als mit den deutschen oder französischen Extremisten.

Das folgende Schaubild demonstriert das Kulturverständnis im interkulturellen Modell, nach dem Kulturen heterogene Einheiten darstellen, die sich in reziproker Beziehung mit allen anderen Kulturen befinden:

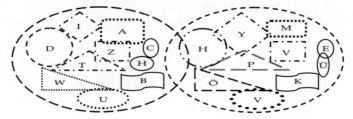

Ein derartiges Kulturverständnis nimmt Abstand von einer Vorstellung von Kulturen als monolithischen Gebilden und von der Prämisse, dass ›andere‹ Kulturen ›ganz anders‹ sein sollen als die ›eigene‹ Kultur. Die Auswirkung dieses offenen Kulturverständnisses auf die herkömmlichen Forschungsgebiete ist nicht unerheblich: Diese sind daraufhin zu hinterfragen, nach welchem Kulturbegriff sie aufgebaut und begründet worden sind; ggf. sind Forschungsergebnisse aller Wissensgebiete interkulturell neu zu überdenken. Dabei soll betont werden, dass die hier bevorzugte Kulturauffassung nicht die traditionellen Theorien paradigmatisch ablösen will, sondern darauf abzielt, sie zu korrigieren, zu ergänzen und zu erweitern.

> **Erklärungsversuch:**
> Kultur wird hier als ein offenes und dynamisch-veränderbares Sinn- und Orientierungssystem aufgefasst. Wenn im Folgenden von ›Kultur‹ oder ›Kulturen‹ die Rede ist, geht es um Menschen, die sich innerhalb unterschiedlicher kultureller Kontexte bewegen und sich mehr oder weniger mit diesen identifizieren.

Mit diesem Kulturverständnis soll eine Balance zwischen der undurchdringbaren Abgeschlossenheit und der verschmelzbaren Masse von Kulturen gefunden werden. Dies impliziert, wie das Verhältnis innerhalb einer Gruppe sowie deren Außenbeziehungen strukturiert sind und auf welche Weise diese erfahren, verstanden und interpretiert werden.

> **Übungsaufgaben:**
> 1. Thematisieren Sie das interkulturelle Modell und erläutern Sie dieses mit einem Beispiel.
> 2. Diskutieren Sie die Konvergenzen und Divergenzen der Ansätze der Multi-, Trans- und Interkulturalität.

2. Interkulturelle Philosophie und die Frage nach ihrem Wesen

Das Konzept des Kapitels auf einen Blick

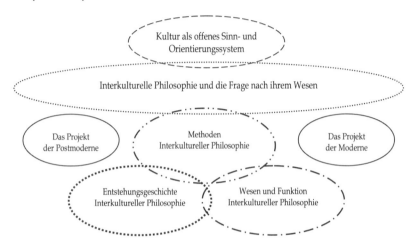

Bevor ich mich der Frage nach Interkultureller Philosophie zuwende, diskutiere ich zunächst allgemein den Philosophiebegriff. Anschließend kommt das Wechselverhältnis zwischen Mythos und Logos sowie ihrer Grenzen zur Darstellung. Dabei bin ich mir bewusst, dass diese Frage aus unterschiedlichen Perspektiven heraus betrachtet werden kann.

2.1 Formen von Weltverstehen und Selbstgewissheit

2.1.1 Was ist das – die Philosophie?

Philosophie und Philosophieren sind spezifische Formen des Denkens, die zum Lebensvollzug des Menschen gehören. Wir alle haben schon einmal philosophiert. Philosophie ist der Versuch des Menschen, die Rätsel seiner Existenz denkend und verstehend zu lösen. Dieser Versuch ist älter als alle geschriebenen Zeugnisse, die wir darüber besitzen. Daher steht die Frage nach dem Denken am Anfang eines jeden Philosophierens.

Was heißt Denken?

Denken ist ein Wunder im geistigen Haushalt des Menschen. Es umfasst vielfältige Vorgänge, in denen Erkenntnisformen entstehen. Dort werden sie nicht nur entfaltet, vernetzt oder verworfen. Denken ist auf eine radikale Weise spontan und vermag urplötzlich Leistungen hervorzubringen, die ordnungs- und orientierungsstiftend sind.

Denken ist die hörbar gewordene Stimme des Geistes, der sich durch die Sprache mitteilt. Denken heißt Freiheit, Beziehung zu sich selbst und Versprachlichung der eigenen Welt. Es vermittelt zwischen der individuellen Realität des Daseins in der Innenwelt und der Wirklichkeit des Seins in der Außenwelt. Denken ermöglicht, sich die Welt als eine Ganzheit vorzustellen, deren Teile sich gegenseitig nach bestimmten Gesetzmäßigkeiten tragen. Anders ausgedrückt, heißt Denken, sich die Welt und alles, was ist, im Kopf aufzubauen.

> **Merke:**
> Beobachtung und Denken sind zwei Grundsäulen des Geistes. Zunächst wird betrachtet, dass dabei Beobachtete zwingt dann zum Denken. Durch die gezielte Wahrnehmung können wir sogar, gewissermaßen reflexiv, die Vorgänge unseres Denkens analysierend erfassen.

Die daraus entstehenden Ergebnisse gehen stets ein dialektisches Verhältnis miteinander ein. Diese Beziehung zu sich und zur Welt der Objekte wird angetrieben durch starke Gefühls- und Willensdynamik und ist letztlich eine Lebensbestimmung der menschlichen Persönlichkeit.

Der Mensch ist mittels des Denkens imstande, nicht nur die ins Bewusstsein tretenden Sachverhalte in Zeit und Raum miteinander zu verknüpfen, sondern sich auch eine Welt imaginärer Vorstellungen, Normen und Figuren zu schaffen. Das schlussfolgernde Denken ist charakteristisch für die frühen Phasen geistiger Entwicklung der Völker. Der menschliche Geist ist in der Tat ein Spielfeld, auf dem Beobachtung und Denken aufeinanderfolgen.

Ein Ergebnis dieser Wechselwirkung sind Begriffsbildungen und Aussagen. Während Begriffe zusammengefaltete Aussagen darstellen, sind Aussagen auseinandergefaltete Begriffe. Im Begriff ›Mensch‹ ist die Aussage ›Alle Menschen sind sterblich‹ enthalten, und wenn wir dementsprechend ›Peter‹ sagen, meinen wir, dass er sterblich ist, weil er ein Mensch ist. Mit dem Begriff der ›Philosophie‹ verhält es sich nicht anders. In diesem Begriff lebt die Aussage, Philosophie sei eine ›denkende Tätigkeit‹. Mit allen Begriffen verbinden wir einen bestimmten Inhalt, der das Ergebnis unseres beobachtenden Denkens ist.

Sprache – Medium des Denkens

Alle Sozial- und Geisteswissenschaften, allen voran die Anthropologie und Sprachphilosophie, haben das Wechselverhältnis zwischen Bewusstsein und Wort sowie Mensch und Sprache zum Gegenstand.

> **Merke:**
> Sprache ist eine Art verlautbartes Denken, während Denken stilles Sprechen ist. Das Gedachte kann nur verstanden werden, wenn Sender und Empfänger die gesendeten Botschaften dekodieren können. Ohne zureichende Kenntnis über die symbolischen Formen und/oder eine Reihe von Ordnungsprinzipien bleibt das Gedachte unvermittelbar.

Sprache ist ein soziales Medium, das wir nur in einer Gemeinschaft lernen können. Es wäre töricht anzunehmen, dass Kinder sprechen lernen könnten, wenn sie völlig isoliert aufwachsen würden.

Man darf sagen: Der kulturelle Aufbruch, ob vor oder nach der Geschichtsschreibung, ist stets ein Aufbruch der Sprache und der sprachlichen Entwicklung. Es ist die Sprache, die Menschen in die Lage versetzt, sich mitzuteilen, Traditionen zu bilden und Geschichte mit der Gegenwart zu verbinden! Unsere Entwicklung würde mit großer Wahrscheinlichkeit ohne Sprache einen anderen Verlauf nehmen.

Worte ermöglichen es uns, Gedanken festzuhalten und sie der Nachwelt zur Verfügung zu stellen. Ich möchte so weit gehen und annehmen, dass Sprache die zentrale Säule der Kultur, ihrer Entwicklung, ihres Erhalts und ihrer Weitergabe darstellt. Bei der Gestaltung gesellschaftlicher Strukturen und der Bildung von Institutionen ist sie ›das‹ dialogische Medium. Erst Sprache macht es Menschen möglich, durch ihren kreativen und flexiblen Geist passende Verhaltensregeln und Orientierungssysteme zu formulieren. Sie bietet Menschen schließlich Möglichkeiten, die uns umgebende Natur gemäß dem beobachtenden Denken durch Begriffsbildung zu benennen und diese in Form einer Tradition zu perfektionieren und von Generation zu Generation fortzubilden.

Was ist das – die Philosophie?

Wenn also ›Philosophie‹ Produkt des beobachtenden Denkens ist, so ist evident, dass dies von Individuum zu Individuum anders ist und sein muss. Genau genommen gibt es so viele Philosophien, wie es Individuen gibt. Philosophie ist hier der Name einer bestimmten methodisch orientierten Form zu denken, zu reden und zu handeln, um die Welt und alles, was damit zusammenhängt, denkend zu begreifen. Es ist daher nicht verwunderlich, dass es im Vergleich und Verständnis der Kulturen verschiedene Namen gibt, die das Gleiche anders benennen und diskutieren.

Diese Benennungen sind aufgrund soziokultureller Hintergründe nicht ganz deckungsgleich und Grund des immerwährenden Streites zwischen einzelnen traditionellen Schulen, aber auch innerhalb der einzelnen Fakultäten, von individuellen Denkansätzen abgesehen. Im Folgenden soll diese Annahme belegt werden.

Philosophie lässt sich auffassen als eine theoretische Wissenschaft oder als Grundlagenwissenschaft (Aristoteles), als ein Weg zur Selbsterkenntnis (Sokrates). Sie lässt sich diskutieren als Staunen (Platon), als inneres Handeln und Kritik bestehender Vorurteile (Jaspers), als Wissenschaft von den letzten Zwecken der menschlichen Vernunft (Kant), als Folge des Zweifelns (Ghazali), als spekulative Wissenschaft (Hegel), als Mittel zur Weltveränderung (Marx), als Analyse der Sprache (Wittgenstein) oder als Lebens- und Denkweg (Bollnow).

Philosophie beschäftigt sich zwar mit der Frage nach dem Glauben, ist aber mit ihm nicht gleichzusetzen. Sie ist weder »Gottesdienst« noch »identisch mit der Religion«.[20] Philosophie ist das, was sich wissen lässt, denn Glaube ist *per definitionem*, das, was sich nicht wissen lässt.[21]

Beschäftigen wir uns nach dieser Feststellung mit der Philosophie im Weltkontext, so werden wir uns bewusster, dass die Fragen: ›Wer bin ich?‹, ›Woher komme ich?‹, ›Wohin gehe ich?‹ und ›Was ist die Welt?‹ ein fester Bestandteil aller Formen von Reflexionen darstellen.[22] Zu Recht wird darauf hingewiesen, dass »alle Menschen von Natur aus nach Wissen«[23] streben. Die folgende Abbildung soll die ›Verschiedenheit der Köpfe und die Mannigfaltigkeit der Denkweisen‹ auf dem menschlichen Erkenntnisweg verdeutlichen:

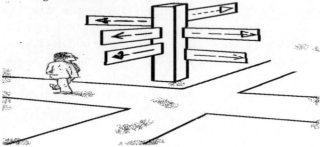

Wie das Schaubild zeigt, steht der Mensch immer wissend, suchend und fragend an der Kreuzung seiner Entscheidungen, um sich zu orientieren, ob im Denken, Herzen oder in Beiden zugleich. Bisweilen bleibt der Mensch stehen, kehrt zurück, ggf. verwirft er seine Erkenntnisse oder greift das wieder auf, was er zuvor abgelehnt hat: Philosophie ist eben auch das Wagnis des Neuen. Sie kennt viele Wege und Umwege. Es wäre voreilig anzunehmen, dass sie *ausschließlich* ›systematisches Denken‹ sei.

Es gibt Philosophien, wie die afrikanischen, die über weite Strecken nicht systematisch sind. Das zeigt sich auch an Platons ergebnisoffenen Dialogen, Ibn Miskawayhs philosophischer Erzählweise, Friedrich Nietzsches (1844-1900) Aphorismen, Wittgensteins Sprachspielen, Gadamers Hermeneutik, Derridas Dekonstruktionen, die systematisch, z.T. auch antisystematisch sind. »Philosophisch denken« heißt, ›in Modellen denken.‹[24]

Philosophie und Philosophieren sind nach diesem Modell von einer unaufhebbaren Pluralität geprägt. Deshalb scheint die *endgültige* Beantwortung der Frage nicht ganz zur Erfolglosigkeit verdammt zu sein, wie der Mythos von Sisyphos oder ›Den Stein des Sisyphos wälzen‹ verdeutlicht. Demzufolge stehen wir noch immer am Anfang, obgleich wir oft glauben, schon das Ende erreicht zu haben und im Besitz der letztgültigen ›Wahrheit‹ zu sein. Vielleicht besteht das wahre Glück geradezu darin, stets unterwegs zu sein:

---

20 Hegel, Georg Wilhelm Friedrich: *Vorlesungen über die Philosophie der Religion*, 1969, S. 28.
21 Vgl. Schopenhauer, Arthur: *Über die Universitäts-Philosophie*, 1938, S. 153.
22 Vgl. hierzu Brodbeck, Karl-Heinz: *Der Zirkel des Wissens*, 2002.
23 Aristoteles: *Metaphysik*, 980a 21.
24 Adorno, Theodor W.: *Negative Dialektik*, 1966, S. 27.

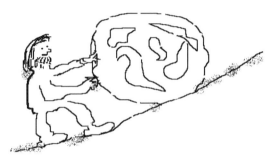

Die Frage nach dem Wesen der Philosophie ist letzten Endes eine offene Frage. Jeder kann sie für sich beantworten, ohne indessen einen universellen Geltungsanspruch erheben zu können. Philosophie und Philosophieren haben eine *ausschließlich* anthropologische Verankerung, weil Denken ein Bestandteil des Menschseins überhaupt ist. Der Entstehungsort lässt sich somit auf allen Ebenen des menschlichen Seins in unterschiedlichen kulturellen und traditionellen Zusammenhängen ausmachen. Jedes Denken artikuliert eine bestimmte Lebensweise, in der keineswegs das Leben restlos aufgeht.

Mit dieser Erkenntnis geht der Anspruch einher, dass keine spezielle Richtung der Philosophie als die ›eigentliche‹ Bühne des Denkens deklariert werden sollte. Eine *reine eigene* Philosophie oder Kultur gibt es ebenso wenig, wie es eine *reine andere* Philosophie oder Kultur gibt. Solche Bestrebungen existieren lediglich noch als Konstrukt.

Wer solche Konstrukte als Tatsache missversteht und universalisieren will, dass es nur eine einzige Form des Philosophierens gibt, wird letztendlich nicht auf Gewalt verzichten können, wie diese auch gestaltet sein mag. Denn alle Philosophien entstehen innerhalb eines Kultur- oder Traditionsraumes, sind Ergebnis oder Folge bestimmter Umstände oder Herausforderungen. Es gibt keine Philosophie, die zufällig entsteht; immer ist sie das Ergebnis einer Reihe von Fragen und Reflexionen. Die eigentliche Wirklichkeit der Philosophie »ist jedem Menschen jederzeit offen, sie ist in irgendeiner Gestalt allgegenwärtig, wo Menschen leben.«[25]

Philosophie nach diesem Muster befreit uns von der illusorischen Vorstellung, sie zu regionalisieren. Dieser erkenntnistheoretische Nährboden ebnet den Weg für die Verwirklichung einer vielgestaltigen Einheit. Eine Einheit, die mit der Dezentralisierung der Geistesgeschichte einhergeht. Alle philosophischen Denkformen, ob systematisch, unsystematisch oder antisystematisch, haben vor allem eine kulturelle Prägung. Dieser Orientierung wohnt ein immenses Friedenspotential inne, aus dem sich jeder kritische Dialog in allen Bereichen der Philosophie speisen sollte!

Das folgende Schaubild demonstriert die unterschiedlichen Bühnen des Denkens im Weltkontext:

---

25 Jaspers, Karl: *Einführung in die Philosophie* (1950), 61958, S. 127.

Diese Bühnen des Denkens stellen nicht nur die Pluralität innerhalb einzelner Traditionen dar, sondern auch ihre gegenseitige Interdependenzen. Darüber hinaus veranschaulicht die Abbildung auch, dass diese Denktraditionen aufgrund ihrer Beschaffenheit und Voraussetzung *keine* geschlossenen Kugeln (Ellipsen) darstellen, sondern offene und dynamisch veränderbare Bereiche explizieren.

Die gegenwärtige philosophische Debatte kann nach diesen Erkenntnissen nicht losgelöst von ihrer Geschichte verstanden und weitergeführt werden. Ohne die theoretische wie praktische Bereitschaft, die vielfältigen Bühnen des Denkens im Weltkontext als gleichberechtigte, wenn auch unterschiedliche Positionen zu akzeptieren, wird jeder Versuch, Philosophie und ihre Geschichte zu beschreiben, scheitern müssen.

✿✿✿

Philosophie bedeutet zusammenfassend Denken im Horizont befristeter Zeit, über deren Anfang und Ende wir nichts Genaues sagen können. Sie ist keine bloße Antwort auf die Endlichkeit des Menschen, sondern eine denkende Antwort darauf, wie wir uns in diesem begrenzten Horizont unseres Daseins gegenseitig besser machen können: Ob durch die afrikanische Ubuntu-Konzeption ›Ein Mensch ist ein Mensch durch andere Menschen‹, ob durch konfuzianische Mitmenschlichkeit, ob durch taoistische Demut, ob buddhistisches Mitgefühl oder die Barmherzigkeit und Nächstenliebe der abrahamischen Religionen. Auch diese Religionen sind für die Entstehung von Kunst, Kultur, Wissenschaft, Tradition und ihren Erhalt ursächlich. Indem diese und ähnliche Weltanschauungen seit Anbeginn der Geschichte die Frage nach Erlösung und Glückseligkeit stellen, eröffnen sie den Menschen neue Motivations- und Hoffnungstüren zu einer neuen Welt, frei von Egoismus und reich an liebender Mitmenschlichkeit.

Nach der Analyse der Frage: ›Was heißt Philosophie?‹, stellt sich nun die Frage: ›Wie kommt der Mensch überhaupt zur Philosophie?‹ Was sind die Triebfedern seines Bestrebens? Warum strebt der Mensch nach Selbsterkenntnis, nach Welterkenntnis? Warum verfolgt er zeit seines Lebens das Ziel, seine Stellung im Kosmos zu bestimmen?

Antworten gibt es auf diese Fragen bekanntlich viele. Ob und inwieweit sie endgültig oder vorläufig sind, bleibt zunächst offen. Philosophie ist, wie weiter oben erwähnt, ein Versuch des Menschen, die Rätsel seiner Existenz denkend und verstehend zu lösen. Dies hängt offenbar damit zusammen, dass der Mensch sich und seine Daseinsumstände, so weit die Überlieferung zurückreicht, stets als ein Rätsel empfunden hat und immer noch empfindet. Der Kosmos und damit die Welt stellen kein System ruhender Sachverhalte dar, die nicht miteinander verbunden sind. Die Welt unterliegt in ihrer Gesamtheit, jenseits aller menschlichen Spekulationen, eigenen Gesetzmäßigkeiten.

Es muss daher erlaubt sein, Philosophie auch als ein Reflexionsweg zu begreifen, auf dem einseitige Wissensansprüche kenntlich gemacht werden. Sie lässt sich betrachten als Studium ihrer eigenen Geschichte, als Zivilisierungsprozess des Denkens oder als das Niemandsland zwischen Wissenschaft und Theologie. Philosophie ist eine Berufung im Sinne eines inneren Rufes. Sie ist Sammelbecken für diverse Bühnen des Denkens im Weltkontext. Sie ist reflektierte Liebe zum Leben im Bewusstsein der Ohnmacht gegenüber der kosmischen Natur.

Sehnsucht – Wurzel der Philosophie

Der Ausdruck ›Sehnsucht‹ ist zwar in allen Sprachkulturen mit verschiedenen Bedeutungen zu Hause. In beiden indoeuropäischen Sprachen, dem Persischen ›arezoumandi‹ bzw. ›mejle bateni‹ und dem Deutschen, ist aber Sehnsucht gleichbedeutend. Was aber ist diese Sehnsucht? In beiden Sprachkulturen artikuliert dieser Ausdruck die treibenden und lebensspendenden Dimensionen der menschlichen Existenz. Sie beschreibt einen starken Drang, ein inniges Verlangen nach etwas, nach Sinn und Zweck des Lebens oder nach der Entstehung von Mensch und Natur. Sehnsucht bündelt die Kräfte des fragend-forschenden Denkens. Geht die Sehnsucht verloren, so gehen Motivation, Wissensdrang, und damit das Leben selbst verloren.[26]

Ein wichtiger Teil der Philosophie besteht darin, »die Frage nach dem Sinn überhaupt zu stellen und zu versuchen«[27], diesen zu verstehen. Dieser Gedanke sagt aus, dass Philosophie die ureigene Sehnsucht des Menschen sei, über Zwecke im Leben und in der Welt nachzudenken, um dem Ganzen einen Sinn zu verleihen und um seine Stellung im Kosmos zu definieren. Sehnsucht scheint eine ins Humane transformierte Funktionalität der Anpassung an Abläufe der Natur zu sein.

Philosophie und Philosophieren ermöglichen uns daher Orientierung in der Welt und im Leben. Sie geben uns Anleitung für die Praxis unseres Denkens, Redens und Handelns. Im Idealfall wirkt Philosophie wie »ein Arzneimittel«[28] und kann durch jene »suchende Vernunft und den schöpferischen Geist« zur »Genesung der Seele« führen.[29] Echte Philosophie speist sich nämlich aus der Erkenntnis des eigenen Lei-

---

26 Die folgenden Ausführungen verfolgen nicht das Ziel, in die möglichen pathologischen Aspekte der Sehnsucht einzuführen oder diese im Sinne eines nicht erreichbaren Zieles zu diskutieren. Sehnsucht wird hier ebenfalls nicht als eine romantische Faszination des Menschen aufgefasst.
27 Lüthe, Rudolf: *Absurder Lebensstolz*, 2012, S. 5.
28 Kant, Immanuel: *Verkündigung des nahen Abschlusses eines Traktats zum ewigen Frieden in der Philosophie* (1798), 1923, S. 414.
29 Ibn Sina, Abu Ali al-Hussain ibn Abdullah: *Dar haghighat va kejfiat mogoudat* [Über die Wahrheit und Qualität der Dinge], 2004, S. 1.

des. Sie kann sich von dieser anthropologischen Konstante nicht distanzieren. Diese schicksalhafte Gegebenheit und das Nachsinnen darüber schenkt uns dann die nötige Tugend, um das Leid des Anderen dialogisch aufzugreifen. Die sokratischen Dialoge sind ein signifikanter Ausdruck dieses Bestrebens.

Philosophie ist allgegenwärtig. Wir finden sie nicht nur in »philosophischen Redewendungen und im Alltag«, sondern schon »vom Beginn der Geschichte an in Mythen.«[30] Philosophie heißt, sich des eigenen »Daseins denkend bewußt«[31] zu werden. Insofern ist Philosophie als eine Denkwissenschaft die Mutter aller Wissenschaften. Wo die Wissenschaft, auf welchem Gebiet auch immer, nicht weiterkommt, dort fängt das fragend-suchende Denken an: Die Philosophie, denn diese schöpferische Sehnsucht kann nicht aufhören zu existieren.

> **Merke:**
> Meine Ansicht ist, dass Philosophie und damit auch der Drang, den Kosmos zu ergründen, die Folge einer *unbändigen* und *schöpferischen* Sehnsucht des Menschen ist, welche die Grenze des Animalischen in der Natur grundlegend überschreitet. Die Sinnfrage stellt nur der Mensch. Philosophie ist nach dieser Feststellung älter als ihr Name. Sie ist Berufung, ein innerer Ruf, ein denkendes Verlangen. Sehnsucht ist eine treue Gefährtin des Menschen, die ihn überall und immer begleitet: Am Anfang war die Sehnsucht, der Antrieb allen Suchens.

Sehnsucht ist der Ursprung der Erkenntnis, an der die Morgenröte anbricht und ihr Licht über den Horizont unseres Denkens ergießt. Studieren wir die Entwicklungsgeschichte der großen Ideen, so sind diese in der Regel die Folge unstillbarer Sehnsucht. Es scheint nicht das Staunen, sondern vielmehr die Sehnsucht der Ursprung philosophischen Denkens zu sein.

Es gibt verschiedene Arten von Sehnsucht; diejenige nach der vergessenen Vergangenheit oder bevorstehenden Zukunft oder diejenige nach Ergründung der Weltstruktur und nach Erklärung der existentiellen Abhängigkeit des menschlichen Daseins.

> **Merke:**
> Ich unterscheide zwischen materieller und nicht-materieller Sehnsucht. Während sich Erstere auf bloße Daseinsfragen beschränkt, ist Letztere eine existentiell-spirituelle Dimension, die sich aus der Tiefe des Seins speist.

Die schaffende, existentiell-spirituelle Sehnsucht ist etwas Dynamisches. Sie erweckt im Menschen schöpferische Mechanismen, löst ungeahnte Kräfte aus und gibt ihm Motivation, Hoffnung und Wirkungskraft, sich Ziele und Zwecke zu setzen, Hürden zu überwinden und Gipfel zu erklimmen.

Diese Sehnsucht will ihre Beruhigung in Antworten formulieren, die einen Letztbegründungscharakter haben, eine Erklärung, die Beweise dafür liefert, wie der Mensch entstanden ist, wie seine Sprache entstanden ist, wie Gesellschaften entstanden sind, warum es überhaupt Kulturen gibt, warum diese dennoch verschieden sind und woraus jene vielgestaltige Einheit der kosmischen Natur entstanden

---

30 Jaspers, Karl: *Einführung in die Philosophie*, 61958, S. 13.
31 Jaspers, Karl: *Philosophie und Welt*, 1963, S. 9.

ist. Insofern ist die Sehnsucht auch die Motivationsgrundlage der Suche nach dem Transzendenten, dem Göttlichen. Diese existentiell-spirituelle Sehnsucht befähigt den Menschen, sein Denken und seine Vernunft reflektierend im kosmischen Kontext zu entdecken. Der naive Mensch wächst aus sich heraus und betritt verstehend und erklärend das weite Feld aller Existenz.

> **Merke:**
> Kinder erscheinen den Erwachsenen überlegen, da sie noch über eine ursprüngliche, reine Form der Sehnsucht verfügen, die sich einerseits in ihrem unbändigen Wunsch nach Wissen und andererseits in ihrem Bedürfnis, sich sprachlich mitzuteilen, äußert. Darüber hinaus nehmen sie ihre Umwelt noch in ihrer Rätselhaftigkeit wahr und hinterfragen Inhalte mit schonungsloser Offenheit und ohne Rücksicht auf geltende Konventionen und Regeln. Erwachsene hingegen haben im Verlauf ihrer Sozialisation gelernt, leise zu denken und unbequeme Fragen zu vermeiden. Ihre eigene, noch vorhandene Sehnsucht liegt unter dem Mantel ihrer Kultivierung begraben.

Der Mensch entdeckt in sich Geist, ein Novum, das in der vorausgehenden biologischen Stammesgeschichte der Lebewesen unbekannt war. Es geht um jenen einzigartigen Geist, der sich selbst erkennt, seine Umwelt denkend wahrnimmt und auf spezifische Weise kultur- und geschichtsbildend in den kosmischen Prozess eintritt. Der Mensch erscheint als ein Wesen, in welchem Leib mit Seele zu einer Einheit zusammenfindet. Diese Wechselwirkung, hervorgegangen aus Ursehnsucht und Willensdynamik, zeichnet ihn in der kosmischen Natur aus.

2.1.2 Mythologisches Denken und philosophische Reflexion

Die Mythen der verschiedenen Kulturen überliefern uns, wie erwähnt, die ältesten Auseinandersetzungen des Menschen mit sich selbst und seinem Schicksal, seine Deutung des Seins, seine Vorstellung von Diesseits und Jenseits sowie seine Auffassung über die Stellung des Menschen im Ganzen der Natur und des Kosmos. Im mythologischen Denken sind Menschen der Gewalt und Laune diverser Götter ausgeliefert; sie bestimmen ihre Geschichte, Gegenwart und Zukunft.

> **Merke:**
> Der Mythos ist eine bildhafte Erzählung, welche die Welt nach einem bestimmten Klassifikationsschema begründet und einen Orientierungsmodus anbietet. Mythos manifestiert sich, beseelt von übernatürlichen Kräften, in festgelegten Riten, im Lebensprozess des Individuums und der Gemeinschaft.

Mythologische Vorstellungen stehen mit denkerischen bzw. philosophischen Reflexionen in einem Wechselverhältnis, weil sie an eine bestimmte Form von Weltbetrachtung und Welterklärung anknüpfen. Die Orientierung an übernatürlichen Kräften wird allerdings beim philosophischen Denken, je nach Intention des Philosophen, auch kritisch gesehen und durch rein im Denken begründete, empirische Erkenntniswege ergänzt und erweiternd korrigiert. Es geht nicht mehr um die deterministische Bestimmung durch Götter, seien es afrikanische, persische, indische, lateinamerikanische, chinesische oder griechische, sondern der Mensch sucht aus seiner angeborenen Sehnsucht heraus nach Schicksals-, Existenz- und Sinnfragen im rationalen Denken. Dabei thematisiert er Funktion und Sinn sowie Vor- und Nachteile der Berufung auf Götter in seinem Leben.

Unter den Philosophen herrscht, wie weiter oben dargelegt, kein Einvernehmen darüber, was Philosophie eigentlich ist. Ihre Antworten verraten deshalb hauptsächlich etwas über sie selbst. Philosophische Denkformen sind nicht wie die Architektur berechenbar. Dort geht es um Zahlen und Messbarkeiten. Philosophie hingegen hat *ausschließlich* mit der Grundwirklichkeit menschlichen Daseins und der Art und Weise der Selbst- und Weltbetrachtung zu tun, die jeder anders erfährt. Diese Variabilität macht die Frage nach dem philosophischen Selbstverständnis, wie erwähnt, zu einer Streitfrage. Es geht nämlich darum, wer die rechte Vernunft besitzt. Weil diese Frage nicht endgültig zu beantworten ist, werden wir von verschiedenen Vernunftformen ausgehen dürfen, mit denen unterschiedliche Formen der Begründung einhergehen.

Studieren wir die Entwicklungsgeschichte der Menschheit, so wird ersichtlich, dass Menschen zumindest über eine vierfache Intelligenz, verstanden als kognitive Leistungsfähigkeit des Menschen, verfügen. Es handelt sich um eine naturbezogene, eine soziale, eine technische und eine spirituelle Intelligenz.

> **Merke:**
> Die *naturbezogene Intelligenz* umfasst die Erkenntnis von Anpassungsnotwendigkeiten an klimatische und wetterbedingte Gegebenheiten.
>
> Die *soziale Intelligenz* befähigt den Menschen, sich als ein soziales Wesen zu entdecken, das in Gruppen, gegen Gruppen und zwischen Gruppen interagiert.
>
> Die *technische Intelligenz* bezieht sich auf diverse Zweckrationalismen bei der Herstellung von Werkzeugen, um das eigene Überleben zu sichern.
>
> Die *spirituelle Intelligenz* gibt der angeborenen Sehnsucht die Willensdynamik, um die Welt in ihrer ganzen Mannigfaltigkeit und Hintergrundstruktur zu begreifen.

Das folgende Schaubild lässt die untrennbare Verschränkung dieser Intelligenzdimensionen deutlich werden:

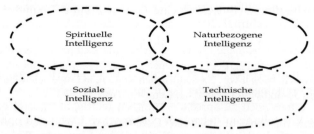

Diese grob formulierten vier Intelligenzdimensionen zeigen, dass der Mensch sein Leben, gemäß seiner Entwicklung, schon immer denkend, planend und perspektivisch gestaltet haben muss. Solche Dimensionen sind in allen Denkformen gegeben, seien es rationale oder mythologische. Die Begründungs- und Erklärungsansätze sind jedoch unterschiedlich.

Ein denkwürdiges Beispiel:

Denkprozesse folgen in allen Kulturregionen den gleichen Gesetzen; rationale wie auch irrationale Konzepte gibt es dementsprechend überall. Unterteilungen in ›primitive‹ Völker, die ›prälogisches Denken‹ pflegen und ›zivilisierte‹ Völker, die ›logisch‹ denken, ist von vielen Ethnologen vorgenommen worden.[32] Das Beispiel der Zande soll verdeutlichen, dass alle Kulturen derselben bedingten Logik auf unterschiedlichem Wege folgen.

> **Beispiel:**
> Die Zande, eine zentralafrikanische Bevölkerungsgruppe, sind der Auffassung, dass es Menschen mit übersinnlichen Fähigkeiten, also ›Hexer‹, gibt und sich die Anlage zur Hexerei auf männliche Nachfahren vererbt. Demnach müssten sie eigentlich anerkennen, dass alle männlichen, miteinander verwandten Mitglieder ihres Stammes *ipso facto* Hexer sind. Da dies in der Praxis aber nicht der Fall ist, lehnen sie diesen logischen Schluss ab, der ansonsten ihr gesamtes Sozialgefüge unhaltbar machen würde.[33] Dass nicht der gesamte Stamm aus Hexern besteht, erklären sie sich dadurch, dass manche zwar das Potenzial zum Hexer haben, es in ihnen aber nicht aktiviert ist.

Innerhalb ihrer Grenzen bildet diese Logik ein sich selbst genügendes Ganzes, das nur dann verfälscht wird, wenn es als Bruchstück eines größeren oder eines anderen Ganzen angesehen wird.

In der westlichen ›Welt‹ ist die Anwendung logischer Schemata kaum anders. So gilt jemand als ein Mörder, der einen anderen Menschen absichtlich tötet. Ein Bomberpilot wird hingegen nicht als solcher angesehen. Zur Rechtfertigung hierfür dient eine Fülle an Unterscheidungen und logischen Argumenten. Die Infragestellung der institutionell sanktionierten ›Arbeit‹ eines Bomberpiloten käme nämlich einer Revolution des Selbstverständnisses gleich.

David Bloor (*1942) resümiert, die Anwendung von Logik unterliege immer und überall unlogischen Motiven. Grenzen und Gehalt logischer Begriffe würden nicht entdeckt, sondern geschaffen werden. Der Aufbau logischer Schemata sei nur ein Weg, um Gedanken nachträglich zu ordnen. Sie seien als Verhandlungsgegenstand anzusehen, der durch andere, ebenso logisch erscheinende Strukturen ersetzt werden könne.

Claude Lévi-Strauss (1908-2009) gehört neben Bloor zu den Ausnahmen europäisch-westlicher Ethnologen, die jeder Form von Geographisierung des Denkens, auf die ich weiter unten noch zu sprechen kommen werde, ablehnend gegenüberstehen.[34] Er vertritt die Ansicht, dass alle Denkformen derselben Logik folgen, der Unterschied liege nur im jeweils anderen Objekt. Dies hängt damit zusammen, dass Lévi-Strauss als Strukturalist einen logischen Vorrang des Ganzen gegenüber den Teilen sucht und dementsprechend bemüht ist, einen internen Zusammenhang von Phänomenen als Struktur zu fassen.

---

32 Vgl. hierzu Lévy-Bruhl, Lucien: *Das Denken der Naturvölker*, 1926 und *Die geistige Welt der Primitiven*, 1966.
33 Vgl. Bloor, David: *Die Logik der Zande und die westliche Logik*, 1984, S. 158.
34 Vgl. Lévi-Strauss, Claude: *Strukturale Anthropologie*, 1992.

> **Merke:**
> Die Logik ändert sich nicht, sondern *ausschließlich* der denkerische Horizont des Menschen.

Was Lévi-Strauss und andere übersehen, sind die Ausdrücke ›primitiv‹ und ›zivilisiert‹, die theoretisch wie praktisch pejorativ und problematisch sind.

2.1.3 Verschränkung von Mythos und Logos

An den europäisch-westlichen Universitäten wird in der Regel vermittelt, die ersten Zeugnisse primär rationalen Denkens seien bei den Griechen anzutreffen gewesen. Diese Auffassung ist allerdings in zweierlei Hinsicht ebenfalls problematisch, und zwar zeitlich wie räumlich.

Die Welt- und Seinsauffassung Sartoschts (Zarathustras) mit seiner Triade des guten Denkens, guten Redens und guten Handelns, die er vor etwa 4000 Jahren in den Gathas niedergelegt hat, zeigt die Bemühung, neben dem Mythos auch dem Logos seinen Platz einzuräumen. Allerdings ist es sowieso fraglich, ob nicht vielmehr ein *offenes* Verhältnis zwischen mythisch-bestimmter Lebensführung und abstraktem und differenziertem Denken anzunehmen ist. Anders ausgedrückt: Mythisches und rationales Denken existieren in verschiedenen Zuordnungen stets nebeneinander. Das Beispiel der Zande möge das verdeutlichen. Bereits die Höhlenzeichnungen zeigen, dass sich die Frühmenschen nicht nur einem mythischen Weltbild hingeben, sondern auch ihre Umwelt verstehen, interpretieren und zu ihren Gunsten verändern wollten.

> **Merke:**
> Es ist somit fraglich, ob es einen *reinen* Logos oder einen *reinen* Mythos gibt. Die Grenze zwischen beiden festzulegen, mag eine Frage der Definition sein, fest steht aber, dass diese Grenzen stets fließend sind.

Es wurde also schon logisch gedacht und gehandelt, »ehe die Logik« als ein Fachgebiet »entdeckt« worden war, »und man hat fremde Gedanken verstanden und versteht sie täglich, ohne dazu einer Theorie zu bedürfen.«[35] Diesem Grundsatz zufolge haben bereits die Ägypter, später die Perser Mathematik, Geometrie, Algebra und Arithmetik betrieben, ohne diese als solche zu benennen. Systematische Begriffe gehen nicht ihrem Inhalt voraus.

> **Merke:**
> Insofern sind Logik, Ethik und Ästhetik eigentlich Theorien des Wahren, Guten und Schönen, die seit Menschengedenken in allen Kulturen ihr Zuhause haben.

Wer nachdenkt und philosophiert, findet das Sein in erster Linie in sich selbst, und von dieser Erfahrung aus sucht er dasselbe beim Anderen. Wir entdecken und erfahren das Sein in uns, weil es uns gegeben ist. Diese individuell unterschiedliche Seinserfahrung bildet die Grundlage einer jeden philosophischen Reflexion, die zwar kulturgebunden ist, aber auch zugleich auf eine kulturelle Unabhängigkeit verweist.

---

35 Boeckh, August: *Enzyklopädie und Methodenlehre der philologischen Wissenschaften*, 1886, S. 75.

Der Versuch, den Mythos durch den Logos zu überwinden oder restlos zu ersetzen, ist illusorisch. Hier wäre der Logos der Gefahr ausgesetzt, sich selbst zu mythisieren. Die Herleitung einer einzigen Bühne der Weltphilosophie, nämlich des antiken Griechenlands, ist empirisch inadäquat. Eine geradlinige und überwindende Entwicklung vom Mythos zum Logos kann nur als Wunschdenken bezeichnet werden. Es scheint hinsichtlich dieses Wechselverhältnisses kein Entweder-oder, sondern nur ein Sowohl-als-auch zu geben.

Insofern erweist sich Wilhelm Nestles (1865-1959) häufig anzutreffendes Zitat über »die Griechen [...], die zuerst den entscheidenden Schritt vom Mythos zum Logos getan haben«[36], als zumindest einseitig. Philosophie hat, wie wir weiter oben sahen, mannigfaltige Entstehungsorte, an denen sie in mannigfaltigen Dialekten gesprochen wird.[37]

> **Übungsaufgaben:**
> 1. Philosophie wird in der Regel als ›Liebe zur Weisheit‹ verstanden. Beschreiben Sie, was Philosophie für Sie ist bzw. nicht ist.
> 2. Erläutern Sie das Verhältnis zwischen Sehnsucht und Philosophie.
> 3. Analysieren Sie das Konzept der materiellen und nicht-materiellen Sehnsucht.
> 4. Bearbeiten Sie das Verhältnis zwischen Mythos und Logos.
> 5. Thematisieren Sie die Übergangstheorie vom Mythos zum Logos. Nehmen Sie Bezug auf die vierfache Intelligenz des Menschen.
> 6. Vergleichen Sie die Ansätze von Lévi-Strauss und Bloor.

2.2 Begriffsbestimmung Interkultureller Philosophie

Die vorangegangenen Ausführungen sollten deutlich gemacht haben, dass Mythos und Logos Bestandteile der menschlichen Selbstfindung in der kosmischen Natur darstellen. Philosophie und Philosophieren in interkultureller Absicht sehen in dieser Annahme eine kulturübergreifende Verbindung, welche die Möglichkeit der völkerübergreifenden Verständigung in sich birgt.

Die Vorsilbe ›inter‹ wird seit eh und je in unterschiedlichen Kommunikationsformen, ob politisch, wirtschaftlich oder sozial, verwendet. Dies sehen wir in Ausdrücken wie ›Interview‹, ›international‹ oder ›interdisziplinär‹. Seit den 1990er Jahren ist der Ausdruck ›Internet‹ in aller Munde.

Diese Beispiele machen deutlich, dass der Ausdruck ›inter‹ als die Beschreibung des ›zwischen‹ verwendet wird, der in allen Kulturen und Traditionen eine feste Verankerung kennt. Im Persischen und Arabischen gebraucht man bspw. die Ausdrücke ›بین‹, ›bejn‹ und ›میان‹, ›mian‹. Mit dem Begriff ›interkulturell‹ verhält es sich nicht anders. Das Adjektiv ›interkulturell‹ besitzt einen verbindenden Charakter. Die Vorsilbe ›inter‹ verweist auf eine Tätigkeit, die darauf ausgerichtet ist, die Verschiedenheit der Köpfe und die Mannigfaltigkeit der Wege im menschlichen Leben miteinander ins Gespräch zu bringen.

---

36 Nestle, Wilhelm: *Die Vorsokratiker*, 1929, S. 22 f., vgl. auch ders.: *Vom Mythos zum Logos*, 1941.
37 Zur Frage nach dem Entstehungsort der Philosophie und der historischen wie gegenwärtigen Kontroverse vgl. Yousefi, Hamid Reza: *Interkulturalität und Geschichte*, 2010.

Mit Molla Sadra (1571-1640) lässt sich dies wie folgt begründen:

> **Merke:**
> »Der Mensch ist ein soziales Wesen, weil er zur Erhaltung seines Lebens der Unterstützung und des Zusammenwirkens mit anderen Menschen bedarf.«[38]

Gemäß der Bedeutung der Vorsilbe ›inter‹ als ›zwischen‹ bezeichnet das Adjektiv ›interkulturell‹ einen Raum, in dem sich Austauschprozesse vollziehen. Diese Austauschprozesse können zwischen verschiedenen Denkformen, philosophischen Richtungen, Konzeptionen, Fakultäten oder innerhalb einer Kultur oder zwischen verschiedenen Kulturen bzw. Traditionen stattfinden.

Betrachten wir die Bandbreite der Theorien zur Entstehung ›Interkultureller Philosophie‹, so zeigen gängige Kennzeichnungen unterschiedliche Ausprägungen, die aber allenfalls einen Teilaspekt dessen widerspiegeln können, was diese tatsächlich beinhaltet:

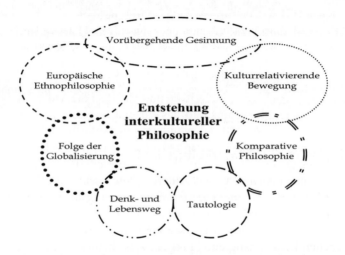

2.3 Entstehung einer neuen Disziplin

Beschäftigen wir uns mit philosophischen und kulturwissenschaftlichen Nachschlagewerken in europäisch-westlichen Hemisphären wie z.B. Handbüchern oder historischen Wörterbüchern, insbesondere mit dem ›Historischen Wörterbuch der Philosophie‹, dem ›Handbuch der Kulturwissenschaft‹ oder der ›Geschichtlichen Grundbegriffe‹, so stellen wir fest, dass außereuropäische Philosophien keine nennenswerte Erwähnung finden.

Das Gleiche gilt für philosophische Lehrbücher aus dem schulischen Bereich. Selten finden wir Verweise auf außereuropäische Philosophien, wie die lateinamerikanischen, afrikanischen, asiatischen oder orientalischen. Diese gelten, wenn sie überhaupt Erwähnung finden, entweder als ›Weisheiten‹ und ›Religionen‹ oder als religiöse ›Philosophien‹, allenfalls als ›Epigonen‹ der Griechen.

---

38 Molla Sadra, Mohammad ibn Ibrahim Sadreddin Shirazi: *Das philosophische System von Schirazi*, 1913, S. 259.

> **Merke:**
> Eine Darstellung der Philosophie ohne die Berücksichtigung außereuropäischer Philosophien bleibt für die Benutzer nicht ohne Folgen. Hier wird ein einseitiges Geschichtsbild der denkerischen Entwicklung und Interdependenz der Völker vermittelt, das auf der Basis eines dogmatischen Wissenschaftsverständnisses von einer einzigen Philosophie und ihrem einzigen Ort ausgeht.

Ein Ergebnis ist, dass wir als Benutzer solcher ›Standardwerke‹ von klein auf mit dem dargestellten Vorverständnis aufwachsen und alles davon ableiten.

> **Merke:**
> Als Beispiel können wir die Begriffe ›Kultur‹, ›cultura‹, ›Toleranz‹, ›tolerare‹ oder ›Religion‹, ›religio‹ nehmen, die so dargestellt werden, als ob diese Begriffe keine anderen Geschichten kennen würden. Das Gleiche gilt auch für den Begriff der ›Philosophie‹, der nur mit einem einzigen Verständnis als Pflanzstätte des Denkens verknüpft wird. Untergraben diese und ähnliche Vorgehensweisen nicht den Erhalt und Ertrag der Vielfalt, die sich aus einer facettenreichen Offenheit speist?

Dies ist ein Grund dafür, die vorhandenen Nachschlagewerke und Schulbücher *inter*kulturell und *inter*religiös neu zu durchdenken und ihre Kategorien einer Revision zu unterziehen.[39] Eine solche Orientierung würde dazu beitragen, die Vielfalt, verbunden mit einer *inter*kulturellen oder *inter*religiösen Lesart, als eine faktisch-anthropologische Bereicherung im Denken und Handeln der Völker zu betrachten.

Das Zeitalter des Kolonialismus und des europäisch-westlichen Expansionismus nimmt spätestens Mitte des 20. Jahrhunderts ein Ende und die freigewordenen Völker erheben sich; sie wollen sich an allen Diskursen der Welt mit ihrer eigenen Stimme beteiligen. Diese Zeitenwende, die in den 1990er Jahren einen starken Schub erhält, markiert eine epochale Umwälzung in allen Formen bis dato institutionalisierter und von oben nach unten organisierter Kommunikationen auf den Gebieten der Wissenschaft, Politik, Wirtschaft und Gesellschaft.

Wir leben in einer von Globalisierungen geprägten Welt, die alle Dimensionen des menschlichen Lebens umgreifen und die zwischenmenschliche und zwischenkulturelle Kommunikation unmittelbar tangieren. Mit diesen Globalisierungen erweist sich das Vorurteil, Kulturen und Religionen seien hermetisch voneinander abgeriegelt, als ein Konstrukt. Eine multilaterale Weltordnung wird die Folge dieser Umwälzungen sein, die neue Herausforderungen nach sich ziehen wird.[40]

Was die Philosophie und ihre Geschichte anbelangt, erweist sich die Idee Hegels (1770-1831) als ein Irrtum, die eine Zentralperspektive der Geistesgeschichte zugrunde legt.[41]

---

39 Vgl. Yousefi, Hamid Reza: *Verstehen und Verständigung in einer veränderten Welt*, 2013.
40 Vgl. Yousefi, Hamid Reza: *Gewinner und Verlierer der neuen Weltordnung*, 2013 (in Bearbeitung).
41 Vgl. Hegel, Georg Wilhelm Friedrich: *Vorlesungen über die Geschichte der Philosophie*, 1971.

> **Merke:**
> Hegel geht von einem stufentheoretischen ›Weltgeist‹, einer ›Weltvernunft‹ aus. In seiner teleologischen Kategorisierung siedelt er China auf der untersten Stufe mit der Annahme an, dessen Wissen sei nur auf die Natur gerichtet. Auf der zweiten Stufe erblickt er den Fortgang des Weltgeistes im religiösen Indien und schließlich in Persien, wo er den ›Aufgang der religiösen und politischen Beziehungen‹ verortet. Die eigentliche und letzte Stufe sieht er in der griechischen und römischen Welt. Hier findet für Hegel der ›Weltgeist seine Heimat‹, die Vollendung erfährt dieser endlich im ›germanischen Geist‹.

Die Entstehung der Interkulturellen Philosophie bedeutet das Ende dieser und ähnlicher Auffassungen, welche zentristisch verfahren und eine Haltung suggerieren, die den realen Begebenheiten der Geistesgeschichte nicht Rechnung zu tragen vermag. Die Stimme der Weltphilosophie kann nur durch einen Chor der Philosophien im Weltkontext hörbar gemacht werden, der von Konvergenzen und Divergenzen sowie Dissonanzen und Konsonanzen geprägt ist.

> **Merke:**
> An der Ablehnung einer Zentralperspektive der Geistesgeschichte setzt die interkulturelle Kritik der Philosophie und Philosophiegeschichtsschreibung an, mit der den historischen Monologen und damit der Zeit der ›großen Erzählungen‹ ein Ende bereitet werden soll. Während die Moderne von der Postmoderne abgelöst wird, wollen nun Philosophen, die neue Wege suchen, über Hegels Position hinausgehen und kulturübergreifende Konzepte formulieren. Insofern lässt sich diese epochale Umwälzung als ein Weltalter der Interkulturalität bzw. Dezentralisierung der Geistesgeschichte auffassen. Jeder historische Versuch, die Geistesgeschichte lückenlos zu ermitteln, erweist sich im Kontext Interkultureller Philosophie als ein Konstrukt.

2.3.1 Beginn eines offenen Endes

Interkulturelle Philosophie, die ihren Anfang in den 1990er Jahren nimmt, ist in ihrer Mannigfaltigkeit eine konzeptionelle Antwort auf die dargestellten epochalen Umwälzungen. Durch diese Neuorientierung soll auch das postkoloniale Weltalter in ein Zeitalter der polyphonen Dialoge überführt werden.

> **Merke:**
> Zu den Vertretern Interkultureller Philosophie gehören unter anderem Ryōsuke Ōhashi, Abdoldjavad Falaturi, Bernhard Waldenfels, Ichiro Yamaguchi, Georg Stenger, Constantin von Barloewen, Kwasi Wiredu, Mohammed Turki, Rainer E. Zimmermann, Morteza Ghasempour, Jacob Emmanuel Mabe, Rolf Elberfeld, Raúl Fornet-Betancourt, Alois Wierlacher, Ram Adhar Mall, Heinz Kimmerle, Gregor Paul, Harald Seubert und Franz Martin Wimmer.

2.3.2 Wege und Ziele

Philosophie und Philosophieren in interkultureller Absicht wird von den Forschenden unterschiedlich aufgefasst. Deshalb sind die existierenden Ansätze widersprüchlich, sie ergänzen, begegnen oder bekämpfen sich.

Der deutsch-niederländische Philosoph Heinz Kimmerle (*1930) wendet sich der afrikanischen Philosophie zu und erhält an der Erasmus Universität Rotterdam von

1990-1995 den weltweit ersten und bis dato einzigen ›besonderen Lehrstuhl‹ für ›Grundlagen der interkulturellen Philosophie‹. Methodisch verfährt Kimmerle beschreibend; er definiert die Interkulturelle Philosophie als ein offenes System, in dem Philosophie systematisch, unsystematisch oder sogar antisystematisch sein kann. Er plädiert für eine radikale Offenheit der philosophischen Grenzen, die seit dem 18. Jahrhundert gezogen worden sind. Kimmerle wird vorgehalten, er betreibe Philosophie nach postmodernen Prämissen, die alles für gut und richtig halten.[42] Er ist bemüht, die Philosophie der Dekonstruktion von Jacques Derrida (1930-2004) und damit die postmoderne Idee für die Interkulturelle Philosophie fruchtbar zu machen.

Der iranische Islamwissenschaftler und Religionsphilosoph Abdoldjavad Falaturi (1926-1996) gehört zu den führenden Köpfen dieser Zeit in Deutschland und ist zweifelsohne ein Wegbereiter einer konzeptionellen Interkulturalität und Interreligiosität.[43] Er fasst die Eckpunkte seines Denkens wie folgt zusammen: »Hauptsächlich die Liebe zur Philosophie und vor allem die Suche nach einer philosophischen Wahrheit führten mich, ausgebildet im Rahmen einer immer noch im orientalischen Bildungssystem üblichen Universalgelehrsamkeit mit Abschluss in Philosophie, Theologie, Rechtslehre usw. Ende 1954 nach Deutschland. Dabei waren es Denker wie Kant, Nietzsche und Heidegger, die die meiste Anziehungskraft auf mich ausübten. Beflügelt war meine geistige Haltung bei meiner Deutschlandreise von einem mystischen Geist, von einem Geist, der alles liebt, was existiert, weil alles und jedes in seiner Art als Zeichen Gottes gilt. [...] Mir gefiel und gefällt das Prinzip der Mystik, das die Wege zu Gott als so viele darstellt, wie es Menschen gibt.«[44]

Falaturi verfährt systematisch-historisch und ist einer der ersten, die sich für eine grundlegende interkulturelle Reform der Schulbücher in Deutschland und darüber hinaus einsetzt. Falaturis Ansatz birgt eine Mischung aus Theologie, Religionswissenschaft und Religionsphilosophie. Im Rahmen seines Lehrstuhls in Köln setzt er sich tatkräftig für interreligiösen Dialog auf gleicher Augenhöhe ein.

Der hermeneutische Ansatz des indischen Philosophen Ram Adhar Mall (*1937) ist stark von Falaturis Theorie des Verstehens beeinflusst. Mall stellt die indische Philosophie in Europa in ein neues Licht und gründet 1991 in Köln eine ›Internationale Gesellschaft für Interkulturelle Philosophie‹. Der Ansatz von Mall ist hermeneutisch-phänomenologisch; interkulturelle Philosophie betreibt er als vergleichende Philosophie.[45] Ihm wird vorgeworfen, »keine klare Abgrenzung der interkulturellen von der vergleichenden Philosophie«[46] vorzunehmen. Er plädiert für eine interkulturelle Philosophiegeschichtsschreibung.

Der österreichische Philosoph Franz Martin Wimmer (*1942) unternimmt die gleiche Initiative auf einem anderen Wege, verfährt dabei aber historisch-rationalistisch. Wimmer ruft 1990 die ›Wiener Gesellschaft für interkulturelle Philo-

---

42 Vgl. Becka, Michelle: *Anerkennung im Kontext interkultureller Philosophie*, 2005, S. 163.
43 Vgl. Falaturi, Abdoldjavad (Hrsg.): *Der Islam in den Schulbüchern der Bundesrepublik Deutschland*, 1986-1990.
44 Vgl. Tworuschka, Udo: *Abdoldjavad Falaturi*, 2012, S. 112.
45 Vgl. Becka, Michelle: *Anerkennung im Kontext interkultureller Philosophie*, 2005, S. 46 ff.
46 Kimmerle, Heinz: *Interkulturelle Philosophie*, 2002, S. 11.

sophie‹ ins Leben. In seinem philosophischen Denken ist er bemüht, Interkulturelle Philosophie auf der Grundlage des europäisch-westlichen Denkens unter Berücksichtigung der europäischen Aufklärungsphilosophie zu betreiben. Dieses Vorgehen wird kritisiert, weil eine grundlegende und unverzichtbare Aufgabe Interkultureller Philosophie die Dezentralisierung der Geistesgeschichte ist.[47]

Der kubanische Philosoph Raúl Fornet-Betancourt (*1946) setzt sich durch eine Reihe von Publikationen für eine Befreiungsphilosophie und mithin für die Emanzipation der lateinamerikanischen Philosophien ein.[48] Er pflegt eine phänomenologisch-hermeneutische Vorgehensweise. Wie Mall und Kimmerle, die in ihrer Argumentationsstruktur die Prämissen des indischen und afrikanischen Denkens mit einbeziehen, fühlt sich Fornet-Betancourt den lateinamerikanischen philosophischen Traditionen verbunden. Er verfolgt das Ziel, die lateinamerikanische Philosophie, die im Zuge des Kolonialismus marginalisiert wurde, der europäisch-westlichen Öffentlichkeit zugänglich zu machen.[49]

Der deutsche Germanist Alois Wierlacher (*1936) entwickelt in der Entstehungsphase interkultureller Orientierungen das Fach ›Interkulturelle Germanistik‹. Sein ›Handbuch der Germanistik‹ gehört zu den grundlegenden Werken auf diesem Gebiet. Mit diesem Ansatz verfolgt Wierlacher das Ziel, ›Interkulturelle Germanistik‹ als »Dach- und Fachbegriff« und als »eine interdisziplinäre germanistische Fremdkulturwissenschaft« einzuführen, »die in Forschung, Lehre und Organisation von Kultur(en)gebundenheit germanistischer Arbeit ausgeht«.[50] Wierlacher ist bestrebt, alle anderen interkulturellen Perspektivierungen der Wissenschaften als einen Teil interkultureller Germanistik zu etablieren. Wir werden weiter unten bei der Debatte um die Interkulturalität sehen, dass solche Versuche mit Problemen verbunden sind.

Seit den 1990er Jahren sind eine Reihe wissenschaftliche Schriftenreihen und Zeitschriften ins Leben gerufen worden, um für die Verwirklichung eines umfassenden Dialogs zu sensibilisieren.[51]

> **Merke:**
> Was die Ansätze von Kimmerle, Fornet-Betancourt, Mall und Wimmer verbindet, ist neben der Ablehnung aller Formen von Zentrismus und Reduktionismus das Plädoyer für eine grundlegend neue Philosophiegeschichtsschreibung. Trotz ver-

---

47 Vgl. Becka, Michelle: *Anerkennung im Kontext interkultureller Philosophie*, 2005.
48 An anderer Stelle gibt es Einzeldarstellungen dieser und weiterer Autoren, die auf dem Gebiet Interkultureller Philosophie arbeiten. Vgl. Yousefi, Hamid Reza und Heinz Kimmerle (Hrsg.): *Philosophie und Philosophiegeschichtsschreibung in einer veränderten Welt*, 2012 und Yousefi, Hamid Reza und Ram Adhar Mall: *Grundpositionen der interkulturellen Philosophie*, 2005, S. 41-75.
49 Vgl. Becka, Michelle: *Anerkennung im Kontext interkultureller Philosophie*, 2005.
50 Vgl. Wierlacher, Alois: *Handbuch interkulturelle Germanistik*, 2003.
51 Vgl. Mall, Ram Adhar: *Philosophie im Vergleich der Kulturen*, 1995; Fornet-Betancourt, Raúl: *Philosophische Voraussetzungen des interkulturellen Dialogs*, 1998; Wimmer, Franz Martin: *Interkulturelle Philosophie*, 2004 und Kimmerle, Heinz: *Rückkehr ins Eigene*, 2006. In diesem Zusammenhang sei auf zwei Zeitschriften hingewiesen, die sich mit interkulturellen Themenfeldern beschäftigen: Vgl. *Polylog. Zeitschrift für interkulturelles Philosophieren*, 1998 ff.; *DIALOG. Zeitschrift für interreligiöse und interkulturelle Begegnung*, hrsg. v. Mohammad Razavi Rad, 2000 ff.

dienstvoller einzelner Forschungsergebnisse ist es diesen Philosophen nicht gelungen, eine Typologie der Interkulturalität zu entwickeln oder diese als eine akademische Disziplin und die Interkulturelle Philosophie als eine Teildisziplin dieses Faches institutionell zu etablieren.[52]

2.4 Wesen und Funktion Interkultureller Philosophie

Bei der Beantwortung und Analyse der Frage nach dem Wesen Interkultureller Philosophie ist jede Form von emotionalem Rückwärtsdiskurs zu vermeiden; zu empfehlen wäre die Praxis eines pragmatischen Vorwärtsdiskurses, um eine heterogene Gemeinschaft des Wir zu entfalten, die freilich stets eine regulative Idee bleibt.

> Erklärungsversuch:
> Unter Interkultureller Philosophie wird, als eine Teildisziplin der Interkulturalität, diejenige philosophische Tätigkeit verstanden, die in Theorie und Praxis darauf ausgerichtet ist, die Vielfalt philosophischer Zugänge zur Welt kritisch-würdigend zu thematisieren und mithin unterschiedliche Traditionen und Kontexte miteinander ins Gespräch zu bringen.

Ich gebrauche das Kompositum ›Interkulturelle Philosophie‹ in einem spezifischen Sinne, um die Bedeutung einer Reihe von Bühnen des Denkens zu unterstreichen, Bühnen, die mit Konvergenzen und Divergenzen einhergehen.

2.4.1 Von der Kontextualität Interkultureller Philosophie

Unter diesem Gebrauch verstehe ich einen kontextuellen Ansatz, nach dem sich der Oberbegriff ›Philosophie‹ als ein Sammelbegriff mannigfaltiger Reflexionen mit anthropologischer Verankerung in unterschiedlichen Kontexten bzw. kulturellen Formen offenbart. Diesem kontextuellen Ansatz zufolge sind die asiatischen, orientalischen, europäisch-west-östlichen, die lateinamerikanischen und afrikanischen Hemisphären samt ihrer Kontexte nur einige Verwirklichungsgestalten des Denkens, der Reflexion unter anderen. Diese Verwirklichungsgestalten lassen sich weder gegeneinander ausspielen noch aufeinander reduzieren.

> Merke:
> Kontextuell zu verfahren bedeutet, unterschiedliche Traditionen mit ihren jeweils eigenen Terminologien, Fragestellungen und Lösungsansätzen als gleichberechtigte Diskursbeiträge von ihren verschiedenen Positionen her zur Sprache kommen zu lassen, um gemeinsame Perspektiven entwickeln zu können. Transkulturelles Denken und interkulturelles Handeln bilden das Wesen eines interkulturellen Ansatzes.

Interkulturelle Philosophie ist zwar gemäß ihrer Ausrichtung von einer grundlegenden Offenheit geleitet, versteht sich aber, wie wir weiter unten sehen werden, als einen eigenen sachlich begründeten Weg, der weder der Moderne noch der Postmoderne zugerechnet werden kann.

---

52 Vgl. Yousefi, Hamid Reza: *Interkulturalität als eine akademische Disziplin*, 2012.

Interkulturelle Philosophie beschäftigt sich unter Berücksichtigung der Kontexte mit Begriffen, Prinzipien, Problemen, Sinnerklärungen, Logikkonzeptionen, Metaphysiken und einer Reihe anderer Bereiche des Denkens in Geschichte und Gegenwart, die sie unter den Bedingungen der heutigen Weltsituation neu durchdenkt. Insofern beschreibt diese Disziplin eine erkenntnistheoretische Denknotwendigkeit, die der Philosophie eine neue Würde verleiht, mit der wir nicht nur den Herausforderungen der Gegenwart, sondern auch der gewandelten Verfassung kultureller Kontexte weitaus angemessener Rechnung tragen können.

Interkulturelle Philosophie ist dementsprechend nicht mit einer wie auch immer gearteten Komparatistik gleichzusetzen; diese stellt nur einen Bereich dieser Teildisziplin dar. Mit ihrer systematisch neuen Orientierung schafft die Interkulturelle Philosophie einen neuen Boden der Debatte um die Philosophie und ihre Geschichte. Sie eröffnet eine neue Aufgabenstellung der Philosophie mit vielen Dimensionen, die ineinander greifen und sich gegenseitig befruchten.

> **Merke:**
> Es geht nicht um die Theorie und Praxis der Standpunktlosigkeit, die Relativismus bedeuten würde, sondern um eine kommunikative Standpunktbeweglichkeit.

2.4.2 Wege und Motive Interkultureller Philosophie

Interkulturelle Philosophie vollzieht sich nicht in bloßen Fragen und Fragestellungen wie eine denkerische Tätigkeit, abgekoppelt von der Realität, ohne geschichtliche, gegenwärtige und künftige Relevanz. Interkulturell philosophische Reflexion bedeutet die Überwindung alles eindimensional und bloß abstrakt Gedachten und Gesagten in der Weltgeschichte des Denkens. Die Radikalität ihrer kritischen Fragen reicht bis in den (Ab)Grund des geschichtlichen und gegenwärtigen Bewusstseins.

Interkulturelle Philosophie heißt, sich *in* der und *durch* die Geschichte der vielfältigen Gestalten des Denkens in den verschiedenen Kulturen korrigierend zwischen diesen Kontexten zu bewegen. Darin liegt Sinn und Funktion der erwähnten interkulturell philosophischen Standpunktbeweglichkeit.

Interkulturelle Philosophie steht jedem Fortschrittsglauben in der Philosophie ablehnend gegenüber. Wir können nicht problemlos unterstellen, dass der jeweils spätere Philosoph die ›Wahrheit‹ des oder der früheren Philosophen verstanden, bewahrt und übertroffen habe. Es ist durchaus denkbar, den Denkboden des Vorhergehenden zu ergänzen, zu korrigieren, zu verlassen, zu überwinden oder gar falsch bzw. nicht zu verstehen.

Interkulturelle Philosophie ist eine dialogische Mischung von theoretischem Wissen sowie praktischen Erfahrungen und Fakten, so wie bei einem Handwerker, der beides benötigt, um seine Arbeit zu verrichten und ein qualitativ angemessenes Ergebnis zu erreichen.

Interkulturelle Philosophie ist keine vorübergehende Geisteshaltung, die etwa bestehende Orientierungskrisen bewältigen will, sondern möchte vielmehr eine methodische Disziplin der Reflexion auf die Praxis unserer Orientierung im Verständnis der Kulturen sein. Insofern ist sie eine Antwort auf die Frage: Wozu überhaupt Philosophie?

Interkulturelle Philosophie bedeutet demnach das Unterwegssein auf einem langen und windungsreichen Weg im Denken, Handeln und Reden zwischen verschiedenen Formen der Differenzen und innerhalb dieser: suchend, fragend, antwortend.

Interkulturelles Philosophieren verdeutlicht, dass Philosophie, in welchem Kontext auch immer, die Folge einer bestimmten Form von Ergriffenwerden darstellt. Wer diese Tatsache umgehen will, riskiert unweigerlich, in eine reine Denkakrobatik zu verfallen.

Interkulturelle Philosophie sucht die verwirklichende Universalität der Sachverhalte, die Entfaltung der Offenheit des Menschen und die Erhellung seiner Unergründlichkeit. Sie hat nicht nur historische und gegenwärtige Dimensionen, sondern auch eine starke politische Ausrichtung. Weil Vernunft in allen Denktraditionen eine tragende Säule der Philosophie und Erkenntnisgewinnung darstellt, bedeutet ihr öffentlicher Gebrauch das mittelbare oder unmittelbare Auftreten der Philosophie unter spezifischen Bedingungen in der lebensweltlichen Öffentlichkeit. In diesem Sachverhalt liegt ein wesentlicher Unterschied zwischen der Schulphilosophie und der Interkulturellen Philosophie. Hierbei geht es um eine akademische und bürgerlich verständliche Thematisierung von gesellschaftsrelevanten Inhalten neben den historisch relevanten Diskursfeldern, die an den Hochschulen rein akademisch behandelt werden. Dadurch werden diese Themenfelder entzaubert.

Interkulturelle Philosophie versteht sich als Unterwegssein zur Weltphilosophie. Von der traditionellen Philosophie unterscheidet sich ein solches Philosophieverständnis durch einen dezentralisierenden Charakter in Theorie und Praxis, der keine philosophische Tradition als archimedischen Punkt annimmt und das gesamte Feld der Philosophie umfasst.

Das Kompositum ›Interkulturelle Philosophie‹ ist eigentlich eine Tautologie. Dies hängt damit zusammen, dass Philosophie *per se* global und universal ist, weil ihr Gegenstand der Mensch in allen seinen Dimensionen ist. Deshalb versucht es auf diese universale Ursprünglichkeit der Philosophie hinzuweisen, die aufgrund der kolonialen Expansion eine eurozentrische Ausrichtung bekommen hat, somit verabsolutiert worden ist und irrigerweise für universal gehalten wird. Eine Folge dieser diskursiven Einseitigkeit ist es, dass Interkulturelle Philosophie aufgrund ihres dezentralisierenden Charakters von den traditionellen Befürwortern der Philosophie als eine Modeerscheinung, quasi eine vorübergehende Geisteshaltung oder als eine europäische Ethnophilosophie angesehen wird.[53]

---

[53] Norbert Mecklenburg (*1943) behauptet, Interkulturelle Philosophie sei eine europäische Ethnophilosophie. Vgl. Mecklenburg, Norbert: *Das Mädchen aus der Fremde*, 2008, S. 135. Der Begriff ›Ethnophilosophie‹ ist zwar in europäisch-westlichen Hemisphären für die Bezeichnung bestimmter Denkformen afrikanischer Philosophie entwickelt worden. Vgl. Hountondji, Paulin J.: *Afrikanische Philosophie*, 1993, S. 219 ff. Er lässt sich aber genauso auf die eigene Philosophie bzw. Philosophien besonders dann anwenden, wenn unterstellt wird, Philosophie überhaupt, eine bestimmte Denkform oder Interkulturelle Philosophie sei europäisch. Eine solche Wahrnehmung würde einen geschlossenen Kulturbegriff voraussetzen, der jede Berührung mit anderen Kulturen als Verunreinigung des Eigenen betrachtet.

> **Merke:**
> Interkulturelle Philosophie umfasst eine Reihe von weiteren philosophischen Disziplinen und angrenzenden Bereichen. Dazu gehören vor allem Rechtsphilosophie, Anthropologie, Kulturphilosophie, Erkenntnistheorie, Logik, Wissenschaftstheorie sowie Wissenschaftsgeschichte, Geschichtsphilosophie, Metaphysik, Ethik, Hermeneutik, Ästhetik, Sprachphilosophie, Analytik, Naturphilosophie, Technikphilosophie, Staatsphilosophie, Sozialphilosophie und ihre internen Ausdifferenzierungen. Hier sind die Kontextualitäten zu beachten.

Die Metaphysik beschäftigt sich mit dem Weltganzen bzw. dem sinnlich nicht Erfassbaren, während die Ontologie mit dem Sein in seiner Gesamtheit zu tun hat. Beide Teildisziplinen überschneiden sich. Die Logik handelt von der Lehre des richtigen Denkens und von der ›Wahrheit‹. Die Ethik hat das richtige Handeln zum Thema, während sich die Erkenntnistheorie mit dem Erkennen und seinen Grenzen befasst. Die Naturphilosophie klärt die Natur und die Weltstruktur und die Ästhetik befasst sich mit dem Schönen. Die Kulturphilosophie thematisiert die Entwicklung von Kulturen und ihren Explikationen, während die Gesellschaftsphilosophie sich mit Dimensionen der Gesellschaft und ihrer Wandelbarkeit auseinandersetzt. Die Philosophiegeschichte thematisiert die Geschichte des Denkens, während die Religionsphilosophie die Religionen und ihre Funktionen analysiert und die Staatsphilosophie den Staat und die Funktionen der Staatsorgane vor Augen hat. Die Rechtsphilosophie untersucht die Ethik und soziale Normen des Rechts, während die Sprachphilosophie die Rolle und Funktion der Sprache und ihren Einfluss auf das Denken untersucht.

Alle diese Gebiete erhalten im interkulturellen Kontext neue Rollen und Funktionen.

Interkulturelle Philosophie geht von einer Entkolonialisierung geisteswissenschaftlicher Begriffe aus, die geschichtlich stufentheoretisch gebildet worden sind. Ausdrücke wie ›Primitive‹ bzw. ›Naturvölker‹, die z.T. noch heute von manchen Ethnologen und Soziologen gebraucht werden, bedürfen einer Neufassung, genauso wie die Aufteilung des Globus in eine ›Erste‹, ›Zweite‹ und ›Dritte‹ Welt, in ›unterentwickelte Länder‹ oder ›Entwicklungsländer‹, die der Begründung Vorschub leisten soll, die ›Dritte-Welt-Länder‹ befänden sich auf einer niedrigeren Entwicklungsstufe und würden nicht über eine genuine Philosophie verfügen.[54] Duala-M'bedy charakterisiert dies folgendermaßen:

> **Merke:**
> »Die ›Dritte Welt‹ fungiert daher als ›Zweite Welt‹ innerhalb des ideologischen Raumes, in dem die ›Erste‹ und die ›Zweite Welt‹ unausgesprochen bleiben, aber im Sinne des ›Wir‹ eine finite Erfahrung darstellt.«[55]

---

54 Vgl. hierzu Wiredu, Kwasi: *Cultural Universals and Particulars*, 1996, S. 12.
55 Duala-M'bedy, Munasu L. J.: *Xenologie*, 1977, S. 21.

2.5 Zwischen der Moderne und Postmoderne

Moderne und Postmoderne sind zwei zeitlich aufeinander folgende Richtungen, die von unterschiedlichen Voraussetzungen ausgehen.

2.5.1 Dimensionen der Moderne

Die Moderne nimmt ihren Anfang im Kontext der Philosophie in der europäisch-westlichen Aufklärungszeit und bezeichnet einen radikalen Traditionsbruch von umfassendem Charakter. Sie umfasst in etwa die Zeit zwischen der europäischen Aufklärung und dem Ersten Weltkrieg:

> **Merke:**
> Drei Ausdrücke spielen in der Moderne eine wesentliche Rolle: Aufklärung, Idealismus und Historismus, die mit unterschiedlichen Charakteristika verbunden sind.

Die frühe Moderne kulminiert in den Ideen von Immanuel Kant. Er bezeichnet Aufklärung als »Ausgang des Menschen aus seiner selbstverschuldeten Unmündigkeit«[56], mit der er, wie sein Vorgänger Christian Thomasius (1655-1728), auch der Autorität der Kirche ein Ende setzen will.[57] Seine zentrale Achse bildet die Selbstermächtigung der Vernunft, die sich zu einem Vernunftabsolutismus steigert, nach dessen Diktat sich alles, auch die Religion, zu richten hat. Charakteristisch für den Begriff der ›Moderne‹ ist auch die Einführung von neuen Wertekatalogen auf der Grundlage dieses Vernunftbegriffs.

Georg Wilhelm Friedrich Hegel lobpreist als ein Vertreter des Deutschen Idealismus ebenfalls die Vernunft. Nach ihm ist der einzige »Gedanke, den die Philosophie mitbringt […], der einfache Gedanke der *Vernunft*, daß die Vernunft die Welt beherrsche, daß es also auch in der Weltgeschichte vernünftig zugegangen sei. Diese Einsicht ist eine *Voraussetzung* in Ansehung der Geschichte als solcher überhaupt.«[58] Auf dem Wege zum Entwurf seiner Weltgeschichte der Philosophie nimmt Hegel eine Zentralperspektive ein und glaubt, Ziel und Ende der Geschichte zu sehen. Es ist mehr als fraglich, ob und inwieweit es eine Zielgerichtetheit der Geschichte gibt.

Ähnlich verfahren Historisten wie Leopold von Ranke (1795-1886) und sein Schüler Heinrich von Sybel (1817-1895).[59] Beide sind der Auffassung, dass der Historiker die Aufgabe zu erfüllen habe, mit möglichst großer Objektivität zu demonstrieren, wie sich die Geschichte lückenlos entwickelt habe, deren Epochen je ihre eigene Wahrheit hätten.[60]

---

56 Kant, Immanuel: *Die Beantwortung der Frage: ›Was ist Aufklärung?‹*, 2004, S. 553.
57 Vgl. Thomasius, Christian: *Ausübung der Vernunftlehre* (1691), 1998.
58 Hegel, Georg Wilhelm Friedrich: *Vorlesungen über die Geschichte der Philosophie*, Bd. 18, 1971, S. 20.
59 Vgl. hierzu Mommsen, Wolfgang Justin: *Objektivität und Parteilichkeit im historiographischen Werk Sybels und Treitschkes*, 1977.
60 Vgl. Ranke, Leopold von: *Weltgeschichte*, 1935.

2.5.2 Aspekte der Postmoderne

> **Merke:**
> Die postmoderne Philosophie löst die Moderne paradigmatisch ab und lässt sich grundsätzlich als Wegbereiterin einer neuen Wahrnehmung des Eigenen und des Anderen charakterisieren, welche die einseitigen ›großen Erzählungen‹ der Moderne kritisiert.

Die Postmoderne beschreibt die Zeit nach dem Ersten Weltkrieg. Postmoderne Philosophen halten der Moderne mitunter vor, ein totalitäres oder doch totalisierendes Prinzip zu vertreten. Sie beabsichtigen, die Eindimensionalität der Moderne zu bekämpfen, die für bestimmte extremistische Züge ursächlich sei. Zu den führenden Vertretern dieser Richtung gehört Jean-François Lyotard (1924-1998):

> **Merke:**
> Lyotard hält das Projekt der Moderne für gescheitert und kritisiert drei Meta-Erzählungen: Absolutismus der Aufklärung, Ganzheitsideologie des Idealismus und Lückenlosigkeit des Historismus.[61]

Dabei unterscheidet Lyotard zwischen einem ›szientifischen‹ und einem ›narrativen‹ Wissen. Während die Legitimation der ersten Wissensform ungeklärt, also offen bleibt, misst er dem narrativen Wissen in Form von Geschichten und Erzählungen keine große Legitimation bei.

Wolfgang Welsch, ein weiterer Hauptvertreter der Postmoderne, entwirft das Konzept einer ›transversalen Vernunft‹, das darauf ausgerichtet ist, der postmodernen Beliebigkeit mit Übergängen und transversalen Vollzügen zu begegnen. Mit Lüthe (*1948) ließe sich fragen, »ob diese Beliebigkeit nicht irgendwo Grenzen haben muss, ob es nicht so sein muss, dass jeder auch noch einen anderen Maßstab zu akzeptieren hat als sein eigenes höchst privates Lebenskonzept.«[62] Diese Vernunftform ist für Welsch »von den Rationalitäten aus gesehen, nötig, um zwischen deren diversen Formen Austausch und Konkurrenz, Kommunikation und Korrektur, Anerkennung und Gerechtigkeit zu ermöglichen.« Die transversale Vernunft ist »selbst ein Faktor der Prozesse, deren anderer Faktor die Rationalität ist.« Eine solche Vernunftform verfährt nicht, wie der absolutistische Vernunftbegriff der Moderne, »hierarchisch, archimedisch oder imperatorisch.« Dies liegt darin begründet, dass die transversale Vernunft »einen eigenen Prinzipienansatz gar nicht besitzt.«[63]

---

61 Vgl. Lyotard, Jean-François: *Das postmoderne Wissen*, 2006.
62 Lüthe, Rudolf: *Absurder Lebensstolz*, 2012, S. 31.
63 Welsch, Wolfgang: *Vernunft*, 1996, S. 762 f. Zu den postmodernen Vertretern gehören neben Jean-François Lyotard auch Michel Foucaults (1926-1984) Poststrukturalismus, Jacques Derridas Dekonstruktivismus und Roland Barthes' (1915-1980) Diskursanalyse, die mit unterschiedlichen Methoden ausschließlich die Übermacht der Moderne bekämpfen wollten.

> **Merke:**
> Weil ein von der Gemeinschaft, Gesellschaft und Kultur abgekoppeltes oder unabhängiges Individuum ein Konstrukt zu sein scheint, so ist ebenfalls nicht selbstverständlich, Individuen im Sinne der postmodernen Anthropologie als Welten zu betrachten, die alles »aus sich heraus und für sich«[64] interpretieren.

Einige kritische Überlegungen

Die Aufhebung dogmatischer Züge der Moderne durch die Vertreter der Postmoderne scheint, gewollt oder ungewollt, einen radikalen Relativismus, eine Art Beliebigkeit in Kauf zu nehmen, nach der alles gleich *gut* und gleich *richtig* sein muss. Sie werfen dem Projekt der Moderne die Praxis des totalisierenden Prinzips vor, während sie selbst ähnlich in die umgekehrte Richtung radikal relativierend argumentieren. Offen bleibt, ob solche Engführungen nicht sozialen Nährboden für fundamentalistische Bewegungen schaffen, die sich einem kritischen Dialog entziehen.

> **Merke:**
> In der Moderne wurden die außereuropäischen Philosophien aufgrund der Umstände der Zeit entweder nicht beachtet oder marginalisiert. Das Gleiche gilt auch für die postmodernen Philosophen, weil sie sich kaum auf einen ›echten‹ und kritischen Dialog mit außerwestlichen Philosophien eingelassen haben. Moderne und Postmoderne haben ohne Zweifel ihre großen Errungenschaften und Verdienste, aber auch zugleich ihre Blindheiten, Engen und Maßlosigkeiten.

2.5.3 Interkulturelle Philosophie als ein Zwischenweg

Die Interkulturelle Philosophie vermeidet diese beiden Extreme. Sie legt den Dogmatismus der Moderne sowie die Beliebigkeit und relativierenden Tendenzen der Postmoderne offen und schlägt einen dritten, dialogischen Weg der Mitte ein, der Konvergenzen und Divergenzen stets in einem kritikoffenen und argumentativen Dialog im Auge behält, ohne diese gegeneinander auszuspielen oder aufeinander zu reduzieren. In diesem Zusammenhang spricht man vom Projekt der Interkulturalität als Form einer wissenschaftlichen Disziplin.

> **Merke:**
> Interkulturelle Philosophie positioniert sich zwischen der Moderne und Postmoderne. Dabei sucht sie den Weg zu einem polyphonen Dialog nicht nur zwischen den Denktraditionen, sondern auch innerhalb dieser im Weltkontext. Mit Lüthe argumentiert, verhält sich Postmoderne zur Moderne wie die Romantik zur Aufklärung.
>
> Die Romantik als eine Protest- bzw. Oppositionsbewegung zwischen dem 18. und Mitte des 19. Jahrhundert durchzieht viele Bereiche der Kultur, wobei es den Romantikern um die zeitlose Suche nach einer ›besseren‹ und ›gerechteren‹ Welt geht. Lüthe betrachtet die Postmoderne im Sinne Interkultureller Philosophie als eine Form von Neo-Romantik. Auf diesem Wege sucht er nach einer ›lebbaren Form‹ von Neo-Romantik.[65]

---

64 Augé, Marc: *Nicht-Orte,* 2010, S. 44.
65 Vgl. hierzu Lüthe, Rudolf: *Der Ernst der Ironie,* 2002.

Interkulturelle Philosophie ist auf diesem windungsreichen Weg weder idealistisch oder hegemonial noch administrativ oder relativistisch, sondern offen, dialogisch und selbstkritisch. Sie versteht sich auch als Korrektiv der Moderne und Postmoderne. Standpunktbeweglichkeit gehört zu ihrem Wesen.

> **Übungsaufgaben:**
> 1. Was ist Interkulturelle Philosophie als eine Teildisziplin der Interkulturalität?
> 2. Erläutern Sie die Begriffe ›Aufklärung‹, ›Idealismus‹ und ›Historismus‹ im Kontext der Moderne.
> 3. Diskutieren Sie die Ansätze von Jean-François Lyotard und Wolfgang Welsch als zwei Hauptvertretern der Postmoderne.
> 4. Wo liegen die Konvergenzen der Moderne und Postmoderne?
> 5. Erläutern Sie Unterschiede und Gemeinsamkeiten zwischen der Interkulturellen Philosophie und dem Projekt der Moderne und Postmoderne.
> 6. Besprechen Sie Vor- und Nachteile einer Standpunktlosigkeit und einer Standpunktbeweglichkeit.
> 7. Von welchem Vernunftbegriff geht die Interkulturelle Philosophie aus und wie verhält sie sich zum Projekt der Moderne und Postmoderne?

2.6 Universalität des Vernunftvermögens

Lassen wir die Geschichte der Philosophie im Weltkontext Revue passieren, so ist festzustellen, dass Philosophie sich als ein immerwährendes Streben nach der Erkenntnis vollzieht, die Grundwirklichkeit des Lebens in unterschiedlichen Kontextualitäten durch Reflexion und menschliche Erfahrung zu verstehen, zu analysieren und zu begründen. Selbsterkenntnis ist die unabdingbare Voraussetzung der Philosophie überhaupt.[66]

Im Folgenden werden Strukturen eines offenen und kultur*un*gebundenen Vernunftbegriffs vorangestellt, der besagt, dass Vernunft jedem Menschen als einem denkenden, handelnden und redenden sowie vergleichenden Wesen gegeben ist. Dabei wird versucht, eine kritische Antwort auf die Frage zu formulieren, ob und inwieweit Denkformen, die kulturell, kontextuell und vor allem individuell verschieden sind, Diskurse beeinflussen oder bestimmen können. Der Begriff ›Denkform‹ beschreibt in der Regel eine bestimmte Erkenntnis- und Urteilsform über die Wirklichkeit der Sachverhalte in Gesellschaft, Politik und Wissenschaft.

2.6.1 Was ist das – die Vernunft?
Kein philosophisches Selbstverständnis ist ohne eine vermittelbare Selbsterkenntnis möglich. Hier ist die Vernunft als ein wichtiges Instrument der Wirklichkeitsbewältigung wirksam. Sie ist ein Organon, das die Menschen verbindet, welchem kulturellen Kontext, welcher philosophischen Schule sie auch immer angehören mögen.

---

66 Vgl. hierzu Yousefi, Hamid Reza: *Viele Denkformen – eine Vernunft?* 2010.

> **Erklärungsversuch:**
> Vernunft ist ein kognitives Vermögen oder ein Erkenntnisorgan. Sie ist ein Instrumentarium der Urteilsbildung und verfährt reflexiv-ordnend und synthetisch; sie stellt ein regulatives Vermögen dar, weil das vernünftige Denken, Reden und Handeln immer mit einem Ziel verbunden ist, nach dem der Mensch strebt.

Vernunft bildet Kultur und Tradition, schafft die nötige Voraussetzung für alle Erkenntnisformen, berechnet Möglichkeiten, sieht Gefahren und bringt Instrumente hervor, um diese zu bewältigen. Vernunft als eine anthropologische Konstante nimmt nicht nur in der Philosophie, sondern auch in allen Wissenschaften einen wichtigen Platz ein.

Um Relativismus zu vermeiden und eine Dialogmöglichkeit unterschiedlicher Denkmodelle zu ermöglichen, gehe ich von einer grundsätzlichen ›Universalität der Vernunft‹ aus. Diese lässt sich wie folgt darstellen:

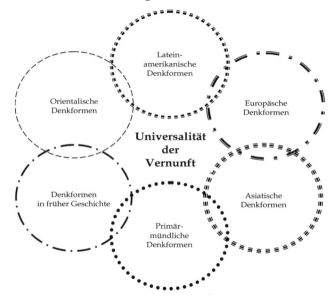

Im Schaubild sehen wir sechs Bereiche, die unterschiedlich gerastert sind und durch die ›Universalität der Vernunft‹ verbunden werden. Diese wurde in das Sein eines jeden Menschen hineingelegt, sie ist von verschiedenen Erscheinungsformen umgeben. Die Ausdrücke ›Denkformen in früher Geschichte‹ und ›Primärmündliche Denkformen‹ im Schaubild sind als Korrektur eurozentrischer Begriffe wie ›Denkformen vor der Geschichtsschreibung‹ und ›schriftlose Denkformen‹ aufzufassen.

Die Durchlässigkeit der Begrenzungslinien verdeutlicht, dass die einzelnen Bereiche miteinander reziprok verbunden sind. Dass im Rahmen der Reziprozität der verschiedenen Spielarten bzw. Stimmen der Vernunft auch externe und interne Konfliktsituationen bestehen, gehört zur Natur dieser Pluralität, die sich am besten bei der Beantwortung der Frage beobachten lässt, was Vernunft innerhalb der Kulturen und Traditionen und zwischen ihnen bedeutet. Bei der Suche nach Antworten wird allerdings deutlich, dass Vernunft als eine Grundlage der Philosophie eine bewegte Geschichte von Konflikten und Interdependenzen kennt.

Betrachtet man diese Geschichte, so wird klar, dass sie spätestens vor etwa 4000 Jahren mit Sartoscht einen ihrer prominenten Anfänge nimmt und über Platon (427-347 v.u.Z.), Nagarjuna (ca. 250-150 v.u.Z.), Al-Kindi (801-865), Zakariya Razi (865-932), Farabi (870-950), Ibn Miskawayh (940-1030), Ibn Sina, Biruni (973-1048), Ghazali (1058-1111), Molla Sadra, Immanuel Kant, Georg Friedrich Wilhelm Hegel und Nietzsche bis zu Hans-Georg Gadamer (1900-2002), Martin Heidegger (1889-1976), Jürgen Habermas (*1929) und Wolfgang Welsch (*1946) unterschiedlich diskutiert wird.

> **Erklärungsversuch:**
> ›Universalität des Vernunftvermögens‹ bedeutet, dass das menschliche Denken kulturübergreifend Argumente, Begründungen, Kritik und Rechtfertigungen für Ansichten hervorbringt, und zwar über Themenbereiche wie Anthropologie, Erkenntnistheorie, Logik, Metaphysik oder Ethik.

Nehmen wir allein die Aufgabe und Funktion der Erkenntnistheorie als eines der zentralen Gebiete der Philosophie in den Blick, so fragt diese nach der Richtigkeit von Auffassungen und der Berechtigung ihrer Begründungen.[67] Vernunft bringt zwar unterschiedliche Begründungen und Lösungsansätze hervor, die Ergründung ihres Wesens bleibt aber stets ein Problem der Philosophie. Insofern ist philosophische Kritik stets Vernunftkritik.

2.6.2 Vernunft und die philosophische Vielfalt

Philosophische Gebiete sind in der Regel, wie weiter oben im Zusammenhang mit dem Brückenbau angedeutet, theoretische Kampfplätze des Denkens mit sichtbaren Folgen für die zwischenmenschliche Kommunikation. Die apologetischen Kontroversen um die ›wahre‹ oder die ›wahrste Wahrheit‹ einer Sache, einer Frage oder eines Gegenstandes steht im Zentrum dieses Konkurrenzkampfes. Hier wird ein bestimmtes Verständnis von Philosophie zugrunde gelegt, verabsolutiert und universalisierend als Vergleichsmaßstab herangezogen.

> **Merke:**
> Die Hypothese ›Es gibt einen Gott, der die Welt erschaffen hat‹, kann den konkurrierenden Kampf zwischen unterschiedlichen Schulen und Disziplinen verdeutlichen. Die Antworten würden sich mit großer Wahrscheinlichkeit gegenseitig ausschließen. Jeder würde insistieren, die eigene Annahme durch die Vernunft beweisen zu können. Auch innerhalb der Philosophie selbst gibt es eine Reihe von Uneinigkeiten über die zentrale Frage: ›Was heißt Philosophie?‹, um nur ein Beispiel zu nennen.

Wer ein bestimmtes Verständnis von Philosophie in den absoluten Stand setzt, meint, über den einzigartigen Wirkstoff ›Philosophín‹ zu verfügen. Was im Kaffee das Koffein, im Tabak das Nikotin, wäre demnach in der Philosophie das Philosophín (Hans-Gerd Hamacher). Dass es verschiedene Wege zur Beantwortung solcher und ähnlicher Fragen gibt, liegt in der unergründlichen Konstitution des Menschen und der Art und Weise seines Denkens, mit dem seine Weltsicht steht und

---

67 Vgl. Bartelborth, Thomas: *Begründungsstrategien*, 1996, S. 9.

fällt. Die philosophische Vielfalt ist eine Folge der unterschiedlichen Entfaltungsmöglichkeiten der Vernunft, die bisweilen ihre Grenzen übersieht und sich in Spekulationen verliert.

> **Übungsaufgaben:**
> 1. Was ist Vernunft und was bedeutet ›Universalität der Vernunft‹? Nehmen Sie dazu kritisch Stellung.
> 2. Diskutieren Sie die Gründe der philosophischen Vielfalt. Verdeutlichen Sie diese mit einem Beispiel.

2.7 Methoden Interkultureller Philosophie

Interkulturelle Philosophie benötigt, wie jede andere Wissenschaft, auch eine Methodologie, um ihre Argumentationsgebäude begründen zu können. Eine mögliche Antwort wäre: weil Interkulturelle Philosophie für theoretische wie praktische Offenheit plädiert, so würde die Einführung von Methoden ihre Handlungsbereiche einschränken. Eine zweite Möglichkeit wäre die Einführung eines Methodenanarchismus, nach dem die Forschenden ihre Methode nach eigenem Vorverständnis auswählen.

Die Auswahl und Bestimmung der Methoden Interkultureller Philosophie ist durch den Zugang des Betrachters zu den Inhalten des Denkens sowie ihre Thematisierungsformen und -absichten in den verschiedenen Kulturen begründet. Zielführend ist weder die Einführung eines Methodenanarchismus, nachdem alles gleich *gut* und gleich *richtig* ist noch eine Methodenlosigkeit, die wissenschaftlich nicht zu verantworten wäre.

> **Merke:**
> Die Methode der Interkulturellen Philosophie umfasst alle methodischen Komponenten der Interkulturalität und ist damit pluralistisch ausgerichtet. Diese Methoden-Kumulation ist in alle Richtungen erweiterbar.

Die folgende Abbildung demonstriert diese methodenpluralistische Komposition:

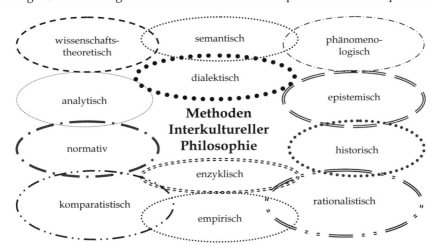

Diese Methoden können wie folgt zusammengefasst werden:

Analytisch vorgehen bedeutet, das Untersuchungsobjekt gedanklich in seine Bestandteile zu zerlegen, um es zu verstehen.

Historisch vorgehen bedeutet, das Untersuchungsobjekt in einen historischen Zusammenhang zu stellen und es aus dieser Perspektive heraus zu erfassen. Es geht um eine Geschichtspathologie und -diagnostik.

Phänomenologisch vorgehen bedeutet, unterschiedliche Formen der Selbstwahrnehmung und der Wahrnehmung des Anderen zu beschreiben, um dadurch dialogische Aspekte zu gewinnen.

Komparatistisch vorgehen bedeutet, unterschiedliche Modelle miteinander in Beziehung zu setzen, Übereinstimmungen und Unterschiede zu konstatieren, ohne diese gegenseitig aufeinander zu reduzieren oder gegeneinander auszuspielen.

Semantisch vorgehen heißt, Begriffsbedeutungen einzelner sprachlicher Äußerungen zu klären und miteinander in einen reziproken Zusammenhang zu setzen.

Enzyklisch vorgehen bedeutet (darüber später mehr), das Untersuchungsobjekt umfassend in den Blick zu nehmen und verstehend zu begreifen.

Empirisch vorgehen bedeutet, von Erfahrungen auszugehen, dabei Wertungen zu vermeiden und bemüht zu sein, gewonnene Erfahrungen systematisch zu erfassen und auszuwerten.

Wissenschaftstheoretisch vorgehen bedeutet, den Fragen nach Theoriebildung, der Bestimmung von Begriffsapparaten und der Explikation von Vorannahmen nachzugehen.

Normativ vorgehen bedeutet, den Untersuchungsgegenstand vor dem Hintergrund der Wertvorstellungen zu untersuchen, auf denen er beruht. Dies hängt damit zusammen, dass Interkulturelle Philosophie die Arena des Denkens nicht einem reinen szientifischen Ansatz überlassen will, da auch diesem selbst metaphysikverdächtige Momente inhärent sind.

Epistemisch vorgehen bedeutet, das Untersuchungsobjekt auf eine erkenntnistheoretische Grundlage zu heben und logische Strukturen herauszuarbeiten.

Rationalistisch vorgehen bedeutet, die Fähigkeiten der Vernunft zu benutzen und zu beachten, welche unterschiedlichen Argumentationsformen die Denkformen im Vergleich und Verständnis der Kulturen hervorbringen.

Dialektisch vorgehen bedeutet, die internen Gegensätze in einem Untersuchungsobjekt aufzuspüren und die darin enthaltene Dynamik im Rahmen eines umfassenden Ganzen herauszustellen.

Die Methode Interkultureller Philosophie ist ›kompensatorisch‹, weil das Zusammenspiel dieser Komponenten die Grundlage einer gemeinsamen sich ergänzenden Lernkultur bietet, die a) strukturelle und korrelative Zusammenhänge identifiziert, die b) eine vielfältige Untersuchung dieser Zusammenhänge erleichtert und die c) eine Überprüfbarkeit der Sachverhalte auf dem Weg zum polyphonen Dialog ermöglicht.

Der Methodenpluralismus Interkultureller Philosophie hat einen *responsiven* Charakter und ist aufgrund ihrer Beschaffenheit dazu geeignet, die Aneignung von unterschiedlichen »Faktoren der kulturspezifischen und individuell geprägten Lebenserfahrung und Lerngeschichte«[68] des Eigenen und des Anderen sowie des Wissens über diverse Denk- und Lerntraditionen kommunikativ zu ermöglichen.

Diese Methoden sind für die *historischen*, *systematischen* und *vergleichenden* Orientierungsbereiche Interkultureller Philosophie grundlegend.

> **Merke:**
> Interkulturelle Philosophie ist selbst wiederum systematisch, historisch und vergleichend ausgerichtet, wobei diese Ausrichtungen miteinander verschränkt sind:
>
> *Systematisches Verfahren* bedeutet, die thematischen wie methodischen Leitparadigmen, Probleme, Terminologien sowie Grundüberlegungen und -annahmen ersichtlich werden zu lassen, die sich bei der Thematisierung philosophischer Reflektionen ergeben.
>
> *Historisches Vorgehen* heißt, zur Darstellung zu bringen, was dem Thema nach zu unterschiedlichen Zeiten von diversen Autoren unter verschiedenen Bedingungen jeweils entworfen worden ist.
>
> *Vergleichendes Arbeiten* bedeutet, Sachverhalte, Probleme, Begriffe oder Fragen unter Berücksichtigung der Kontexte miteinander in Beziehung zu setzen, ohne diese reduktionistisch oder stufentheoretisch zu traktieren.
>
> Diese drei Verfahrensformen berücksichtigen in allen Kontexten die oben abgebildete Methodenkomposition.

Dabei werden vor allem die lebensgeschichtlichen Hintergründe unter Berücksichtigung kultureller und religiöser Interdependenzen, die zur Erhellung ideengeschichtlicher Zusammenhänge beitragen können, berücksichtigt. Es ist von zentraler Bedeutung zu untersuchen, wie sich diese Begriffe innerhalb aller Denktraditionen und zwischen ihnen im Weltkontext definieren und wie mit Divergenzen und Konvergenzen umzugehen ist. Ohne eine solche wechselseitige Befragung würde jedes interkulturelle Philosophieren seinen dialogischen Charakter verlieren.

Im Folgenden sollen von diesen Methoden die Hermeneutik und die Komparatistik exemplarisch dargestellt werden, um ihre Tiefe und Breite vor Augen zu führen.

> **Übungsaufgabe:**
> Erläutern Sie die Methoden der Interkulturellen Philosophie. Nehmen Sie dazu kritisch Stellung.

2.7.1 Beispiel 1: Enzyklische Hermeneutik

Hermeneutik ist ein methodisches Regelwerk des Verstehens und der Auslegung von Texten, Kunstwerken und anderen sinnhaften Äußerungen.[69] Ein Sachverhalt kann gemäß dieser Definition aus unterschiedlichen hermeneutischen Perspektiven heraus betrachtet werden: sprachlich, religionswissenschaftlich, soziologisch oder pädagogisch. Diese kommen in wissenschaftlichen und politischen Theorien sowie in der Alltagskommunikation zum Ausdruck.

---

68 Neuner, Gerhard und Hans Hunfeld: *Methoden des fremdsprachlichen Deutschunterrichts*, 1993, S. 24.
69 Vgl. hierzu Gernert, Dieter: *What can we learn from internal observers?* 1994.

Die Theorie des Verstehens von Max Weber (1864-1920)

In diesem Zusammenhang ist, als Methode, die Theorie des Verstehens von Max Weber von Bedeutung. Ein verstehender Zugriff auf das soziale Handeln zielt nach Weber zum einen auf die Erfassung des vom Handelnden subjektiv gemeinten Sinns und zum anderen auf die Erklärung dieses Handelns unter Berücksichtigung des Kontextes, in dem sich das Handeln vollzieht. Weber unterscheidet zwei Verstehenstypen, die rational oder irrational sein können: aktuelles und erklärendes Verstehen. Die Intention des Betrachters ist dabei ausschlaggebend, wie jeweils vorgegangen wird.[70]

> **Merke:**
> Das *aktuelle* Verstehen bezieht sich nach Weber auf die deutende Erfassung des laufenden Handlungssinnes.
> Das *erklärende* Verstehen ist darauf ausgerichtet, die Gründe für dieses oder jenes spezifische Verhalten zu erfassen.

Bei beiden Formen des Verstehens sind Kontextualitäten, Situativitäten und Individualitäten zu beachten. Hermeneutik, also Verstehen, kennt unterschiedliche Wege. Sie kann auf den eigenen Horizont beschränkt bleiben oder den Horizont des Anderen einbeziehen und damit dialogisch gestaltet werden. Ich unterscheide zwischen einer apozyklischen und einer enzyklischen Hermeneutik, die dem Verstehensansatz Webers ähnelt:

Apozyklische Hermeneutik

> **Erklärungsversuch:**
> Die apozyklische Hermeneutik ist eine Interpretations- und Verstehensmethode, die restaurativ-reduktiv verfährt. Sie beschränkt sich auf Selbsthermeneutik und betrachtet andere Denkformen und Weltsichten nur aus der eigenen Perspektive heraus.

Diese Form der Hermeneutik besteht aus zwei Dimensionen. Es geht um die Frage danach, wie ich meine eigene Denkform betrachte und wie ich andere Denkarten wahrnehme und deute. Schematisch lässt sich die hermeneutische Ausrichtung wie folgt darstellen:

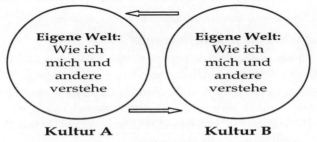

Die Abbildung zeigt, dass Individuen, die sich in unterschiedlichen, voneinander getrennten Kulturräumen bewegen, einen geschlossen Kulturbegriff haben. Hierbei

---

70 Vgl. Weber, Max: *Wirtschaft und Gesellschaft*, 2010, S. 6 f.

geht es um eine Horizontverschmelzung, die aus zwei oder mehreren Denkweisen und Wahrnehmungen eine einzige macht. Kultur A und Kultur B sind bemüht, das Andere ausschließlich auf der Grundlage der eigenen Selbst- und Fremdwahrnehmung zu betrachten.

Tendenziell verabsolutiert diese Wahrnehmungsstruktur Differenzen und läuft darauf hinaus, eigenes Verstehen zum archimedischen Punkt allen Verstehens zu erheben. In diesem Moment erweist sich die apozyklische Hermeneutik als eine Falle, weil das Selbstverstehen als Maßstab des Verstehens überhaupt Geltung beansprucht. Der reduktionistische Charakter dieser hermeneutischen Falle äußert sich darin, dass der Andere vernachlässigt wird, das heißt in seiner Andersheit nicht angemessen wahrgenommen wird. Man mag sich vorstellen, was geschehen würde, wenn das vermeintliche Richtigverstehen des Eigenen das Falschverstehen des Anderen theoretisch wie praktisch zur Folge hätte.

Die apozyklische Hermeneutik kann aufgrund ihrer inneren Logik und strukturellen Beschaffenheit nicht den internen und externen Herausforderungen einer interkulturellen Kommunikation Rechnung tragen. Die enzyklische Hermeneutik ist anderer Natur.

Enzyklische Hermeneutik

> **Erklärungsversuch:**
> Die enzyklische Hermeneutik versteht sich als eine argumentative Methode, die darauf ausgerichtet ist, durch vielfaches Hin- und Hergehen das beziehungslose Nebeneinander des Eigenen und des Anderen in ein interaktives Miteinander zu verwandeln. Sie fragt danach:
>
> 1. wie ich meine eigene Denkform betrachte,
> 2. wie ich andere Denkformen betrachte,
> 3. wie andere Denkformen ihre eigene Denkform betrachten,
> 4. wie die anderen Denkformen meine Denkform betrachten.

Schematisch kann dieses Wechselverhältnis im Rahmen der enzyklischen Hermeneutik wie folgt visualisiert werden:

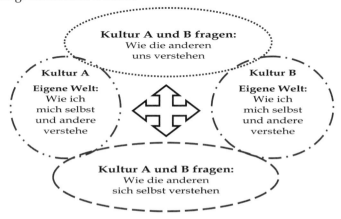

In dieser Abbildung verweisen unterschiedliche Begrenzungslinien darauf, dass Kulturen nicht hermetisch voneinander abgeriegelt sind, sondern offene Sinn- und Orientierungssysteme darstellen.

Die enzyklische Hermeneutik verwirft eine reduktionistische Horizontverschmelzung. Sie besitzt einen responsiven, das heißt antwortenden Charakter und beschreibt eine Reflexionsbewegung, die zur Veränderung der Auffassungen in unterschiedlichen Kontexten führt: politisch, philosophisch, wissenschaftlich oder sozial. Ihre Responsivität äußert sich in der Bereitschaft, das Andere in seiner Andersheit wahrzunehmen und sich kommunikativ zu ihm zu verhalten. Dies besagt, dass wir ein Ganzes nicht verstehen können, ohne die Teile zu verstehen, und auch die Teile nicht erfassen, ohne das Ganze, soweit es möglich ist, in den Blick zu bekommen.

> **Merke:**
> Im Gegensatz zur apozyklischen Position schaut die enzyklische Hermeneutik möglichst nach allen Seiten und fragt nach den Konsequenzen solcher Betrachtungsweisen. Sie sieht von jeder Hypostasierung ab und ist sich stets bewusst, dass es einen absoluten Text und ein absolutes Verstehen nicht gibt, mit denen eine absolute Interpretation einhergeht. Diese Verstehensform weist radikale Konvergenz ebenso wie radikale Divergenz zurück.

Die enzyklische Hermeneutik hilft uns einzusehen, dass wir verschieden sind und lernen müssen, mit diesen Divergenzen umzugehen. Auf diesem schwierigen Weg erweist sich diese Verstehensform immer dann als hilfreich, wenn ein Interesse an einer argumentativen Kommunikation auf gleicher Augenhöhe besteht. Das ist die unverzichtbare Voraussetzung jeder Form von Kommunikation, die gegenseitige Integration nicht nur ernst nimmt, sondern umzusetzen gewillt ist. Die enzyklische Form des Verstehens ist der interkulturellen Kommunikation förderlich, weil dabei das Prinzip der ›Reziprozität‹ berücksichtigt wird.

> **Merke:**
> Für die Praxis einer enzyklischen Hermeneutik gilt es stets zu fragen, wie wir kommunizieren, verstehen und vergleichen, welche Methoden wir benutzen, welche Ziele wir verfolgen und wo wir das *tertium comparationis*, also den Vergleichsmaßstab, hernehmen.

Die enzyklische Hermeneutik ermöglicht, Schnittmengen und Übergänge in unterschiedlichen Kulturkontexten zu suchen, um gemeinsam die Grundlage einer Verständigung herbeizuführen. Für die Gestaltung interkultureller Dialoge ist diese Erkenntnis von zentraler Bedeutung. Diese Erfahrung ermöglicht es, durch ein offenes und dialogisches Sinnverstehen eine echte Selbst- und Fremdkritik in Gang zu bringen. Diese hermeneutische Verfahrensform ist die Grundlage einer jeden kritischen Komparatistik analogischer Art.

> **Übungsaufgaben:**
> 1. Analysieren Sie Funktion und Formen der Hermeneutik.
> 2. Stellen Sie die Nachteile einer apozyklischen und die Vorzüge einer enzyklischen Hermeneutik dar und setzen Sie diese mit dem Verstehensansatz von Max Weber und der These von Helmuth Plessner (1892-1985) in Beziehung.

2.7.2 Beispiel 2: Analogische Komparatistik

Komparatistik ist eine wissenschaftliche Methode, um Denktraditionen, Theorien, symbolische Ordnungen, historische Gestalten, Philosophien oder Religionen miteinander vergleichend in Beziehung zu setzen.

Dabei geht es um die Darstellung der Einflüsse philosophischer, religiöser, literarischer oder einzelner Künste auf unterschiedliche Geisteshaltungen.[71] Dies hängt damit zusammen, dass der Mensch als ein fragendes und antwortendes Wesen in unterschiedlichen Situationen seines Lebens bestrebt ist, sein Denken und Handeln bewusst oder unbewusst im Vergleich mit dem Anderen zu positionieren. Das ist so, wenn Sie bspw. sagen: ›Heute fühle ich mich besser als gestern‹, ›Döner esse ich gerne, Türken mag ich aber nicht‹ oder ›Bei uns sagt man so etwas nicht, das darf man nicht‹ usw.

Wir sehen, dass der Ausdruck ›bei uns‹ stark differenzorientiert ist und stets von Vergleichsformen ausgeht, in deren Zentrum die eigene Haltung steht. Ein solches Differenzdenken ist in allen kulturellen Kontexten anzutreffen, und zwar sowohl *intra*- oder *inter*kulturell. Es wäre nicht unbegründet festzuhalten, dass der Mensch ein Vergleichswesen ist, das mit Hilfe dieser Fähigkeiten dazu imstande ist, unbekannte Sachverhalte zunächst in das eigene vorhandene Bezugssystem einzuordnen. Diese Fähigkeit ist, wie die Bildung von Vor-Urteilen (revidierbaren Erwartungshaltungen), zur ersten Orientierung von großer Bedeutung. Bei jeder Form von Kulturvergleichen »paart sich die Bestreitung von interkulturellen Invarianten mit einem konsequenten Übersehen von intrakulturellen Varianten.«[72]

Die folgende Abbildung demonstriert bewusste oder unbewusste Vergleichsversuche des Menschen, dessen Denken, Reden und Handeln immer im Abwägen begriffen ist.

Bei solchen Vergleichsversuchen kommt vor allem zwei Begrifflichkeiten große Bedeutung zu: ›Kommensurabilität‹, Vergleichbarkeit und ›Inkommensurabilität‹, Unvergleichbarkeit.[73]

---

71 Zum Thema Komparatistik vgl. Corbineau-Hoffmann, Angelika: *Einführung in die Komparatistik*, 2000; Srubar, Ilja u.a.: *Kulturen vergleichen*, 2005 und Fornet-Betancourt, Raúl: *Dominanz der Kulturen und Interkulturalität*, 2006.
72 Holenstein, Elmar: *Menschliches Selbstverständnis*, 1985, S. 104.
73 Vgl. Lueken, Geert-Lueke: *Inkommensurabilität als Problem rationalen Argumentierens*, 1992.

> **Merke:**
> Gibt es ein gemeinsames Maß zwischen zwei oder mehreren Thesen, das Vergleichbarkeit garantiert, so sind sie kommensurabel. Fehlt ein gemeinsames Maß, so sind sie inkommensurabel.

Es gibt eine Reihe von Fragen, die in diesem Zusammenhang von Bedeutung sind, unter anderem die folgenden: Worum geht es bei der Kommensurabilitätsthese und wie wird verglichen? Werden nur Differenzen versus Gemeinsamkeiten oder Gemeinsamkeiten wie auch Differenzen miteinander in Beziehung gesetzt? Wird das Andere zum Objekt meiner Forschung oder gehe ich davon aus, wie es sich selbst versteht; kommen die gegenseitigen Verhältnisse angemessen zur Geltung?

Im Rahmen des Ethnozentrismus werden Vergleiche in der Regel auf der Grundlage der kulturellen Differenzen vorgenommen. In einem solchen Kontext bezeichnet »Inkommensurabilität [...] eine Situation, in der im Kommunikationsprozess die üblichen Konventionen ihre Gültigkeit verloren haben.«[74] Dieses Phänomen kann als ein »semantische[r] Bruch im gemeinsamen Vokabular«[75] betrachtet werden. Interkulturelle Studien zeigen, dass »die Hermeneutik der totalen Differenz [...] Unterschiede« verabsolutiert und »der Fiktion einer völligen Inkommensurabilität« anhängt. Während »die Fiktion der totalen Kommensurabilität das interkulturelle Verstehen zu einer Farce werden lässt, macht die Fiktion der völligen Inkommensurabilität das gegenseitige Verstehen unmöglich.«[76]

Malinowski und Geertz im Vergleich

Solche problematischen Methoden lassen sich bspw. in den Studien der Ethnologen Bronislaw Malinowski und Clifford Geertz nachweisen. Sie zeigen, wie unzulänglich ein einseitiges Wahrnehmen, Verstehen, Vergleichen und Interpretieren des Anderen ist.

Malinowski geht im Rahmen eines ethnographischen Realismus von der Praxis der Feldforschung aus, um die Lebenswelt des Anderen durch Erfahrung und Empathie unmittelbar zu erschließen.[77] Er löst damit zwar innovatorisch eine frühere Sichtweise ab, die sich ausschließlich auf indirekte Quellen wie Reiseberichte von Händlern, Missionaren oder die Kolonialverwaltung stützte. Sein Ansatz bleibt aber darauf beschränkt, das Andere ausschließlich als Objekt der Forschung von dem Standpunkt eines überlegenen Subjektes her zu betrachten. Er ist der Ansicht, der instrumentelle Apparat von Kultur, worunter er Wissens-, Moral- und Glaubenssysteme wie auch Erziehung und Wirtschaft versteht, sei entstanden, um menschliche Bedürfnisse zu befriedigen und Probleme zu lösen. Jeglichem menschlichen Handeln unterstellt er radikale Kulturabhängigkeit. Malinowski betrachtet die Organisationen als die zentralen Institutionen jeder Kultur, wobei sich sozialer Wandel als Kulturwandel vollzieht. Der Mechanismus zum Vollzug dieser Dynamik ist für ihn die Kommunikation.

---

74 Cappai, Gabriele: *Der interkulturelle Vergleich*, 2005, S. 65.
75 Ebenda, S. 65.
76 Mall, Ram Adhar: *Konzept der interkulturellen Philosophie*, 2000, S. 315.
77 Vgl. Malinowski, Bronislaw: *Eine wissenschaftliche Theorie der Kultur*, 1975, S. 74 f.

Mit der Deutung von Symbolsystemen und semiotischen Mitteln, die einer Kultur zur Wahrnehmung und Definition der Welt dienen, löst Geertz mit einer hermeneutischen Wende den ethnographischen Realismus Malinowskis ab. Nicht nur grundlegende Werte, Normen oder Welt- und Menschenbilder werden berücksichtigt, sondern auch Muster und Standards des alltäglichen Wahrnehmens, Fühlens, Denkens und Handelns. Für Geertz bedeutet Kultur »ein historisch überliefertes System von Bedeutungen, die in symbolischer Gestalt auftreten, ein System überkommener Vorstellungen, die sich in symbolischen Formen ausdrücken, ein System, mit dessen Hilfe die Menschen ihr Wissen vom Leben und ihre Einstellungen zum Leben mitteilen, erhalten und weiterentwickeln.«[78] Geertz setzt ebenfalls andere Kulturen nach eigenem Vergleichsmaßstab miteinander in Beziehung.

Malinowski erhebt hingegen eigenkulturelle Erfahrungen zum Maßstab und vergleicht sie mit der fremden Praxis. Er macht das Fremde zum bloßen Objekt seiner Forschung, ohne dieses zu Wort kommen zu lassen. Hier wird der Forscher zu einer Art Vormund des Fremden. Geertz verfährt ähnlich, indem er unter gleichen Voraussetzungen symbolische Ordnungen fremder Kulturen betrachtet. Beide machen das Fremde auf unterschiedliche Art und Weise zum Objekt ihrer Forschung und gehen vom eigenen Selbstverständnis aus.

Um diese Denk- und Umgangsform zu revidieren, zieht Helmuth Plessner eine Umkehr vor: »Nur sofern wir uns unergründlich nehmen, geben wir die Suprematiestellung gegen andere Kulturen als Barbaren und bloße Fremde, geben wir auch die Stellung der Mission gegen die Fremde als die noch unerlöste unmündige Welt auf und entschränken damit den Horizont der eigenen Vergangenheit und Gegenwart auf die zu den heterogensten Perspektiven aufgebrochene Geschichte.«[79] Plessner bemerkt, dass sich in dieser Richtung der Abbau jener Vorstellung eines einlinigen ›Fortschritts‹ vollzieht, der den Blick der Forscher von vorneherein auf das Abendland fixiert hält.

Johannes Fabian (*1937) bezeichnet eindimensionale Komparatistik als ›Othering‹. Er beschreibt die Einsicht, »daß die Anderen nicht einfach gegeben sind«, sondern »sie werden gemacht.«[80] Folglich sind für ihn Untersuchungsformen der beschriebenen Art subjektive und autobiographische Produktionen der Anthropologie. Fabian schlägt ein Konstrukt von Differenz vor, um danach zu fragen, wer mit welcher Intention Fremdforschung betreibt.

Diese Methode geht von einer reziproken Subjekt-Objekt-Relation in Form einer Ich-Du-Philosophie aus. Sie bringt Dynamik und dialogische Erfahrungen hervor. Diese Verschränkung besagt nach Waldenfels, »daß wir sowohl Eigenes im Fremden wie auch Fremdes im Eigenen finden. Eine Konsequenz daraus wäre, daß wir nicht nur Ethnologen einer fremden, sondern auch Ethnologen unserer eigenen Kultur werden können.«[81]

---

78 Geertz, Clifford: *Dichte Beschreibung*, 1987, S. 46.
79 Plessner, Helmuth: *Zwischen Philosophie und Gesellschaft*, 1979, S. 296.
80 Vgl. Fabian, Johannes: *Präsenz und Repräsentation*, 1993, S. 335 ff.
81 Waldenfels, Bernhard: *Topographie des Fremden*, 1997, S. 74.

> **Merke:**
> Geschlossene Vergleichsanalysen sind bereits theoretisch gewalttätig, weil sie das Andere reduktiv behandeln. Das ›Fremde‹ wird nicht ›gemacht‹, sondern es ist da, ebenso wie das Eigene da ist.

Komparatistische Methoden sind dennoch von Bedeutung, weil aufgrund von Vergleichen häufig neue Theorien gebildet werden, die für das Verhältnis des Eigenen zum Fremden und umgekehrt nützlich sind. Eine Kritik an komparatistischen Untersuchungen bezieht sich auf die Selektivität von Vorgehensweisen, die eine Reihe von näher zu benennenden Unzulänglichkeiten mit sich bringt. Hierzu gehört die Auswahl der zu vergleichenden Begriffe und der damit einhergehenden Kriterien. Häufig wird ein Teilaspekt aus dem Kontext einer philosophischen Tradition herausgenommen und mit dem eigenen Selbstverständnis verglichen.

Eine Hermeneutik und Vergleichsanalyse kann aber auch seltsame Blüten treiben, wenn sie Differenzen ausblendet und nur das Eigene im Anderen sucht. Dieses Dilemma wird offenkundig, wenn bspw. indische Religionen in Europa aus religiös-komparativ-einseitiger Sicht als ›zu intellektuell‹ und indische Philosophien aus philosophisch-komparativ-einseitiger Sicht als ›zu religiös‹ deklariert werden. Solche reduktiven Vergleiche sind dahingehend zu kritisieren, dass sie philosophische und kulturwissenschaftliche Fragestellungen in einer verkürzten Form miteinander in Beziehung setzen. Carl-Friedrich von Weizsäcker (1912-2007) ist bspw. der Ansicht, asiatische Philosophien seien deshalb keine Philosophien, weil sie mit dem Philosophiebegriff, ›wie er ihn kennen gelernt hat‹, nichts zu tun haben.[82] Er bezeichnet sie als Weisheiten. Ein interkultureller Ansatz begleitet alle Komparatistiken und sensibilisiert sie dafür, dass der Forscher bei seinem Vergleich – auch bei demjenigen, den er immer schon unwillkürlich anstellt – mit unterschiedlichen Selbstverständnissen zu tun hat, die sich nicht wirklich zueinander in Beziehung setzen lassen.

Hierbei geht es nicht um die Analyse von Unterschieden und die Reduzierung des Sachverhaltes auf einen gemeinsamen Nenner, sondern um die Herausbildung von Interdependenzen, Überlappungen und Übergängen neben erhellenden Differenzen in einem umfassenden Strukturzusammenhang.

> **Merke:**
> Von Bedeutung ist die Frage, wo das *tertium comparationis,* der Vergleichsmaßstab, hergenommen wird. Im Kern ist dies die überlappende ›Universalität der Vernunft‹. Das gilt *mutatis mutandis* für das Verstehen der Vernunft in allen philosophischen Systemen.

Der eigentliche Feind jeder Form des angemessenen Vergleichens ist die erwähnte Verabsolutierung und die damit verbundene Hypostasierung der eigenen Auffassung, weil solche Einstellungen jeden Dialog unmöglich machen.

Komparatistik im Rahmen der Interkulturalität heißt, aus einer bestimmten kulturellen Perspektive heraus zu vergleichen, ohne aber diese Perspektive zu verabsolutieren oder den Anderen ausschließlich als Objekt der eigenen Forschung zu be-

---

82 Vgl. Schickel, Joachim (Hrsg.): *Grenzbeschreibung: Gespräche mit Philosophen*, 1980, S. 194.

trachten. Kommunikation lebt von Schnittmengen, und zwar jenseits einer strengen Isomorphie zwischen Sprach- und Kulturräumen. Das folgende Schaubild demonstriert solche Schnittmengen:

Diese Situation schafft einen Kommunikationsraum, in dem sich eine historisch-kritische Auseinandersetzung vollziehen kann. Sie setzt Möglichkeiten frei, um komplexere Diskurskulturen im Rahmen unterschiedlicher Denkformen gemeinsam zu schaffen.

Es gibt stets Schnittmengen zwischen diversen Weltanschauungen, aber diese bieten nur die Möglichkeit, nicht aber die Gewähr gelingender Verständigung. Auf einem methodischen Weg unter Berücksichtigung des polykontextuellen Selbstverständnisses ist es möglich, eine Abwertung und/oder »romantische Verklärung [...] fremder Kulturen« zu vermeiden, wenn versucht wird, »fremde wie auch eigene Kulturphänomene zunächst aus ihrem jeweiligen gesellschaftlichen Kontext heraus zu erklären und zu verstehen und in einem weiteren Schritt, unter Darstellung der Beurteilungskriterien, zu bewerten.«[83]

Für das Verstehen und die Analyse eines Sachverhaltes ist die Komparatistik zwar unverzichtbar, es kommt aber stets darauf an, wie wir vergleichen, welche Methoden wir benutzen, welche Ziele wir verfolgen und welche Maßstäbe wir verwenden.

Ich unterscheide zwischen einer reduktiven und einer analogischen Komparatistik, die sich weitestgehend kontradiktorisch zueinander verhalten.

---

83 Auernheimer, Georg: *Einführung in die interkulturelle Erziehung,* 1990, S. 15.

2.7.2.1 Reduktive Komparatistik

> **Erklärungsversuch:**
> Reduktive Komparatistik reißt einen bestimmten Aspekt aus dem Zusammenhang heraus, variiert, vergleicht und verallgemeinert ihn schließlich. Das *tertium comparationis* wird *ausschließlich* aus einer einzigen Tradition, meist der eigenen, entnommen. Reduktive Vergleichsanalysen gehen zentristisch vor, indem sie alles vom eigenen Standpunkt aus betrachten, bewerten und interpretieren.

Reduktive Komparatistik führt häufig zu falschen, vorurteilsbehafteten oder einseitigen Annahmen oder zur Exotisierung anderer Denktraditionen, wenn diese ausschließlich nach den Maßstäben des eigenen Klassifikationssystems verglichen werden. Die reduktive Komparatistik geht bewusst oder unbewusst mit einer apozyklischen Hermeneutik einher, die wegen ihrer strukturellen Beschaffenheit hierarchisch verfahren muss. Der Konflikt zwischen den Parteien ist und bleibt in der Regel eine Folge solcher Orientierungen. Diese Vorgehensweise hat einen stark generalisierenden Charakter, dabei ist der zugrunde gelegte Kulturbegriff geschlossen mit konstanten Merkmalen. Die folgende Abbildung zeigt den Zusammenhang von einseitiger Komparatistik und Hermeneutik:

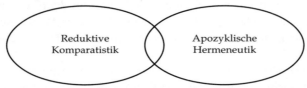

Die Reise Heideggers nach Griechenland verdeutlicht die Problematik dieser Vorgehensweise.

> **Merke:**
> Heidegger unternimmt im Jahre 1962 mit dem Kreuzfahrtschiff ›Jugoslavija‹ eine Reise nach Griechenland: »Nach der zweiten Nachtfahrt zeigte sich früh am Morgen die Insel Korfu, das alte Kephallenia. Ob dies das Land der Phäaken war?« Heidegger ist vom Anblick der Insel enttäuscht. Was er sieht, stimmt so gar nicht mit dem überein, was er im 6. Buch der Odyssee bei Homer gelesen hatte. Er zweifelt daran, ob seine Eindrücke authentisch sind und meint: »Aber Goethe erfuhr doch in Sizilien zum ersten Mal die Nähe des Griechischen.«[84] Aufgrund dieser ›Realitätsverschiebung‹ entschließt er sich, nicht an Land zu gehen.

Alfred Holzbrecher (*1950) zufolge lässt sich Heideggers Weigerung, sich auf das Andere, auf das Risiko des Lernens einzulassen, wohl mit seiner Angst erklären, sein »von der klassischen Literatur geprägtes und ›stimmiges‹ Bild in Frage stellen zu müssen. Es ist die Angst, sich eingestehen zu müssen, dass der Enttäuschung die Täuschung vorausging – die Angst, dass sich unsere Bilder der angeblichen Realität als Konstruktionen erweisen könnten, mit denen die Realität nicht mehr begreifbar erscheint.«[85]

---

[84] Heidegger, Martin: *Aufenthalte*, 2000, S. 218 f.
[85] Holzbrecher, Alfred: *Vielfalt als Herausforderung*, 1999, S. 2.

Ein weiteres Beispiel soll die Problematik einer reduktiven Komparatistik, die mit einer apozyklischen Hermeneutik steht und fällt, verdeutlichen.

Paul Deussen (1845-1919) stellt in einer Studie zunächst eine Reihe von Übereinstimmungen zwischen der Philosophie Kants und Schopenhauers (1788-1860) mit der Philosophie der Upanishaden fest, fügt aber gleichzeitig hinzu, »daß die Kant-Schopenhauersche Philosophie, in ihren Konsequenzen verfolgt, zu den erhabenen Institutionen der Upanishaden führt, während die Inder, wenn sie für diese Institutionen den ihnen fehlenden wissenschaftlichen Unterbau suchen, diesen nirgendwo anders finden können, als in Kant und Schopenhauers Philosophie.«[86]

In einem anderen philosophischen Kontext bekommt die ›Vernunft‹ in der indischen Philosophie einen anderen Stellenwert. Hegel vergleicht die Attraktivität indischer Philosophie mit der trügerischen Schönheit einer Fee und weist sie zurück, für Schopenhauer hingegen ist Indien ein Ursprungsland der Philosophie. Ähnliche Einstellungsformen lassen sich bezüglich des Eigenen und des Anderen innerhalb und außerhalb Europas in vielen sozial-, geistes- und kulturwissenschaftlichen Gebieten dokumentieren.

> **Merke:**
> Probleme der interkulturellen Verständigung entstehen oft durch die Einordnung des Anderen nach eigenkulturellen Erwartungsstrukturen, wie bspw. nach romantisierenden Konstruktionen einer archaischen Vergangenheit, die in den absoluten Stand versetzt werden.

Sinn und Zweck interkulturellen Vergleichens besteht abschließend nicht nur in der Feststellung von Differenzen und Gemeinsamkeiten im Hinblick auf Methoden, Fragen, Themen und Problemstellungen und diversen anderen Überlappungen und kulturell-disparaten Einstellungen, sondern vielmehr auch in der Hervorhebung unterschiedlicher Akzente und Aspekte sowie mannigfaltiger Umgangsweisen mit der Vernunft. Die reduktive Komparatistik verfährt methodisch und strukturell anders als die analogische.

2.7.2.2 Analogische Komparatistik

> **Erklärungsversuch:**
> Analogische Komparatistik ist eine wissenschaftliche Methode, um Denktraditionen, Verhaltensweisen, Theorien, symbolische Ordnungen, historische Gestalten, Philosophien oder Religionen miteinander vergleichend in Beziehung zu setzen. Dabei geht es um die Darstellung der gegenseitigen Einflüsse philosophischer, religiöser, literarischer, künstlerischer und sonstiger Geisteshaltungen. Sie vergleicht Sachverhalte aus kulturell unterschiedlichen Kontexten gemäß ihrer inneren Logik und setzt diese mit anderen Themen, Themenbereichen oder Problemen in Beziehung und zieht hieraus ihre Schlüsse. Das *tertium comparationis* wird *nicht ausschließlich einer einzigen* Tradition entnommen.

Die analogische Komparatistik verfährt nach den aufgeführten Gesichtspunkten und ist bemüht, vergleichbare Konzepte miteinander in Beziehung zu setzen und

---

86 Deussen, Paul: *Vedanta, Platon und Kant,* 1917, S. 45.

einen Austausch zwischen Begründungen zu erzielen. Ein wortgeschichtlicher Vergleich macht deutlich, dass die Begriffe ›Kultur‹, ›Geschichte‹ und ›Philosophie‹ wesentlich eine kulturanthropologische Komponente enthalten. Weil sie mit unterschiedlichen Welt- und Menschenbildern verbunden sind, besteht die Aufgabe darin, sie von ihren verschiedenen Positionen her zu betrachten und zur Sprache kommen zu lassen. Eine solche Orientierung eröffnet die dynamische Möglichkeit, kulturelle, geschichtliche und philosophische Selbst-Thematisierung des Anderen mit der des Eigenen in Beziehung zu setzen, ohne sich gegenseitig verteidigend begegnen oder preisgeben zu müssen.

Ein Ziel analogischer Komparatistik ist nicht nur die Konstatierung von Unterschieden, sondern die Herausbildung von Interdependenzen, Schnittmengen und Übergängen sowie erhellenden Differenzen in einem umfassenden Strukturzusammenhang. Die Schnittmengen der Positionen dulden keinen Endgültigkeitsanspruch. Kommunikation lebt von Schnittmengen, jenseits einer strengen Isomorphie zwischen Sprach- und Kulturräumen. Diese Situation ermöglicht einen Kommunikationsraum, in dem sich eine historisch-kritische Kontroverse vollziehen kann.

> **Merke:**
> Analogische Komparatistik ist eng verbunden mit einer enzyklischen Form der Hermeneutik, die das Bezugssystem des Eigenen und des Anderen gleichermaßen in Betracht zieht.

Diese Vorgehensweise vermeidet eine Generalisierung und geht von Kulturen als offenen und dynamisch-veränderbaren Sinn- und Orientierungssystemen aus. Die dialogische Verbindung zwischen der analogischen Komparatistik und der enzyklischen Hermeneutik lässt sich wie folgt demonstrieren:

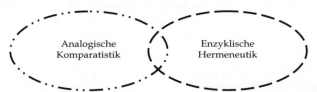

Kulturelle Divergenzen und Konvergenzen offenbaren sich durch Phänomene, die in vier Kategorien gruppiert werden können: Symbole, Vorbilder, Rituale und Werte. Mit Symbolen ist eine bestimmte Bedeutung verknüpft, die häufig nur für die Angehörigen der jeweiligen Kontexte erkennbar ist. Vorbilder haben Qualitäten, die für die Gruppe als bedeutsam gelten. Rituale sind konventionalisierte Verhaltensmuster, die neben religiösen Vollzugsformen bspw. auch Etikette oder gutes Benehmen signalisieren. Werte bilden den roten Faden der Lebensorientierung einer Kultur.

> **Übungsaufgaben:**
> 1. Beschreiben Sie unterschiedliche Formen der Komparatistik.
> 2. Diskutieren Sie die Bedeutung der analogischen Komparatistik und setzen Sie diese mit dem Ansatz von Malinowski und Geertz in Beziehung.
> 3. Erläutern Sie die Ansichten von Heidegger und Deussen.

2.8 Aufgaben Interkultureller Philosophie

Die vordergründige Aufgabe der Philosophie ist es nicht *ausschließlich*, Behauptungen aufzustellen und Thesen zu verteidigen. Diesem Grundsatz nach erstrebt Interkulturelle Philosophie, wie oft darauf hingewiesen, einen polyphonen Dialog zwischen den unterschiedlichen Denktraditionen und Auffassungen, um die Suche nach gemeinsamen Wegen, Ideen, Plänen, Modellen und Lösungen zu erleichtern.

Im Selbstdenken und der Anleitung zum Selbstdenken liegt die erste Aufgabe Interkultureller Philosophie, ihre zweite Aufgabe ist das kritische Reflektieren des Selbst- und Fremdbildes im Kontext der Geschichte und Gegenwart. Es gilt, eingeschliffene Wahrnehmungsmuster und Denkgewohnheiten kritisch zu überprüfen und der Frage nachzugehen, ob und inwieweit sie Vorurteile und Ideologien begünstigen. Eine weitere Absicht Interkultureller Philosophie besteht darin, Lösungswege aufzuzeigen, ohne diese zu verabsolutieren.

Ein weiterer Schritt ist, Kriterien zu entwickeln, um die gewonnenen Erkenntnisse professionell zu vermitteln. Hiermit verfolgt die Interkulturelle Philosophie das Ziel, den Vollzug historischer Kontinuitäten und Diskontinuitäten, Gemeinsamkeiten und disparater Entwicklungen zwischen diesen Denktraditionen und Auffassungen und innerhalb dieser herauszuarbeiten. Sie lässt sich demgemäß als ein Weg auffassen, auf dem alle Konzepte des Philosophierens und alle Formen des philosophischen Denkens unterwegs sind.[87]

Dies bedeutet, dass es eine *reine eigene* Philosophie ebenso wenig gibt wie *reine andere* Philosophien. Die Interkulturelle Philosophie ist ein Ausdruck dieser Heterogenität der Philosophien. Deshalb besteht eine wesentliche Aufgabe Interkultureller Philosophie darin, Zentrismus, Reduktionismus und jede Form von apozyklischer Hermeneutik aufzudecken und vermeiden zu lehren.

Interkulturelle Philosophie verdeutlicht die Verkrustungen unseres Zeitalters und gibt der Philosophie die ihr genommene ›Universalität der Vernunft‹ zurück, die niemandes Besitz alleine ist. In der theoretischen und praktischen Akzeptanz, dass auch andere Völker Vernunft besitzen, kommt ihr eine Aufklärungsfunktion zu. Vernunft besteht, wie bereits erwähnt, im menschlichen Streben, Argumente für Ansichten, Erkenntnisse und Werte zu erbringen. Sie ist stets bemüht, menschliche Neugier zu befriedigen und Gewissheiten zu gewährleisten.

Eine weitere wesentliche Aufgabe Interkultureller Philosophie besteht darin, auf der Grundlage einer erneuerten Selbsterkenntnis die Befreiung vom Dogmatismus und damit von jeder Form von Fanatismus durch dialogische Einladung zur Selbstreflexion zu ermöglichen.

---

87 Vgl. Yousefi, Hamid Reza: *Theoretische Grundlagen und interdisziplinäre Praxis interkultureller Philosophie*, 2007.

> **Merke:**
> Eine zentrale Aufgabe der Interkulturellen Philosophie besteht in der kritischen Begründung der Philosophie und ihrer Gesamterhellung. Diese setzt natürlich, wie weiter oben dargelegt, die Vielfalt an Methoden, also einen Methodenpluralismus voraus, der die begrifflichen Kontexte der zur Debatte stehenden Sachverhalte berücksichtigt.

Unter Berücksichtigung der gesamten Palette vorliegender Forschungen bietet die Interkulturelle Philosophie Lösungsansätze an. Globale Zusammenhänge der Philosophie werden in ihren geographischen Dimensionen sichtbar gemacht, um den Dialog der Philosophien anzustoßen. Nur im Dialog kann sich erweisen, ob diese Voraussetzung tatsächlich erfüllt ist.

> **Merke:**
> Interkulturelle Philosophie ist theoretisch wie praktisch bestrebt, eine Dezentralisierung der Geistesgeschichte durch eine Vielzahl von Dialogen zu erreichen, ohne Zentren zu leugnen. Sie sieht ihre Aufgabe nicht darin, die herkömmliche Philosophie restlos zu überwinden, sondern bedeutet ihre *korrektive* Ausweitung und *ergänzende* Vertiefung.

Weil der polyphone Dialog nur in einem gemeinsam-kritischen Philosophieren realisiert werden kann, ist das Endziel Interkultureller Philosophie die theoretische wie praktische Suche nach der heterogenen Einheit in der Vielfalt der Denktraditionen im Weltkontext.

> **Merke:**
> Philosophie wird »heute interkulturell sein, oder sie wird nichts anderes sein als eine akademische Beschäftigung ohne gesellschaftliche Relevanz.«[88] Nicht nur eine Neugestaltung des Philosophierens, sondern eine Erneuerung der philosophischen Tätigkeit selbst ist anzustreben, eine Orientierung, welche die Philosophien in all ihrer Vielfalt als konkrete Vollzugsformen des Denkens wahrnimmt und einen polyphonen Dialog ermöglicht.

In einem solchen polyphonen Dialog explizieren sich unterschiedliche Existenzweisen, die verschiedene Weltanschauungen vertreten und diese dementsprechend unterschiedlich begründen.

Der offene Dialog, der das destruktive in ein konstruktives Gespräch überführen will, »vergisst sich selbst, sein Wissen, seine Position; sein Ich steht ihm nicht im Wege; und aus genau diesem Grund kann er sich voll auf den Anderen und dessen Idee einstellen, weil er nichts festzuhalten trachtet, etwas festzuhalten. Während sich der ›Habenmensch‹ auf das verlässt, was er hat, vertraut der ›Seinsmensch‹ auf die Tatsache, dass er ist, dass er lebendig ist und dass etwas Neues entstehen wird, wenn er nur den Mut hat, loszulassen und zu antworten. Er wird im Gespräch lebendig, weil er sich selbst nicht durch ängstliches Pochen auf das, was er hat, erstickt. Seine Lebendigkeit ist ansteckend, und der andere kann dadurch häufig seine Egozentrik überwinden. Die Unterhaltung hört auf, ein Austausch von Waren (Informationen, Wissen, Status) zu sein, und wird zu einem Dialog, bei dem es keine

---

88 Kimmerle, Heinz: *Die Dimensionen des Interkulturellen*, 1994, S. 131.

Rolle mehr spielt, wer Recht hat. Die Duellanten beginnen, miteinander zu tanzen, und sie trennen sich nicht im Gefühl des Triumphs oder im Gefühl der Niederlage, was beides gleich fruchtlos ist, sondern voll Freude.«[89]

> **Merke:**
> Interkulturelle Philosophie lässt sich in einem spezifischen Sinn als die Wiedergeburt einer philosophischen Mentalität auffassen, die in der Philosophiegeschichte einzigartig ist. Es handelt sich um die bewegte und bewegende Zeit des 8. Jahrhunderts, in der die islamischen Philosophen –, die selbst aus verschiedenen Kulturräumen der islamischen Welt kommen –, ihren Blick mit zielstrebiger Neugierde in alle Richtung wenden, um Veränderungen im Inneren der eigenen Gesellschaften und Erfahrungswelten zu vollziehen.

Die Entdeckung und der Umgang mit der griechischen Philosophie durch die orientalischen bzw. islamischen Philosophen ist der beste Beweis dieser Praxis. Diesen Philosophen geht es nicht darum, abzulehnen oder niederzukämpfen, sondern das Andere zu verstehen und es für die eigenen Belange fruchtbar zu machen, was faktisch geschehen ist. Griechische Philosophie gehört zu den wirkungsmächtigsten Denktraditionen der Menschheitsgeschichte, von der nicht nur die europäisch-westlichen, sondern auch die außereuropäischen Philosophien mittelbar oder unmittelbar beeinflusst worden sind.

Mit dieser Entdeckung erlebt die Welt des Okzidents und die des Orients einige Jahrhunderte eine kulturell und denkerisch einzigartige Koexistenz verschiedener Nationen. In dieser Zeit werden nicht nur Schulen gebildet und Systeme entwickelt, sondern zugleich wird eine beispielhafte Form interkultureller Völkerverständigung praktiziert.

Eine vornehmliche Aufgabe Interkultureller Philosophie besteht darin, diese historisch wirkungsmächtige Mentalität und damit ähnliche philosophische Mentalitäten wiederzubeleben und auf den ganzen Globus auszuweiten.

> **Übungsaufgabe:**
> Diskutieren Sie die Aufgaben der Interkulturellen Philosophie und versuchen Sie, diese zu ergänzen.

2.9 Forderungen Interkultureller Philosophie

Wie bei jeder wissenschaftlichen Disziplin sind mit der Ausübung Interkultureller Philosophie und ihrer Fachgebiete bestimmte Forderungen verbunden, die für ihre Theorie und Praxis von Bedeutung sind. Vor allem wird jede Form von Verabsolutierung eigener Auffassungen für unfruchtbar gehalten, weil hier das eigene Verhältnis zu anderen Gruppen ausschließlich durch das eigene Referenzsystem bestimmt wird.

2.9.1 Erstellung einer interkulturellen Begriffsenzyklopädie

Eine grundlegende Forderung Interkultureller Philosophie besteht darin, sich im Denken umzuorientieren. Dies ist deshalb notwendig, weil viele Menschen, bedingt

---

[89] Fromm, Erich: *Haben oder Sein*, 151986, S. 43.

durch die expansive Mentalität des Kolonialismus und teils durch denkerische Bequemlichkeit, ihre eigene Kultur, Tradition und Geschichte durch die europäisch-westliche Brille sehen; sie fordern ›Freiheit, Toleranz, Menschenrechte, Demokratie‹, eifern aber unbewusst dem europäischen Modell nach, obschon diese Ausdrücke in eigener Kultur, Tradition und Geschichte in spezifischer Weise vorhanden und definiert sind. Dies gilt auch für Menschen, die zwar persisch-iranisch, arabisch oder afrikanisch aussehen, aber zumeist europäischen Idealen nachstreben; sie betreiben in ihrer eigenen Gesellschaft einen latenten Eurozentrismus.

Es würde ein genauso unangemessenes Selbstbild entstehen, wenn die europäisch-westlichen Wissenschaftler und Völker sich *ausschließlich* durch die orientalische Brille sähen. Wer bspw. mit einer solchen Gesinnung Philosophie in interkultureller Absicht betreibt, wird kaum einen polyphonen Dialog auf gleicher Augenhöhe herbeiführen können, weil es dann nur darum gehen wird, wer ein besserer Eurozentrist bzw. Orientozentrist ist.

Selbst interkulturelle Philosophen, die sich dieser Problematik bewusst sind, pflegen einen latenten Zentrismus, wenn und sofern sie mit europäisch-westlichen Begriffsapparaten ihre eigene Tradition beschreiben und mit anderen Philosophien in Beziehung setzen.

Im Rahmen Interkultureller Philosophie ergeben sich alle Ausdrucksformen und Terminologien aus den begrifflichen und gedanklichen Kontexten der zu untersuchenden Kulturen, Religionen und Denktraditionen. Wir können bspw. kaum mit Hilfe der Begriffsapparate orientalischer Philosophien die europäischen Philosophien angemessen verstehen und erklären. Um eine Sprache zu verstehen, ist es unabdingbar, die Semantik und Grammatik der Sprache zu lernen und zu begreifen. Semantik und Grammatik der eigenen Sprache sagen nur bedingt etwas über andere Sprachgemeinschaften aus. Das Gleiche gilt auch für alle Bereiche des interkulturellen Arbeitsfeldes.

In diesem Zusammenhang ist die Erstellung einer Begriffsenzyklopädie hilfreich und sogar notwendig. Dies ist eine wichtige Forderung Interkultureller Philosophie:

> **Erklärungsversuch:**
> Eine interkulturelle Begriffsenzyklopädie ist ein Index oder ein Register, eine alphabetisch geordnete Auflistung der Begriffe, die in kulturellen Kontexten verwendet werden. Eine zentrale Funktion der Begriffsenzyklopädie besteht darin festzustellen, an welchen und wie vielen Stellen ein bestimmter Begriff innerhalb einer Tradition oder eines Kontextes auftritt. Wichtig ist die kontextuelle Wortbedeutung des Begriffs.

Die Begriffsenzyklopädie wird prinzipiell von pragmalinguistischer Kontextsensitivität geprägt sein müssen, die vor allem die Sinnhaftigkeit, Verantwortbarkeit, Komplexität und Interpretationsabhängigkeit eines Begriffs berücksichtigt, der in unterschiedlichen Kontexten im Vergleich und Verständnis der Kulturen vorkommt.

Eine weitere Forderung ist die Neufassung des Kulturbegriffes, der in der europäisch-westlichen Hemisphäre meist auf das lateinische Wort ›cultura‹ und dessen Bedeutung zurückgeführt und vor diesem Hintergrund diskutiert wird.

Ein denkwürdiges Beispiel

Bezeichnende Beispiele finden sich unter den einschlägigen Standardwerken. Allen voran ist das dreibändige ›Handbuch der Kulturwissenschaft‹ zu nennen, dessen programmatische Haltung im Eingangsartikel des ersten Bandes ihre Verankerung findet. Der Kulturbegriff wird hier aus dem Lateinischen abgeleitet und entsprechend interpretiert. Die Folge dieser etymologischen Herleitung und der damit verbundenen Interpretation ist eine Fokussierung des Kulturbegriffs auf die vom Lateinischen beeinflussten europäisch-westlichen Kulturgebiete.[90]

In diesem Band und weiteren Bänden des Handbuches kommen Vertreter außereuropäischer Kulturregionen aus Asien, Afrika, Lateinamerika oder aus dem Orient nicht zu Wort. Eine solche, als ›eurozentrisch‹ zu kritisierende Sichtweise ist normativ irreführend und empirisch inadäquat, weil hier vorausgesetzt wird, dass alle Völker von dem vorausgesetzten Begriffsverständnis der Kultur ausgehen und darunter das Gleiche verstehen.

An dieser Stelle wird deutlich vor Augen geführt, warum Interkulturelle Philosophie kontextuell ausgerichtet sein muss. Analoges gilt auch für viele bedeutende und als erste Anlaufstellen benutzte Nachschlagewerke, die tunlichst auf das zugrunde gelegte Kulturverständnis durchzusehen und entsprechend zu modifizieren sind.

Eine Folge dieser Einseitigkeit ist es, dass die Studierenden und interessierten Laien dieses Defizit unbewusst weitergeben, weil sie es nicht anders gelernt haben oder nicht angemessen sensibilisiert sind. Zwei wesentliche Grundforderungen interkultureller Philosophie sind somit: Vorsicht in den Behauptungen überhaupt und Klarheit der Begriffe unter Berücksichtigung der jeweiligen Kontexte.

Drei weitere Forderungen Interkultureller Philosophie sind hier von Bedeutung: Die konsequente Vermeidung von Zentrismus und Reduktionismus sowie die klare Abgrenzung von Universalismus und Partikularismus, die im Folgenden beispielhaft behandelt werden.

> **Übungsaufgaben:**
> 1. Was sind Forderungen Interkultureller Philosophie? Nehmen Sie dazu kritisch Stellung und ergänzen Sie diese Forderungen.
> 2. Diskutieren Sie Vor- und Nachteile der Erstellung einer Begriffsenzyklopädie.

2.9.2 Beispiel 1: Antagonismen des Zentrismus

Eine Reihe von Haltungen verweist auf zentristische Einstellungen oder Überzeugungen im Kontext der Wissenschaft, Gesellschaft oder Politik:

> **Erklärungsversuch:**
> Zentrismus ist eine Haltung, ob philosophisch, wissenschaftlich oder politisch, die sich selbst in den Mittelpunkt stellt, als Zentrum betrachtet und von der Prämisse ausgeht, Maßstab aller Vergleiche zu sein.

Im Allgemeinen lassen sich zwei konkrete Formen des Zentrismus unterscheiden: Der exklusivistische und der inklusivistische Zentrismus.

---

90 Vgl. Jaeger, Friedrich u.a.: *Handbuch der Kulturwissenschaften*, 2004.

Der exklusivistische Zentrismus ist in der Regel universalistisch ausgerichtet und besitzt missionarischen Charakter. Diese Form von Zentrismus, die expansionistisch angelegt ist, bestimmt das Eigene als Zentrum und das Andere als Peripherie. Sie betrachtet Kulturen als geschlossene Kreise, verabsolutiert sich selbst und toleriert andere Denkmodelle oder Lebensentwürfe ausschließlich unter eigenen Voraussetzungen. Dieser Zentrismus lässt sich, wie im Folgenden gezeigt, visualisieren:

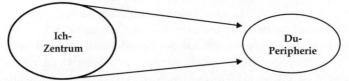

Die Heimatliebe scheint ein gutes Beispiel hierfür zu sein. Man kann seine Heimat lieben, weil man darin seine Primärsozialisation erfahren hat und auf verschiedene Weise dazu ein emotionales Verhältnis hat. Wer aber seine eigene Form von Heimatliebe verabsolutiert, betrachtet sich, wenn auch unausgesprochen, als Zentrum und behandelt die anderen Formen von Heimatliebe zwangsläufig als Peripherie. Der exklusivistische Zentrismus drängt die Vielfalt zurück in eine Einheit. Hierbei geht es um die Herbeiführung eines theoretischen und praktischen Zentrum-Peripherie-Verhältnisses.

Der inklusivistische Zentrismus hingegen ist integrativ ausgerichtet und steht jedem Expansionismus ablehnend gegenüber. Diese Form von Zentrismus vermeidet konsequent ein Zentrum-Peripherie-Verhältnis. Das folgende Schaubild veranschaulicht dies:

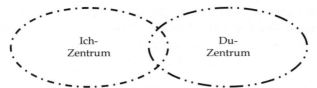

In diesem Fall wird die Heimatliebe anders betrachtet. Man liebt seine Heimat, aber so, dass nicht versucht wird, die anderen dazu zu bewegen, ausschließlich die eigene Heimat als die bestmögliche zu betrachten. Hier geht es nicht um eine Über- und Unterordnung der Denkformen, sondern um ein aktives Miteinander der Lebensentwürfe und Denkmodelle.[91]

> **Merke:**
> Der inklusivistische Zentrismus erkennt zwar Zentren an, weist aber die auf Andere übergreifenden Ansprüche des Zentrismus zurück. Die Akteure bezeichnen sich beide als Zentren, ohne sich zentristisch zu verhalten. Als verheerende Folge des exklusivistischen Zentrismus zeigt sich hingegen die Verkennung des Anderen und das Nichtwissen über das Andere innerhalb einer Gesellschaft.

---

91 Franz Martin Wimmer unterscheidet weitere Zentrismen, wie den expansiven, den tentativen, den separativen sowie den integrativen, die von ähnlichen Voraussetzungen ausgehen. Vgl. Wimmer, Franz Martin: *Interkulturelle Philosophie*, 2004, S. 15 f.

Diese beiden Formen des Zentrismus lassen sich nicht nur in unterschiedlichen Kulturen, Religionen und Wissenschaftskonzeptionen beobachten, sondern auch in der Gesellschaft und in den internationalen Beziehungen, die unterschiedlich begründet werden können. Im Hinblick auf die Philosophie sind sie ebenfalls anzutreffen. Die Kritik des Zentrismus setzt aufgrund der Vielfalt philosophischer Reflexionen bei kulturalistischen Tendenzen an, die den Vergleichsmaßstab und die Umgangsform mit dem Anderen von vorneherein festlegen.

> **Merke:**
> Wer interkulturell forschen will, auf welchem Gebiet auch immer, wird sich auf die genannten Forderungen einlassen müssen. Dazu gehört zentral, die Funktion der Kritik als rettend und bereichernd aufzufassen und das Totalitätsgebäude einer jeden Letztbegründungsbehauptung als alleiniges Zentrum zu verlassen. In diesem Bestreben liegt ein theoretischer wie praktischer Grund einer konstruktiven Revolution der Denkungsart, die unsere Selbst- und Fremdwahrnehmung auf den Kopf stellt und unsere bisherigen Denk- und Wahrnehmungsgewohnheiten demontiert. Spätestens hier wird auf einer erkenntnistheoretischen Basis ersichtlich, warum sich Interkulturelle Philosophie zwischen den radikalen Divergenzen und Konvergenzen vollzieht.

Zu Recht hat Paul Ricœur (1913-2005) darauf hingewiesen, dass die Aufgabe der Philosophie nicht darin besteht, »Wissen zu zentralisieren oder zu totalisieren, sondern die nicht reduzierbare Pluralität von Diskursen offenzuhalten. Es ist wesentlich zu zeigen, wie die verschiedenen Diskurse verbunden sein können oder sich überschneiden, aber man muss der Versuchung widerstehen«[92], sie einander deckungsgleich zu machen.

Ein denkwürdiges Beispiel

Auch Bernhard Waldenfels sieht zwischen Zentrismus, Ethnozentrismus und Eurozentrismus einen strukturellen Zusammenhang. Er bezeichnet den Eurozentrismus als »eine raffinierte Form des Ethnozentrismus [...], eine Mischung aus Ethno- und Logozentrismus, aus Entdeckungsfreude und Eroberungsgier, aus Missionsgeist und Ausbeutung.« Der philosophische Eurozentrismus lebt von der Erwartung, dass ausschließlich das Eigene sich »*als das Ganze und Allgemeine herausstellt.*«[93] Diese Feststellung von Waldenfels betrifft alle Formen des Ethnozentrismus.

Zusammenfassend stellen exklusivistische Formen des Zentrismus eine theoretische Fehlleistung und eine praktische Gewaltsamkeit dar. Dies ist ursächlich für die Herausbildung von Chauvinismus jeglicher Art. Deshalb gehört es zu den wichtigsten Forderungen Interkultureller Philosophie, dem inklusivistischen Zentrismus unter gewissen Bedingungen sein Recht zuzugestehen, die exklusivistische Form jedoch konsequent abzulehnen: Offene, dialogische Zentren ja, expansiver Zentrismus nein.

---

92 Ricœur, Paul: *The Creativity in Language*, 1991, S. 472 f.
93 Waldenfels, Bernhard: *Topographie des Fremden*, 1997, S. 135.

> **Übungsaufgaben:**
> 1. Diskutieren Sie Formen und Problematik des Zentrismus. Bringen Sie zwei Beispiele.
> 2. Formulieren Sie einen Vorschlag.

2.9.3 Beispiel 2: Konsequenzen des Reduktionismus

Kulturreduktionismus, der eine Folge des exklusivistischen Zentrismus darstellt, ist ebenfalls kritisch zu betrachten. Reduktionismus lässt sich durch die Geographisierung des Denkens am Beispiel der west-östlichen Vernunft verdeutlichen. Es geht um eine eigentümliche Einstellung, die danach fragt, ob menschliches Denken gleichförmig verläuft und auf genetisch verankerten Mechanismen beruht.

> **Erklärungsversuch:**
> ›Geographisierung des Denkens‹ bedeutet anzunehmen, dass es Kulturregionen gibt, in denen Menschen durch kulturelle Prägungen, d.h. externe Faktoren wie Tradition, Religion oder Weltanschauung, in ihrem Denken und Handeln bestimmt werden.

Richard Nisbett (*1941) und Simon Ehlers, zwei prominente Vertreter der Geographisierung des Denkens, sind der Ansicht, das Denken im Osten und im Westen sei artverschieden.

Nach Nisbett unterscheidet sich das charakteristische Denken unterschiedlicher Gruppen erheblich, und zwar aufgrund verschiedener Vorstellungen von der Natur, der Welt und der Metaphysik. Denkprozesse hängen stark von den Vorstellungen des Diesseits und Jenseits ab, in deren Rahmen die menschliche Erkenntnis der Welt einen Sinn ergibt. Dieser Annahme nach hätten sich seit Tausenden von Jahren im Wesentlichen zwei unterschiedliche Denkmodelle entwickelt. Der Ansatz von Nisbett besagt[94]:

> Das **Denkmodell des Westens** ist logisch-analytisch und an einem individualistischen Menschenbild orientiert.
> Das **Denkmodell des Ostens** ist holistisch und an einem übergreifenden Ganzen orientiert.

Mit einer solchen Klassifizierung geht das Vorurteil einher, dass Asiaten und vor allem Orientalen schwärmerisch-exotisch denken, während Menschen aus europäisch-westlichen Hemisphären begrifflich stringent und sachlich ausdifferenziert denken.

Nisbetts Erkenntnisse rühren von dem einfachen Experiment her:

> **Beispiel:**
> Einige ›Asiaten‹ und einige ›Europäer/Amerikaner‹ wurden aufgefordert, die Ausdrücke ›Huhn‹, ›Kuh‹ und ›Gras‹ miteinander in Verbindung zu bringen. Die Assoziation einiger ›Asiaten‹ sei gewesen, die ›Kuh‹ fresse gemäß ihrer Wesensbestimmung das ›Gras‹. Auf die gleiche Frage hätten die ›Europäer/ Amerikaner‹ eher ›Huhn‹ und ›Kuh‹ in Verbindung gebracht mit der Begründung, diese seien Lebewesen.

---

94 Vgl. hierzu die empirische Studie von Nisbett, Richard E.: *The Geography of Thought*, 2003.

Nisbett hält die Ergebnisse dieses ›empirischen Experiments‹ für repräsentativ. Er schlussfolgert, das Denken der Asiaten sei holistisch, weil sie eine kosmische Verbindung herstellten, während die ›Europäer/Amerikaner‹ auf analytischem Weg nach Strukturen suchten, die ihnen eine gattungsmäßige Einteilung ermöglicht.

Ehlers stellt in Anlehnung an Nisbett fest: »Ob wir logisch und linear oder eher flexibel und dialektisch denken, hängt vor allem davon ab, ob wir im Westen oder im Osten zu Hause sind. Asiaten betrachten die Dinge komplexer und ›kreisförmiger‹ als die analytisch denkenden Europäer und Amerikaner.«[95] Ehlers unterteilt West-Ost-Sichtweisen mehrfach, hiervon sind vier Arten von Bedeutung:

> **Merke:**
> Für die *analytisch denkenden Europäer und Amerikaner* gilt die Welt »als relativ einfach und übersichtlich, man muss sie lediglich in Bestandteile zerlegen und deren Gesetzmäßigkeiten entdecken. Die Welt ist einigermaßen statisch und stabil. Man geht von Gesetzen aus, die über den Moment hinaus gültig sind und bei denen sich die Dinge nicht oder nur in berechenbarer Weise verändern.«
>
> Für die *ganzheitlich denkenden Asiaten* ist die Welt »kompliziert, voller Wechselwirkungen und Abhängigkeiten. Nur Erkenntnisse mit direktem praktischen Nutzen sind wichtig. Das Weltgeschehen verläuft dynamisch und zyklisch. Die Dinge sind einem ständigen Wandel unterworfen.«
>
> Der *analytisch denkende Europäer und Amerikaner* empfindet sich »als unabhängiges Individuum, das eigene Pläne hat und diese gegen die Interessen anderer durchsetzt«.
>
> Die *ganzheitlich denkenden Asiaten* sehen sich »als Teil der sozialen Gemeinschaft, in der kollektive Ziele Priorität haben und in der man sich anpasst, um ein harmonisches Zusammensein sicherzustellen.«

Ehlers generalisiert hier eine Haltung, die jenseits kultureller Zugehörigkeiten, von Individuum zu Individuum, ob im Westen, Osten, Süden oder Norden, sehr verschieden sein kann. Statistische Erhebungen, die sich qualitativ oder quantitativ auf eine bestimmte Gruppe von Menschen beschränken, reichen bei weitem nicht aus, um auf Milliarden von Menschen dieser Hemisphären bezogen zu werden. Dies kann sich nur ergeben, wenn wir Kulturen willkürlich als ›geschlossene Systeme‹ betrachten, die sich weder theoretisch noch praktisch offen zueinander verhalten. Das Gleiche gilt auch für Nisbetts Untersuchung.

Die folgenden Beispiele sollen die strukturelle Problematik einseitiger Vergleichsanalysen verdeutlichen:

> **Merke:**
> Wir bekommen den Auftrag, fünfzig Menschen aus fünf Kontinenten (aus Wissenschaft, Gesellschaft und Politik) nach einem bestimmten Muster zu befragen: Wie sie die Welt wahrnehmen und wie sie die Stellung des Menschen in der Natur betrachten.
>
> Zu welchem Ergebnis würden sie unter dem Aspekt der ›Familienähnlichkeit‹ kommen?

---

95 Ehlers, Simon: *Der Kreis und die Linie*, 2004, S. 48 f.

Um die Konsequenzen dieses Experimentes zu vergegenwärtigen, bekommen wir einen zweiten Auftrag:

> **Merke:**
> Dieses Mal geht es darum, fünfzig Menschen aus fünf Bundesländern (aus Wissenschaft, Gesellschaft und Politik) daraufhin zu befragen: Wie sie die Welt wahrnehmen und wie sie die Stellung des Menschen in der Natur betrachten.
>
> Zu welchem Ergebnis würden sie unter dem Aspekt der ›Familienähnlichkeit‹ kommen?

Oskar Weggel (*1935) hält dichotomisierende Theorien – wie die von Nisbett oder Ehlers – für problematisch, da sie von einer Geographisierung des Denkens ausgehen. Das Ergebnis solcher Auffassungen wird in der Regel sein: »Hier analytisch, logisch und materialistisch, dort synthetisch, intuitiv und spirituell, hier objektiv, aktiv und dynamisch, dort subjektiv, passiv und statisch, hier intellektuell, dort emotional, hier ›Zugewandtheit zu den Dingen‹, dort ›Eskapismus‹, hier Betonung des Raums, dort Bevorzugung der zeitlichen Dimension und dergleichen mehr.«[96]

Eine konstruierte und generalisierte Geographisierung des Denkens ist empirisch unangemessen; mit diesem Diskurs geht die Degradierung des Anderen zum Objekt eigener Projektionen einher. Beide Denkmodelle, sowohl das analytische wie auch das holistische, sind in allen Kulturräumen anzutreffen, weil analytisches und synthetisches, zergliederndes und zusammenführendes Denken zwei Momente des Erkenntnisprozesses des Menschen darstellen, im Kern jenseits seiner kulturellen Zugehörigkeit.

Theoretischer Empirismus wird problematisch, wenn Statistiken verallgemeinert werden oder wenn sie zu vorschnellen Dichotomisierungen führen. Das Problem liegt nicht in erster Linie in der Suche nach Verallgemeinerungen, Mustern und qualitativen Aussagen, sondern in der totalisierenden Verwendung solcher Ergebnisse. Generalisierte oder vorschnell dichotomisierte Analysen führen zu starren und sterilen Schlussfolgerungen, die weder repräsentativ sind noch der Wirklichkeit entsprechen. Sie können auch dazu missbraucht werden, bestimmte fixierte Positionen zu stützen.

Jitendra Nath Mohanty (*1928) stellt in diesem Sinn fest, dass häufig versucht wird, das als intuitiv-mystisch klassifizierte östliche Denken und das als rational-logisch eingestufte westliche Denken gegeneinander auszuspielen und dem östlichen Denken seine angebliche Minderwertigkeit vor Augen zu führen. In den Zeiten des Kolonialismus nahmen die eroberten Länder tatsächlich diese Rolle an und es ergab sich ein Teufelskreis im Sinn einer ›self-fulfilling prophecy‹.[97]

Das folgende Schaubild verdeutlicht diesen Teufelskreis:

---

96 Weggel, Oskar: *Die Asiaten*, 1989, S. 187.
97 Vgl. Mohanty, Jitendra Nath: *Philosophie zwischen West und Ost*, 2006, S. 287 ff.

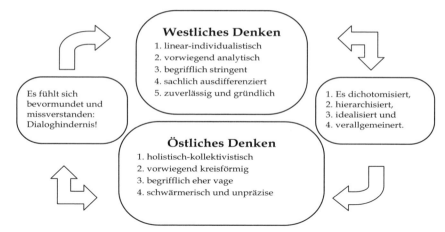

Auch Abdolhossein Zarrinkoub (1923-1999) und Hajime Nakamura (1911-1999) kritisieren alle Formen der Geographisierung des Denkens.

Zarrinkoub, der sich in seiner Schrift ›Na sharghi, na gharbi – ensani‹, ›Weder östlich noch westlich – menschlich‹ mit dualem Denken auseinandersetzt, hält eine geographisierende Bestimmung des Denkens und Handelns der Völker für gewalttätig. Alle Kategorisierungen, die in der Kommunikation von einem ›Ich‹ und ›Du‹ bzw. ›Wir‹ und ›Ihr‹ ausgehen, machen Differenzen zur Grundlage: »Diejenigen, die das Morgenland und Abendland wie Schwarz und Weiß voneinander trennen, leugnen oder übersehen das ununterbrochen dialektische Verhältnis der Dinge überhaupt, insbesondere aber der Kulturen.« Er schlägt einen eigenen sachlich begründeten Weg vor: »Wir müssen das Andere ernst nehmen, das uns bereichert, aber dennoch unseren Weg alleine bestreiten.«[98]

Nakamuras Argumentation ähnelt diesen Gedanken. ›Osten‹ und ›Westen‹[99] seien keine homogenen Blöcke, sondern es handele sich hier um enorm große Gebiete, die aus höchst unterschiedlichen kulturellen Kontexten mit inneren Differenzierungen zusammengesetzt sind. Er kommt zu dem Schluss, »innerhalb des Ostens seien die Verschiedenheiten der Kulturen zumeist größer als die Gemeinsamkeiten, und so sei es eigentlich nicht zulässig, den Osten als Einheit dem Westen gegenüberzustellen«.[100]

> **Merke:**
> Menschen, die in verschiedenen Sprachen reden, denken nicht völlig unterschiedlich, sondern sagen das Gleiche anders.

Die Begrenzung der Geographisierung auf den Osten und den Westen ist freilich selber eine vorurteilsbehaftete Auswahl angeblich allein relevanter Regionen. Immerhin gibt es mindestens vier Himmelsrichtungen und die Beziehungen zwischen Nord und Süd sind ebenso wichtig und interessant wie die zwischen Ost und West. Interkulturelles Denken setzt alle Himmelsrichtungen zueinander in Beziehung.

---

98 Zarrinkoub, Abdolhossein: *Na sharghi, na gharbi – ensani*, 2001, S. 27 f.
99 Vgl. Nakamura, Hajime: *Ways of thinking of Eastern peoples*, 1978.
100 Maletzke, Gerhard: *Interkulturelle Kommunikation*, 1996, S. 40.

> **Übungsaufgaben:**
> 1. Was bedeutet Reduktionismus? Problematisieren Sie die Theorie der Geographisierung des Denkens von Richard Nisbett und Simon Ehlers. Setzen Sie diese mit der Kritik von Oskar Weggel in Beziehung.
> 2. Beachten Sie dabei die Haltungen von Abdolhossein Zarrinkoub und Hajime Nakamura.

2.9.4 Beispiel 3: Universalismus und Partikularismus

Universalismus und Partikularismus sind keine Gegensätze, sondern zwei grundlegende und bestimmende Begriffe, denen im theoretischen und praktischen Denken, im Reden und Handeln der Menschen und in Wissenschaft, Gesellschaft und Politik eine grundlegende Rolle zukommt. Die Frage ist, wie sich Universalismus und Partikularismus zueinander verhalten.

> **Erklärungsversuch:**
> Universalismus beschreibt den Anspruch, die Wirklichkeit der Gesamtheit aller Phänomene zu erfassen und auf ein einziges Prinzip zurückzuführen.

Die Debatte um die Frage nach den Bühnen des Denkens scheint ein gutes Beispiel zu sein. Denn, wer die Universalität der Philosophie verabsolutierend für sich selbst beansprucht, geht faktisch davon aus, dass Philosophie nur eine einzige Heimat haben kann und muss, ohne die Mannigfaltigkeit der Bühnen des Denkens im Weltkontext zu berücksichtigen.

Partikularismus betont die Vielfalt und Erscheinungsformen eines Phänomens. Hier geht es nicht um die Relativierung eines Sachverhaltes, sondern geradezu um die Offenlegung des die Vielfalt reduzierenden Charakters eines falschen Universalismusanspruchs.

Weil Philosophie eine anthropologische Konstante darstellt, d.h. zum Menschsein selbst gehört, geht sie in keiner Kultur oder Tradition restlos auf, weil ihre Universalität nicht in Besitz genommen werden kann und darf. Kant insistierte bspw. immer wieder auf dem unlösbaren Zusammenhang beider Perspektiven.

Für die vorliegende Einführung stellt sich allerdings die Frage nach der Stellung der Disziplin der Philosophie und ihrer Teilbereiche in einem gegenwärtigen und zukünftigen Bildungswesen. Wohin ihr Weg in der Zukunft auch führen mag, eins dürfte gewiss sein: Ihre Wissenschaftlichkeit und weltumfassende Relevanz wird sie durch die Leistungen der Forschenden, Lehrenden und Studierenden immer wieder erneut beweisen müssen.

> **Übungsaufgaben:**
> 1. Beschreiben Sie Sinn und Bedeutung des Universalismus und Partikularismus. Verdeutlichen Sie dies mit einem Beispiel.
> 2. Diskutieren Sie, welche Konsequenzen der theoretische und praktische Verzicht auf eine zentristische Eigenauffassung und reduktive Fremdbehandlung auf dem Gebiet der Philosophie für Lehre und Forschung haben können.
> 3. Analysieren Sie die Folge einer Verwechselung des Universalismus und Partikularismus. Bringen Sie das Beispiel der Menschenwürde und Menschenrechte.

Baccalaureus:
Die Welt, sie war nicht, eh' ich sie erschuf [...]
Mephistopheles:
Wer kann was Dummes, wer was Kluges denken,
das nicht die Vorwelt schon gedacht?[101]

Johann Wolfgang Goethe

3. Orientalische Philosophie und ihre interkulturellen Dimensionen

Das Konzept des Kapitels auf einen Blick

Die Entstehung des Islam als Religion und Kultur durch den Propheten Mohammad (570-632) entfaltet eine grundlegende Erneuerung der religiös-nationalen und vor allem sozial-politischen Strukturen im Orient.[102] Eine Folge dieser umgreifenden Entwicklung ist das Wiedererwachen alter, in Vergessenheit geratener orientalischer Philosophien und Weisheitslehren, die bereits im zweiten Jahrtausend v.u.Z. eine Blütezeit hatten.[103]

Philosophien der orientalischen Kulturräume sind in europäisch-westlichen Geschichtsschreibungen gestern wie heute als ›Arabische Philosophie‹, ›Arabisch-islamische Philosophie‹ oder ›Islamische Philosophie‹ bekannt. Keine dieser Bezeichnungen trägt der Vielfalt dieser Philosophien Rechnung.

---

101 Goethe, Johann Wolfgang: *Faust*, 2006, S. 176.
102 Vgl. Khella, Karam: *Das europäische Orientbild*, 1996.
103 Vgl. hierzu Yousefi, Hamid Reza: *Zarathustra neu entdeckt*, 2010.

Um diese Mannigfaltigkeit zu demonstrieren, verwende ich prinzipiell den Ausdruck ›Orientalische Philosophie bzw. Philosophien‹. Damit sind alle Philosophen innerhalb der orientalischen Kulturräume gemeint, die ihre Werke hauptsächlich in Arabisch, Persisch oder in anderen orientalischen Sprachen niedergeschrieben haben. Diese Philosophien bilden in der Geistesgeschichte eine einzigartige heterogene Einheit.

Im Folgenden wird, wenn auch sprunghaft, in Geschichte und Gegenwart der orientalischen Philosophien eingeführt. Dabei wird auf jede Epochalisierung im Sinne der europäisch-westlichen Philosophiegeschichtsschreibung oder Ähnliches verzichtet. Damit die Entwicklungslinien etwas klarer zur Geltung kommen, unterteile ich die geistesgeschichtliche Linie in drei Epochen, die eine Kontinuität aufweisen.

> **Merke:**
> 1. Die Klassikergeneration der ersten Stunde (8. bis beginnendes 14. Jahrhundert) umfasst diejenigen Philosophen, welche die alten orientalischen Philosophien zugrunde legen und mit außerorientalischen philosophischen Strömungen verbinden. An dieser Nahtstelle entzündet sich das, was man als ›Islamische Philosophie‹ oder ›arabische Philosophie‹ kennt. Sie begründen eine zentrale Achse der orientalischen Geistesgeschichte.
> 2. Die Klassiker der zweiten Generation (14.-19. Jahrhundert) nehmen die Erkenntnisse der ersten Generation auf, machen diese, kritisch-würdigend, für neue Konzeptionen der Philosophie, Politik und Wissenschaft fruchtbar. Hier entsteht eine Reihe von neuen Philosophien und Schulen, die Gesellschaftstheorien, Ethikkonzeptionen und politische Theorien entwerfen.
> 3. Die Klassiker der dritten Generation (19.-21. Jahrhundert) greifen die Erkenntnisse der ersten und zweiten Generation kritisch auf.
>
> Bedingt durch die Ereignisse des Kolonialismus der letzten 250 Jahre sind im Allgemeinen *drei* Richtungen voneinander zu unterscheiden:
>
> 3.1. extremistische Positionen, welche die orientalische Philosophie bevorzugen und eine radikale Abwendung von der europäisch-westlichen Moderne suchen,
>
> 3.2. eurozentrische Philosophien, welche die europäische Moderne blind nachahmen wollen und ihrerseits die orientalische Philosophie ignorieren oder ablehnen,
>
> 3.3. eine Richtung, die versucht, orientalische Denktraditionen der Geschichte und Gegenwart mit denen europäisch-westlicher Traditionen verstehend zu verbinden. Dies sind in der Regel die Befürworter der Philosophie in interkultureller Absicht.

An den Haltungen der dritten Generation entzündet sich eine Auseinandersetzung zwischen dem Orient und dem Okzident, die im Westen weitestgehend als ein Streit zwischen Tradition und Moderne bezeichnet wird. Tradition wird hier aufgefasst als eine dialogische Bewegung des Denkens in der Zeit, die eine Vielzahl von Rück- und Fortschritten sowie unterschiedliche Wirklichkeitsformen und Kämpfe des Denkens in sich trägt. Sie spiegelt ferner Momente der Ablehnung, Anerkennung, Ergänzung, Korrektur sowie der Erweiterung und Versöhnung wider. Tradition birgt Erinnerungskulturen in sich, die positiv oder negativ sein können.

Wer sich mit den orientalischen Philosophien auskennt, weiß, dass es eine einheitlich-verbindliche Schreibweise orientalischer Namen in der lateinischen Schrift nicht gibt. Einige Beispiele sollen dies verdeutlichen:

> **Beispiele:**
> Sartoscht ist im Abendland hinlänglich bekannt – man nennt ihn Zarathustra, Zoroaster, Zoroastra, Zoroastre oder auch Sarastro. Ghazalis und Ibn Ruschds Namen werden wiedergegeben als Al Ghasāli, Al-Ghasal, al-Gazali, Algazel, Averros, Averroes, Avveroes. Das Gleiche gilt auch für Farabi, dessen Name wiedergegeben wird als Al-Farabi, al-Farabi, Alpharabius, Alfarabi, El Farati oder Avenassar. Mit den Ortsnamen verhält es sich nicht anders. Esfehan wird wiedergegeben als Isfihan, Esfahan, Esfihan. Die Stadt Tabriz wird wiedergeben als Täbris, Trauris oder Tabreez.

Im Rahmen des vorliegenden Lehrwerkes wird angestrebt, alle Namen so zu schreiben, wie diese in ihren eigenen Kulturräumen geschrieben und ausgesprochen werden.[104]

3.1 Klassiker der ersten Generation

Kritisches Vorverständnis

Die orientalische Philosophie nimmt ihren konkreten Anfang im 8. Jahrhundert. Zwischen dem 9. und 12. Jahrhundert regieren die abbasidischen Kalifen in der islamischen Welt. Sie setzen sich tatkräftig für die Förderung der Kunst, Wissenschaft und insbesondere der Philosophie ein. Diese Unterstützung bewirkt eine erste Blütezeit der Philosophie im Orient.

Die intensive Übersetzungstätigkeit beginnt unter dem Kalifen Al-Mamun (786-833). Im Jahre 830 gründet er in Bagdad das ‹بيت الحكمة›, ›Bait al-hikma‹, ›Haus der Weisheit‹ und lässt griechische Werke ins Arabische übersetzen. Die tätigen Übersetzer sind Moslems und nestorianische Christen, die sich gemeinsam für ein großes Ziel zusammenschließen. Durch Übersetzungen der griechischen Werke wollen sie die Grundlagen einer kulturübergreifenden Verständigung schaffen. Ihnen gelingt es in der Tat, mit ihren Aktivitäten eine neue Epoche der Völkerverständigung herbeizuführen, aus der sich auch die heutigen Verhältnisse speisen.

In dieser Blütezeit existieren sakrale und säkulare Einzelphilosophien nebeneinander. Manche bejahen die Selbstermächtigung der Vernunft und ihre Forderungen für das Verstehen der Weltstruktur, manche gehen von anderen Prämissen aus.

---

104 Grundsätzlich unterscheide ich zwischen Persien und dem Iran. Während Persien den Zeitraum bis 1934 umfasst, wird in der Folgezeit von Iran gesprochen. Der Name ›Iran‹ bzw. ›Eran‹ wurde ab dann eingeführt und bedeutet soviel wie ›Das Land der Arier‹.

Alle Philosophien, die orientalischen eingeschlossen, sind nicht von ihrer Kultur, Religion und Tradition abgekoppelt.[105]

Die orientalische Philosophie ist seit ihren Anfängen ein Reflexionsfeld mit eben diesen religiösen, aber auch naturwissenschaftlichen Dimensionen. Dies hängt damit zusammen, dass die ›حكما‹, ›Hokama‹, Philosophen dieser Kulturräume nicht nur Astronomen und Geometriker waren, sondern auch Religionsphilosophen und Theologen.

> **Merke:**
> Der Widerstreit zwischen Vernunft und Glaubenswahrheiten bildet von Anfang an einen Bestandteil der orientalischen Philosophie. Während einige eher auf die Stimme der Vernunft hören und andere auf die Stimme der Offenbarung, so gibt es auch eine Reihe von Philosophen, die zwischen beiden Polaritäten vermitteln und diese als anthropologische Komponenten sehen, die schwer zu trennen sind.

Betrachten wir Übersetzungen, die aus dem Griechischen ins Arabische vorgenommen worden sind, so machen wir eine nicht zu vernachlässigende Entdeckung.

> **Merke:**
> Bei der Betrachtung von Übersetzungen philosophischer Texte vom Griechischen ins Arabische fällt auf, dass nur einige Begriffe neben den bereits existierenden Begriffen ›حكيم‹, ›Hakim‹, ›حكما‹, ›Hokama‹ und ›حكمت‹, ›Hekmat‹[106] aus der griechischen Philosophie, wie ›فيلسوف‹, ›Faylasuf‹ oder ›فلاسفه‹, ›Falasifa‹ als Lehnwörter Eingang in die arabische Sprache gefunden haben. Andere philosophische Begriffe, mit wenigen Ausnahmen, sind aus der bereits vorhandenen arabischen Sprachkultur gebildet worden. Dies ist ein Hinweis auf die fortgeschrittene Entwicklung des philosophischen Vokabulars der arabischen Sprache zur Zeit der griechischen Übersetzungen.

Womit dürfte die Reichhaltigkeit der arabischen Sprache vor der Berührung mit der griechischen Philosophie zu tun haben? Eine Sprache, die in der Lage ist, komplexe Formen der denkerischen Reflexion so präzise aufzunehmen, zu übersetzen und zu interpretieren, kann keine unterentwickelte Sprache sein, die von einem rückständigen Volk gesprochen wird. Dies ist eine ethnologisch relevante Frage, die bis dato auch nicht von Linguisten erkannt und diskutiert worden ist.

Eine Komponente dieser interkulturellen Pluralität ist, dass die Philosophen sowohl Arabisch, eine wirkungsvolle Wissenschaftssprache, als auch in ihrer jeweiligen Muttersprache, zum Beispiel Persisch, schreiben. Diese Fähigkeiten und Fertigkeiten verleihen der orientalischen Philosophie einen tragfähigen Geist mit dialogischem Anpassungscharakter. Dies wird deutlich in der theoretischen wie praktischen Offenheit der orientalischen Philosophen gegenüber anderen Philosophien außerhalb ihrer Territorien. Jene setzen sich mit allen Kulturräumen der orientalischen Welt auseinander.

---

105 Betrachten wir die Philosophie in Asien, Afrika, Lateinamerika, im Okzident oder Orient, so werden wir uns überzeugen können, dass dabei der Koran, das Alte und Neue Testament sowie die Lehre des Buddha, die Veden oder die Gathas eine wichtige Rolle spielen.

106 Der Ausdruck ›Hekmat‹ bezeichnet im Kontext der orientalischen Philosophie die tiefste Dimension der Philosophie und nicht, wie oft insinuiert, bloße Weisheit.

> **Merke:**
> Die orientalische Philosophie ist seit ihren Anfängen systematisch orientiert, mit einem stark historischen und umfassend vergleichenden Charakter.

Das Kompositum ›Orientalische Philosophie‹ umfasst wissenschaftliche Entwicklungen, die nach der Verbreitung des Islam in der zweiten Hälfte des siebten Jahrhunderts entstehen. Sie hat über Jahrhunderte eine Vormachtstellung. Durch die Übersetzerschule in Toledo im 12. Jahrhundert werden die Werke islamischer Philosophen schließlich ins Lateinische übersetzt, wenn auch nicht vollständig als vielmehr willkürlich und verkürzt. An dieser Nahtstelle, an der orientalische Philosophen mit christlichen Philosophen in unmittelbare Berührung kommen, entfaltet sich, wie weiter oben angedeutet, eine mentalitätsgeschichtlich einzigartige Situation, in der Orient und Okzident in eine Verständigung jenseits der eigenen kulturellen Grenzen treten.

> **Merke:**
> Die orientalische Philosophie und die Übersetzung islamischer und griechischer Werke haben für das Lateinische große Bedeutung. Die Übersetzung dieser Werke ins Lateinische leitet eine Revolutionierung der lateinischen Sprache ein. Diese modifizierte Sprache geht in die Geschichte der Linguistik als ›Mittellatein‹ ein und wird vom 6. bis 15. Jahrhundert gepflegt.

3.1.1 Mutaziliten und Mutakallimun (8. Jahrhundert)

Die orientalische Philosophie nimmt ihren systematischen Anfang mit den Mutaziliten. Für ihre Aktivitäten erhält diese erste Bewegung der orientalischen Philosophietradition, wie erwähnt, von Kalifen Al-Mamun (786-833) angemessene Unterstützung. Der hellsichtige Kalif ahnt, dass die orientalische Kultur menschheitsbewegende Errungenschaften erzielen könne. Die Förderung der Wissenschaftsfreiheit gilt als sein oberstes Ziel.

> **Merke:**
> Eingeleitet wird die orientalische Philosophie durch die Theoriebildung der ›معتزله‹, Mutazila, einer rationalistisch ausgerichteten Schule, die im 8. bis 9. Jahrhundert wirkt und die orientalische Philosophie nachhaltig prägt. Besondere Leistungen bringen die ›متكلمون‹, Mutakallimin, durch die Begründung der ›علم الكلام‹, ›Ilm al-kalam‹, der Dialektik, ein. Sie gründen eine systematische Philosophie und dialektische Theologie. Diese Fachwissenschaftler werden als Mutakallimun bezeichnet.

Die Mutaziliten sind die Begründer der Hermeneutik, die zunächst in der Theologie zur Auslegung der Heiligen Schriften entwickelt wird. Ein Spruch, z.B. ein Vers des Koran, solle nicht allein nach dem ›الظاهر‹, ›zahir‹, dem äußeren Schein, sondern auch nach seiner ›الباطن‹, ›batin‹, der tieferen Bedeutung begriffen werden. Es handelt sich um aufeinander folgende, vertiefende Schritte der Betrachtung eines Sachverhaltes. Die Hermeneutik geht der Exegese voraus, die wiederum eine Voraussetzung der Kommentierung ist.

Das Menschenbild der Mutaziliten ist universalistisch. Hiernach ist der Mensch frei geboren und verfügt über einen freien Willen. Deshalb ist er für seine Taten verantwortlich. Die Mutaziliten erheben ›العقل‹, ›al-aql‹, die Vernunft, zur obersten

Instanz, welcher der Mensch intellektuell verpflichtet ist. Theorie und Praxis, Erkenntnis wie auch gesellschaftliches Handeln, dürfen voneinander nicht getrennt werden, darum verbinden Mutaziliten ‹العقل و العدل›, ›aql wa adl‹, Vernunft und Gerechtigkeit. Alle anderen Instanzen sind der Vernunft als oberstem Kriterium untergeordnet. Der menschliche Intellekt wird als ein bedingungsloser Dialog verstanden, der sich zwischen Geschichte und Gegenwart sowie Gegenwart und Zukunft vollzieht.

Die Mutaziliten haben in ihren Wirkungsstätten eine Reihe von Widersachern, mit diametral entgegengesetzten Meinungen. Werden die Forderungen der kritischen Vernunft bei der Wahrheitssuche zur Anwendung gebracht, so existiert darüber hinaus eine Bewegung, welche die Legitimität dieser Vernunft in Abrede stellt.

> **Merke:**
> Eine Gegenbewegung zur Mutazila wird von Abu l-Hasan **Al-Ashari** (873-935) in Gang gebracht. Al-Ashari ist ein Kenner der mutazilitischen Philosophie und zugleich ihr schärfster Widersacher. Ihre Methode der Argumentationsführung führt er fort, während er die Inhalte ihres Denkens verwirft. Er weist jede Wirksamkeit und Bedeutung des logischen Denkens bei der metaphysischen Erkenntnisgewinnung zurück und sieht diese Gewissheit nur im Koran gegeben.

Im Koran, den er für ein unerschöpfliches Gotteswerk hält, sieht Al-Ashari die objektiv gewordene Wahrheit, die keiner Interpretation bedürfe. Nach dieser Bewegung ist das im Koran offenbarte Wort absolut und eindeutig. Er insistiert, dass Allah am Jüngsten Tage mit den Augen gesehen werden wird.

> **Übungsaufgabe:**
> Diskutieren Sie die Philosophie der Mutaziliten und Al-Asharis unter Berücksichtigung der Prämissen Interkultureller Philosophie.

3.1.2 Al-Kindi (801-865)

> **Kurzportrait:**
> Abu Yusuf Yaqub ibn Ishaq, bekannt als **Al-Kindi**, ist im Süden des Irak geboren. Er wird als ›Der Arabische Philosoph‹ bezeichnet. Seine Tätigkeit erstreckt sich nicht nur auf die Philosophie, sondern er wirkt auch als Theologe, Mediziner, Logiker, Mathematiker, Physiker, Astrologe, Pharmakologe sowie als Geograph.

Zu den Übersetzungstätigkeiten der griechischen Werke trägt Al-Kindi maßgeblich bei. Im ‹بيت الحكمة›, ›Bait al-hikma‹, im ›Haus der Weisheit‹ in Badgad setzt er sich für die Übertragung einiger Schriften, vor allem von Aristoteles und Platon, ins Arabische ein.

Von den menschlichen Tätigkeiten kommt nach Al-Kindi der ‹الفلسفه›, ›al-falsafa‹, der Philosophie der »erhabenste[n] Rang und die ehrenvollste Stufe zu, die als Wissen um die Wahrheit der Dinge definiert wird, soweit dies dem Menschen möglich ist.«[107] Nach diesem Philosophieverständnis sieht er das Ziel darin, »die Wahrheit zu erkennen.«[108] Dies hängt damit zusammen, dass die Ursache der Existenz und

---

107 Al-Kindi: *Die Erste Philosophie*, 2011, S. 59.
108 Ebenda, S. 59.

des Fortbestehens eines jeden Dinges eben diese Wahrheit ist und jedes ›أنية‹, ›an-niya‹, Seiende, Wahrheit besitzt.

Die Bandbreite der Schriften Al-Kindis reichen von Mathematik und Geometrie über Medizin bis zur Astrologie. Von grundlegender Bedeutung in seinem philosophischen Werk ist die Frage, ob und inwieweit etwas eigene Essenz verursachen könne. In diesem Zusammenhang diskutiert er das Verhältnis zwischen Einheit und Vielheit. Letztere könne nicht gesondert und unabhängig von der Einheit existieren. Vielheit bedeutet eine von der Einheit abgekoppelte Sache, die in den Ausdrücken ›Gegensätze‹, ›Ausnahmen‹ oder ›Gemeinsamkeiten‹ enthalten sind. Dies sieht man in der Zahl ›eins‹, die Einheit bedeutet, und weiterer Zahlen, ›zwei‹, ›drei‹ usw., die zwar eine Vielfalt zum Ausdruck bringen, in denen die Zahl ›eins‹ und damit die Einheit enthalten ist. Al-Kindi insistiert aus dem Geiste seines pluralistischen Philosophieverständnisses heraus, dass die absolute Wahrheit, die wir als ›religio perennis‹ bezeichnen könnten, niemandes Besitz alleine ist.

> **Merke:**
> »Wir dürfen uns nicht schämen, die Wahrheit für gut zu erachten und anzuerkennen, woher sie auch kommen mag. Auch, wenn sie von Menschen kommt, die anders als wir und uns fremd sind. Es gibt nämlich nichts, was angemessener für denjenigen wäre, der nach der Wahrheit strebt, als die Wahrheit selbst. Die Wahrheit wird durch denjenigen, der sie ausspricht oder sie übermittelt, weder herabgesetzt noch geschmälert. Auch wird niemand durch die Wahrheit gemindert, sondern jeder wird durch sie geehrt.«[109]

Die Philosophie Al-Kindis hat eine transzendente und eine immanente Dimension. Die transzendente Komponente ist für ihn die Metaphysik, die ›Erste Philosophie‹, denn es geht um das Wissen der Ursache alles Wahren, während letztere als ein Instrument zu betrachten ist, um dieses Ziel zu erreichen. Als Gegenstand wird das absolut Große, Erhabene und Unvergleichbare verstanden: »Nichts nämlich könnte größer sein als das, was in absoluter Weise als ›groß‹ bezeichnet wird.«[110]

Die immanente Philosophie ist anderer Natur. Sie beschäftigt sich mit relativen Sachverhalten. Wir können, wie Al-Kindi exemplifiziert, nicht in absoluter Form sagen, ›groß‹, ›klein‹, ›lang‹ oder ›kurz‹. Solcherlei Äußerungen werden in der Regel im Vergleich zu etwas Gegenteiligem gemacht. Nach Al-Kindi können nur diejenigen als ›Philosophen‹ gelten, die sich mit Mathematik bzw. Logik zureichend auskennen. Nach seinem dialektischen Verständnis wirkt alles Höhere auf das Niedere ein. Das göttliche Wirken vermittelt sich dementsprechend von oben nach unten.[111]

---

109 Ebenda, S. 65.
110 Ebenda, S. 145.
111 Vgl. Ebenda.

> **Merke:**
> Al-Kindi formuliert erstmals die Theorie von mehreren Stufen der menschlichen Erkenntnis: Er unterscheidet zwischen dem passiven und aktiven Denken. Während der aktive Intellekt die Ursache allen Denkens ist, vollzieht sich die passive Art derselben im niederen Bereich. Der passive Intellekt umfasst wechselwirkend folgende Intellekte:
> *Der potentielle Intellekt* beschreibt das Vermögen, überhaupt zu denken,
> *Der erworbene Intellekt* ist das Vermögen, etwas durch Erfahrung zu gestalten,
> *Der sichtbare Intellekt* heißt das Vermögen, den erworbenen Intellekt zu applizieren.

Die Art und Weise der philosophischen Argumentation Al-Kindis ist durch und durch mutazilitisch ausgerichtet, da er auf allen Ebenen dialektisch vorgeht. Al-Kindi unterscheidet zwischen der Sinnes- und Verstandeswahrnehmung. Bei Urteilbildungen sind beide mehr oder minder involviert. Insofern sind für ihn ›الهيات‹, ›ilahiat‹, Theologie und Philosophie, keine Gegensätze, sondern unterschiedliche Wege, um die Struktur der Welt zu verstehen und Antworten auf die existentielle Abhängigkeit unseres Daseins zu formulieren.

> **Übungsaufgabe:**
> Diskutieren Sie die Philosophie des Al-Kindi unter Berücksichtigung der Prämissen Interkultureller Philosophie.

3.1.3 Zakariya Razi (865-932)

> **Kurzportrait:**
> Abu Bakr Mohammad ibn Zakariya **Razi** ist im Norden Persiens geboren. Bekannt ist Razi als Philosoph und vor allem als Naturphilosoph. Er gilt als einer der ersten Wissenschaftler, der die Relevanz der psychischen Dimensionen der Medizin und der Heilung erkennt und anwendet. Ihm ist bei der Frage nach dem Leib-Seele-Problem die Funktion der Seele bestimmend.

Razi ist in der orientalischen Geistesgeschichte als ein Universalgelehrter bekannt, der gleichzeitig an mehreren Projekten arbeitet. Seine Bereiche umfassen Mathematik, Astronomie, Medizin, Pharmakologie, Philosophie und Theologie.

Als Mediziner entdeckt Razi die Gewinnung des reinen Alkohols durch die Destillation von Wein, und seine sterilisierende Eigenschaft. Er nennt seine Entdeckung ›al-kull‹, was im Arabischen ›das Ganze‹ bedeutet. Hier sollen seine philosophisch-relevanten Überlegungen hervorgehoben werden. Wie sein Vorgänger Al-Kindi ist er transzendenzoffen. Razi geht von der grundsätzlichen Annahme aus, dass Gott seine Barmherzigkeit über die gesamte Menschheit ausbreitet und ihnen Vernunft und Verstand geschenkt hat, mit denen sie ihr Leben zu richten haben.

Darüber hinaus hebt er wie seine Vorgänger die Bedeutung der Vernunft über den Glauben und das Primat der Philosophie vor der Religion hervor, welches später im Europa des 18. Jahrhunderts Eingang findet. Sein philosophisches Denkgebäude ist darauf ausgerichtet, durch diese Differenzierung die Autonomie der Philosophie und Theologie zu betonen. Seine Philosophie wird von drei Säulen getragen: Erkenntnistheorie, Ethik und Metaphysik.

Razi gehört zweifelsohne zu den führenden ›خردگرایان‹, ›kheradgarayan‹, Rationalisten und ›تجربه گرایان‹, ›tagrobegarayan‹, Empiristen der orientalischen Philosophie. Weil er sich vorwiegend für Medizin und empirische Fragen interessiert, geht er unbeirrt seinen eigenen Weg, ohne den griechischen Philosophien zu folgen. Hier hebt er jedoch den Sokrates Platons, der für ihn den Rationalismus symbolisiert, hervor. Die Welt ist nach Razi ein Ort des Leidens. In der Philosophie sieht er die Möglichkeit der seelischen Befreiung und Überwindung des Leidens.[112]

Der erkenntnistheoretische Ansatz von Razi besagt, dass Menschen durch den Gebrauch ihrer Vernunft Einsicht erlangen und Urteile bilden können; Urteile, die für ihre gesamte Lebensführung wegweisend sind. Nur auf diesem Wege kann der Mensch seiner Aufgabe in der Welt Rechnung tragen und sein Menschsein im Sinne des Göttlichen entfalten.

Merke:
Weil der Mensch ein denkendes, urteilendes und Entscheidungen fällendes Wesen ist, verfügt er über den freien Willen, der ihm durch die Barmherzigkeit Gottes in die Seele hineingelegt wurde. Dieses Konglomerat an Potentialität macht aus ihm ein ethisches Wesen, dessen Glück und Unglück damit steht und fällt, wie er sein Leben ausrichtet und wie er von seiner Vernunft Gebrauch macht. Führt der Mensch kein vernunftgeleitetes Leben nach ethischen Maßstäben des wahren Glücklichseins, so stuft er sich selbst als ein niederes Lebewesen herunter und wird, im Gegensatz zu den vernunftgeleiteten Menschen, wiedergeboren.

Die göttliche Barmherzigkeit sieht nach Razi vor, dass auch solche Menschen, die sich durch ihr widriges Verhalten heruntergestuft haben, stets die Chance haben, sich aus dieser selbstverschuldeten Situation herauszulösen. Diese Wiederholungsmöglichkeiten im Prozess der Einswerdung mit dem Göttlichen bieten ihnen die Möglichkeit, einsichtig zu werden und ihre Seelen zu befreien.

Das Prinzip der Metaphysik im Denken Razis besagt, dass das geschaffene Sein auf fünf Prinzipien fußt. Neben Gott als absoluter und vollkommener Vernunft werden Zeit, Raum, Universalseele und Materie als anfangslos beschrieben.

Razi will durch die Bündelung von Metaphysik, Ethik und Erkenntnistheorie philosophisch vor Augen führen, dass die transzendente Macht, das Heil, allen Menschen, jenseits ihrer kulturellen Zugehörigkeit, zuteil werden kann.

Übungsaufgabe:
Diskutieren Sie die Philosophie Razis unter Berücksichtigung der Prämissen Interkultureller Philosophie.

3.1.4 Abu Nasr Farabi (870-950)

Kurzportrait:
Abu Nasr Mohammad ibn Mohammad ibn Tarkhan **Farabi** ist im Norden Persiens geboren. Er ist ein Gründer der orientalischen Philosophie. Seine Tätigkeit erstreckt sich nicht nur auf die Philosophie, sondern auch auf Logik, Ethik, Politik, Mathematik sowie Musik.

---

112 Vgl. Zakariya Razi, Abu Bakr Mohammad ibn: *Moallafat wa mosnnafat* [Einführung in die Schriften], 1992.

Farabi wirkt in einer Zeit, in der sich viele Schulen und Bewegungen bilden. Seine Zeitgenossen Al-Ashari und Mansur Hallaj (857-922) gehören zu den großen Namen. Hallaj ist nicht, wie Al-Ashari, streng an die wortwörtliche Wahrnehmung des Koran ausgerichtet, sondern er sucht eine Einswerdung mit dem Göttlichen. Diese Haltung erhebt ihn zu einer der Hauptfiguren der Islamischen Mystik. Er spricht von der Verschmelzung der menschlichen und der göttlichen Seele in einem einzigen Körper: ›Siehst du mich, siehst du ihn; siehst du ihn, siehst du uns‹.

Farabi schafft eine eigene terminologische und erkenntnistheoretische Basis und teilt die Wissenschaften auf eine spezifische Weise in acht unterschiedliche Bereiche ein, die miteinander zusammenhängen.[113] Das folgende Schaubild zeigt die Verschränkung dieser Wissenschaften:

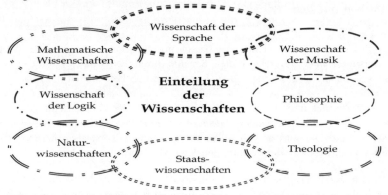

Zu den Einteilungen der Wissenschaften gehören, wie Farabi insistiert, auch alle Teilbereiche dieser Disziplinen. Zu nennen sind vor allem Rhetorik, Arithmetik, Geometrie, Optik, mathematische Astronomie, Erfindungswissenschaft und Rechtswissenschaft.

Die Typologie der Wissenschaft diskutiert Farabi in seiner Schrift ›Über die Wissenschaften‹. In der Wissenschaft der Logik sieht er die grundlegende Aufgabe »die Vernunft zu berechtigen und den Menschen auf den Weg der Richtigkeit und zur Wahrheit bei allem zu führen, wo es möglich ist, dass ein Irrtum bei den Vernunftgehalten auftritt.«[114]

> **Merke:**
> Farabi führt an, dass es »bei den Vernunftgehalten Dinge gibt, bei denen die Vernunft niemals irren kann, und dies sind jene, deren Erkenntnis und deren Nachweis der Wahrheit der Mensch gleichsam in seiner Seele eingeschaffen vorfindet, wie z.B., daß das Ganze größer ist als seine Teile und daß die Dreizahl eine ungerade Zahl ist.« Für Farabi gibt es aber auch Dinge, »bei denen es möglich ist, daß die Seele irrt und von der Wahrheit abgewendet wird auf das hin, was nicht wahr ist, und dies sind jene, deren Kennzeichen es ist, daß sie durch stürmisches Denken und Überlegen erfaßt werden, und zwar durch Vernunftüberlegung.«[115]

---

113 Vgl. Al-Farabi: *Über die Wissenschaften*, 2005.
114 Ebenda, S. 23.
115 Ebenda, S. 23.

Nach Farabi sind dies Gründe, warum der Mensch, der bei seinen Untersuchungen »eine gesicherte Wahrheit« anstrebt, »logische Regeln« benötigt.[116] Diese sind Instrumente, mit denen Vernunftgehalte überprüft werden können. Diejenigen Regeln aber, bei denen es keine Sicherheit gibt, dass sie den Regeln der Logik entsprechen, vergleicht Farabi mit einem Messinstrument, das unbewusst falsch geeicht wurde.

> **Merke:**
> Farabi kommt zu der Ansicht, dass die Logik bzw. logische Regeln in unserem Leben einer Richtschnur gleichkommen, die das Maß der Vernünftigkeit und Unvernünftigkeit unserer Handlungen bemisst und uns eine vernunftgeleitete Orientierung in unseren Entscheidungsfindungen ermöglicht.

Farabi weist auf der Grundlage dieser frühen Annahme in seinem philosophischen Werk darauf hin, dass ›Wahrheit‹ die Menschen verbindet; nur die Art und Weise, in der sie erfasst wird, ist unterschiedlich. Auf diesem Wege bedienen sich Philosophen unterschiedlicher Methoden, wie der ›شهود‹, ›shohoud‹, der Intuition, bisweilen auch ausschließlich der ›aql‹, der Vernunft, oder in vielen Fällen beider zugleich. Grundlegend gebraucht die Philosophie immer eine argumentative Sprache.

Aus seinen Schriften geht hervor, dass Farabi ein praktisch denkender und handelnder Philosoph gewesen sein muss. Er kümmert sich um die gesellschaftlichen Missstände seiner Zeit. Die Vernunftleitung auf allen Ebenen des Lebens, auch auf denen des Religiösen, ist in seinen Schriften, insbesondere in ›Madinatolfazele‹[117], ›Ansichten der Bewohner eines vortrefflichen Staates‹, geradezu beispielhaft. Eine zentrale Achse der politischen Philosophie Farabis ist deshalb die Verwirklichung der Idee eines Musterstaates, der das Glück und friedliche Zusammenleben der Menschen in Harmonie und Gerechtigkeit nach der Maxime ›Einheit angesichts der Vielfalt‹ garantiert.

In der genannten Schrift definiert Farabi Struktur, Aufgabe und Funktion einer Zivilgesellschaft. Er beschreibt die Konsequenzen unterschiedlicher Umgangsformen mit Divergenzen und Konvergenzen in den Ansichten der Bewohner einer solchen Gesellschaft. Menschen setzen sich hier dafür ein, auf unterschiedlichem Wege ihre Stellung im dialogischen Miteinander zu realisieren, um das Glück der Gemeinschaft und damit der Gesellschaft als Ganzes zu fördern.

Farabi weist auf menschliche Unterschiede hin, die sich auf das Zusammenleben unmittelbar auswirken. In diesen internen Differenzen sieht er unterschiedliche Formen von Wahrnehmen, Glück-Empfinden und Lebensentwürfen. Er unterscheidet zwischen einer ›argumentativen‹ und einer ›nachahmenden‹ Erkenntnisgewinnung, um einen dialogischen Weg zwischen der Vielfalt von Denkformen zu zeigen.[118] Während die argumentative Erkenntnisgewinnung darauf ausgerichtet ist, alles auf der Grundlage von Erfahrung anzunehmen, abzulehnen oder zuzulassen, ist bei der nachahmenden Erkenntnisgewinnung ein Konflikt vorprogrammiert,

---

116 Ebenda, S. 23.
117 Vgl. Farabi, Abu Nasr Mohammad ibn: *Arae ahle Madinatolfazele* [Ansichten der Bewohner eines vortrefflichen Staates], 2003.
118 Vgl. Farzaneh Poor, Hossein: *Tasahol wa Modara dar andishe-je sijasi-je Eslam* [Ta-sahol und Modara im politischen Denken des Islam], 2007, S. 199.

weil nicht Argumente, sondern vielmehr Interpretation und Nachahmung die Verhältnisse bestimmen.

Farabi versöhnt diese beiden Denk- und Wahrnehmungskulturen miteinander. Darin liegt für ihn die Tugend der ›تساهل‹, ›Tasahol‹, der Toleranz, als einer ethisch-moralischen Pflicht gegenüber unterschiedlichen Denkformen innerhalb der Zivilgesellschaft.[119] Moral ist im politischen Denken Farabis die Basis der Politik.

> **Übungsaufgabe:**
> Diskutieren Sie die Philosophie Farabis unter Berücksichtigung der Prämissen Interkultureller Philosophie.

3.1.5 Die Zeit der Ikhwan as-Safa (10. Jahrhundert)

Im 10. Jahrhundert entsteht in Basra als Zentrum orientalischer Philosophie eine geheime philosophische Gemeinschaft, die aus persisch-arabischen Philosophen besteht. Ihre Mitglieder nennen sich Ikhwan as-Safa wa khillan al-wafa, ›Brüder und Schwestern der Lauterkeit und Freunde der Treue‹.

Dieser Name spiegelt die Haltung der Wissenschaftler wider, die bestrebt sind, durch gegenseitige Unterstützung einander zur Förderung des Heils ihrer Seele zu verhelfen und ein Kompendium des gesamten derzeitigen Wissens, insbesondere auf dem Gebiet der Philosophie, zu erstellen.

> **Merke:**
> Die Ikhwan verfolgen das Ziel, so geht dies aus den vorhandenen Dokumenten hervor, mit der systematischen Einteilung der Wissenschaften die Grundlage einer philosophischen Weltuniversität zu schaffen, die durch spätere Generationen ergänzt werden sollte. In seinem Aufbau ist das Kompendium lehrbuchartig und vereinfacht gestaltet, damit Studierende, die auch der arabischen Sprache nicht mächtig sind, die Inhalte nachvollziehen können.

Die Ikhwan gehen in ihrem Gemeinschaftswerk von einer grundsätzlichen offenbarungs*un*abhängigen Erkenntnisleistung aus, in der die Rolle des Einzelnen im Vordergrund steht, ohne die Offenbarungswahrheit ganz außer Acht zu lassen. Daher führen sie den Begriff ›انسانية‹, ›inssaniyyat‹, ›Menschlichkeit‹ ein und entwickeln dazu ein theoretisches System. Somit betreiben sie eine angewandte Philosophie. Die Ikhwan vertreten ein universalistisches Menschenbild mit stark ethisch-moralischen Komponenten, das eine generelle Menschlichkeit in den Vordergrund rückt.

Philosophie und Religion sind für sie keine Widersprüche, die im ständigen Konflikt stehen, sondern beschreiben unterschiedliche Erkenntniswege, um Transzendenz und Immanenz zu begründen. Eine ausschließliche Transzendenz- oder Immanenzverschlossenheit finden wir in der orientalischen Philosophie selten. Die lauteren Brüder sind ein klassisches Beispiel dafür, diese miteinander in eine Korrelation zu bringen, ohne sie gegenseitig aufeinander zu reduzieren.

---

119 Vgl. hierzu Yousefi, Hamid Reza: *Toleranz im Weltkontext*, 2013.

Als ein Teil des Ganzen lebt der Mensch mit der Natur im Einklang. Darin erblicken die Ikhwan eine universelle Menschlichkeit.[120] Ihr Ziel besteht darin, die Wissenschaften ihrer Zeit zu bündeln und weiterzuentwickeln, sie zu einem System zu verbinden und für eine harmonische Entfaltung und Erziehung des Menschen allgemein zugänglich zu machen.

> **Merke:**
> Die Ikhwan unterscheiden zwischen einer allgemeinen und einer speziellen Anthropologie. Die allgemeine Form umfasst alle Wissensbereiche, während die spezielle Art derselben eng mit der ›inssaniyyat‹ verbunden ist. Dies bedeutet, dass jede Erkenntnis einen humanen Charakter in Theorie und Praxis haben muss.

Anthropologie beschäftigt sich im Denken der Ikhwan mit dem Menschen und seinem Wesen einerseits und mit seiner Stellung in der Welt andererseits. Sie verweisen darauf, dass es Menschen kaum möglich sein wird, die eigenen Entitäten zu ergründen. Später vertreten Philosophen wie Plessner die gleiche Meinung und sprechen von dem ›Prinzip der offenen Frage‹.

Die Einteilung der Disziplinen der Wissenschaften bei den Ikhwan hat die folgenden Komponenten, die der orientalischen Philosophie inhärent sind. Das folgende Schaubild veranschaulicht dieses Wissenschaftssystem, in dem die beschriebene Anthropologie wirksam ist:

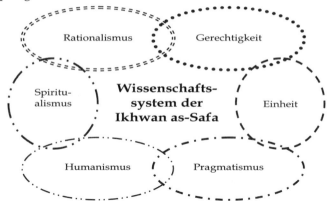

Ein zentrales Problem der Völker sehen die Ikhwan in religiösen und politischen Divergenzen. In der Akzeptanz des Pluralismus von Einstellungen und Überzeugungen sehen sie die Möglichkeit eines menschenwürdigen Zusammenlebens der Völker. Aus soziologischer Perspektive vertreten die Ikhwans eine Sicht, die auf der Grundlage der Ethik basiert.

Die Elemente der gesellschaftlichen Organisation ergeben sich aus der Konsequenz von Moral und Wissenschaft. Grundlegend ist der Gedanke, dass das Streben des Menschen in seiner Ursprünglichkeit nach Liebe, Zusammenhalt, Achtung vor Anderen und vor sich selbst besteht, und dass somit auf dieser Grundlage Gerechtigkeit, Egalität und Selbstverwirklichung möglich sind.

---

120 Vgl. Khella, Karam: *Arabische und islamische Philosophie und ihr Einfluß auf das europäische Denken*, 2006, S. 99 ff.

> **Merke:**
> Das Werk der Ikhwan as-Safa wa khillan al-wafa ist ein enzyklopädisch angeordnetes Kompendium aus 52 رساله, ›Risalas‹, ›Abhandlungen‹, die eine systematische Einteilung der Wissenschaften enthalten. Diese Risalas sind vollständig erhalten.[121] Die Ikhwan as-Safa knüpfen an die Schule der Mutaziliten an. Unter den behandelten Themen finden sich Rationalität, Kausalität, Freiheit sowie Gerechtigkeit. Das Kompendium umfasst vier Abteilungen.
>
> Die erste Abteilung, mit vierzehn Abhandlungen, beschäftigt sich mit Mathematik und Logik.
>
> Die zweite Abteilung, mit siebzehn Abhandlungen, handelt von naturwissenschaftlichen Disziplinen, zu denen auch die Psychologie gezählt wird.
>
> Die dritte Abteilung umfasst zehn Abhandlungen über Psychologie und Geisteswissenschaften.
>
> Die vierte Abteilung thematisiert in elf Abhandlungen Bereiche der Theologie und Religion, insbesondere der Mystik; der Astrologie und der Magie. Hier wird auch die strukturelle Organisation der philosophischen Geheimgesellschaft der Lauteren Brüder dargelegt.

Erstes Buch: Risala 1-14

Die erste Risala dient, beginnend mit den mathematischen Wissenschaften, der Darlegung einer Zahlenlehre, darüber hinaus aber auch einer allgemeinen Einführung philosophischen Denkens. Philosophische Bezüge der Zahlen werden aufgedeckt, wobei die beiden kleinsten Zahlen eine wichtige Rolle spielen. Der ›Eins‹ wird die Position der Einheit ebenso wie eine qualitative Geschlossenheit eingeräumt, während die ›Zwei‹ für Polarität steht. Alle weiteren Zahlen ergeben sich durch Addition dieser Grundzahlen.

Während das primäre Ziel der zweiten Risala die Geometrie ist, dient ihr Studium der Überleitung vom Materiellen zum Abstrakten und von daher zum Allgemeinen.

Basierend auf geometrischen Erkenntnissen werden in der dritten Risala zunächst die Grundlagen der Astronomie erläutert, in der bereits zu jener Zeit die Vorstellung eines heliozentrischen Weltbildes existiert. Dementsprechend kreist die Erde um die Sonne und nicht umgekehrt. Ikhwan messen der Erde besondere Bedeutung bei, weil sie von Menschen bewohnt ist. Es folgen Erkenntnisse zur Sphäre, zur Himmelsmechanik und zu den Planeten. Diese Überlegungen greift Biruni später auf und entwickelt sie auf eine spezifische Weise weiter. Die Kosmologie wird verbunden mit der Annahme über den Wohnort spiritueller Wesen, die aus philosophischer Sicht die aktive Vernunft darstellen. Damit verfolgen die Ikhwan das Ziel, für die Gesetzmäßigkeiten der Natur zu sensibilisieren.

Die vierte Risala beschäftigt sich mit der Erde als dem wichtigsten Planeten für den Menschen. In fortschrittlicher Weise wird die Erde bereits zu jener Zeit als eine ballförmige Kugel beschrieben, die frei in der Sphäre schwebt. Beobachtungen über

---

121 Vgl. Ikhwan as-Safa wa khillan al-wafa: *Rasail Ikhwan as-Safa wa khillan al-wafa* [Abhandlungen von Brüdern und Schwestern der Lauterkeit und Freunden der Treue], 1928.

Gewässer, Gebirge oder Lebewesen werden mit den menschlichen Sinnen gewonnen. Neben bloßen geographischen Erkenntnissen soll sich der Lernende in die Strukturen der Welt einfühlen und die daraus erwachsenen moralischen und ethischen Verpflichtungen wahrnehmen.

In der fünften Risala wird der Musik, die mathematisch aufgefasst wird, als einer bedeutenden Kunst der Kompositionstechnik breiter Raum gegeben. Hier spielen auch die Überlegungen von Farabi eine bedeutende Rolle, der eine ganze Abhandlung der Musik widmete und die Laute erfand.

Die Persönlichkeitserziehung ist Gegenstand der sechsten Risala, wobei die Lehre des Menschen (Anthropologie) und Humanismus mit Zahlen und Geometrie in Verbindung gebracht werden. Die Ikhwan verweisen auf das Gleichgewicht der Dinge in der Welt, das eine Beziehung zur Wissenschaft aufweist.

Gegenstand der siebten Risala ist die Polarität des Menschen, die in der Dialektik von Leib und Seele sowie von Denken und Handeln einen unmittelbaren Ausdruck findet. Anthropologische Aspekte werden deutlich an Fragen über den Menschen: Ist er? Was ist er? Wie ist er? Wieviel ist er? Wo ist er? Wann ist er? Warum ist er? Wer ist er?

In der achten Risala wird die Frage nach dem Wesen der menschlichen Tätigkeit in theoretischer und praktischer Hinsicht gestellt. Jedes Gewerbe ist Teil eines universellen Sinnes, der sich durch die wohlverstandene Arbeit der Werktätigen offenbart. Für jeden Menschen ist es wichtig, seinen Beruf im Rahmen eines humanistischen, universellen Gesamtzusammenhangs auszuwählen. Praktizieren soll er den Beruf unter Berücksichtigung des damit verbundenen menschlichen Auftrages und der sozialen Bedeutung. Die Ikhwan begründen den Gedanken der polytechnischen Erziehung, verstanden als ein pädagogisches System, in dem jeder Werktätige ein solides Basiswissen über Sinn und Zweck seiner Arbeit haben soll, an seinem Arbeitsplatz jedoch durch Spezialkenntnisse das Gesamtwesen zu unterstützen und voranzubringen hat.

Der Gegenstand der neunten Risala ist die Ethik. Die Ikhwan vertreten eine universalistische Ethik, wobei für sie, über Kulturen und Glaubensgemeinschaften hinweg, ein grundsätzlicher Konsens darüber besteht, was gut und was schlecht ist. Ethik wird als eine Begründungstechnik der moralischen Verhaltensweisen behandelt. In der Gemeinschaft sind entsprechende Verhaltensgebote Gemeingut, wobei dem Menschen Wahlfreiheiten eingeräumt werden. Die Ikhwan gehen davon aus, dass die menschliche Vernunft aus sich heraus gebieten und verbieten kann, um das Wohlergehen der Gemeinschaft und vor allem von sich selbst zu gewährleisten. Daraus lassen sich die Anfänge eines kategorischen Imperativs ableiten, der auch in der Kantischen Philosophie ihren Niederschlag findet.

In der zehnten bis zur vierzehnten Risala folgt eine Abhandlung zum Sachgebiet der Logik. Besonderes Augenmerk wird auf die Isagogik, die Kunst der Einführung in eine Wissenschaft, gelegt, die heute eher als ›Propädeutik‹ bekannt ist. Die Ausführungen dieser Abschnitte verweisen auf den Zweck der Risalas, die ursprünglich als Handreichung in der Lehrerausbildung verfasst wurden. Der Schwerpunkt liegt auf der Bildung der Persönlichkeit. Die Gebiete der Logik unterteilen die Ikhwan zum einen in die Konkreta, die Person, Art und Gattung enthalten. Ein zweites

Gebiet besteht in den Abstrakta, die in Klasse, Besonderes und Akzidens unterteilt werden.

In der elften Risala wird die Typologie der Kategorien fortgesetzt, und zwischen folgenden Kategorien bzw. Universalien unterschieden: Gattung, Art, Person und Schöpferin der Natur, aus der sich alle Dinge der Literatur, der Wissenschaft und der Weisheit entwickeln.

Die zwölfte Risala führt die Logik fort. Die Ikhwan berücksichtigen die ›Analytik‹ des Aristoteles zur Beweisführung und vertiefen diese mit eigenen logischen Aussagen. Beispiele sind die Konstruktion von Analogien auf der Basis von Prämissen, oder die Verdeutlichung des Kontrasts von *Affirmativ* und *Negativ* als Grundlage einer ›scharfen Logik‹. Ein Beispiel der scharfen Logik wäre: ›Es regnet‹ oder ›Es scheint die Sonne‹. Das Pendant wäre: ›Es regnet nicht‹ oder ›Es scheint die Sonne nicht.‹ In diesem Zusammenhang sagt man: Jeder Mensch ist sterblich, Farabi ist ein Mensch, also ist Farabi sterblich. Eine unscharfe Logik wäre bspw. eine wunschgebundene Aussage, wie: ›Lass uns spazieren gehen!‹

Die Abhandlung zur Logik wird in der dreizehnten und der vierzehnten Risala mit der Betrachtung der Analogie fortgesetzt. Die Ikhwan präzisieren die Analogie und deren Bedeutung im philosophischen Diskurs, die von Widerspruchsfreiheit und Unrichtigkeit geprägt ist. Eine richtige und fehlerfreie Analogie führt zum Beweis als einer wissenschaftlichen und philosophischen Methode.

Zweites Buch: Risala 15-26

Im zweiten Band des Kompendiums werden ab der fünfzehnten Risala die Themenbereiche ›Natur und Körper‹ betrachtet. Die Aufmerksamkeit gilt zunächst dem Urstoff, der Materie und den Körpern.

Schwerpunkte der sechzehnten Risala sind u.a. die Beziehung der Himmelskörper zueinander sowie die Auffassung, dass außerhalb des Alls weder Leere noch Fülle existieren.

Themen der siebzehnten Risala sind ›Sein und Vergehen‹. Die Ikhwan unterscheiden die universelle Seele von der Teilseele eines Menschen ebensowie die Gesamtvernunft von der individuellen menschlichen Vernunft. Sie nennen als vier Urelemente: Feuer, Luft, Wasser, und Erde, wobei das Prinzip des Feuers eine starke Verwurzelung in der altpersischen Kosmologie hat. Aus den vier Elementen gehen Pflanzen und Tiere hervor, in Übergängen und Umwandlungen gehen sie in diese auch wieder ein.

Die achzehnte und neunzehnte Risala haben Meteorologie und Metallurgie zum Inhalt. Behandelt werden die Natur und ihre physikalischen Erscheinungen in der Atmosphäre sowie die Erscheinungen anorganischer Stoffe. Die Natur wird als Allseele betrachtet, aus der die Teilseelen hervorgehen. Der Platz der anorganischen Natur ist das erste Stadium der Genesis, die über Pflanzen, Tiere, Menschen und schließlich Engel die höchste Dimension des Himmlischen erreichen kann.

In der zwanzigsten bis zur zweiundzwanzigsten Risala wird die begonnene Systematik der Natur fortgesetzt. Sie findet ihre Ausprägung in den mannigfaltigen Formen der Botanik und – auf einer höheren Stufe – in den Gattungen der Zoologie.

Beide Bereiche werden straff typologisiert. Weiterhin wird auf die Kontinuität der Entwicklung verwiesen: die anorganische Materie, wie Gestein und Sand, bildet die Grundlage für die nächste Entwicklungsstufe der Pflanzenwelt, an die sich die Entwicklungsstufe des Tierreiches sowie die erste menschliche Entwicklungsstufe anschließt. Die höchste Vollkommenheit des Menschen leitet die Existenz der Engel ein. Der Mensch, als Vertreter Gottes auf Erden, besitzt die Freiheit, wohltuend wie ein Engel oder boshaft wie ein Teufel zu sein. Diese Risala enthalten frühe Ansätze zur Verhaltensforschung.

In der dreiundzwanzigsten Risala werden Erkenntnisse zur Anatomie zusammengefasst, wobei die Seele des Menschen zeitgebunden als Stellvertreter Gottes auf Erden angesehen wird, die nach seinem Tod in die höhere Welt emporsteigt.

Die vierundzwanzigste Risala hat das Verhältnis der menschlichen Psyche zum Somatischen sowie der Seele als einem moralischen Korrektiv zum Gegenstand. Weitere Themen sind die Erkenntnis, die Informations- und die Kommunikationstheorie sowie Erörterungen zur hermeneutischen Spirale, zum Vorgang der sinnlichen Wahrnehmung, zur Vorstellungskraft und zur Abstraktion. Dabei werden, erstaunlich für jene Zeit, bereits neurophysiologische Funktionen des Gehirns erläutert.

Es folgt in der fünfundzwanzigsten Risala die Darlegung der Embryologie, die fortgeschrittene Erkenntnisse über das pränatale Leben, von der Zeugung bis zur Geburt des Menschen, aufzeigt.

> **Merke:**
> Zusammenfassend für das zweite Buch werden in der sechsundzwanzigsten Risala Antworten auf die Fragen über das Wesen, die Identität und die Psyche des Menschen gegeben. Hier offenbart sich die Philosophie der Ikhwan als eine anthropozentrische Bewegung: Der Mensch sei eine Summe, die alles Seiende vereint, aber er muss ein Leben lang das Rechte suchen und sich zu eigen machen. Auf diesem Wege, mit Hilfe des Schöpfers, erlangt er Unvergänglichkeit und Glückseligkeit.

Drittes Buch: Risala 27-41

Der dritte Band mit den Themen Psychologie und Geisteswissenschaften beginnt mit der menschlichen Psyche und der Unsterblichkeit. Hiervon handeln die siebenundzwanzigste bis neunundzwanzigste Risala. Das menschliche Leben geht nach dem Verständnis der Ikhwan aus der universellen Seele hervor, es zieht als eine Teilseele in den Körper ein und verlässt den Leib nach dem Tod. Das Wesen der Seele ist ehrenvoller als das Wesen des Leibes. Der Tod wird als Übergang zur Wiedererweckung in einen höheren Status der Engel und Spirituellen angesehen, um dort die Glückseligkeit zu finden. Das menschliche Erkenntnisvermögen trägt dazu bei, zu welchem Ziel der Mensch gelangt. Das Leben wird als eine Mission aufgefasst, die das Individuum von der universellen Seele aufgetragen bekommt, an der er sich orientiert. Um Ewigkeit zu erlangen, soll der Mensch im Leben so handeln, als nähme dies kein Ende, sich aber jederzeit auf das Jenseits vorbereiten.

In der dreißigsten Risala folgt die Betrachtung von Lust, körperlichem und psychischem Schmerz und deren Dynamik.

Mit der einunddreißigsten Risala erfolgt ein thematischer Wechsel zur Betrachtung der Entstehung von Sprachen und von Kommunikation. Die Ikhwan konstruieren eine komplette Kultur- und Sozialisationstheorie. Sie gehen davon aus, dass der Mensch zunächst Wissen erlangt, dann die gedanklichen Bilder in Worte kleidet und diese nach einiger Zeit in Symbolen niederschreibt. Das menschliche Denken ist nach ikhwanischem Verständnis abhängig von Zeit, Raum und Gesellschaft. Es folgt die Sinndeutung menschlicher Kommunikationsformen aus der Hermeneutik.

In der zweiunddreißigsten und dreiunddreißigsten Risala werden die geistigen Prinzipien der Pythagoräer und der Ikhwan zueinander in Beziehung gesetzt. Sie unterscheiden sich dadurch, dass Pythagoras von Samos (570-510 v.u.Z.) die Dinge klar abgrenzt und die Erscheinungen der Welt voneinander separiert, während die Ikhwan den Geist als erstes Prinzip bzw. als Anfang ansehen, aus dem sich alle Dinge planvoll entfalten und miteinander zusammenhängen.

Die vierunddreißigste Risala bestätigt dieses Weltverständnis in Hinblick auf den Makrokosmos und sieht das Große im Kleinen widergespiegelt, im Mikrokosmos. Außerdem stellen die Ikhwan die These auf, dass außerhalb des Universums nichts existiere, also weder Vakuum noch Leere oder Fülle.

Mit der fünfunddreißigsten Risala unterscheiden die Ikhwan zwischen unterschiedlichen Arten der Vernunft:

1. Die sinnliche Vernunft, die aus der Kraft der sensorischen Organe gewonnen wird.
2. Die abstrakte Erkenntnis, die mit intellektuellen Fähigkeiten zu tun hat.
3. Die beweisbare Erkenntnis, die durch Beweis oder Ableitung ermittelt wird.
4. Die Erkenntnis, die durch Offenbarung oder Eingebung erlangt wird.

Die Erkenntnisart der Offenbarung schließen die Ikhwan allerdings aus, da die Offenbarung eine andere Qualität darstelle als die anderen genannten Arten der Vernunft.

Die sechsunddreißigste Risala behandelt die Entstehung der Welt mit all ihren Entwicklungen und sie enthält einen Appell, alles zu tun, um deren Zerstörung zu verhindern. Diese tritt ein, wenn die Voraussetzungen ihres Bestandes eliminiert sind.

In der siebenunddreißigsten Risala werden unterschiedliche Arten der Liebe betrachtet. Grundlegend ist, dass jeder Mensch über diese ursprüngliche Empfindung verfügt. In der Liebe zu einem Menschen spiegelt sich die Liebe zum Göttlichen wider. Der Mensch, der seinen Schöpfer liebt, sehnt sich nach ihm. In dieser Liebe sehen die Ikhwan die Grundlage eines göttlichen Pluralismus. Dieser kommt in der Zahlenlehre zum Ausdruck, da sie in der Zahl Eins die Einheit erblicken, während die weiteren Zahlen von Pluralität zeugen.

Wiedererweckung und Auferstehung sind Gegenstände der achtunddreißigsten Risala. Die Ikhwan verwenden zur Beschreibung dieser Phänomene zwar gebräuchliche theologische Ausdrücke, belegen diese aber mit einer realen Bedeutung.

Die neununddreißigste und vierzigste Risala handelt von der Kinetik sowie von Ursache und Wirkung. Durch dieses Wechselverhältnis entwickelt sich eine unendliche Spirale. Bewegungen haben Ursachen und Ziele, und nach dem Verständnis der Ikhwan entsteht das Seiende durch die Form, die es zu dem macht, als was es auf Erden erscheint. Die Existenz der Erde wird ursächlich auf einen Schöpfergott zurückgeführt. Solche Gedanken werden später von Martin Heidegger mit seiner Philosophie vom Sein und Seienden aufgegriffen.

> **Merke:**
> Der dritte Band wird beschlossen mit der einundvierzigsten Risala, die dem Wesen von Definitionen und Zeichen gewidmet ist. Es geht um die Gattung und Art von Gegenständen und um die Unterscheidung der Dinge ›an sich‹ und ›für sich‹.

Viertes Buch: Risala 42-53

Der vierte Band ist der Theologie gewidmet, wobei das Ziel der Ikhwan darin besteht, theologische Aussagen philosophisch abzuleiten und eine ›systematische Theologie‹ weiter auszubauen, die von Kindi und Farabi bereits konzipiert wurde. Hinzu kommt die Begründung einer existentialistischen und einer dialektischen Theologie. Die zweiundvierzigste Risala enthält Allgemeines über Weltanschauungen und Religion, wobei den Religionen eine heilende Funktion bei Erkrankungen der Seele und des Geistes zugesprochen wird. Die Ausführungen reichen vom Ursprung der Religionen über die Auffassung der Dualisten bis zur Sünde und zum Lohn des Guten.

Die dreiundvierzigste und vierundvierzigste Risala enthalten Gedanken über die praktische Anwendung theologischer Aussagen, die den Menschen zur ewigen Seligkeit führen sollen. Ein materialistisch-diesseitsbezogenes Leben wird abgelehnt. Der Mensch ist gehalten, die ewigen Wahrheiten zu respektieren, die der Seele Unsterblichkeit verleihen.

In der fünfundvierzigsten Risala werden, den aufgestellten Lebensmaximen entsprechend, Tugenden erläutert, nach denen sich die Mitglieder der Ikhwan selbst richten: dies sind Kooperation, gegenseitige Hilfestellung, Freundschaft, Liebe, Nachsicht, Anteilnahme und Barmherzigkeit. Diese Reflexionen bilden die Grundlage des ikhwanischen Humanismus.

Um die recht abstrakten Lebensmaximen näher zu erläutern, handelt die sechsundvierzigste Risala von den Eigenschaften der wahrhaft Gläubigen. Bei den Erklärungen wird deutlich, dass im Verständnis der Ikhwan Wissenschaft und Ethik nicht zu trennen sind. Besondere Bedeutung wird der Akzeptanz von Schicksalsschlägen und Grenzsituationen zugemessen. Das Unglück vieler Menschen wird nämlich darin gesehen, dass sie von ihrer Einstellung her ihre Lebensrealität nicht akzeptieren und sich damit auf dem Weg zu einem glücklichen Leben selbst behindern. Die Ikhwan sensibilisieren dafür, dass der Mensch zu seinem Glück auf der Grundlage der Liebe sich selbst annehmen, sich zu sich selbst bekennen müsse. Das daraus resultierende Selbstbekenntnis bildet dann die Grundlage der Glückseligkeit.

Die siebenundvierzigste Risala handelt von den Propheten und deren Prophetie; sie enthält Anweisungen zum Verständnis der Geheimnisse der prophetischen Bücher und ihrer Symbole und spricht von den Verheißungen des erwarteten Mahdis bis zum großen Paraklet, d.h. des Trösters. Abweichend von dem allgemeinbildenden Charakter des Gesamtwerkes ist diese Risala eher für eine gebildete Geistlichkeit verfasst.

Die achtundvierzigste Risala thematisiert die Eckpunkte der Mission, die von bloßer Bekehrung absieht und eher aus vorbildlichem Verhalten, aufrechter Bruderschaft, der Einhaltung von Versprechen und reiner Freundschaft besteht.

Die neunundvierzigste Risala ist der Darstellung der beiden Prinzipien gewidmet, die auf Erden wirken, nämlich den guten, spirituellen Geistern und den Widersachern und Teufeln. Diese sind beide nicht materiell, sondern nur durch ihre Wirkungen zu erkennen.

In der fünfzigsten Risala werden Pädagogen und Erzieher angesprochen, die in Formen der Erziehung unterwiesen werden. Der Pädagoge hat seine anleitende Funktion nach bestem Wissen und Gewissen auszuüben und auf die Erziehung des Körpers wie der Seele zu achten.

Während die einundfünfzigste Risala die Weltordnung, mit Gott als erster Ursache, und die soziale Dynamik behandelt, deckt die zweiundfünfzigste Risala ein großes Spektrum der Parapsychologie ab und beschäftigt sich mit Beschwörungen, Flüchen, Astrologie, Weissagungen über künftige Kriege oder magische Ermittlungen.

Die Risala werden beendet mit der dreiundfünfzigsten, welche die Richtigkeit der aufgeführten Thesen in Beweisen zusammenfasst. Dieses Dokument ist allerdings verschollen; lediglich die Sekundärliteratur verweist darauf, dass diese einst das Kompendium der Ikhwan as-Safa abgeschlossen hat.

> **Übungsaufgabe:**
> Diskutieren Sie die Philosophie der Ikhwan as-Safa unter Berücksichtigung der Prämissen Interkultureller Philosophie.

3.1.6 Ibn Miskawayh (932-1030)

> **Kurzportrait:**
> Abu Ali Ahmad ibn Mohammad ibn Ya'qub Razi, genannt **Ibn Miskawayh** ist im Norden Persiens geboren. Gearbeitet hat er auf den Gebieten der Philosophie, Metaphysik, Ethik, Kultursoziologe, Anthropologie sowie Kulturwissenschaft.

Ibn Miskawayh gehört zu den wichtigsten Philosophen des ›خردگرایی‹, ›kheradgerai‹, des Rationalismus im orientalischen Kontext. Er steht in der Tradition Farabis, der, als zweiter Lehrer nach Aristoteles, ein Begründer der orientalischen Philosophie ist.

Ibn Miskawayh wirkt in einem ereignisreichen Zeitalter; einer wissenschaftsfördernden Ära des Kalifats der Abbasiden. Er steht neben Farabi unter dem Einfluss dieser Gemeinschaft von Philosophen. Sein Werk ist vom Wissenschaftssystem der Ikhwan as-Safa getragen.

Ein zentraler Punkt der Erkenntnistheorie Ibn Miskawayhs ist die Urfrage einer jeden Philosophie: die Frage nach der Entstehung der Vielheit oder der Erschaffung des Vielen durch den Einen. Die Ursache könne nach Ibn Miskawayh verschiedene Mittel und Kräfte zusammenbringen, um eine Handlung zu bewirken.

> **Merke:**
> Ein Mensch könne bspw. als ein Wesen, das über eine komplexe biologische Komposition von Vermögen verfügt, bestimmte Handlungen vollziehen. In diesem Prozess steckt die Gretchenfrage nach der letzten Ursache bzw. der Evolution, die sich im Denken Ibn Miskawayhs wie folgt erklären lässt: Er sieht in der Kombination der Substanzen die Entstehung des mineralischen Lebens, das im Reich der Pflanzen seine Fortsetzung findet. Ein Übergang sei in Formen des Lebens zu sehen, die sowohl pflanzliche als auch tierische Charakteristika aufweisen, so z.B. in Korallen. Eine weitere, bereits tierische Stufe sieht er in kleinsten Würmern, deren Berührungssinn sich in höheren Tierarten fortentwickelt und letztendlich in höheren Tieren gipfelt, die intelligentes Vermögen besitzen. Im Affen mit seinem aufrechten Gang sei das Bindeglied zwischen dem Tierreich und der Menschheit zu finden.[122]

Nach Ibn Miskawayh ist es das Ziel aller Philosophien, Gedanken und Sachverhalte durch die Bildung von Begriffen auf den Punkt zu bringen. Er ist bemüht, die Heterogenität des Denkens und das Aufeinander-Angewiesensein kultureller Weisheiten am Beispiel der Vernunft und der Poesie sowie aphorismenhafter Erzählungen deutlich vor Augen zu führen. Zwei Schriften sind für die Begründung seiner Philosophie von Bedeutung: ›Gavidan Kherad‹, ›Ewige Vernunft‹, und ›Tahzibe Akhlaq‹, ›Die Grundlagen der Moral‹.

›Gavidan Kherad‹ umfasst vier Kapitel, die sich den Lebensweisen und Weisheiten der Perser, der Inder, der Römer und der Araber widmen.

> **Merke:**
> Miskawayh verfolgt das Ziel zu demonstrieren, dass alle Menschen über Vernunft und Unvernunft verfügen. Ihm zufolge handeln nur diejenigen Menschen tugendhaft, »die von ihrer Vernunft den höchsten Gebrauch machen.«[123]

Vernunft wird hier als eine anthropologische Eigenschaft verstanden, die aus sich heraus die Einheit sucht. In diesem Vermögen sieht Ibn Miskawayh die Chance einer ethischen Verantwortung durch Vernunftführung gegenüber Andersdenkenden, indem er hervorhebt: »Philosophen wissen, dass die Schnittmengen verbinden, während Divergenzen trennen. Menschen mögen in der Regel das, was sie für richtig halten, alles andere verwerfen sie. Hier wird der Unterschied zwischen den Einsichtvollen und Unwissenden ersichtlich.«[124] Der Philosoph bewegt sich versöhnend zwischen diesen Dimensionen. Die ›Gavidan Kherad‹ spricht nicht nur die Soziologie, sondern auch die Psychologie der menschlichen Kommunikation an. In dieser Aufgabenzuweisung kommt der gesellschaftliche Auftrag der Philosophie deutlich zum Ausdruck.

---

[122] Vgl. Ibn Miskawayh, Abu Ali Ahmad ibn Mohammad: *Al-Fauz Al-Asghar* [Das kleine Glück in der Philosophie], 2010.
[123] Ibn Miskawayh, Abu Ali Ahmad ibn Mohammad: *Gavidan Kherad* [986-992] (Ewige Vernunft), 1976, S. 56.
[124] Ebenda, S. 133.

> **Merke:**
> Auf diesem pluralistischen Vernunftansatz aufbauend, entwirft Ibn Miskawayh in seiner Schrift ›Tahzibe Akhlaq‹ die erste Konzeption einer philosophischen Ethik in der orientalischen Welt, die Ansatzweise der ›Nikomachischen Ethik‹ des Aristoteles ähnelt, geht aber im Ansatz einen eigenen Weg. Die ethisch-moralischen Überlegungen Miskawayhs in diesem Werk sind die theoretische Beschreibung dessen, was er in seiner Zeit vorfindet. Diese neue Vorgehensweise macht die Authentizität dieser wegweisenden Studie aus. Ihm geht es um eine grundlegende Verfeinerung der Sitten seiner Zeit.

Ibn Miskawayh geht davon aus, »dass alle Menschen gemäß ihren natürlichen Anlagen aufeinander angewiesen sind. Sie müssen sich gegenseitig gut behandeln und einander angemessene Zuneigung entgegenbringen, weil sich Menschen nur gemeinsam vervollkommnen können.«[125] Er eröffnet die Möglichkeit einer wechselseitigen Verantwortung in der Zivilgesellschaft, aus der er eine explizite Theorie der ‹مدارا›, ›modara‹, Toleranz ableitet. Dementsprechend »bedeutet Modara versöhnlicher Umgang mit allen Menschen.«[126] Die Vernunft gebietet eine ethische Verantwortung, aber nicht aus äußeren Zwängen, sondern aus ihrem Urbedürfnis selbst heraus.

In dieser geistigen Einheitsvorstellung sieht Ibn Miskawayh eine zivilgesellschaftliche Pflicht, das Glück und das Bedürfnis der Menschen durch wechselseitig fördernde Wertschätzung und Verantwortung aktiv zu gewährleisten. Für ihn steht ethisch-moralisches Handeln im Zentrum, weil er davon ausgeht, dass alle Menschen nach Glück in einem umfassenden Sinne streben. Dieses Ziel verbindet Menschen und sollte sie daher befähigen, diesen Weg gemeinsam im Geiste der Verantwortung und ethisch-moralischen ›modara‹, Toleranz, zu beschreiten.

> **Übungsaufgabe:**
> Diskutieren Sie die Philosophie des Ibn Miskawayh unter Berücksichtigung der Prämissen Interkultureller Philosophie.

3.1.7 Ibn Sina (980-1037)

> **Kurzportrait:**
> Abu Ali al Hossein ibn Abbdollah **Ibn Sina** ist im Westen Persiens geboren. Seine Tätigkeit erstreckt sich nicht nur auf Philosophie, Physik, Metaphysik, Ästhetik, Ontologie, Jurisprudenz und Astronomie, sondern auch auf Mathematik und vor allem auf Medizin.

Ibn Sina begründet mehrere wissenschaftliche Disziplinen und erneuert einige Gebiete. Die Metaphysik des Aristoteles wird Ibn Sina, wie er selbst erwähnt, nach der Lektüre von Farabis Werken zugänglich. Auf allen Ebenen seines Schaffens kommt die Anthropologie Ibn Sinas deutlich zum Vorschein, wonach er den Menschen als ein Wesen mit Leib und Seele betrachtet. Während die Seele unsterblich bleibt, ist der Körper endlich.

---

125 Ibn Miskawayh: *Tahzibe Akhlaq* [Die Grundlagen der Moral], 1996, S. 129.
126 Ebenda, S. 129.

Ibn Sina ist vor allem wegen seines Werkes ›Qanun at-Tib‹, ›Canon medicinae‹, in Europa bekannt. Nach der Entwicklung der Drucktechnik in Europa ist diese Schrift das erste Buch, das nach der Bibel gedruckt wird. Qanun wird im 12. Jahrhundert ins Lateinische übersetzt und gilt bis ins 17. Jahrhundert als ein Standardwerk der Medizin.

Diese Schrift ist in fünf Bücher unterteilt. Im ersten Buch stellt Ibn Sina die Theorie der Medizin vor. Das zweite Buch enthält eine alphabetisch geordnete Auflistung von Arzneimitteln und ihrer Wirkungsweise. Im dritten Buch geht Ibn Sina systematisch auf die Pathologie und Therapiemöglichkeiten ein. Im vierten Buch greift er Chirurgie und Allgemeinkrankheiten auf, und im fünften Buch diskutiert er die Produktion von Heilmitteln. Ibn Sina ist wohl der erste Arzt, der systematische Regeln darüber formuliert, wie neue Medikamente vor ihrer Anwendung zu prüfen sind. Insgesamt beschreibt er 760 Medikamente für unterschiedliche Erkrankungen und macht Angaben über ihre Anwendung und Wirksamkeit.

Ibn Sina thematisiert in diesem Buch beispielweise erstmals, dass Tuberkulose ansteckend ist und erwähnt die Tatsache, wonach Krankheiten von Wasser und Erde übertragen werden können. Ferner macht er deutlich, dass Krebserkrankungen in ihren frühesten Stadien zu behandeln sind und er rät, dafür zu sorgen, das kranke Gewebe rechtzeitig zu entfernen. Mit großer Genauigkeit beschreibt er die Anatomie des Auges und verschiedene Augenkrankheiten.

Ibn Sina befasst sich, neben der Medizin, mit philosophischen Fragen der Metaphysik, Logik und Ethik. Während er auf dem Gebiet der Medizin Pionierarbeit leistet, steht sein philosophisches Werk jedoch unter dem Einfluss von Farabi und Biruni.

> **Merke:**
> Philosophie ist für Ibn Sina diejenige Denktätigkeit, die selbständig ist und die keiner anderen Wissenschaft bedarf, die über ihr steht. Er begründet Glauben und Glaubensinhalte methodisch rational und zugleich hermeneutisch. Ibn Sinas Philosophie lässt sich auffassen als eine Mischung von Vernunft und Hermeneutik. Seine Theologie wie auch seine Philosophie sind gegründet auf ›برهان‹, ›Burhan‹, argumentative Beweisführung.

Im Zentrum der Ethik Ibn Sinas steht der Begriff der ›Gerechtigkeit‹, verbunden mit einem universellen Menschenbild, nach dem Menschen gleich und dennoch verschieden sind. Ihre Gemeinsamkeit besteht in derselben Schöpfungswurzel, ihre Verschiedenheit liegt in ihren Kompetenzen und Qualitäten, die sie einzigartig machen.

Im Rahmen seiner Ethik ist für Ibn Sina der Mensch das vollkommenste Lebewesen in der kosmischen Natur. Er ist als einziges Wesen in der Lage, aus sich heraus Anstrengungen zu entwickeln, um sich zu vervollkommnen, weil er mit ethischen Eigenschaften ausgestattet ist, die seine praktischen Tugenden sind. Das Einzigartige am Menschen liegt weiterhin darin begründet, dass er sich und sein Verhalten zum Thema seines Denkens macht. Er reflektiert vorausschauend über sich und seine Umwelt, über Diesseits und Jenseits.

Dies sind Gründe, warum Ibn Sina im Wesen des Menschen einen freien Willen erblickt, der sich für diese Eigenschaften entscheiden kann. Diesen Willensentschluss bezeichnet Ibn Sina als unser innerstes Eigentum. Die Ursache dieser Möglichkeit sind Dinge, die von außen auf Menschen wirken, die irdischer oder auch kosmischer Natur sind.

Weil nicht viele Menschen in der Lage sind, aus sich heraus das Gute zu suchen und sich für das Gute zu entscheiden, sieht Ibn Sina in der Prophetie eine Möglichkeit, die egoistischen Mechanismen im Menschen durch eine rechte Führung zu zügeln. Sie ermöglicht es, die Verhältnisse der Einzelnen zu ordnen, um das gemeinsame Leben und Glück im Diesseits und für das Jenseits zu fördern. Das Leitmotiv Ibn Sinas ist das bekannte Gotteswort: »Gott lädt jedem Menschen nur das auf, was er tragen kann.«[127]

Ibn Sina verweist darauf, dass diese rechte Leitung, die im Gewande eines Propheten, eines gutmütigen Gelehrten oder eines aufrichtigen Menschen auftreten kann, sich von den übrigen Menschen unterscheidet. In diesem Zusammenhang spielt die Kategorie des Bösen im Denken Ibn Sinas eine bedeutende Rolle.

> **Merke:**
> Die Kategorie des Bösen stellt nach Ibn Sina eine Privation dar. Absolut oder radikal Böses in einer kategorischen Form gebe es im Menschen nicht. Er ist böse im Bezug auf etwas Notwendiges oder auf etwas Nützliches. Dies bedeutet, dass das Gute, trotz des Vorhandenseins des Bösen auf ›Etwas‹, existiert. Das Böse ist nicht *a priori* vorhanden, es entsteht, besteht und vergeht. Mit diesem Vorverständnis weist Ibn Sina einen wie auch immer gearteten Psychologismus zurück.[128]

In seinem politischen Denken, in dem auch ethische Komponenten wirksam sind, sieht Ibn Sina die Aufgabe des Staates, die Menschen zur Wahrhaftigkeit zu erziehen. Diejenigen, die sich der Gesetzgebung widersetzen, sind mit harten Strafen zu belegen.

In der völligen Gleichheit des Menschseins und des Menschlichen sieht Ibn Sina eine strukturelle Störung. Er hält Gleichheit und Verschiedenheit für einen gottgewollten Pluralismus. Eine rechte Staatsleitung muss bei ihrer Gerichtsbarkeit die unterschiedlichen Konstitutionen des Menschen beachten.

Ibn Sina fordert klare Strafen und Grenzen, welche die Menschen daran hindern, willkürlich zu handeln. Sanktionierbar sind für ihn Vergehen, welche die Ordnung des Ganzen zu stören drohen. Er plädiert für die Verhältnismäßigkeit der Mittel, die der zu strafenden Tat und dem Verursacher angemessen sein müssen. Auch fordert er eine fortlaufende Überprüfung rechtlicher Vorschriften und deren Änderung, wenn sich die zugrunde liegenden Sitten, Gebräuche und Erfordernisse geändert haben.

Ibn Sina verlangt – und das ist die Kulmination seiner Ethik – eine Verfassung, in der allgemeine ethische Grundsätze niedergelegt werden, in der die Gewohnheiten der Völker Berücksichtigung finden. In einer solchen Verfassung soll das weise Maß zur Anwendung kommen, um ein Gleichgewicht in der Gesellschaft herbeizuführen

---

[127] Sura 2: 287.
[128] Nach Ibn Khaldun ist das Böse ganz im Sinne Ibn Sinnas eine Eigenschaft, »die dem Menschen näher ist, wenn er auf der Weide seiner Gewohnheiten allein gelassen wird und die Befolgung der religiösen Gebote ihn nicht reinigt.« Ibn Khaldun: *Die Muqaddima*, 2011, S. 146.

und dem Menschen dazu zu verhelfen, ein ethisches Wesen auszubilden, in dem Weisheit, Enthaltsamkeit und Mut eine verhaltensbestimmende Rolle einnehmen.

Die praktische Grundlage der friedlichen Koexistenz sieht Ibn Sina in einer gerechten Verwaltung der Gesellschaft. Die Idee der Einheit und Vielfalt und ihr Wechselverhältnis bilden einen Bestandteil aller orientalischen Philosophien und damit auch der Ibn Sinas. Er widmet diesem Thema ein ganzes Kapitel, in dem er sich mit dem Wechselverhältnis des Einen und des Vielen befasst. Dem Verständnis Ibn Sinas nach ist das Eine, im Gegensatz zu Birunis Auffassung, nicht teilbar. Dies bedeutet, dass das Eine naturnotwendig keine Vielheit in sich trägt. Umgekehrt bestimmt Ibn Sina die Vielheit durch die Einheit. Darin stimmt er mit Biruni überein, denn die Eins sei das Prinzip der Vielheit, und aus ihr erhalte die Vielheit ihre Existenz und ihr Wesen. Demzufolge ist die Vielheit die aus Einheiten bestehende Summe. Mit diesem Selbstverständnis geht einher, dass der Ausdruck ›eins‹ alle Einheiten der Vielfalt in sich trägt.

> **Merke:**
> Die Kategorie der Einheit bildet eine zentrale Achse der Philosophie Ibn Sinas. Er begreift die Welt als Emanation, in der das Niedere aus dem Höheren hervorgeht, wobei das Urprinzip stets eine Einheit bleibt. Ibn Sina stellt fest, dass die Einheit eine begrifflich-abstrakte Größe ist, während wir uns die Vielheit konkret vorstellen.

Dies hängt mit der Denkart des Menschen zusammen, der Gegenstände gesondert in der Mannigfaltigkeit des Haushaltes seines Seins wahrnimmt, ohne diese in erster Linie als Bestandteile einer Einheit zu begreifen.

In seiner Schrift zur Logik überwindet er die zweiwertige Logik des Aristoteles, die sich im ›Satz des ausgeschlossenen Dritten‹ ausdrückt. Sein Konzept lässt sich als eine mehrwertige Logik bezeichnen, in der die Legitimation der Vielfalt ihre Kulmination erfährt.

> **Merke:**
> Wir sprechen zwar von der Vielfalt, sind uns aber nicht dessen bewusst, dass wir in ihr die Teile einer Einheit bilden. Ibn Sina will uns das Verhältnis zwischen der Einheit und der Vielheit verdeutlichen. Darin liegt die wegweisende Aktualität der Philosophie Ibn Sinas, die für interkulturelles Philosophieren im 21. Jahrhundert fruchtbar gemacht werden kann.[129]

In seinem philosophischen Werk unterscheidet Ibn Sina zwischen Essenz und Existenz bzw. Wesen und Sein. Diese Unterscheidung wird später von Albertus Magnus (um 1200-1280) und Thomas von Aquin (1225-1274) aufgegriffen und weitergeführt.

> **Übungsaufgabe:**
> Diskutieren Sie die Philosophie von Ibn Sina unter Berücksichtigung der Prämissen Interkultureller Philosophie.

---

129 Vgl. Ibn Sina, Abu Ali al-Hussain ibn Abdullah: *Elahiat* [*Die Metaphysik*], 2004.

3.1.8 Abu Reyhan Biruni (973-1048)

> **Kurzportrait:**
> Abu Reyhan Mohammad ibn Ahmad **Biruni** ist im Norden Persiens geboren. Er ist ein Universalgelehrter, der sich mit einer Vielzahl von Themen beschäftigt. Neben seiner Stellung als Naturphilosoph gilt er als Mathematiker, Kartograph, Astronom sowie als Pharmakologe.

Biruni entwickelt eine mathematische Methode, um den Radius zu messen. Dabei bestimmt er spezifische Gewichte und konstruiert das erste Pyknometer, mit denen er das spezifische Gewicht oder die Dichte von Flüssigkeiten oder festen Körpern bestimmen kann. Er ist der Auffassung, die Planetenbewegung gehorche mechanischen Gesetzen und nicht, wie vielfach vermutet, transzendenten Gesetzmäßigkeiten.

Biruni gehört zu den wenigen Philosophen mit stark agnostischen Tendenzen, die für sein philosophisches System bestimmend sind. Er unterhält mit Ibn Sina einen langen Briefwechsel über die grundlegenden Fragen der Naturwissenschaft.

> **Merke:**
> Biruni sieht die Welt als eine heterogene Einheit und spricht von der einheitlichen Abstammung der Menschheit.[130] Die Differenzierung der Sprachen im Weltkontext geht nach Biruni darauf zurück, dass sich die Menschen in Gruppen getrennt haben und entfernt voneinander leben. Dennoch verstehen sich die Völker, wenn sie sich nur mit guten Absichten suchen.

Diese Haltung öffnete Biruni den Weg, sich mit der Götterwelt der Griechen und Inder zu befassen. Bei seinem Vergleich kommt er zu dem Ergebnis, dass diese anscheinend verschiedenen Welten von vielen Konvergenzen geprägt sind.[131]

Grundlegend für sein paradigmatisches Denken sind neben der aufgeschlossenen Wahrnehmung der sichtbaren Wirklichkeit auch die exakte Messung und Beobachtung sowie das empirische Experiment.[132] Im Gegensatz zu Farabi, der bestrebt ist, die ›Wahrheit‹ durch logische Regeln zu erreichen, liegt Biruni nicht daran, die ›Wahrheit‹ in ein logisch geschlossenes System einzubinden.

Der Mensch verlangt, nach Biruni, mit seinem ihm angeborenen Hang zum Wissen danach, das Verborgene zu erkennen und die Umstände, auf die er zugeht, zu ergründen, um durch Vorsichtsmaßnahmen Unglücksfälle rechtzeitig abzuwenden. Weil Menschen als vernunftbegabte Wesen geneigt sind, mit ihren Widersachern über Diesseits und Jenseits argumentativ zu diskutieren, benötigen sie ein Richtmaß, eine Logik.

> **Übungsaufgabe:**
> Diskutieren Sie die Philosophie des Biruni unter Berücksichtigung der Prämissen Interkultureller Philosophie.

---

130 Vgl. Al-Biruni: *In den Gärten der Wissenschaft*, 1991, S. 119.
131 Vgl. Klein, Wassilios: *Abu Reyhan Biruni und die Religionen*, 2005.
132 Vgl. hierzu Al-Biruni: *In den Gärten der Wissenschaft*, 1991, S. 35 ff.

3.1.9 Abu Mohammad Ghazali (1058-1111)

> **Kurzportrait:**
> Abu Hamid Mohammad ibn Mohammad **Ghazali** ist im Nordosten Persiens geboren. Sein Schaffen erstreckt sich nicht nur auf die Philosophie, sondern auch auf Religionswissenschaft, Metaphysik, Ästhetik und Jurisprudenz. In der Spätphase seines Wirkens gerät er in eine spirituelle Krise und wendet sich der mystischen Strömung des Sufismus zu.

Die Klärung des Vernunftbegriffs im Denken Ghazalis setzt die Kenntnis seines Menschenbildes voraus, mit dem sein Welt-, Mensch-, und Schöpfungsverständnis zusammenhängen. Hiernach ist der Mensch als ein göttliches Geschöpf wesentlich durch seine ›عقل‹, ›aql‹, Vernunft, charakterisiert. Ghazali hält es für offensichtlich, »dass die Geisteswissenschaften durch die Vernunft erfasst werden.«[133]

Nicht nur die empirischen Fragestellungen, sondern auch die Religionen stehen in einem engen Zusammenhang mit der Vernunft: »Es gibt keine Religion für den, der keine Vernunft hat.«[134] Diesem Grundsatz nach solle man zunächst den Verstand des Menschen kennen lernen, ehe man nach seiner Religiosität frage, weil Gott nichts »Ruhmreicheres geschaffen [hat] als die Vernunft.«[135]

Ghazali widmet dem Thema Denken eine ganze Abhandlung, weil dieses in seinem theologischen wie philosophischen Werk eine grundlegende Rolle spielt. Er hebt hervor, dass Allah, der Gerechte, uns im Koran in einer Reihe von Geboten auffordert, unsere Vernunft und unseren Verstand zu gebrauchen: »Diejenigen, die Gott immer in ihr Denken einschließen, werden in allen Belangen und allen Bereichen nicht aufhören zu denken, um die eigene Einsicht zu mehren.«[136]

Die Bedeutsamkeit der Vernunft kommt nach Ghazali daher, »dass sie der Ort ist, wo sich Wissen und Weisheit befinden, und dass sie deren Instrument ist.«[137] Er unterscheidet im Kontext seines Werkes zwischen zwei Formen von ›aql‹, Vernunft: angeborener und erworbener aql.

> **Merke:**
> Die angeborene aql »ist die grundsätzliche Fähigkeit, die geeignet ist, Wissen aufzunehmen. Sie ist im Kind vorhanden, ähnlich wie die Palme im Kern.«[138] Die erworbene und erlangte aql hingegen »ist diejenige, die durch die Beschäftigung mit den Wissenschaften entsteht.«[139] Die Erkenntnisse der Vernunft werden hier entweder aus der Erfahrung oder aus gegebenen Vorstellungsinhalten gewonnen.

Für die Begründung der angeborenen Vernunft führt Ghazali die ›tazkije‹, die Selbstreinigung, an sich selbst konsequent durch. Dabei verzichtet er auf einen Lehrstuhl an der renommierten Nizamiyya-Universität. Elf Jahre strebt er den Erwerb der ›angeborenen Vernunft‹ an, die beiden letzten Jahre dieser Periode ver-

---

133 Ghazali, Abu Hamid Mohammad: *Das Kriterium des Handelns,* 2006, S. 184.
134 Ebenda, S. 185.
135 Ebenda, S. 186.
136 Sura 3: 192. Vgl auch Ghazali, Abu Hamid Mohammad: *Ihya ulum ad-din*, 1990, S. 748.
137 Ghazali, Abu Hamid Mohammad: *Das Kriterium des Handelns,* 2006, S. 187.
138 Ebenda, S. 189.
139 Ebenda, S. 189.

bringt er als Sufi, Mystiker. Die Mystik erweist sich in diesem konkreten Sinne als ein Weg der ›تزكيه‹, ›tazkije‹, der Selbstreinigung zur Aneignung der ›angeborenen Vernunft‹.

Die menschliche Vernunft kann sich selbst nicht rechtfertigen, weil sie selbst nicht argumentativ denken kann. Sie benötigt eine Erleuchtung, um zur Erkenntnis zu gelangen, die sie aus sich heraus nicht zu vollziehen vermag. Hier erweist sich das Denken Ghazalis als eine korrelative Philosophie.

Denkwege im Werke Ghazalis

Ghazalis Denken ist in allen Phasen seines Schaffens, im philosophischen sowie im mystischen, von einer akkuraten Form der Wahrnehmung geprägt. Auf beiden Ebenen der denkerischen Tätigkeit gehen Empathie und Sympathie Hand in Hand. Dies hängt mit der kosmischen Einheitsvorstellung, die trotz der bestehenden Vielfalt existiert, zusammen.

Diese Empathie und Sympathie bringt Ghazali deutlich zum Ausdruck. Er schreibt, er verlasse nie einen Batiniten (islamische Lehrmeinung), ohne zu wünschen, seine Batinijja-Lehre kennen zu lernen, keinen Sahiriten (islamische Rechtsschule), ohne den Willen zu haben, den Inhalt seiner Sahirijja-Lehre zu erkennen, keinen Philosophen, ohne die Absicht, die Quintessenz seiner Philosophie zu erfassen. Ferner verlasse er keinen Mutakallim, ohne sich zu bemühen, den Zweck seines Kalam und seiner Dialektik zu ergründen, keinen Mystiker, ohne darauf Wert zu legen, das Geheimnis seiner Mystik zu finden, keinen Frommen, ohne aufzumerken auf den Sinn seiner Frömmigkeit, und keinen Ungläubigen und Freidenker, ohne ihm nachzulaufen, um die Gründe aufzuspüren, um die er es wagt, Freidenker und Ungläubiger zu sein.[140] Damit gelingt es Ghazali, kontextangemessen mystisch oder philosophisch zu verfahren, ohne dem Dogmatismus zu verfallen.

> **Merke:**
> Ghazali geht von der Möglichkeit einer ›doppelten Wahrheit‹ aus, zu der zwei Sphären gehören: Vernunft- und Offenbarungswahrheiten. Während Vernunftwahrheiten, wie 2 x 2 = 4, stets mit Zahlen zu tun haben, sind Offenbarungswahrheiten an Erfahrungen des Göttlichen gekoppelt. Dies hat Ghazali bereits zu Beginn seiner Autobiographie unmissverständlich dargelegt.[141]

Die akkurate Form des vernünftigen Denkens ist für Ghazali vor allem von drei Arten bestimmt: 1. die Waage des Gleichgewichts, mit dem eine Symmetrie herbeigeführt wird, die wiederum in die größere, mittlere und kleinere Waagen eingeteilt werden kann, 2. die Waage der notwendigen Vernetzung, und 3. die Waage der Opposition.

> **Merke:**
> Die Waage des Gleichgewichtes sucht die Ausgewogenheit auf unterschiedlichem Wege und verfährt dialogisch:

---

140 Vgl. Ghazali, Abu Hamid Mohammad: *Der Erretter aus dem Irrtum*, 1988, S. 3.
141 Vgl. Ebenda, S. 8 ff.

> Die größere Waage ist dialogisch ausgerichtet und bemüht, eine Ausgewogenheit auf allen Ebenen herbeizuführen.
>
> Die mittlere Waage bringt Divergenzen als Ergebnisse unterschiedlicher Betrachtungsformen zweier Gegenstände zum Ausdruck.
>
> Die kleine Waage indes betrachtet Divergenzen als Ergebnis unterschiedlicher Betrachtungsformen eines bestimmten Gegenstandes.
>
> Die Waage der notwendigen Vernetzung sucht einheitsverleihende Merkmale und verfährt integrativ.
>
> Die Waage der Opposition hat einen ausschließenden Charakter und verfährt nach einer dualen Logik des Entweder-Oder.

Methodischer Zweifel

Die Autobiographie Ghazalis, die er etwa sechs Jahre vor seinem Tod verfasst hat, spielt für das Verständnis seines Gesamtwerkes eine wesentliche Rolle. In seinem Werk ›al-Munqid min ad-dalal‹, das in deutscher Sprache unter dem Titel ›Der Erretter aus dem Irrtum‹ bekannt ist, führt Ghazali in die Wege seiner Philosophie und Erkenntnisgewinnung ein. Im Rahmen seiner Vernunftanalyse diskutiert er die Frage, ob und inwieweit wir überhaupt zu zweifelsfreier Gewissheit gelangen können. Hierbei entwirft er ein methodisches und auf den Möglichkeiten der Erkenntnis beruhendes Konzept des Zweifels.[142]

> **Merke:**
> Ghazali diskutiert Glaubensinhalte durch zwei Erkenntniswege: Vernunft- und Herzenserkenntnis. Einem ausschließlich rationalen Zugang zu Glaubensinhalten und Seinsformen, die damit zusammenhängen, steht er skeptisch gegenüber. Er hält eine rationale Metaphysik für problematisch. Er sieht Philosophie und Theologie als zwei verschiedene Sphären des Denkens an, die miteinander korrelieren, ohne restlos ineinander aufzugehen. Dadurch gelingt es ihm, eine kritische Harmonie zwischen Theologie und Philosophie herbeizuführen.

Ghazali prüft die Qualität einzelner Erkenntnisarten und verwirft alle möglichen Arten derselben. Ghazali lässt erkennen, dass er bestimmte Denkarten für völlig ungeeignet hält, während andere relative Erkenntnis vermitteln. Für ungeeignet hält er solche, die rein durch Autoritäten in Form von erworbener Vernunft vermittelt sind und nicht selbst gewonnen wurden. Anderen Denkarten, die durch eigene Reflexion entstehen, gesteht Ghazali eine gewisse Stichhaltigkeit zu, aber auch diese seien subjektiv. Hierzu zählt er die Sinneswahrnehmungen und die Denknotwendigkeiten.

Der sinnlichen Erkenntnis räumt Ghazali keine Überzeugungskraft ein, weil selbst das Auge, das er als das zuverlässigste menschliche Organ ansieht, sich täuschen lasse. So nähmen wir bspw. Sterne nur als Punkte am Himmel wahr, obwohl mathematisch bewiesen werden könne, dass sie ein Vielfaches des Erdumfanges aufweisen.

---

[142] Ebenda, S. 7-11.

Die Denknotwendigkeiten bzw. die primären Erkenntnisse wie Zahlenverhältnisse (10 ist größer als 3) oder sich ausschließende Eigenschaften haben für Ghazali am meisten Überzeugungskraft. Aber auch hier befürchtet er, aufgrund der Täuschungen, denen sinnliche Eindrücke unterliegen, eine spätere Widerlegung gewonnener Erkenntnisse. »Was macht dich so sicher«, fragt Ghazali, »daß dein Vertrauen in die Gegebenheiten der Vernunft nicht von derselben Art und Weise ist wie das in die sinnlichen Gegebenheiten, wobei du mir zwar zuerst vertraust, mich dann aber durch den Richter der Vernunft zum Lügner erklärt hast?«[143] Dies erläutert er beispielhaft an der Relativität menschlicher Eindrücke überhaupt, welche uns bspw. im Traum eine Realität vortäuschen, die aber bereits beim Erwachen verschwindet. »Vielleicht versteckt sich ja hinter der Vernunfterkenntnis ein anderer Richter, welcher, sobald er in Erscheinung tritt, das Urteil der Vernunft der Lüge bezichtigt.«[144] Unter Bezugnahme auf die Erfahrungen der Sufis und die Worte des Propheten Mohammad geht Ghazali sogar so weit anzunehmen, das gesamte menschliche Leben und Denken sei ein Traum, aus dem der Mensch erst ›mit dem Tod‹ erwache.

Mit Ghazali argumentiert, stellt sich die Frage, ob Vernunft erfahrungsunabhängig, also aus sich heraus, in der Lage sein kann, allgemeine Gesetze der Natur zu erkennen. Wir vermögen die idealen Bedingungen der Rationalität nicht zu erfüllen. Menschliche Handlungen vollziehen sich unter bestimmten Bedingungen in verschiedenen Kontexten und Situationen, die nicht uneingeschränkt sind. Der Gebrauch der Vernunft ist immer kontextabhängig. Erkenntnisse entstehen durch eine Reihe von Komponenten. Hermeneutik und vergleichende Deutung der Sachverhalte sind zwei wesentliche Komponenten dieser Momente.

In dieser aporetischen Lage und von der faktischen Unmöglichkeit überzeugt, überhaupt Erkenntnis zu gewinnen, erkrankt Ghazali. Im Laufe seiner Genesung erkennt er indessen, zur Gewissheit in der Erkenntnis bedürfe es eines ›göttlichen Lichtes‹. Hierbei handelt es sich allerdings nicht um die göttliche Eingabe von Erkenntnissen, sondern um die Verleihung menschlicher Fähigkeiten, »in uns eine große Anstrengung zur Erforschung (der primären Erkenntnisse) zu bewirken, um nach dem zu streben, was (an sich) unerforschbar ist.«[145] Bei dieser Art der Erkenntnisgewinnung seien die primären Erkenntnisse bereits vorhanden. Das Augenmerk müsse aber auf das gelenkt werden, was unerforschbar sei, jedoch nicht, um dieses doch noch zu ergründen, sondern um Erkenntnisse zu erlangen über dasjenige, was unerforschbar sei und die nicht zu absoluter Gewissheit führen könnten.

> **Merke:**
> Weil sich der ›aql‹ keine göttlichen Wahrheiten verschließen[146], ist nach Ghazali eine weitere Dimension der Vernunft erforderlich, das ›قلب‹, ›qalb‹, das Herz, um solche Erkenntnisse zu gewinnen. Das ›qalb‹ ist der wesentliche Sitz der innersten ›aql‹ im Menschen.[147]

---

143 Ebenda, S. 8.
144 Ebenda, S. 8.
145 Ebenda, S. 10.
146 Vgl. Ghazali, Abu Hamid Mohammad: *Die Nische der Lichter*, 1987, S. 11.
147 Vgl. Ghazali, Abu Hamid Mohammad: *Der Erretter aus dem Irrtum*, 1988, S. 55.

> Ghazali trennt die Vernunft und Herzenserkenntnis nicht voneinander, sondern will methodisch demonstrieren, dass es sich um zwei verschiedene Instanzen im Haushalt des menschlichen Seins handelt. Im theologischen Werk Ghazalis wird Herzenserkenntnis vordergründig, während in seinem philosophischen Werk stets die Vernunfterkenntnis wirksam ist. Wenn wir diese zwei Instanzen gegeneinander ausspielen oder aufeinander reduzieren, werden wir Ghazalis Werk und seiner Philosophie nicht gerecht.

Ghazali weist ausdrücklich darauf hin, dass die ›aql‹ geschaffen ist »um für das Herz eine Fackel und Leuchte zu sein, bei deren Licht es die Gottheit schaut. […] So ist die Vernunft die Dienerin des Herzens; und das Herz ist geschaffen zum Schauen der göttlichen Schönheit.«[148]

Ghazali verfolgt nicht das Ziel, die Logik der ›aql‹ mit der Logik des ›qalb‹ zu versöhnen, sondern gleichsam zu zeigen, dass sie sich gegenseitig ergänzen. Dies ist ein Grund, warum er das oberste Erkenntnisziel der ›aql‹ darin sieht, die göttliche Wahrheit zu erforschen, weil die menschliche Vernunft ein Muster vom Lichte Gottes sei. Dabei kommt der ›aql‹ eine zweifache Funktion zu. Zum einen fungiert sie als das Instrument analytischen Denkens, zum anderen als ein für Offenbarung empfängliches Vermögen, um den überrationalen Boden zu betreten. Hier zeigt sich die Immanenz- und Transzendenzoffenheit Ghazalis, die für interkulturelles Philosophieren fruchtbar gemacht werden kann.

Auch in seinem Werk ›Maqasid al-falasifa‹, ›Die Ziele der Philosophen‹, bringt Ghazali seine Wertschätzung der Vernunft unmissverständlich zum Ausdruck. Dieses Werk ist ein Kompendium über Logik, Physik und Metaphysik, mit dem Ghazali in das System der Philosophie einführt, ohne kritisch Position zu beziehen. Seine Argumentationsweise ist hier ausschließlich philosophisch. In seiner genannten Autobiographie unterstreicht er sein Interesse an der Philosophie, indem er hervorhebt, sich aus philosophischen Erwägungen selbst heraus mit der Philosophie zu beschäftigen.[149]

> **Merke:**
> Es gibt keine Theorien, gegen die es keine Argumente gibt. Dies betrifft alle geisteswissenschaftlichen Disziplinen, vornehmlich aber die Philosophie. Alle Argumente haben ihre Berechtigung und ihre Grenzen, weil der Mensch ein erlebendes Lebewesen mit einem unergründlichen Bewusstsein ist.

Kritisch ist festzuhalten, dass die Beurteilung von Ghazalis Philosophie teils durch Nachlässigkeit, teils durch Unkenntnis korrumpiert worden ist. Ohne dies im Kontext seines Werkes zu belegen, behauptet man pauschal, Ghazali leugne Vernunft und Philosophie; er habe mit seinen Schriften sogar das Ziel verfolgt, im Orient den Untergang der Philosophie und zugleich eine Wiederbelebung der Theologie voranzutreiben. Dieses in den europäisch-westlichen Hemisphären historisch gewach-

---

148 Ghazali, Abu Hamid Mohammad: *Das Elixier der Glückseligkeit,* 1979, S. 43. Die Idee der ›Raison du cœur‹ bei Blaise Pascal (1623-1662) ist Ghazalis Ansatz ähnlich.
149 Vgl. Ghazali, Abu Hamid Mohammad: *Der Erretter aus dem Irrtum,* 1988, S. 15.

sene Vorurteil, Ghazalis Philosophie verkörpere eine Weltflucht mit einem *ausschließlich* religiös motivierten Zweifel, lässt sich keinesfalls halten.[150]

Auch ist es philosophisch inadäquat, Ghazali und Ibn Ruschd (1126-1198), wie dies in den europäisch-westlichen Forschungen geschieht, gegeneinander auszuspielen. Während Ghazali, wie bereits ausgeführt, eher als vernunft- und philosophieabgewandt dargestellt wird, feiert man Ibn Ruschd als deren Verteidiger.

Diese Ansicht wird in der Regel begründet mit Ibn Ruschds Schrift ›Tahafut at-Tahafut‹, ›Das Ungenügen des Ungenügens‹. In diesem Werk setzt er sich mit den Ansichten Ghazalis auseinander, die dieser in ›Tahafut al-falasifa‹, ›Das Ungenügen der Philosophen‹ oder ›Der innere Widerspruch der Philosophen‹ (fälschlich übersetzt mit ›destructio philosophorum‹ ›Zerstörung der Philosophen‹), niedergelegt hat. Ghazali führt in diesem Werk den Nachweis an, Philosophen könnten nicht den Anspruch einlösen, der Wahrheit innezuwerden, wie sie es jedoch vorgeben würden.

Die klerikale Führung in Europa glaubte in Ghazali den Apologeten gegen die Philosophie gefunden zu haben. Unter dieser falschen Etikettierung ging Ghazali in die einseitige Darstellung der europäischen Philosophiegeschichte ein.

Der – ironische – Titel von Ibn Ruschds Werk wurde von Übersetzern als ›destructio destructionis‹, also ›Zerstörung der Zerstörung‹, übersetzt. Karam Khella hält diese interpretierende Übersetzung für eine Fälschung des Übersetzers und seiner Auftraggeber, da ›تهافت‹, ›*tahafut*‹, ›Ungenügen‹, ›innerer Widerspruch‹, bedeutet, was ein guter Übersetzer hätte wissen müssen. In der Folge sollte Ibn Ruschds Werk den Titel ›Das Ungenügen des Ungenügens‹ – was eine unzureichend begründete Behauptung beschreibt – oder ›Kritik der Kritik‹ tragen.[151]

Die Auseinandersetzung Ghazalis mit der Philosophie ist keine Zurückweisung der Philosophie als Lehrsystem. Sein Verdienst besteht gerade darin, eine kommunikative Trennung zwischen Theologie und Philosophie, Glauben und Wissen herbeigeführt zu haben.

Freilich gibt es einen wesentlichen Unterschied zwischen beiden Philosophen, aber dieser liegt nicht, wie in der europäisch-westlichen Philosophie manifestiert, in der ausschließlichen Betonung einer reinen Philosophie oder einer reinen Theologie. Die Divergenzen bestehen vielmehr darin, dass Ibn Ruschd aristotelisch argumentiert und ein Kommentator des Aristoteles bleibt, während Ghazali, dem die Anhängerschaft Platons unterstellt wird, beide Philosophen überwindet und einen eigenen Ansatz formuliert.[152]

Mit der Unterscheidung zwischen angeborener und erworbener Vernunft benennt Ghazali zwei Vernunftformen, die in der Geschichte der Weltphilosophie eine wesentliche Rolle spielen, wenn auch unterschiedlich. So spricht Kant von ›reiner Ver-

---

150 Mohammed Abed Al-Jabri behauptet, in den orientalischen Kulturregionen gäbe es keine originäre Philosophie. Vgl. Al-Jabri, Mohammed Abed: *Kritik der arabischen Vernunft*, 2009. Al-Jabri betreibt mit dieser Behauptung exemplarisch internen Eurozentrismus.
151 Vgl. Khella, Karam: *Arabische und islamische Philosophie und ihr Einfluß auf das europäische Denken*, 2006, S. 324 ff.
152 Vgl. hierzu die Forschungsergebnisse des Philosophen Davari Ardakani, Reza: *We and the History of Islamic Philosophy*, 2011.

nunft‹, was als Weiterführung von Ghazalis angeborener Vernunft betrachtet werden kann, während Max Horkheimer (1895-1973) den Begriff der ›instrumentellen Vernunft‹ einführt, was an die Stelle der erworbenen Vernunft treten kann. Vernunft gilt für ihn als eine geistige Macht, welche die Beziehung der Menschen zueinander regeln sollte, und nicht als das bloße Verhältnis von Mitteln und Zwecken.[153]

Horkheimer verfolgt das Ziel, den Untergang einer als ›objektiv‹ verstandenen, wert- und zielsetzenden menschlichen Vernunft zur Darstellung zu bringen. Diese Vernunftform wird durch eine rein formelle und auf bloße Effektivität gerichtete Vernunft ersetzt, die jede kollektive Vorstellung von Glück als sinnlos zurückweist. Wichtig wird für ihn die Beherrschung der Mittel und Instrumente. In einem solchen Zustand wird alles zum Werkzeug der Vernunft. Diese Form von Vernunft ist eine zweckrational bestimmte, welche die Welt ausschließlich als Gegenstand technischer Manipulation, die Natur (auch die menschliche) allein aus subjektiven Zwecken und Interessen verfügbares Objekt betrachtet.

Wer in der Weltgeschichte der Philosophie nach einem Vor- und Nachläufer von Ideen sucht, wird zwangsläufig von einer Zentrum-Peripherie der Philosophie ausgehen, wobei Philosophie ein kulturübergreifendes Phänomen darstellt, und bestimmte Ideen unabhängig von anderen Kontexten auf eine spezifische Weise formuliert und entwickelt werden.

> **Übungsaufgabe:**
> Diskutieren Sie die Philosophie von Ghazali unter Berücksichtigung der Prämissen Interkultureller Philosophie.

3.1.10 Ibn Ruschd (1126-1198)

> **Kurzportrait:**
> Abu l-Walid Mohammad ibn Ahmad ibn Mohammad Ibn Ruschd, genannt **Ibn Ruschd** ist in Córdoba geboren. Sein Tätigkeitsgebiet erstreckt sich nicht nur auf Philosophie, Logik und Ethik, sondern auch auf die Jurisprudenz und Medizin.

Ibn Ruschd gehört zu den führenden Philosophen der orientalischen Welt des 12. Jahrhunderts. Er beeinflusst und prägt das christliche Mittelalter wie seine Vorgänger Farabi, Ibn Sina und Ghazali nachhaltig, wobei auch er sich *ausschließlich* dem Islam verpflichtet fühlt. Der orientalischen Philosophietradition gilt die Förderung Ibn Ruschds. Dementsprechend beginnen seine Schriften mit einer Eulogie, d.h. mit Segenswünschen zu Ehren Allahs, die sich in allen islamischen Texten finden.

In seiner Doppelfunktion als Arzt und Philosoph weiß Ibn Ruschd über die menschliche Psyche Bescheid. Dies prädestiniert ihn geradezu für die Philosophie. Ihm ist die Logik und Grammatik des Denkens und der Wahrheitsfindung unerlässlich. Die Grundkonstitution der Philosophie Ibn Ruschds gründet auf Vernunft in dialektischen Schritten. Für ihn ist das Sein, wie für seine Vorgänger Farabi, Ibn

---

[153] Vgl. Horkheimer, Max: *Zur Kritik der instrumentellen Vernunft*, 1985, S. 20 f. Horkheimer thematisiert in seiner Studie nicht nur den Auflösungsprozess der bürgerlichen Kultur, sondern auch den Untergang ihrer kulturellen und moralischen Formen unter der Herrschaft der ›instrumentellen Vernunft‹.

Sina und Ghazali, ohne Beginn und unendlich. Das Universum und damit auch Materie und Welt sind ebenfalls unendlich.

Eine zentrale Achse seiner Philosophie ist die Frage nach Einheit und Vielfalt. Seine Lehre der Einheit des Intellekts fußt auf der Universalität der Vernunft, nach der alle Menschen gleichen Anteil an der Vernunft haben.

> **Merke:**
> Ibn Ruschd baut die Erkenntnisse seiner Philosophie auf dem Denksystem des Aristoteles auf, mit dem er sich Zeit seines Lebens in systematischer Absicht beschäftigt. Deshalb wird er in Europa seit dem beginnenden 12. Jahrhundert als der eigentliche ›Kommentator‹ des Aristoteles bezeichnet: Ist Ibn Ruschd der eigentliche ›Kommentator‹, so ist Aristoteles der eigentliche ›Philosoph‹. In der Tat ist Ibn Ruschd redlich bemüht, die aristotelische Denkart für die orientalische Philosophie fruchtbar zu machen.
>
> Auf dem Wege des reinen und wahren Aristotelismus vollziehen sich mindestens zwei Schritte im Denken Ibn Ruschds:
>
> 1. Das Werk des Aristoteles zu kommentieren, um seine Philosophie darauf aufbauen zu können,
> 2. zu begründen, dass Ibn Sina und Ghazali nicht Aristoteles gefolgt sind und damit ihre Philosophie falsch und ein Ausdruck der Finsternis ist.

Ibn Ruschd ist insofern, wie mehrfach erwähnt, ein Kommentator des Aristoteles *par excellence*. Insgesamt verfasst er 38 Kommentare, die im Original nicht erhalten geblieben sind; die meisten von ihnen sind in hebräischen und lateinischen Übersetzungen vorhanden. Ibn Ruschd, dessen Werk selektiv ausgewählt, übersetzt und willkürlich interpretiert ist, wird in Europa als ein Briefträger und Epigone der Griechen, als der ›größte Kommentator‹ des Aristoteles gefeiert. Dieses Stigma leistet bis heute dem Vorurteil Vorschub, Ibn Ruschd trenne die religiöse Philosophie des Ostens von der rationalen Philosophie des Westens.

Ibn Ruschd ist der Auffassung, dass Ghazali in seiner Schrift ›Tahafut al-falasifa‹ 1095 ›Das Ungenügen der Philosophen‹[154], die weiter oben erläutert ist, die Grenzen zwischen Philosophie und Theologie verwässert, theologische Fragen philosophisch und philosophische Aussagen theologisch begründet. Dies löst im Denkens Ibn Ruschds eine lange Auseinandersetzung mit Ghazalis Denken aus. Dieser Streitfrage widmet er neben der Schrift ›Tahafut at-Tahafut‹ 1180/81, ›Ungenügen des Ungenügens‹[155], eine weitere Abhandlung mit dem Titel ›Die entscheidende Abhandlung …‹.[156]

In der Philosophie werden Ghazali und Ibn Ruschd immer als Kontrahenten dargestellt, eine genaue Betrachtung der genannten Schriften erweist jedoch, dass die

---

154 Vgl. Ghazali, Abu Hamid Mohammad ibn Mohammad: *Tahafut al falasifa* [Das Ungenügen der Philosophen], 1987.
155 Diese Schrift wurde von Max Horten (1874-1945) unter dem Titel ›Die Hauptlehren des Averroes nach seiner Schrift: ›Die Widerlegung des Gazali‹ ins Deutsche übersetzt und erläutert. Vgl. Averroes: *Die Hauptlehren des Averroes*, 1913.
156 Averroes: *Die entscheidende Abhandlung und die Urteilsfällung über das Verhältnis von Gesetz und Philosophie*, 2009.

Auffassungen beider Philosophen erstaunlich nahe beieinander liegen und sich nur in Wenigem unterscheiden. Am Beispiel dreier ›Kritiken‹ Ibn Ruschds soll dies im Folgenden dargestellt werden.

Einführend diskutiert Ibn Ruschd die Frage, ob und inwieweit zu gebieten oder zu verbieten ist, Philosophie zu betreiben. Im Koran erkennt er eine eindeutige Aufforderung zum rechtgeleiteten Denken, Reden und Handeln. Für ihn ist dort festgelegt, »dass das Gesetz zur Erwägung der existierenden Dinge durch die Vernunft aufruft und deren Erkenntnis durch sie fordert.«[157] Dabei beruft er sich auf einen Koranvers, der die Menschen überhaupt zum Denken auffordert: »Denkt darüber nach, die ihr Einsicht habt.«[158] In dieser Aufforderung sieht er die Verpflichtung zur Erkenntnissuche in der Vernunft und im Glauben. Das kritische Nachdenken ist für Ibn Ruschd ein Bestandteil des Islam mit einer klaren Verankerung im Koran.

Hierauf baut er seine *erste* Kritik auf: Die Interpretation des Koran soll nicht allein Gelehrten überlassen werden, da diese die Schrift besser auszulegen wüssten. Diese Möglichkeit sei zum anderen jedem einzuräumen, ohne mögliche Abweichungen der Gelehrten oder Laien als Gotteslästerung (Blasphemie) zu stigmatisieren. Ghazalis Schriften ›Ihya ulum ad-din‹, ›Die Wiederbelebung der Religionswissenschaften‹, und ›Mizan al-amal‹, ›Das Kriterium des Handelns‹ sowie seine Autobiographie ›Al-Munqid min ad dalal‹, ›Der Erretter aus dem Irrtum‹ erweisen jedoch, dass er nicht per Dekret eine offizielle Lesart des Koran aufoktroyieren will. Er beschreibt die Möglichkeiten und Wege der Erkenntnisgewinnung in Philosophie und Theologie, die er methodisch voneinander zu unterscheiden weiß.

Ghazali und Ibn Ruschd stimmen also in dieser Frage weitgehend überein, wenn sie auch unterschiedlich argumentieren. Beide setzen voraus, dass die Interpretation ein Gespür für das Religiöse, gepaart mit einer Intelligenz, voraussetzt. Weil Menschen unterschiedlich intelligent sind, kommen sie automatisch zu unterschiedlichen Schlussfolgerungen; dies hat Ghazali deutlich vor Augen.

Die *zweite* Kritik Ibn Ruschds handelt vom Umfang des göttlichen und des menschlichen Wissens: Ghazali sei der Auffassung, dass Gott die Erkennung einzelner Dinge beherrsche, aber von einer höheren Warte her als der Mensch. Der Mensch stückle sich sein Wissen zusammen, während Gott von jeher alles wisse. Auch die Philosophen seien bemüht, die Welt zerstückelnd zu verstehen. Bei genauer Betrachtung der Auffassung Ibn Ruschds wird erkennbar, dass er letzten Endes die gleiche Auffassung vertritt wie Ghazali. Diese Kritik ist insofern gegenstandslos.

Die *dritte* Kritik Ibn Ruschds bezieht sich auf die Auferstehung und ihre Begründung. Ghazali weist ausdrücklich darauf hin, dass nur die Seele in den Himmel aufsteige, nicht aber der Leib, während Ibn Ruschd lediglich darauf hinweist, dass ›die Philosophen nicht im Widerspruch zum Koran stehen‹. Letzten Endes bejaht er auch hier die Eschatologie Ghazalis; auch diese Kritik ist gegenstandslos.

Das zentrale Problem in dieser Debatte, die zu einer Verunglimpfung der Philosophie Ghazalis im Abendland geführt hat, besteht darin, dass Ibn Ruschd in allen

---

157 Ebenda, S. 3-5.
158 Sura 59:3 und insbesondere Sura 59:22.

kritischen Werken zu Ghazalis Philosophie darum bemüht ist, diese mit griechischen Philosophen, vornehmlich mit Aristoteles, zu sehen, zu interpretieren und zu kritisieren. Er übersieht, dass Ghazali eine Konzeption der Philosophie und Theologie entwirft, die dem Islam als Religion und Kultur angemessener ist und gerade platonische, neuplatonische und aristotelische Weltsichten überwindet, auch wenn gewisse Überlegungen dieser Richtungen in seinem Denken wirksam bleiben.

> **Merke:**
> Vergleichen wir die Werke Ibn Ruschds und Ghazalis, so sind eine Reihe von Gemeinsamkeiten festzustellen. Das Problem besteht darin, dass Ibn Ruschd das Werk Ghazalis durch eine griechische Brille der Philosophie betrachtet, die Ghazali überwinden wollte.

Philosophie und Logik sowie Theologie und Glauben haben im Werk Ghazalis eine nachweisbare Verankerung. Er spielt Philosophie und Religion weder gegeneinander aus noch reduziert sie aufeinander, sondern ist bemüht, eine Harmonie zwischen den beiden herbeizuführen. Seine klare Unterscheidung der Vernunft- und Glaubenswahrheiten bezeugt diese Tatsache.

Ein Grund, warum diejenigen Philosophen, ob okzidentalische oder orientalische, die Aristoteles kritisieren oder ihn nicht gebührend würdigen, sich Sanktionen aussetzen, liegt darin begründet, dass seine Werke nach der Bibel die am meisten geehrten Bücher im Mittelalter gewesen sind. Aus diesem Grund war auch Ghazalis Werk verfemt, da es diesem Heiligkeitsanspruch nicht entsprach. Das Gleiche gilt für das unbequeme Werk Sohrewardis, der ein Zeitgenosse des Ibn Ruschd ist.

Es ist naheliegend, dass Ibn Ruschd das Werk Ghazalis in seiner Gesamtheit nicht ausreichend kennt, wenn er ihm unterstellt, dieser hielte unterschiedliche Erkenntniswege als gegen die herrschenden Ansichten gerichtet, also für häretisch.[159]

Die Kommentatoren des Werkes Ibn Ruschd wiederum übersehen dieses Manko in dessen Denken; jeglicher Kommentar zum Werk Ibn Ruschds wird dadurch unangemessen. Ibn Ruschd ist ein untrennbares Glied der orientalischen Tradition, der sich, wie seine Vorgänger, bedingungslos für eine kulturübergreifende Verständigung einsetzt. Wer diese Leistung nicht sieht, einseitig interpretiert oder in ein falsches Licht rückt, wird seinem Werk nicht gerecht. Das Gleiche gilt für alle seine Vorgänger und Nachfolger.

> **Übungsaufgabe:**
> Diskutieren Sie das Anliegen des Ibn Ruschd unter Berücksichtigung der Prämissen Interkultureller Philosophie.

---

159 Vgl. Averroes: *Die entscheidende Abhandlung und die Urteilsfällung über das Verhältnis von Gesetz und Philosophie*, 2009, S. 27 ff.

3.1.11 Yahya Sohrewardi (1154-1191)

> **Kurzportrait:**
> Shahabeddin Yahya **Sohrewardi** ist im Nordwesten Persiens geboren. Seine Tätigkeitsbereiche sind, neben der Philosophie, die alt-persische und griechische Kosmologie. Er gilt als ›Sheych ol Eshraqh‹, Meister der Erleuchtung.

Sohrewardi gehört zu den Systematikern des 12. Jahrhunderts. Zu seinen Hauptgebieten zählen Philosophie, Theologie und Mystik. Er entwickelt die ›Philosophie der Erleuchtung‹ und bedient sich dabei der altpersischen philosophischen Terminologie.[160]

Im Denken des Sohrewardi spielen drei Meister der Weisheit eine grundlegende Rolle: Sartoscht, Hermes und Platon. Für ihn sind diese weisen Männer integrale Bestandteile der ›philosophia perennis‹, einer immerwährenden Philosophie. Er weist jede Form von essentialistischem Denken der Kulturen und Philosophien zurück, indem er von ihrer fruchtbaren Interdependenz ausgeht. Sohrewardi führt in unterschiedlichen Zusammenhängen an, dass der Mensch sich seines Seins nicht ausschließlich durch bloße Vernunft bewusst werden könne, sondern vielmehr auch durch Intuition, innere Schau.[161] Er entwickelt eine Lichtmystik, bringt sie mit der altpersischen Kosmologie und Lichtmetaphysik in Einklang und verknüpft sie mit den koranischen Aussagen über das Licht.[162]

> **Merke:**
> Im Zentrum der Philosophie des Sohrewardi steht somit das Licht. Er nimmt eine permanente Spannung in der Welt an, die mit dem Guten und Bösen zusammenhängt. Gemäß der altpersischen Licht- und Feuerlehre geht nach Sohrewardi alles Sein aus dem ›نور الانوار‹, ›nur al-anwar‹, dem Licht der Lichter, also dem Göttlichen hervor. Licht ist für Sohrewardi somit das einzige vollkommene Element, das als Wahrheit bezeichnet werden kann. Absolutes Licht heißt dementsprechend absolute Wahrheit, die ihre Verkörperung in Gott findet.

Sohrewardis Metapher des Lichtes, die im Kontext seiner Angelologie eine grundlegende Rolle spielt, geht zurück auf Sartoscht. Das Gute und das Böse, in Form von guten und schlechten Eigenschaften, hat jeweils seine Engel, welche als Boten zwischen ihm und den Menschen fungieren. Es handelt sich hier um die erwähnte sechsgliedrige Kategorie der ›amschaspantan‹[163], die den Wesen Leben verleihen, aber keine Götter sind: ›Bahman‹, die Weisheit des Seins, guter Gedanke; ›ordibehescht‹, die Schönheit des Seins, der Wahrhaftigkeit; ›schahriwar‹, das harmoni-

---

160 Vgl. Sohrewardi, Shahabeddin Yahya: *Hekmat ol Eshragh* [Philosophie der Erleuchtung], 2004.
161 Ähnlich heißt es bei Johann Gottlieb Fichte (1762-1814): »Merke auf dich selbst: kehre deinen Blick von allem, was dich umgibt, ab und in dein Inneres, ist die erste Forderung, welche die Philosophie an ihren Lehrling tut. Es ist von nichts, was außer dir ist, die Rede, sondern lediglich von dir selbst.« Fichte, Johann Gottlieb: *Versuch einer neuen Darstellung der Wissenschaftslehre*, 1984, S. 5.
162 Vgl. Sohrewardi, Shahabeddin Yahya: *Hekmat ol Eshragh* [Philosophie der Erleuchtung], 2004. Im Koran steht das Licht unter anderem für Wissen und Leben. Licht und Sein im Denken Sohrewardis sind gleichbedeutend.
163 Vgl. Gatha, 28/1.

sche Sein, Selbstbeherrschung; ›mehr‹, Anziehungskraft, beglückende Frömmigkeit; ›khordad‹, Lebensfreude, Entfaltung und Stolz; und schließlich ›amordad‹, Ewigkeit, Unendlichkeit. Die Angelologie Sohrewardis im Kontext seiner Epistemologie gibt dem Menschen Werkzeuge an die Hand, um durch Selbsterkenntnis zur Gotteserkenntnis zu gelangen.

Sohrewardi vergleicht Reinheit und Askese sowie die Vollkommenheit der menschlichen Seele mit dem Feuer, weil dieses allem Licht verleiht; wie ein Eisen, das im Feuer glüht. Die existentielle Hierarchie unter den Seienden hängt deshalb für Sohrewardi mit ihrer ›Leuchtkraft‹ zusammen. Je mehr Licht das Seiende verstrahle, desto vollkommener sei es. Dies gehe wiederum damit einher, wie der Mensch mit den gegensätzlichen Kräften in seiner inneren Welt fertig werde.

In einer Reihe von Schriften bringt er das Urbedürfnis des Menschen zum Ausdruck, das letzte Geheimnis der Schöpfung zu verstehen. Sein Gleichnis ›aqle sorkh‹, ›Morgenröte der Vernunft‹, ist eine Meistererzählung, in der er durch eine msytisch verschlüsselte Sprache die Tiefe seiner Spiritualität offenbart.[164]

> **Merke:**
> Sohrewardi begegnet in diesem Gleichnis einem anscheinend alten Herren, der nicht nur rote Kleidung trägt, sondern dessen Bart und Haare auch rot sind. Der alte Mann symbolisiert das erste Kind der Schöpfung, die Vernunft, die mit dem Licht gleichgesetzt wird. Wird sie mit der Finsternis konfrontiert, so erscheint sie rot. So ist Vernunft nach Sohrewardi das erste Geschenk der Schöpfung mit einem leuchtenden Wesen, das sich in rot verwandelt, wenn es mit düsteren Gedanken konfrontiert wird. Ziel dieser Vernunft ist ›die Quelle des Lebens‹ zu finden. Wer mutig ist und den Sinn der ›Wahrheit‹ entdeckt, betritt das Reich der Gelassenheit und des Glücks.[165]

Mit diesem mystisch anmutenden Vernunftverständnis expliziert Sohrewardi die operative Funktion der Vernunft im Leben des Menschen.

Wie der später wirkende Wilhelm von Ockham (1285-1349) kritisiert Sohrewardi den in jener Zeit als unfehlbar eingeschätzten Aristotelismus. Er galt als ein unfehlbares Leitbild, das nicht kritisiert werden durfte. Für Sohrewardi ist »Aristoteles zwar ein großartiger Philosoph gewesen. Seine Verdienste dürfen jedoch nicht überbewertet werden, denn dies würde die Bedeutung seiner Vorfahren herabwürdigen.«[166] Hier weist Sohrewardi auf Buzardjomehr, Agathodemon, Hermes und Asklepios hin. Er kritisiert die zehn Kategorien von Aristoteles (Substanz, Quantität, Qualität, Relation, Ort, Zeit, Lage, Zustand, Wirken und Leiden) und schlägt eine fünfgliedrige Kategorienlehre vor, die sich aus Substanz, Qualität, Quantität, Relation und Bewegung zusammensetzt.

Sohrewardi ist aufgrund seiner Gesinnung und der steten Bemühung, seine Philosophie aus der Tradition des Sartoscht heraus zu entwickeln und diese mit islamischen Elementen in Beziehung zu setzen, Anfeindungen ausgesetzt. Um ihn zu diskreditieren, verbreitet man das Gerücht, Sohrewardi gehöre zu den ›schoubi-

---

164 Vgl. Sohrewardi, Shahabeddin Yahya: *Aqle sorkh* [Morgenröte der Vernunft], 2006.
165 Vgl. Ebenda, S. 3 ff., und 17.
166 Sohrewardi, Shahabeddin Yahya: *Hekmat ol Eshragh* [Philosophie der Erleuchtung], 2004, S. 19.

je‹[167], die versuchen, durch die Wiederbelebung der Philosophie Sartoschts die islamische Philosophie zurückzudrängen. Im Gegensatz hierzu steht, dass Sohrewardi seine Abhandlungen, wie alle anderen persischen Philosophen, teils auf arabisch und teils auf persisch verfasst hat, um beiden Sprachgemeinschaften den gleichen Rang einzuräumen.

> **Übungsaufgabe:**
> Diskutieren Sie das Anliegen von Sohrewardi unter Berücksichtigung der Prämissen Interkultureller Philosophie.

3.1.12 Khage Nasireddin Tousi (1201-1274)

> **Kurzportrait:**
> Khage Abu Djafar Nasireddin Mohammad ibn Mohammad ibn Hassan Tousi, genannt **Tousi** ist im Nordosten Persiens geboren. Seine Tätigkeit erstreckt sich nicht nur auf die Philosophie, sondern auch auf Ethik, Theologie, Mathematik sowie Astronomie.

Das 13. Jahrhundert gehört zu den schwierigsten Zeiten der persischen Geschichte. In dieser Zeit wird Persien von Hulagu Khan, Enkel von Dschengis Khan, dem Begründer der mogultatarischen Dynastie der Ilchane von Persien, überfallen. Er regiert in diesem Land von 1265 bis 1349. Nicht nur Persien ist das Ziel der Invasion von Hulagu Khan, sondern weite Teile des gesamten islamischen Territoriums, Asiens und Osteuropas.

Hulagu Khan verhält sich menschenverachtend gegenüber den unterworfenen Völkern. Ihm gelingt es 1256, in kürzester Zeit Persien in Schutt und Asche zu legen. Er lässt alle Bibliotheken des Landes und vor allem die einzigartige Bibliothek in der ismailitischen Alamud-Festung in Brand setzen, um die Kultur zu vernichten. Eine Folge dieser Invasion war die Flucht der Intellektuellen in die umliegenden, noch nicht von ihm eroberten Länder. Nur durch die Intervention einiger Gelehrten lässt er sich dazu bewegen, wenige wichtige Bände zu verschonen. 1258 plündert er auch Bagdad, eines der wissenschaftlichen Zentren der islamischen Welt. Die Wis-

---

[167] ›Schoubije‹ ist der Name einer nationalen Bewegung persischer Intellektueller, welche die Unterjochung Persiens durch den Islam bekämpften. Ihr erklärtes Ziel war, durch die Einführung und Wiederbelebung einer rein persischen Sprache und der Philosophie Sartoschts (Zarathustras) eine grundlegende Erneuerung in Persien herbeizuführen, durch die der Islam ersetzt werden sollte. Der ägyptische Philosoph Muhammad Ali Abu Ruýan unterstellt Sohrewardi, er gehöre zu den ›Schoubije‹, weil er sich in seiner Philosophie hauptsächlich einer altpersischen Terminologie bedient. Vgl. Abu Ruýan, Muhammad Ali: *Tarikh al fekr al falsafi al islam* [Geschichte des philosophischen Denkens im Islam], 1980, S. 433. Sohrewardi wurde mit einer solchen weitgehend unhaltbaren Begründung von den Fanatikern seiner Zeit ermordet. Der iranische Philosoph Gholamhossein Ebrahimi Dinani führt in einer ausführlichen Studie in die Philosophie Sohrewardis ein und untersucht die Problematik der *Schoubije*. Er weist nach, dass Sohrewardi die altpersische Terminologie, wie viele andere iranische Gelehrte auch, verwendet, aber zugleich bemüht ist, die Philosophie der Erleuchtung aus der altpersischen Philosophie heraus zu artikulieren und diese mit der islamischen Intuition zu verbinden. Ihm eine Zugehörigkeit zur ›Schoubije‹ vorzuwerfen, ist historisch inadäquat. Vgl. Dinani, Gholamhossein Ebrahimi: *Schoae andishe wa schohud* [Intuition und das Leuchten des Denkens], 1990, S. 477 ff.

senschaft kommt in dieser Zeit in Persien und den islamischen Territorien beinahe zum Erliegen.

In dieser ereignisreichen und von Krieg geprägten Zeit wirkt Tousi. Dieser leidenschaftliche Wissenschaftler erlangt wie durch ein Wunder das Ansehen von Hulagu Khan. Bei einer Unterredung zwischen Tousi und Hulagu Khan erlaubt er, in Maraghe, in der persischen Provinz Asarbaidjan, eine Sternwarte zu errichten. Der Bau dieser Sternwarte, die noch heute zu bewundern ist, erstreckte sich über die gesamte Lebenszeit von Tousi.

Tousi verfasst das berühmte Werk ›Zidsch-Ilkhani‹, ›Tafel der Ilkhane‹, ›astronomische Tabellen‹, in dem er sich, nach langen Forschungen, mit der Position der Sterne und Planeten befasst. In diesem Buch thematisiert er, neben der Sternkunde, geschichtliche Überlegungen, Horoskopkunde und den Umlauf der Himmelskörper.

Mit diesen Errungenschaften greift er den späteren Erkenntnissen eines Nikolaus Kopernikus (1473-1543) vor, auch wenn dieser sich nicht auf Tousi beruft. Kopernikus stützt sich bei der Erarbeitung seines Modells der Planetenbewegungen auf die Methode der sogenannten Tousi-Paare. Mit dieser gelingt es Tousi, eine oszillierende Linearbewegung durch die Überlagerung zweier Kreisbewegungen nachzuahmen. Kopernikus wendet diese Methode Tousis unter anderem für die Behandlung der Trepidation, einer im Mittelalter irrtümlich angenommenen Oszillation der Äquinoktien, an.

Ein anderer naturwissenschaftlich relevanter Bereich im Denken Tousis ist die Geometrie. Hier siedelt er die Trigonometrie außerhalb der Mathematik als einen unabhängigen Bereich an. An dieser Stelle geht es nicht darum, auf die naturwissenschaftlichen Arbeiten Tousis näher einzugehen, sondern seine Philosophie und Ethik sowie die Stellung der Vernunft in seinem Denken darzustellen.

Im Zentrum der Philosophie des Tousis steht die Vernunft, die im menschlichen Leben unterschiedlich zum Tragen kommt. Seine Überlegungen sind in seinem Werk ›Tadjrid dol arajed‹, ›Philosophische Abstraktionen‹, niedergelegt. Zu Beginn dieses Werkes hebt er hervor, »stets war ich bemüht, dieses Buch methodisch und systematisch stringent zu konzipieren. Entfaltet habe ich hier Überlegungen, die mir mit zureichenden Gründen plausibel erscheinen.«[168]

> **Merke:**
> In seinem Werk ›Tadjrid dol arajed‹, ›Philosophische Abstraktionen‹, diskutiert Tousi die historischen und bestehenden philosophischen Reflexionen und unterzieht sie einer kritischen Revision. Er ist darüber hinaus bemüht, eine Annäherung zwischen der peripatetischen, also aristotelischen Schule und der schiitischen Kalam herbeizuführen. Mit diesem Versuch bringt er den schiitischen Klama auf die höchste Ebene der Rationalität. Hier geht er über Ghazali hinaus und misst der Vernunft bei der Entscheidungs- und Wahrheitsfindung große Bedeutung bei. Dabei erweist er sich als ein Philosoph des Dialogs, weil er einen Dialog mit anderen philosophischen Lehren aus Geschichte und Gegenwart anstrebt.

---

168 Tousi, Khage Nasireddin: *Tadjrid dol arajed*, [Philosophische Abstraktionen], 1994, S. 5.

Philosophisch ist Tousi hier von Ibn Sina beeinflusst, ohne seine Philosophie unkritisch zu übernehmen. Wie Ibn Sina sieht er im Sein Gottes als einer Notwendigkeit alle möglichen Seienden in ihrer Pluralität vereint. Dies hängt damit zusammen, dass er aufgrund seiner monotheistischen Überzeugung alles in Gott integriert sieht, ohne dies im Sinne Ibn Sinas als Kausalität zu betrachten. Gott ist für Tousi der Schöpfer der Kausalität und alles Seienden.

Auf diesen Erkenntnissen baut Tousi seine Ethik auf, die in der orientalischen Philosophie große Beachtung findet. Unter dem Eindruck der Ethiktheorien Ghazalis, Farabis, Ibn Sinas und Miskawayhs arbeitet Tousi seinen Ansatz über das Wesen der Moral in seinem Werk ›Akhlaq-e Naseri‹ aus.[169] Seine kompensatorische Theorie umfasst vier Komponenten: Gerechtigkeit, Enthaltsamkeit, Tapferkeit und Weisheit. Seine Philosophie ist eine dialogische, die immer das Andere in seiner Andersartigkeit verstehen will.

Tousi geht es um die Bestimmung von Funktion und Rolle der Einzelnen und ihre Wechselbeziehung in Gemeinschaft und Gesellschaft. Weil er Menschen als soziale Wesen begreift, hält er die ethische Entfaltung und Vervollkommnung allein in der Gemeinschaft und Gesellschaft, immer im Bezug auf andere Menschen, für möglich. Dies hängt damit zusammen, dass Tousi Wünsche und Bedürfnisse der Einzelnen stets vor Augen hat. Um in Gemeinschaft und Gesellschaft ein harmonisches Miteinander zu gewährleisten, geht er von einer dialogischen Anthropologie aus. Hier setzt er die Selbsterkenntnis für das Verstehen des Anderen voraus. Er verfolgt nicht das Ziel, eine Individualethik oder eine islamspezifische Ethikkonzeption zu entwerfen, als vielmehr die Realisierung von ›بردباری‹, ›Bordbari‹, Toleranz zwischen den Menschen.

> **Übungsaufgabe:**
> Diskutieren Sie das Anliegen des Tousi unter Berücksichtigung der Prämissen Interkultureller Philosophie.

3.1.13 Ghotb al-Din Schirazi (1236-1311)

> **Kurzportrait:**
> Ghotb al-Din **Schirazi** ist im Süden Persiens geboren. Er ist ein Universalgelehrter, dessen Tätigkeitsbereich vielfältig ist. Außer mit Philosophie, Psychologie, Metaphysik und Ästhetik beschäftigt er sich vorwiegend mit Medizin, Mathematik und Astronomie.

Schirazi gehört zu den führenden Philosophen und Naturwissenschaftlern der Zeitenwende vom 13. zum 14. Jahrhundert. In diesem epochalen Übergang nimmt er deshalb eine Sonderstellung ein, weil er Philosophie und Naturwissenschaft parallel betreibt und neue Wege geht. Dabei nimmt er die vorhandenen Erkenntnisse in sein Wissenschaftssystem auf.

Schirazi macht sich einen Namen, indem er mit seinem Lehrer Tousi Kritiken zum Almagest des Ptolemäus verfasst. In seiner Schrift ›Nihayat al-idrak fi dirayat al-aflak‹ (1281), ›Die Grenzen der Durchdringung des Wissens über den Himmel‹,

---

169 Tousi, Khage Nasireddin: *Tadjrid dol arajed*, [Philosophische Abstraktionen], 1994.

sieht Schirazi, wie sein Lehrer Tousi, die gleichförmigen bzw. kreisförmigen Bewegungen des ptolemäischen Modells der Planetenbewegungen als Unzulänglichkeit an.[170] Seine Kritik bezieht sich darauf, dass Planetenbewegungen nicht gleichförmig sind. Schirazi führt eine Berechnung ein, die, wie erwähnt, als ›Tousi-Paar‹ in die Geschichte der Astronomie eingegangen ist. Seine Berechnung beruht auf der Kosinus-Schwingung, mit der sich die Überlagerung zweier gegenläufiger gleichförmiger Kreisbewegungen und damit die Umlaufbahnen der Planeten exakter berechnen lassen. Mit dieser einzigartigen Errungenschaft gelingt es Schirazi, eine Approximation für die Bewegung des Epizykelzentrums für den Planeten Merkur zu berechnen.

Darüber hinaus führt Schirazi die optischen Versuche des Alhazen (965-1030) zur Lichtbrechung und Lichtreflexion fort. Ihm gelingt es, über die bisherigen Kenntnisse hinaus, eine Erklärung für den Aufbau des Regenbogens zu formulieren, die heute noch gilt. Schirazi beschäftigt sich neben der Astronomie und Physik auch mit der Medizin und Mathematik.

Im Zentrum des philosophischen System Schirazis steht die Vernunft. Aufgrund seiner naturwissenschaftlichen Prägung ist er geeignet, philosophische Fragestellungen anzugehen, weil er die Prinzipien der Philosophie methodologisch begründet. Insofern lässt sich seine Philosophie als eine durch und durch rationalistische definieren.

Schirazis Philosophie ist überwiegend beeinflusst von Ibn Sina, Sohrewardi und Molla Sadra. Dies gilt auch für seine Überlegungen zur Ethik. Wie die anderen Philosophen geht auch er von einer theoretischen und praktischen Philosophie aus. Während theoretische Philosophie sich mit der Frage nach dem Seienden in der kosmischen Natur beschäftigt und verschiedene Theorien im Kontext der Geschichtsschreibung miteinander in Verbindung bringt, verfolgt die praktische Ethik das Ziel, Begründungen für unsere Handlungen zu liefern.

Beide philosophischen Bereiche haben eine ausschließlich anthropologische Verankerung. Insofern beschäftigen sie sich mit der Welt und ihrer Erkennbarkeit, während die praktische Art derselben die Stellung des Menschen darin untersucht.

> **Übungsaufgabe:**
> Diskutieren Sie das Anliegen von Schirazi unter Berücksichtigung der Prämissen Interkultureller Philosophie.

---

170 Vgl. Schirazi, Ghotb al-Din: *Nihayat al-idrak fi dirayat al-aflak* [Die Grenzen der Durchdringung des Wissens über den Himmel], 1980.

3.2 Klassiker der zweiten Generation

3.2.1 Ibn Khaldun (1332-1406)

> **Kurzportrait:**
> Wali ad-Din Abd ar-Rahman ibn Mohammad ibn Mohammad ibn Abi Bakr Mohammad ibn al-Hasan, bekannt als **Ibn Khaldun**, ist in Tunesien geboren. Er gilt als Vater der Soziologie. Seine Tätigkeit erstreckt sich nicht nur auf Historiographie, sondern auch auf Politik, Gesellschaftstheorie und Kultursoziologie.

Ibn Khaldun wirkt in einer von Turbulenzen gezeichneten Zeit. Er ist ein akkurat verfahrender Richter, der sich stets gegen Korruption und illegale Aktivitäten im Staat einsetzt. Die politischen wie sozialen Strukturen sind im Werden begriffen. In der Tat befinden sich Teile der orientalischen Welt, vor allem im westlichen Nordafrika, wo Ibn Khaldun sich aufhält, in einer Phase der Umwälzung.

In dieser Zeit gehen die Kreuzzüge, die 1096 ihren Anfang nahmen und etwa 200 Jahre dauerten, zu Ende. Mit der Schlacht von Akkon im Jahre 1291 erfolgt die endgültige Vertreibung der ›christlichen‹ Kreuzfahrer. Nach dieser spannungsreichen Periode und dem immensem Schaden, der dem Orient zugefügt worden ist, kann die gesamte orientalische Welt aufatmen und wieder zu sich finden.

Dies sind Ereignisse, die das Denken Ibn Khalduns prägen. Er ist aktiv an der Gestaltung seines Zeitalters beteiligt und nimmt sich vor, die Ursachen dieser und ähnlicher Auflösungssituationen zu erforschen und Lösungen zu formulieren. Dieses Bedürfnis bildet die Grundlage seines umfangreichen Werkes.

Die sich vollziehenden Ereignisse innerhalb der orientalischen Welt durch interne und externe Beeinträchtigungen bewegen ihn dazu, ein geistes- und mentalitätsgeschichtlich einzigartiges Werk zu verfassen, das noch heute kaum an Aktualität eingebüßt hat.

Das zentrale Thema seines mehrbändigen und in der deutschen Übersetzung in einem Band zusammengefassten Werkes ›Muqaddima‹ (1317) ist die Darstellung und Analyse zur Natur der Kultur und ihrer Erscheinungen unter besonderer Berücksichtigung kultursoziologischer und sozialpsychologischer Dimensionen, verbunden mit einem angemessenen Lösungsvorschlag. Dieses Werk umfasst sechs Kapitel mit einer Reihe von Beispielen aus den orientalischen Kulturräumen, die sein Anliegen deutlich vor Augen führen.

In der Einleitung thematisiert Ibn Khaldun die Vorzüglichkeit der Geschichtswissenschaft, die Festlegung ihrer Methoden, Hinweise auf die Irrtümer und Fehlauffassungen, die den Geschichtsschreibern widerfahren können und die Nennung einiger Gründe. In der Historiographie sieht er den wichtigsten Wissenschaftszweig, weil darin unsere Kultur-, Religions- und Zivilisationsgeschichte enthalten ist. Hier stellt er fest, »dass die Geschichtsschreibung eine Disziplin mit einer beträchtlichen Anzahl von Verfahrensweisen ist, von vielfältigem Nutzen und nobler Zielsetzung. Sie belehrt uns nämlich darüber, wie es sich mit den Völkern vergangener Zeiten, ihren charakteristischen Merkmalen, den Propheten und ihren Lebensläufen sowie den Herrschern, ihren Dynastien und der Staatsführung verhält.«[171]

> **Merke:**
> Ein zentraler Begriff von Ibn Khalduns umfassender Geschichts- und Kulturphilosophie sowie Gesellschafts-, Kultur- und Zivilisationstheorie ist ›عصبيه‹, ›Assabiyya‹, was man mit ›Gruppensolidarität‹ übersetzen kann. Für ihn ist es gerade diese, die eine Kultur, eine Religion, eine Gemeinschaft, eine Dynastie oder einen Staat zusammenhält und die zum Erreichen gemeinsamer Ziele eine Notwendigkeit ist. Eine solche Gruppensolidarität ist für ihn ohne methodisches Denken und Nachhaltigkeit kaum möglich.

Deshalb stellt er in einem weiteren Schritt fest, was Sinn und Funktion der Geschichte ist: »Der eigentliche Sinn der Geschichte sind Aussagen über die menschliche Gesellschaft, welche die Kultur der gesamten Welt ausmacht, und über die Zustände, die dem Wesen dieser Kultur anhaften, als da sind [...] das zivilisierte Leben, die Gruppensolidaritäten, sowie Aussagen über die Art und Weise, wie die Menschen die Oberhand übereinander gewinnen, und über die Herrschaft, die Dynastien und deren Rangstufen, die daraus erwachsen, über die Beschäftigung und Bemühungen zum Erwerb und Lebensunterhalt, dem sich die Menschen widmen, sowie über die Wissenschaften und Handwerke und üblichen Beschäftigungen, die nicht in dieser Kultur gemäß ihrem Wesen ergeben.«[172]

Darauf aufbauend insistiert er, dass eine kritische Prüfung der Umstände »durch Kenntnis der Eigenarten der Kultur«[173] geschieht. Dies sei die beste Methode bei der Prüfung der Berichte und der Unterscheidung zwischen Wahrheit und Unwahrheit. Sie sei derjenigen Prüfung vorzuziehen, die mit Hilfe der Charakterkritik der Überlieferer erfolge. Auf diesen Kriterien, die für seine Untersuchungen grundlegend sind, baut er sein geschichtswissenschaftliches System auf.

Im ersten Kapitel führt er in die menschliche Kultur im Allgemeinen ein und stellt fest, dass der Mensch Kultur hervorbringt, von der er später selbst beeinflusst wird.

Thema des zweiten Kapitels sind die beduinischen Völker und ihre Lebensbedingungen. In diesem Zusammenhang beschreibt er, warum die Wüste Grundlage und Quelle der Kultur und der Städte für die Beduinen darstellt. Es geht um die Vorzüge einer sesshaften Lebensführung, in der er die Grundlage einer Wohlstandsgesellschaft sieht.

Gegenstand des dritten Kapitels ist die analysierende Darstellung von Dynastien, Herrschaftstum, Kalifat, Regierungshierarchien und der zusammenhängenden Struktur dieser Institutionen. Hier stellt er fest, dass bei all diesen Kategorien eine Gruppensolidarität grundlegend ist: »Offensive und defensive Stärke kann es nur durch Gruppensolidarität geben, das heißt, durch gegenseitige Zuneigung und die Bereitschaft, füreinander zu kämpfen und zu sterben.« Hier hebt er vorausschauend hervor, dass diese Solidarität »beim Kampf um die Herrschaft eine herausragende

---

171 Ibn Khaldun: *Die Muqaddima*, 2011, S. 81.
172 Ebenda, S. 98.
173 Ebenda, S. 102.

Rolle«[174] spielt. Auch die Religion könne keine Wurzeln fassen. Aus diesem Grunde sieht Ibn Khaldun in einer gut funktionierenden Staatsverwaltung die notwendigen und institutionalisierten Grundlagen einer staatlichen Ordnung.

Diese Erkenntnisse bilden die Grundlage der Ausführungen zur Sesshaftenkultur im vierten Kapitel. In einer gut funktionierenden Dynastie sieht er eine gut verwaltete Herrschaft, welche die Niederlassung in Metropolen nach sich zieht. Eine solche Institutionalisierung ist die Bedingung für die Entfaltung der Künste und Wissenschaften. Darin sieht Ibn Khaldun einen gravierenden Unterschied zwischen den sesshaften und nicht sesshaften Völkern.

Im fünften Kapitel geht Ibn Khaldun systematisch mit reichhaltigen Beispielen auf die Funktionalitäten dieser Institutionen innerhalb einer sesshaften Kultur ein. Dabei unterscheidet er die Möglichkeiten des Lebensunterhaltes in der Landwirtschaft, die allem anderen vorausgeht, das Handwerk und das Händlertum.

Um seinem kultur- und zivilisationslebensnotwendigen Ansatz einen klaren Rahmen zu verleihen, stellt er im sechsten und damit letzten Kapitel von ›Muqaddima‹ die Einteilung der Wissenschaften vor. Er beginnt mit einer Feststellung, die für seine gesamte Anthropologie charakteristisch ist. Der Mensch zeichnet sich von allen übrigen Wesen dadurch aus, dass er denkt und die Welt denkend wahrnimmt.

> **Merke:**
> Ibn Khaldun unterteilt das Denken in drei verschiedene Kategorien:
> 1. Planendes und ordnendes Denken. Diese Denkform stellt dem Menschen Instrumente zur Verfügung, aus denen er bewusst seinen Nutzen ziehen kann. Dies nennt er ›unterscheidender Verstand‹.
> 2. Leitendes Denken, mit dem Meinungen und Verhaltensweisen beim Umgang mit den Mitmenschen zum Einsatz kommen. Dies nennt er ›Erfahrungsverstand‹.
> 3. Hypothetisches Denken trägt dazu bei, Entscheidungen zu treffen, die bei der Berücksichtigung bestimmter Situationen zum Erfolg oder Misserfolg führen. Dies nennt er ›spekulativer Verstand‹.

Im Endziel des Denkprozesses sieht Ibn Khaldun die Vorstellung der Existenz so, wie sie wirklich ist, mit verschiedenen Gattungen, Unterschieden, Gründen und Ursachen. In diesem Prozess vervollkommnet sich das Denken in seiner Wirklichkeit und wird zu einem, wie er dies nennt, »reinen Verstand und zu einer erfassungsfähigen Seele. Dies ist die Bedeutung der menschlichen Wirklichkeit.«[175]

> **Merke:**
> Die Entwicklung und Einteilung der Wissenschaften hängt für Ibn Khaldun mit dem Komplexitätsgrad der Kultur zusammen: »Die Wissenschaften sind vielfältig, wo die Kultur vielfältig ist und die Sesshaftigkeit vorherrscht.«[176]

Ibn Khaldun unterscheidet zwischen den philosophischen Wissenschaften, den überlieferten Wissenschaften und den koranischen Wissenschaften. Erstere beschäf-

---

174 Ebenda, S. 179.
175 Ebenda, S. 403 ff.
176 Ebenda, S. 420.

tigen sich mit dem reinen Denken und entwickeln Methodologien, während die überlieferten Wissenschaften sich mit historischen Aussagen auseinandersetzen. Letztere befassen sich mit der Exegese des Koran und den damit verbundenen Lesarten. Für ihn gibt es keine offizielle Lesart der Heiligen Schrift, sondern mehrere Lesarten, die wissenschaftlich zu erforschen wären.

Nach dieser Bestimmung unterteilt er Wissenschaften, verkürzt erwähnt, in Theologie, Sufik, Traumdeutung, Medizin, Landwirtschaft und Alchemie. Von Bedeutung sind hier die rationalen Wissenschaften und ihre verschiedenen Arten, die Ibn Khaldun diskutiert:

> **Merke:**
> »Was die rationalen Wissenschaften betrifft, die dem Menschen von Natur aus zugehören, insofern er ein denkendes Wesen ist, so sind sie nicht speziell auf eine Religionsgemeinschaft beschränkt. […] Sie sind bei der Gattung Mensch vorhanden, seit es eine Kultur in der erschaffenen Welt gibt. Sie werden die Wissenschaften der Philosophie und der Weltweisheit genannt und setzten sich aus vier Wissenschaften zusammen.«[177]

Zu diesen Wissenschaften gehören nach Ibn Khaldun vor allem die der Logik, der Geometrie, der Arithmetik und der Astronomie. Bei dieser Einteilung der Wissenschaften bringt er sein pragmatisches Wissenschafts- und Philosophieverständnis zum Ausdruck. Er weist jede Auffassung von Philosophie als strenge ›Wissenschaft zurück‹, weil dies mit den subjektiven Tätigkeiten des Geistes zu tun hat. Die ›Muqaddima‹ ist eine Enzyklopädie der Soziologie und Humanwissenschaften.

Diejenigen Philosophien, »die glauben«, schreibt Ibn Khaldun, »dass die ganze Welt das mit den Sinnen Erfassbare und das darüber Hinausgehende, durch Spekulation und intellektuelle Argumentation begriffen werden kann«[178], hält er für unbrauchbar.

> **Übungsaufgabe:**
> Diskutieren Sie das Anliegen von Ibn Khaldun unter Berücksichtigung der Prämissen Interkultureller Philosophie.

3.2.2 Mir Damad (1561-1630)

> **Kurzportrait:**
> Mir Mohammad Bagher ibn Mohammad Astarabadi, genannt **Mir Damad** ist im Norden Persiens geboren. Als Philosoph und Religionsphilosoph gilt er als eine zentrale Säule der ›Schule von Esfehan‹. Sein Schüler Molla Sadra wechselt wegen dieser Schule und Mir Damad von seiner Heimat Schiraz nach Esfehan.

Mir Damad wird in der orientalischen Geistesgeschichte als ›dritter Lehrer‹ neben Aristoteles und Farabi bezeichnet. Er gilt als Gründer des größten Zusammenschlusses von Wissenschaftlern in dieser Zeit, der später als die ›Schule von Esfehan‹ in die Geschichte eingeht.

Mir Damad entfaltet eine Akademie, in der er Erkenntnistheorie, Naturwissenschaft und Metaphysik im Sinne seines Vorbildes Sohrewardi aus dem 12. Jahrhun-

---

177 Ebenda, S. 446.
178 Ebenda, S. 472.

dert lehrt. Er greift die Vorstellung des Mikro- und Makrokosmos aus der altpersischen Kosmologie auf und macht dieses kosmische Menschenbild zur Grundlage seiner Philosophie. Er beschreibt dementsprechend die menschliche Vernunft als die Sonne, seine Seele als den Mond, und den Körper vergleicht er mit der Erde. In seinem metaphorischen Bild definiert er auch die Fähigkeiten und Unfähigkeiten des Menschen. Er vergleicht die Erde, die durch die Mondfinsternis verdunkelt wird, mit dem Menschen, der durch intellektuelle Finsternis betroffen ist, d.h. sein Körper kann ein Hindernis zwischen dem Leuchten seines Intellekts (Sonne) auf seine Seele (Mond) sein.

In der Unterscheidung einer vertikalen und horizontalen Kette der Existenz sieht er menschliche Ab- und Aufstiegschancen, die von der tiefsten bis zur höchsten Stufe der Existenz möglich sind.[179] Mir Damad reflektiert über die Entstehung der Welt, die Stellung des Menschen in ihr und die Rolle des Göttlichen. Er beantwortet die Frage, ob und inwieweit die Welt in der Zeit entstanden sei oder von jeher existiere.

> **Merke:**
> Die Beantwortung dieser Frage geht im Denken Mir Damads eine Mischung von Vernunft und Spiritualität ein. Er unterteilt das Sein in vier Entwicklungsebenen:
> ‹سرمد›, ‹Sarmad‹, die immerwährende und alles umgreifende Ewigkeit,
> ‹دهر›, ‹Dahr‹, die Zeitlosigkeit,
> ‹آن سیال›, ‹Ane Sayyal‹, fließende Momente,
> ‹زمان›, ‹Zaman‹, die Zeit.

Zaman ist bei Mir Damad das Maß der Bewegung in der quantitativen Welt, während Dahr die zeitlose Welt der Ideen und veränderbaren Formen bedeutet. Sarmad nennt er die Welt der Essenz und der Attribute Gottes. Gott gehört der Sphäre der ‹حدوث دهری›, ‹hodouse dahri‹, zeitlosen Entstehung an, aus der die sichtbare Welt sowie der Bereich des Werdens und Vergehens hervorgegangen sind. Entstehen, Bestehen und Vergehen vollziehen sich innerhalb der ‹حدوث زمان›, ‹hodouse zaman‹, der zeitlichen Entstehung. Dementsprechend gehören spirituelle Dimensionen der zeitlosen Entstehung und die materiellen der zeitlichen Entstehung an. Nach Mir Damad ist die Welt essentiell entstanden und nicht prozessual in der Zeitlichkeit. Ane Sayyal, der fließende Moment, beschreibt die Verwirklichung der Existenz der Zeit.

Das Vernunftvermögen des Menschen fördert nach Mir Damad die Möglichkeit intuitiver Einsichten, die wiederum das diskursive Denken anregen und uns zur Herausbildung neuer Denkdimensionen verhelfen.

In allen späteren orientalischen Philosophien, insbesondere in der Schule von Esfehan, ist die philosophische Auffassung des Mir Damad nachhaltig wirksam.

> **Übungsaufgabe:**
> Diskutieren Sie das Anliegen von Mir Damad unter Berücksichtigung der Prämissen Interkultureller Philosophie.

---

179 Mir Damad: *Dschazawad* [Die Feuerflamme], 1986, S. 2 ff.

3.2.3 Die Schule von Esfehan (16. Jahrhundert)

Die Zeit zwischen dem 15. und 16. Jahrhundert ist eine schicksalhafte Zeit mit Höhen und Tiefen für Persien und seine Geschichte. Das Land erlebt einen Einbruch, der mit dem 30-jährigen Krieg in Europa vergleichbar ist. Das Territorium ist zerkluftet unter der Fremdherrschaft der Mongolen, die das Land zunächst in Schutt und Asche legen. Es ist historisch gut dokumentiert, dass die Überfälle der Mongolen der Wissenschaft, Wirtschaft, Kultur und Kunst großen Schaden zufügen. Diese Ereignisse, verbunden mit internen Auseinandersetzungen innerhalb des Landes, verstärken den allseitigen Stillstand.

Die zerstörerische Zeit nimmt erst Anfang des 16. Jahrhunderts ein Ende. 1501 erlangt Schah Ismail I. (1487-1524) durch die Hilfe der aus dem schiitischen Sufi-Orden der Safawiyye hervorgegangenen Qezelbash-Bewegung die Macht, die bis 1722 andauert. Die schiitischen Safawiden lösen die sunnitischen Seldschuken ab und übernehmen die Regierungsgewalt im Land. Der schiitische Islam wird zur Staatsreligion in Persien, die staatliche Einheit wird gefördert. Eine solche Veränderung verleiht dem Land eine neue Identität. Die Safawiden bauen neue Ausbildungsstätten auf und fördern die Philosophie, Wissenschaft und Kunst.[180] In dieser Zeit entsteht eine Reihe von philosophischen, theologischen und mystischen Schulen.

Zu Mir Damads Schülerschaft gehören vor allem Molla Sadra und Faiz Kaschani (1598-1680), Bahauddin Amili (1547-1621) und Mir Abol-Qasim Findiriski, genannt Mir Findiriski (1560-1640), die zugleich Hauptfiguren seines Wirkungskreises sind. Diese kultur- und wissenschaftsprägende und vor allem identitätsstiftende Schule erhält später den Namen ›Schule von Esfehan‹.

> **Merke:**
> Die Bezeichnung ›Schule von Esfehan‹ wird erst im 20. Jahrhundert formuliert, und geht auf Seyyed Hossein Nasr zurück. Die ›Schule von Esfehan‹ ist ein Ausdruck dieser epochalen Veränderung. In dieser Schule fließen eine Reihe von philosophischen, theologischen und mystischen Richtungen zusammen, die auf drei Erkenntniswege fußen: ›وحی‹, ›wahy‹, Offenbarung, ›عقل‹, ›aql‹, Vernunft und ›كشف‹, ›kaschf‹, mystische Enthüllung.

Die Schule von Esfehan überdauerte die Zeit von ihrer Gründung bis in die 1960er Jahre. Dort wurden Philosophien von Molla Sadra und Faiz Kaschani sowie Sabzewari gelehrt. Die letzten Leiter waren Molla Mohammad Kaschani (1828-1912) und Hadj Aqa Rahim Arbab (1881-1977). Seitdem sind einige Versuche unternommen worden, um die Schule von Esfehan wiederzubeleben. Die Aktivitäten sind überwiegend von den Theologen und Philosophen der Ghomer Schule übernommen worden, die in Westasien bekannt ist und von vielen ausländischen Studierenden besucht wird.

> **Übungsaufgabe:**
> Diskutieren Sie die Schule von Esfehan und ihre Bedeutung für den Erhalt der Tradition und ihre Korrektur.

---

180 Nach dem Tod des Schah Ismail I. übernimmt sein Sohn Tahmaseb I. (1514-1576) die Macht.

3.2.4 Molla Sadra (1571-1640)

> **Kurzportrait:**
> Mohammad ibn Ibrahim Sadreddin Shirazi, genannt **Molla Sadra** ist im Süden Persiens geboren. Seine Reflexionsbereiche umfassen neben der Philosophie vor allem Ontologie, Metaphysik, Ethik, Ästhetik, Psychologie und Religionsphilosophie. Er gilt als einer der wichtigsten Philosophen der orientalischen Philosophie, der eine Transzendentalphilosophie gegründet hat.

Molla Sadra gehört, wie erwähnt, zu den Hauptfiguren der ›Schule von Esfehan‹. Sein Anliegen ist eine grundlegende Erneuerung der Philosophie.

> **Merke:**
> Molla Sadra ist bestrebt, die Erleuchtungsphilosophie des Sohrewardi mit dem analytischen Denken Ibn Sinas zu verbinden und kritisch zu einer neuen Philosophie weiterzuentwickeln.

Molla Sadra formuliert auf der Basis der letzten Kategorie Sohrewardi, der Bewegung, eine eigenständige, gesellschaftlich und interkulturell relevante Philosophie. Für Molla Sadra findet die Bewegung auch in der Substanz selbst statt. Getragen wird diese Entwicklung durch die Bewegung, deren Maß die Zeit ist. Das Ziel von Bewegung und Zeit ist, das allmähliche Entwickeln des Seins zu fördern. Die Seele wächst mit dem Erkennen und gewinnt durch dasselbe an Seinsinhalt. Die Intensitätsveränderungen sind Verschiedenheiten der Daseinsformen.[181]

Molla Sadra weist die bekannte These vom ›unbewegten Beweger‹ zurück und nimmt an, dass der Körper aus sich heraus aktiv ist. Dies bedeutet, dass der Mensch sich aus eigenen Kräften heraus bewegt, weil diese Komponenten in ihn hineingelegt worden sind. Insofern ist Gott nicht der ›unbewegte Beweger‹: »Gott ist nicht der Beweger des Körpers, sondern dessen Erzeuger und Schöpfer. Der Körper und die Bewegung wurden gleichzeitig erschaffen.«[182]

> **Merke:**
> Molla Sadra erklärt die Philosophie wie folgt: »Die Philosophie ist Vervollkommnung der menschlichen Seele durch die demonstrativ erwiesene Erkenntnis der eigentlichen Wesenheiten der Dinge und so, wie sie in Wirklichkeit sind, nach Maßgabe der menschlichen Erkenntniskraft, oder: die logisch-verstandesmäßige Ordnung des Weltganzen, soweit diese dem Menschen erreichbar ist, um sich Gott zu verähnlichen (durch Tugend, Askese und Wissen). Durch das Erkennen werde die Seele ein Spiegelbild der Welt. Dadurch ist die Würde der Philosophie klar.«[183]

Im Zentrum dieser Philosophie steht die Bewegung, die immer einen Auslöser hat, ein Subjekt, das ein Objekt nach bestimmten Gesetzmäßigkeiten in Bewegung

---

181 Vgl. Molla Sadra, Mohammad ibn Ibrahim Sadreddin Shirazi: *Das philosophische System von Schirazi*, 1913, S. 28 f.
182 Molla Sadra, Mohammad ibn Ibrahim Sadreddin Shirazi: *Al-Hekma al-Motealiya fil-asfar al-Aqlia al-Arbaa* [=Asfar], [Transzendentalphilosophie. Der vierfache Weg zur Erkenntnis], Band 1, 2001, S. 236.
183 Molla Sadra, Mohammad ibn Ibrahim Sadreddin Shirazi: *Das philosophische System von Schirazi*, 1913, S. 2.

bringt. Die Seinsebenen des Psychischen, Physischen und sogar des Imaginären befinden sich in stetiger Bewegung. Nach der Logik dieses Bewegungsbegriffs durchdringt das Sein den Kosmos.

> **Merke:**
> Diametral entgegen des Aristoteles, der Substanzen als unverrückbare Bausteine des Seins betrachtet, geht Molla Sadra von einer ›حرکت جوهریه‹, ›Haraka Djohariyya‹, einer substantiellen Bewegung aus. Dies bedeutet, dass alle Lebewesen eine unvollkommene Seinsstufe besitzen und spiralförmig danach streben, eine immer höhere Stufe zu erreichen. An dieser Nahtstelle verbindet er ›مبدأ‹, ›mabda‹, den Ursprung mit ›معاد‹, ›maad‹, dem Ort der Rückkehr. Hier wird Anfang und Ende der Seienden in der unendlichen Natur ersichtlich. Darin wird ein passiver Vorgang der Substanz in einen aktiven transformiert. Je mehr sich der Mensch der Vervollkommunug seiner Seele annimmt, desto intensiver wird die substantielle Bewegung sein.
>
> Damit macht Molla Sadra einen Schritt weg vom Fatalismus, der schicksalhaften Vorbestimmung, hin zur Selbstbestimmung in Richtung der Vollkommenheit. Dies ist der Parabelpunkt der Transzendenz der sadraischen Philosophie, der sie einzigartig macht.

Die sadraische Denkart ist eine kombinierte Philosophie, bei der die einzelnen Bestandteile in ihrer Art und Herkunft noch erkennbar sind. Propädeutik und Erleuchtung sind Einleitungen, welche die Grundlage seiner Transzendentalphilosophie bilden.

Ein Vergleich der Vernunftkonzepte der beiden persischen Philosophen Ghazali und Molla Sadra macht deutlich, dass die Vernunft innerhalb einer Kultur kaum einheitlich zu definieren ist, da sie sich gemäß der Gesetze interner Eigendynamik völlig unterschiedlich entfalten kann.

Die Naturwissenschaften werden bei Molla Sadra von der Metaphysik getrennt, wobei er die Psychologie noch bedingt der Metaphysik zurechnet. Seine Transzendentalphilosophie umfasst vier Erkenntniswege, nämlich die Metaphysik, die Physik, die Theologie und die Psychologie. Die Frage nach dem Sein bildet den Kern seines Werkes.[184]

In der Vorrede beschreibt er zunächst seinen wissenschaftlichen Werdegang und bemängelt, dass Philosophen es versäumt hätten, über das Sein und Seiende nachzudenken, wobei diese zu den zentralen Fragen der orientalischen Philosophie gehören. Viele Philosophen würden davon ausgehen, alle Fragen bereits beantwortet zu haben. Er berichtet, dass er »von Menschen umgeben« sei, »denen Wissen und Verstand untergegangen ist, so daß sie das Licht der Erkenntnis nicht mehr wahrnehmen können, sondern in ihrer Blindheit verharren.« Aufgrund dieser Zurückgezogenheit habe er »weder unterrichtet noch geschrieben.«[185] Stets habe er sich in

---

184 Molla Sadra, Mohammad ibn Ibrahim Sadreddin Shirazi: *Al-Hekma al-Motealiya fil-asfar al-Aqlia al-Arbaa* [=Asfar], [Transzendentalphilosophie. Der vierfache Weg zur Erkenntnis], Band 1, 2001, S. 236.

185 Molla Sadra, Mohammad ibn Ibrahim Sadreddin Shirazi: *Das philosophische System von Schirazi*, 1913, S. 8 f.

einem inneren Kampf befunden. Seit seiner Jugend hätten ihn neue Wege beschäftigt, und um diese zu finden, habe er nicht nur die orientalische Philosophie, sondern auch die griechische Philosophie und ihre Vorgänger so genau wie möglich studiert. Nicht seiner Eitelkeit wegen, sondern um die Transzendentalphilosophie auf vier Wegen zu begründen, habe er dieses Ziel verfolgt.

> **Merke:**
> Ein zentrales Element des philosophischen Systems Molla Sadra ist das Verhältnis von ›جوهر‹, ›djohar‹, Essenz und ›وجود‹, ›vodjud‹, Existenz. Grundlage ist für ihn nicht die ›djohar‹, sondern die ›vodjud‹. Er ist der Ansicht, dass das Wesen der Dinge stets in Veränderung begriffen ist.

In fünfzehn geistig fruchtbaren Jahren hält sich Molla Sadra in den Gebirgen um die Stadt Qom, in der Nähe von Teheran, in Einsamkeit auf. Er beschreibt es folgendermaßen: »Ich habe meinen Geist durch schweres Leben, Enthaltsamkeit und Askese gereinigt, und so leuchteten die göttlichen Lichter auf mich. Viele Geheimnisse dieser Welt wurden mir auf diese Weise offenbar. Es wurden mir die Rätsel offensichtlich, die ich durch rationale Argumentation kaum hätte erkennen können. Diese Geheimnisse wurden umso mehr mittels der ›اشراق‹, ›eshraq‹, der Illumination, enthüllt.«[186] Mit diesem Rückgriff auf die Lichtmetaphysik des Sartoscht durch Sohrewardi gelangt er zur Überzeugung, »dass die Wahrheit nur intuitiv durch Erleuchtung zu erkennen ist.«[187] Er betont die Einheit von Wissenschaften und Glauben. Philosophie habe die theoretische Rolle bei der Erschließung der sinnlichen Welt und zugleich die praktische für die Stärkung der Seele im Alltag.

Wie der Titel seines Werkes aber bereits zeigt, spricht Molla Sadra überwiegend von der ›حكمت‹, ›Hekmat‹, der Weisheit, die reichhaltiger und zugleich strenger ist als die Philosophie. Die ›Hekmat‹ bedeutet für Molla Sadra »die Vollendung des menschlichen Geistes auf der Grundlage der Erkenntnis über die realen Gegebenheiten der Seienden, wie sie sind und wie sie sich in der Natur vorfinden. Diese Erkenntnis muss freilich eine nachvollziehbare Grundlage haben und nicht aus Imagination und Nachahmung gewonnen sein. Die Aufgabe der ›Hekmat‹ liegt folglich darin, auch eine vernünftige Erklärung von der Welt zu geben.«[188]

> **Merke:**
> Molla Sadra unterteilt die ›Hekmat‹ in zwei Teile: ›Hekmate nazari-tağarrodi‹, eine theoretische Philosophie, und ›Hekmate amali-taaqoli‹, eine intelligibel-praktische Philosophie.

Während ›Hekmate nazari-tağarrodi‹ sich generell mit dem Sein und Seienden befasst, besitzt die ›Hekmate amali-taaqoli‹ eine ethische Komponente und beschäftigt sich mit menschlichen Handlungen.[189] Er unterscheidet ferner zwei methodisch verschiedene Wege zur Erkenntnisgewinnung, die sich kontradiktorisch zueinander verhalten und welche die orientalische Philosophie seit ihrer Entstehung begleiten:

---

186 Ebenda, S. 3 f.
187 Ebenda, S. 4 f.
188 Ebenda, S. 21 f.
189 Ebenda, S. 22.

> **Merke:**
> 1. ›Al ma`qul addini‹, das religiös Denkbare – es bezieht sich unmittelbar auf die Religion und das religiöse Verständnis einerseits und auf die hermeneutische Exegese religiöser Texte andererseits.
> 2. ›Al ma`qul al `aqli‹, das rational Denkbare – es setzt sich vom religiös Denkbaren ab und hat mit verifizierbaren und falsifizierbaren Gegenständen zu tun, die ohne eine rationale Beweisführung kaum erschließbar sind.

Molla Sadras Werk ›Transzendentalphilosophie‹ lässt sich in seinem Aufbau und seinem Anspruch mit den ›drei Kritiken‹ Kants vergleichen. Im späten 18. Jahrhundert, als Kants ›Kritik der reinen Vernunft‹ in Europa als eine Revolution der ›Denkungsart‹ des Menschen gefeiert wird, konzentrieren sich viele persische Philosophen auf Molla Sadras Hauptwerk. Er ist der Auffassung, dass der Islam sich mindestens methodisch auf drei verschiedenen Wegen betrachten lasse: *Erstens* rein rational und philosophisch, *zweitens* mystisch und ethisch und *drittens* religiös nach den Prinzipien der Scharia.

Sadras methodische Ansichten von der Natur der Realität bringen neue philosophische Erkenntnisse und bewirken dadurch einen Übergang vom Essentialismus zum Existentialismus, und zwar einige Jahrhunderte früher, bevor dies in der europäisch-westlichen Philosophie Einzug hält. Die sadraische Philosophie hat die Philosophie in Persien nachhaltig beeinflusst. Seine Philosophie und Ontologie wird für die orientalische Philosophie der Gegenwart genauso wichtig erachtet wie Martin Heideggers und Karl Jaspers' (1883-1969) Philosophien es später für die europäisch-westliche Philosophie des 20. Jahrhunderts sind.

Molla Sadra argumentiert in vielerlei Hinsichten ähnlich wie Ghazali, verteidigt die Vernunft auf seine Weise und bringt für seine Theorie andere Begründungen. Er geht zwar von einem ausdifferenzierten Vernunftbegriff aus, will aber die Komplementarität intuitiven und rationalen Denkens nicht aufgeben. Sadra betrachtet menschliche Handlungen immer als eine Mischung von Rationalität und Irrationalität. Damit argumentiert er anders als Ghazali, der in seiner mystischen Phase von einer reinen Vernunft ausgeht.

Ähnliche inhaltliche Differenzierungen sind in Europa zu finden, wenn man die Kontroverse über den Vernunftbegriff zwischen Rechts- und Links-Hegelianern in der Hegelforschung zum Vergleich heranzieht. Erstere gehen von einem spekulativen Geist aus, der im Vorfeld für absolut gehalten wird. Letztere sehen hingegen das Ziel der Vernunft darin, sie in gesellschaftliche Verhältnisse einzuführen und mithin eine materialistische Position auszubauen.

> **Übungsaufgabe:**
> Diskutieren Sie die Philosophie von Molla Sadra unter Berücksichtigung der Prämissen Interkultureller Philosophie.

3.2.5 Faiz Kaschani (1598-1680)

> **Kurzportrait:**
> Mohammad ibn Mahmoud Molla Mohsen, genannt **Faiz Kaschani** ist in der Stadt Kaschan im Zentrum Persiens geboren. Neben der Philosophie, Ontologie und Metaphysik sowie Ästhetik beschäftigt er sich mit der Jurisprudenz und mit Koranexegese. Seine Studien hat er hauptsächlich bei Molla Sadra und Mir Damad betrieben.

Faiz Kaschani gehört zu den führenden Philosophen des 17. Jahrhunderts. Er ist ein Schüler Molla Sadras, dessen Philosophie er auf eine spezifische Weise aufgreift und fortführt. Die Philosophie von Faiz Kaschani ist ein ›harmonisches System‹ mit drei Komponenten: Offenbarung, Rationalismus und Mystik.

Für Faiz Kaschani stellt Gott den realen Seinsgrund aller Dinge dar. Beide sind substanziell und wesentlich ›Eins‹. Kaschani unterscheidet in diesem Zusammenhang zwischen Philosophie und Mystik. Beide Komponenten sind für das Werk Kaschanis charakteristisch, wobei Momente der Rationalität in beiden auf unterschiedliche Art wirksam sind.

In seinem Werk ist Kaschani bemüht, eine Annäherung zwischen den zwei Hauptkonfessionen des Islam, nämlich zwischen den Sunniten und Schiiten, herbeizuführen. Als Ausdruck dieses Versöhnungsversuches redigiert er das Hauptwerk des sunnitischen Philosophen Ghazali, den er zeit seines Lebens schätzt, und gibt es neu heraus.[190]

In seinem Werk ›Usulol Ma'aref‹, Prinzipien der Erkenntnistheorie, strebt er an, auch eine Harmonisierung zwischen der griechischen und der orientalischen Philosophie herzustellen. Das Ergebnis ist ein methodologischer Existentialismus, in dem er die wahre Existenz als Sein Gottes definiert und an die pantheistische Lehre der Sufis, also der Mystiker, allen voran Ibn Arabi (1165-1240), anschließt. Für ihn sind alle Weltsphären und menschlichen Geister aus der göttlichen Quelle emaniert. Dies bedeutet, dass das Niedere stets aus dem Höheren hervorgeht.

Das Prinzip des Seins offenbart einen großen Umfang, in dem Ursprünglichkeit, Realität und Wirkungssein enthalten sind. Alle drei Komponenten zeichnen die Besonderheit der Existenz aus. Gott ist Existenz und damit nicht wesenhaft, während der Mensch wesenhaft ist: »Weil es viele Welten gibt und die Existenz mehrere Entwicklungsstufen besitzt und durchläuft, nimmt diejenige Stufe mehr Anteil an Vollkommenheit, die weniger Abstand zur Urexistenz bewahrt.«[191]

Mit dieser Behauptung stellt Kaschani eine erste Evolutionstheorie auf, die er theologisch begründet. Das Endziel Gottes sieht Kaschani in einer fortlaufenden Vervollkommnung, die mit der Materie ihren Anfang nimmt und sich über die pflanzliche, tierische und schließlich die menschliche Entwicklungsstufe der Vernunft mit Gott verbindet.

---

190 Vgl. Faiz Kaschani, Molla Mohsen: *Al-Mahjol-Beyza fi Tahzibol-Ehya* [Wiederbelebung der Wiederbelebung], 1991.
191 Vgl. Faiz Kaschani, Molla Mohsen: *Usulol Ma'aref* [Prinzipien der Erkenntnistheorie], 1992, S. 127 f.

Diese Gedanken bilden die Grundlage der philosophischen Ethik Faiz Kaschanis. Für ihn sind Gut und Böse zwei unterschiedliche Kategorien. Die Existenz als solches ist das Gute, da darin das Prinzip des Göttlichen immanent sei. Dagegen sieht er das Böse als eine nicht existierende Bestimmung. Es besitzt keine Realität in einer konkreten Form; es bedeutet Nichtsein. Das Böse existiert nur in der materiellen Welt, nicht in der spirituellen. Hier unterscheidet Kaschani zwischen einer höheren und niederen Welt. Das Böse ordnet er der niederen, materiellen Welt und damit einer niedereren Entwicklungsstufe zu. Das Gute hingegen bleibt für ihn stets in der höheren Welt beheimatet. Es hält das Böse, das vergänglich und relativ ist, für schlecht. Die Kategorie des Bösen ist kein passiver Vorgang, sondern ein aktiver, der Bewegung in die Welt hineinbringt.

Bei der Bestimmung der Kategorie des Guten und des Bösen zeigen Faiz Kaschanis Ideen starken Einfluss durch Naraghis Ethik.

Ein weiteres Werk von Faiz Kaschani ist die ›Ethik der Prophetie und Imamat‹.[192] Hiermit führt er in die Lebensführung des Propheten als einem Menschen mit allen Eigenschaften der Vollkommenheit ein. Der Prophet ist aufgrund seiner Weisheit, Größe und Selbstlosigkeit sowie seiner aufrichtigen Zuwendung zum Göttlichen dazu imstande, Vorbild zu sein und die Menschheit zu führen.

Die Imamat baut auf diesen Eigenschaften des Propheten auf, animiert die Menschen für das Wahre und Schöne im Göttlichen und begleitet sie auf diesem Wege. Insofern sind Imam und Prophet *nicht* miteinander zu verwechseln.

> **Merke:**
> Der Islam fußt auf drei Prinzipien: dem ›توحید‹, ›Towhid‹, Monotheismus, dem Glauben an einen einzigen Gott, der ›نبوت‹, ›Nabowwat‹, Prophetie, dem Fungieren zwischen dem Göttlichen und den Menschen, und schließlich der ›معاد‹, ›Ma'ad‹, Eschatologie, dem Jüngsten Gericht. Der schiitische Islam fügt diesen drei Prinzipien die ›عدل‹, ›Adl‹, Gerechtigkeit und die ›امامت‹, ›Emmamat‹, Imamat hinzu. Erstere bedeutet, die Menschen von der göttlichen Vorsehung so zu behandeln, wie sie sich selbst, dem Leben und den Menschen gegenüber verhalten, während Letztere besagt, dass nach den Propheten die 12 Imame als Kalifen die Lebensweise des Propheten fortsetzen.

Faiz Kaschani greift beide schiitischen Prinzipien auf und beschreibt ihre Philosophie und Ästhetik. Im Sinne des Propheten geht es ihm darum, die Gesinnung und das Verantwortungsbewusstsein des Menschen durch Einfachheit im Leben, Bestimmtheit im Glauben und Gerechtigkeit im Handeln zu veredeln. Es handelt sich um die Verfeinerung der Sittlichkeit und die Anleitung zu einer wahrhaftigen Lebensführung.

> **Übungsaufgabe:**
> Diskutieren Sie das Anliegen von Faiz Kaschani unter Berücksichtigung der Prämissen Interkultureller Philosophie.

---

192 Vgl. Faiz Kaschani, Molla Mohsen: *Akhlaqe nabowat wa Emamat* [Ethik der Prophetie und Imamat], 2012.

3.2.6 Molla Ahmad Naraghi (1764-1824)

> **Kurzportrait:**
> Molla Ahmad **Naraghi** ist in der Stadt Kaschan im Zentrum Persiens geboren. Neben Philosophie, Hermeneutik und Jurisprudenz, Metaphysik, Ästhetik sowie Religionsphilosophie beschäftigt er sich mit den grundlegenden Fragen der Ethik.

Naraghi gehört zu den Moraltheoretikern in der orientalischen Philosophie des 19. Jahrhunderts. Er ist ein Klassiker der islamischen Rechtswissenschaften. Darüber hinaus interessiert er sich vor allem für Mathematik und Astronomie, über die er auch einschlägige Werke verfasst. In seinem Werk ›Meradjul-Sa'ada‹ 1798, ›Die Himmelfahrt der Glückseligkeit‹, entwickelt er eine systematische Ethikkonzeption.[193]

Naraghi steht philosophisch in der Tradition Ibn Sinas, Ghazalis und Molla Sadras. Seine Ethik umfasst drei methodische Dimensionen, die aufeinander angewiesen sind. Es handelt sich um rationalistische, hermeneutische und psychologische Ebenen.

> **Merke:**
> Das Menschenbild von Naraghi ist universalistisch angelegt, weil er davon ausgeht, dass Menschen über Wille und Freiheit verfügen. Im Menschen sieht er eine Reihe von Eigenschaften, die ihn teils als ein ethisches, teils als ein destruktives Wesen auszeichnen: »Wisse, dass diese Eigenschaften, die in dich hineingepflanzt worden sind, teils großartig und engelhaft und teils raubtierartig sind.«[194]

Naraghi sieht die Aufgabe des Menschen darin, in sich zu gehen und über die Diversität seiner Eigenschaften zu reflektieren. Er ist der Ansicht, dass der Mensch aufgrund seines freien Willens aus sich heraus in der Lage ist, sich für das eine oder das andere zu entscheiden. Sein Werk ist ein Plädoyer für eine breit gefächerte Aufklärung im menschlichen Denken, Reden und Handeln, ohne spirituelle Dimensionen zu vernachlässigen.

Naraghi trennt religiöse und säkulare Aufklärung nicht, sondern betreibt diese gleichzeitig. Naraghi gibt dem Menschen einen Raum, ›روشنگری دینی‹, ›religiöse Aufklärung‹, gepaart mit philosophischen Dimensionen zu verbinden. Grundlage dieses Ansatzes ist die Selbsterkenntnis: »Bedenke, dass Du Dir am nahesten stehst, bedenke, dass der Schlüssel Deiner Glückseligkeit in beiden Welten die Selbsterkenntnis ist. Es ist evident, dass Du ohne diese zu keinen weiteren Erkenntnissen gelangen kannst.«[195]

In dieser Überlegung expliziert sich die radikale Zurückweisung einer einseitigen Vernunft, welche ausschließlich die materiellen Dimensionen des Lebens berücksichtigt. Nach Naraghi ist das Erreichen der Sphären des Erhabenen und Vollkommenen nur durch diese Selbsterkenntnis möglich, die Menschen von triebhaft gesteuerten und weidenden Tieren unterscheidet: »Suche und ergründe Dich selbst!, wer Du bist?, woher du kommst?, wohin Du gehen wirst?, was ist der Grund der existenziellen Abhängigkeit Deines Hierseins?, warum Du über Wille und Freiheit verfügst?, woran liegt Deine Glückseligkeit und warum? Ergründe letztlich, warum

---

193 Vgl. Naraghi, Molla Ahmad: *Meradjul-Sa'ada* [Die Himmelfahrt der Glückseligkeit], 2006.
194 Ebenda, S. 1.
195 Ebenda, S. 3.

Du sterben wirst.«[196] Das ikhwanisch-anthropologische Vorverständnis ist für das Werk des Naraghi grundlegend und bildet integrale Bestandteile künftiger Anthropologien.

Der Knotenpunkt der Selbsterkenntnis liegt für Naraghi in ›بدن‹, ›badan‹, ›Leib‹ und ›نفس‹, ›nafs‹, ›Seele‹. Während der Leib der Welt der Körperlichkeit angehört, stamme die Seele aus der Welt des Göttlichen. Sie könne nur durch das Auge der Einsicht gesehen und erkannt werden. In der Überwindung der Körperlichkeiten und der Entdeckung der Erhabenheit der Seele durch einen Selbsterkenntnisprozess findet der Mensch zu sich: »Gelingt es dem Menschen, durch die Zügelung seiner Körperlichkeiten seine Seele zu vervollkommnen, so wird der Weg zur Selbsterkenntnis geebnet.«[197]

In der Ethik Naraghis steht also die Seele als ›پادشاه‹, ›padescha‹, die Königin, an erster Stelle, die ›عقل‹, ›aql‹, Vernunft, ist als Ministerin der Königin, an zweiter unverrückbarer Position. Sie bildet Erkenntnisse, fällt Urteile und bestimmt die Grenzen der Möglichkeiten.[198] Für Naraghi ist eine Wissenschaft ohne eine gereinigte Seele ethisch nicht vertretbar. Dies ist ihm ein Grund, warum er die Ethik über allen übrigen Wissenschaften ansiedelt.

> **Merke:**
> Vier Fähigkeiten bilden die Grundlage der ethischen Konzeption Naraghis, die in der Natur des Menschen vorhanden und für die Begründung ethischen Verhaltens grundlegend sind. Es handelt sich um:
> 1. ›قوای عقلیه‹, ›qowaje aqlije‹, das Vermögen der Vernunft, situationsadäquat zu argumentieren,
> 2. ›قوای عامله‹, ›qowaje ameleh‹, das Vermögen der Umsicht, um das eigene Verhalten der jeweiligen Situation anzupassen,
> 3. ›قوای غضبیه‹, ›qowaje qazabije‹, das Vermögen des Eigenschutzes, um Schaden von sich abzuwenden,
> 4. ›قوای شهویه‹, ›qowaje schahwije‹, das Vermögen der Triebhaftigkeit, um die Bedürfnisse des Körpers zu befriedigen und seine Eigeninteressen zu sichern.

Weil die Zusammensetzung dieser Komponenten das menschliche Leben und Verhalten mitbestimmen, besteht die eigentliche Pflicht des Menschen für Naraghi darin, sich in allen Belangen des Lebens, ob religiös oder kulturell, zwischen ›افراط‹, ›efrat‹, Übertreibung, und ›تفریط‹, ›tafrit‹, Untertreibung für ›اعتدال‹, ›etedal‹, das weise Maß, zu entscheiden. Das ist ›سعادت‹, ›sa'adat‹, ›Glückseligkeit‹, das höchste Gut, und ›وظیفه‹, ›wazife‹, Pflicht des Menschen.

> **Merke:**
> **Ist das weise Maß erreicht, so führt:**
> 1. das Vernunftvermögen zur ›حکمت‹, ›hekmat‹, zur reinen Weisheit,
> 2. das Geschicklichkeitsvermögen zu ›صلابت‹, ›salabat‹, zur Standhaftigkeit,
> 3. das Umsichtigkeitsvermögen zur ›شجاعت‹, ›schodja'at‹, zur Tapferkeit,
> 4. das Eigennützigkeitsvermögen zur ›عفت‹, ›effat‹, zur sittlichen Reinheit.

---

196 Ebenda, S. 4 f.
197 Ebenda, S. 7.
198 Ebenda, S. 34.

Der Zusammenschluss dieser Vermögen, welche die zentralen Komponenten der Selbsterkenntnis darstellen, bildet nach Naraghi die Richtschnur von ›عدالت‹, ›edalat‹, Gerechtigkeit und ›سعادت‹, ›sa'adat‹, Glückseligkeit. Die geschichtlich wirksame Ethik Naraghis gehört zu den umfassenden Ethikkonzeptionen unserer Gegenwart.

In seinem erwähnten Werk ›Meradjul-Sa'ada‹ stellt Naraghi seine Theorie in fünf Abteilungen mit zahlreichen Unterabteilungen vor. In systematischer Absicht begründet er sein Menschenbild und diskutiert Vor- und Nachteile des ethisch-moralischen Agierens sowie die Quellen des körperlichen Verhaltens, bspw. des Egoismus und seiner Ausprägungen.

Des Weiteren untersucht Naraghi die Aneignung guter Gedanken und guter Handlungen, die Konstitution des Zweifels und ihre Begründung, wie Zweifel entstehen und ethische Komponenten der Wissenschaft sowie Hierarchien der Gewissheit. In einem weiteren Schritt analysiert er die Notwendigkeit ethischen Handelns, das Göttliche in der menschlichen Natur sowie tierische Instinkte im Menschen. Grundlegend sind als weitere Komponenten der Selbsterkenntnis die Frage nach der Tugend des Verzeihens, Gründe für das Gebieten oder Verbieten von Handlungen, die Lüge und Fragen nach der Selbsterkenntnis, die Tugend der Reue und ihre Arten. Von Bedeutung sind in diesem Zusammenhang auch die Tugend der Dankbarkeit, verborgene Weisheiten im Menschen, Vernunft und ihre Arten sowie die Ontologie der Liebe, die Tugend des Gebets, der Geduld und der Toleranz.

> **Übungsaufgabe:**
> Diskutieren Sie das Anliegen von Naraghi unter Berücksichtigung der Prämissen Interkultureller Philosophie.

3.2.7 Hadi Sabzewari (1798-1878)

> **Kurzportrait:**
> Molla Hadi **Sabzewari** ist im Nordosten Persiens geboren. Seine Tätigkeitsbereiche umfassen neben der Philosophie vor allem Ästhetik, Naturphilosophie, Eschatologie, Metaphysik, Ontologie sowie Ethik. Er ist eine zentrale Figur der ›Schule von Esfehan‹ seiner Zeit. Ghotb al-Din Schirazi ist sein bekanntester Schüler.

Sabzewari ist nach Molla Sadra die zentrale Figur der Schule von Esfehan. Etwa zehn Jahre führte er diese Schule, der er eine neue Prägung gegeben hat. Seine Philosophie ist eine Art rationalistischer Existenzialismus.

Sabzewari stellt seine Philosophie in zwei Studien vor. Seine Schrift ›Scharhe Manzoume‹, ›Das System des Universums‹, stützt sich auf das Hauptwerk ›Asfar‹ von Molla Sadra und die Illuminationslehre des Sohrewardi. Dieses Werk umfasst zwei Teile: Philosophische Dimensionen und die Frage nach der Logik. Das Buch selbst ist eine Mischung aus 1.100 aphorismenhaften Doppelversen und Prosa.[199]

Philosophie ist für Sabzewari eine strenge Reflexion über Entstehen, Bestehen und Vergehen der Dinge und das Gesetz der Gotteserkenntnis. Um die Zusammensetzung der Sachverhalte zu verstehen, müssen wir nach Sabzewari die Vielfältigkeit der Welt analysieren. Dies ist ohne Logik nicht möglich, unter der er ein Messin-

---
[199] Vgl. Sabzewari, Molla Hadi: *Scharhe Manzoume* [Das System des Universums], 1995.

strument versteht, das nach bestimmten vernunftgeleiteten Gesetzen verfährt und für die rechte Denkleitung bestimmend ist.

> **Merke:**
> In seinem Werk ›Asrarol Hekma‹ insistiert er, dass der menschliche Verstand stets drei Dinge voneinander unterscheidet:
> 1. ›وجود‹, ›wogud‹, ›Existenz‹ = ›نور‹, ›nour‹, ›Licht‹.
> 2. ›ماهيت‹, ›mahijat‹, ›Wesenheit‹ = ›سايه‹, ›sahje‹, ›Schatten‹.
> 3. ›عدم‹, ›ádam‹, ›Finsternis‹ = ›تاريكى‹, ›tariki‹, ›Dunkelheit‹.

Das Möglich-Seiende besteht aus zwei Komponenten: Sein und Nichtsein bzw. Licht und Finsternis. Hier bezeichnet er das Sein als das Ursprüngliche und die Wesenheit als das Vergängliche.[200]

Die existenzialistische Philosophie Sabzewaris ist in seinem Existenzbegriff begründet. Er unterteilt den Begriff der ›Existenz‹ in verschiedene Seinsstufen, die entweder miteinander zusammenhängen oder sich voneinander absetzen. Dies hängt mit der ersten Seinsstufe, nämlich dem Licht zusammen, dem absoluten Sein. Das Licht dieser Seinsform ermöglicht die Erkenntnis der Dinge.[201]

> **Merke:**
> Im Kontext des rationalistischen Existenzialismus des Sabzewari besteht jedes Ding aus zwei Seiten, einer hellen und einer dunklen. Während die helle Seite das Gute hervorbringt, stammt das Böse aus der dunklen Seite. Nach diesem dualistischen Prinzip, das stark in der altpersischen Kosmologie verankert ist, sieht er die Willensfreiheit des Menschen und zugleich die Determination dieser Freiheit.

Demnach ist der Mensch zwar frei, um sich für das Eine, das Andere oder eine Mischung von beiden zu entscheiden, was selbst wiederum der Determination unterliegt. Nach diesem Prinzip ist die Seinhaftigkeit des Seienden absolut, während die Wesenheit relativ ist. In diesem Prinzip des absoluten Seins sieht er die Einheit.[202]

In seinem Werk ›Scharhe Manzoume‹, ›Das System des Universums‹, unterscheidet er zwischen zwei Vernunftformen: theoretische und praktische Vernunft. Theoretische Vernunft unterteilt er in potentielle, habituelle, aktuelle und universelle Vernunft. Die praktische Art derselben unterteilt er in äußere, innere Reinigung, Aneignung guter Motive, Selbstüberwindung hin zu Gottesverbindung, die er als Einheit begreift.[203] In dieser Unterteilung der praktischen Vernunft expliziert sich eine starke Mystik im Denken Sabzewaris.

Diese Entwicklungsstufen der Vernunft bilden die Grundlage der rationalistischen Ethik Sabzewaris.

> **Übungsaufgabe:**
> Diskutieren Sie das Anliegen des Sabzewari unter Berücksichtigung der Prämissen Interkultureller Philosophie.

---

200 Vgl. Sabzewari, Molla Hadi: *Asrarel Hekma* [Rätsel der Philosophie], 1982, S. 37 f.
201 Vgl. Sabzewari, Molla Hadi: *Scharhe Manzoume* [Philosophische Reflexionen], 1995, S. 35 f.
202 Vgl. Sabzewari, Molla Hadi: *Asrarel Hekma* [Rätsel der Philosophie], 1982, S. 6 ff.
203 Vgl. Sabzewari, Molla Hadi: *Scharhe Manzoume* [Philosophische Reflexionen], 1995.

3.3 Klassiker der Gegenwartsphilosophie

Die Thematisierung aller Klassiker der orientalischen Kulturräume würde den Rahmen dieses Bandes sprengen. Deshalb war es geboten, sich für eine Auswahl von Philosophen zu entscheiden, in deren Werken die Wirksamkeit der Klassiker der ersten und zweiten Generation sowie auch exemplarische Abweichungen deutlich zu sehen sind.

> **Merke:**
> Zur dritten Generation der orientalischen Gegenwartsphilosophie zählen vor allem: Jamaleddin Afghani, (1838-1897) [Persien], Mohammed Abduh, (1849-1905) [Ägypten], Muhammad Iqbal (1877-1938) [Heutiges Pakistan], Fuad Zakariya, (1928-2010) [Ägypten], Seyyed Hossein Nasr (*1933) [Iran], Reza Davari Ardakani (*1933) [Iran], Gholamhossein Ebrahimi Dinani (*1934) [Iran], Sadiq Jalal Al-Azm, (*1934) [Syrien] und Hasan Hanafi (*1935) [Ägypten], Mohamed Mesbahi (*1939) [Marokko].

Die genannten Autoren, die auch zu den Klassikern der dritten Generation gehören, werden hier nicht behandelt. Einige dieser Philosophen habe ich an anderer Stelle eingehend analysiert.[204]

3.3.1 Mirza Fathali Akhondzade (1812-1878)

> **Kurzportrait:**
> Mirza Fathali **Akhondzade** ist im Nordwesten Persiens geboren. Seine Arbeiten sind in der Regel politischer, soziokultureller oder historischer Natur. Akhondzade ist einer der Begründer des methodischen Nationalismus in Persien. Als Aufklärer betrachtet er die arabische Sprache und Kultur als Regressionsgrund der persischen Gegenwartsgeschichte.

Akhondzade lebt in der Zeit, in der Napoleons Feldzug nach Russland gerade am Scheitern ist. Beeindruckt von den Ursachen der Französischen Revolution verfolgt er das Ziel, grundlegende Veränderungen in der Gesellschaft herbeizuführen. Akhondzade ist mit der russischen und der westeuropäischen Philosophie vertraut. Er hält es für eine »Pflicht, dass jedes Volk Fortschritte erzielt und sein Recht erlangt.«[205] Akhondzade ist ein Anhänger der Lehre Sohrewardis.

In politischer Hinsicht gilt Akhondzade als Vordenker der persischen Verfassungsrevolution, die von 1905 bis 1911 stattfindet. Dieses Ereignis erreicht einen ersten Höhepunkt im August 1906, als Mozaffareddin Schah (1853-1907) die erste Verfassung Persiens unterzeichnet und ein erstes Parlament eingerichtet wird. Dabei kommen verschiedene Gruppen der Gesellschaft zusammen.

---

204 Vgl. Yousefi, Hamid Reza: *Zarathustra neu entdeckt*, 2010, S. 68-80.
205 Adamijjat, Fereydun: *Ideologije nehsate mashruteje Iran* [Philosophie der Verfassungsbewegung im Iran], 1975, S. 426.

> **Merke:**
> Akhondzade geht von einer Philosophie aus, die Vernunft als Grundlage der Reflexion betrachtet, welche die Gesetzmäßigkeit der Natur durch erfahrbare Erkenntnis erforscht und nicht durch Offenbarung: »Wenn wir auf Theokraten hören wollen«, schreibt er, »so müssen wir auf das Licht der Vernunft und Wissenschaft verzichten.«[206] In einer solchen kritischen Philosophie sieht er eine große Vision, die er als روشنسرای خرد, ›roshansaraje kherad‹, »Leuchttürme der Vernunft«, bezeichnet. Diese Vision soll »die Sonne der Bildung im Orient zum Leuchten bringen.«[207]

Die Alphabetisierung der gesamten Bevölkerung ist für Akhondzade grundlegend, um Modernisierungen für alle Menschen verstehbar zu machen und sie auch über elitäre Schichten hinaus weiterzutragen. Persien könne, ihm zufolge, ein fortschrittliches Land werden und sich in der Welt behaupten, wenn das Erziehungswesen revolutioniert werde. Ohne eine solche Umwälzung sieht er keine Möglichkeit, das Volk in die Anforderungen eines wissenschaftlichen Zeitalters zu führen. Die Intellektualisierung des Volkes setzt nach ihm eine humanistisch-freiheitliche Kooperation zwischen der Regierung und dem Volk voraus.[208]

Akhondzade insistiert in diesem Zusammenhang auf der Würde des Menschen, die zum Spielball der Russen und Briten sowie politischer Strömungen in Persien geworden ist. Er verfolgt das Ziel, dem Aberglauben, blindem Gehorsam, der Bevormundung und dem religiösen Fanatismus ein Ende zu bereiten, um die Denkart des unterdrückten Volkes den Kriterien der Vernunft zu unterwerfen. Er verlangt in unterschiedlichen Zusammenhängen, Menschen grundsätzlich gleich zu behandeln, weil sie von Natur aus gleich sind und über Vernunft und unveräußerliche Rechte verfügen.

In seinem bekannten Werk ›Se maktub‹, ›Drei Briefe‹, hebt er hervor, dass der Mensch frei geboren sei und niemandes Willen zu gehorchen habe. Seiner Würde gemäß müsse der Mensch ein selbstbestimmtes Leben führen dürfen.[209]

Besonders setzt sich Akhondzade nach dem Gleichheitsprinzip von Mann und Frau in der Lehre des Sartoscht für die Rechte der Frauen ein. Er vergleicht eine Gesellschaft, in der Frauen nicht gleichberechtigt sind, mit einem Menschen, der mit nur einem Bein normal gehen will: »Frauen müssen sich der Bevormundung widersetzen, sich entwickeln und in allen staatlichen Institutionen Verantwortung übernehmen.«[210]

Im Dezember 1880 richtet Akhondzade an das persische Kultusministerium ein Schreiben mit der Aufforderung, die persische Sprache, und damit die eigene Denkart, gründlich zu modernisieren. Er wendet sich entschieden gegen die Theo-

---

206 Ebenda, S. 285 und 446.
207 Adamijjat, Fereydun: *Andishehaje Mirza Fathali Akhondzade* [Die Philosophie des Mirza Fathali Akhondzade] 1979, S. 24.
208 Vgl. Akhondzade, Mirza Fathali: *Se maktub* [Drei Briefe], 2006, S. 325.
209 Vgl. Ebenda.
210 Adamijjat, Fereydun: *Ideologije nehsate mashruteje Iran* [Philosophie der Verfassungsbewegung im Iran], 1975, S. 426.

kratie als Staatsform und beabsichtigt eine radikale Trennung von Staat und Religion zu vollziehen.

> **Merke:**
> Akhondzade lehnt einen Anschluss an das ›Arabertum‹, das er geringschätzt, ab. Der Islam und alle anderen abrahamitischen Religionen symbolisieren für ihn Rückständigkeit und Stagnation. Er ist stets bemüht, die persische Sprache von arabischen Lehnwörtern zu befreien, da Sprache seiner Ansicht nach das Denken beeinflusst und das Arabische mit der persischen Tradition und Denkart wenig zu tun habe.

In diesem Zusammenhang erwähnt Akhondzade den Dichter-Philosophen Abolqasem Ferdosi (941-1020), der die persische Sprache weitgehend modernisiert und der altpersischen Tradition zu einer Wiedergeburt verholfen hat. Er vergleicht Ferdosi mit Homer, dessen Werk eine Grundlage der europäischen Zivilisation darstellt.[211] Akhondzade hält Ferdosi für einen Anhänger des Sartoscht. Daher hält er eine Rückbesinnung des persischen Volkes auf Sartoschts Lehre für grundlegend, die von Vernunft und Freiheit getragen wird. Denn für Sartoscht ist ein wahrhaftiges Leben nur dann möglich, wenn die Motive des Denkens, Redens und Handelns gut sind. Akhondzade sieht, wie die europäischen Aufklärungsphilosophen auch, in François Marie Arouet, genannt Voltaire (1694-1778), ein Vorbild, da dieser sich für die Vernunft einsetzt und öffentlich das Christentum ablehnt.[212]

> **Übungsaufgabe:**
> Diskutieren Sie das Anliegen von Akhondzade unter Berücksichtigung der Prämissen Interkultureller Philosophie.

3.3.2 Mirza Aghakhan Kermani (1850-1896)

> **Kurzportrait:**
> Mirza Aghakhan **Kermani** ist im Osten Persiens geboren. Seine Tätigkeiten sind in der Regel politischer und kultursoziologischer Natur. Er steht unter dem Einfluss von Akhondzade und gilt neben ihm als Mitbegründer der nationalistischen Bewegung in Persien.

Die politische Gesinnung des Akhondzade wie auch dessen Gründung auf Sartoschts Lehre wurde von seinem Zeitgenossen Kermani übernommen. Er vergleicht den Zustand des Landes zu seiner Zeit mit einer kleinen Kerze, die im Gegensatz zur Sonne des europäischen Geistes stehe. Er stellt bekümmert fest: »Persien! Was ist von dir übrig geblieben, du hast eine ganz andere Stellung zur Zeit des Königs Goschtassb (in der Zeit des Sartoscht) gehabt, was ist davon übrig geblieben außer Verachtung?«[213] Kermani bezieht sich auf die ihm bekannten Philosophen Charles Louis de Montesquieu (1689-1755) und John Locke (1632-1704).

---

211 Vgl. Ebenda, S. 294 und 304.
212 Voltaire geht Akhondzade aber nicht weit genug da dieser sich nicht der Regierung widersetzt habe. Ebenda, S. 279.
213 Akhondzade, Mirza Fathali: *Se maktub* [Drei Briefe], 2006, S. 119.

> **Merke:**
> Kermani geht es nicht darum, durch eine radikale ›Verwestlichung‹ einen internen Europazentrismus herbeizuführen. Er betrachtet die europäischen Vorstellungen von Demokratie als nur eingeschränkt geeignet für die persische Gesellschaft und hält soziale Umwälzungen nur dann für möglich und sinnvoll, wenn sie den gewachsenen Traditionen des eigenen Landes entsprechen. Unter Tradition versteht er wie Akhondzade allerdings nur die Wiedereinführung der Lehre des Sartoscht, weil er in dessen Tradition einen vernünftig-gangbaren Weg sieht, um die Notwendigkeit der Vernunft aus der persischen Philosophie herauszuentwickeln.

Kermani beabsichtigt, alle institutionellen Ebenen der Gesellschaft grundlegend zu reformieren, um verloren gegangene Werte wiederzugewinnen und zivilisatorische Errungenschaften zu erzielen. Auf diesem Wege hält er es genau so wie Akhondzade für angebracht, sich vom Islam abzuwenden.

Die Gleichheit aller Bürger hält Kermani für ein konstitutives Element. Er macht die persischen Politiker für die Rückständigkeit und Unwissenheit des Volkes verantwortlich und entwickelt eine naturphilosophische Theorie, um diese Stagnation zu beheben. Dieses Ziel lasse sich nach ihm nur durch die Herbeiführung einer Zivilgesellschaft realisieren.

Kermani verweist auf den neugierig-suchenden Geist des Menschen, der verstehen und verstanden werden will. Er insistiert in unterschiedlichen Zusammenhängen darauf, dass gerade dieser operative Geist des Menschen ihn im Prozess seines Lebens stets zum erwähnten ›Leuchtturm der Vernunft‹ führt. Mit der Gründung der Zeitschrift ›Qhanun‹, ›Gesetz‹, schafft Kermani ein Forum, in dem die Fehler der Politiker sowie weitere politische und soziale Missstände diskutiert werden können. Als ein hartnäckiger Aufklärer ist Kermani Verfolgungen ausgesetzt und muss in das Osmanische Reich auswandern, wobei er auch dort massiven Intrigen unterliegt.

Das Gesetz der harmonischen und zugleich kritischen Vernunft trägt dazu bei, dass Menschen aus unterschiedlichen Gesellschaften und historischen Hintergründen miteinander auskommen und sich auf je eigene Weise entwickeln. In seinem Werk ›sad khatabe‹, ›Hundertreden‹, verweist Kermani auf die Tatsache, dass sowohl Religion als auch die Formen des Regierens reine Produkte des Menschen sind, die einen erheblichen schicksalhaften Einfluss auf das menschliche Leben in der Gesellschaft haben. Hier »hat die Vernunft die Aufgabe abzuwägen, wie man solche Herausforderungen bewältigen kann. Alles, was dem Menschen Gutes bringt, ist gerecht, alles was ihm schadet, ist abzulehnen.«[214] Während Religionen ohne Gott nicht auskämen, wolle Sartoscht nach Kermani zeigen, dass die Vernunft zu regieren hat: »Religion und Vernunft vertragen sich nicht. [...] Es ist völlig unwichtig, wann und wo Sartoscht gelebt hat. Er zeigt die Vor- und Nachteile der Vernunft für das Leben.«[215]

---

214 Adamijjat, Fereydun: *Andishehaje Mirza Fathali Akhondzade* [Die Philosophie des Mirza Fathali Akhondzade], 1979, S. 113.

215 Ebenda, S. 136 und 138 f.

Dieser Feststellung zufolge sieht Kermani die Mission Sartoschts darin, die Menschheit auf eine neue Stufe des Bewusstseins zu heben. Er bezeichnet die Machthaber seiner Epoche als ›nationale Raubtiere‹, die Marionetten der fremden Mächte seien. Sie hätten kein Interesse an der Aufklärung des Volkes und am Fortschritt des Landes.

> **Übungsaufgabe:**
> Diskutieren Sie das Anliegen von Kermani unter Berücksichtigung der Prämissen Interkultureller Philosophie.

3.3.3 Talbof Tabrizi (1830-1909)

> **Kurzportrait:**
> Mirza Abdolrahim Talbof **Tabrizi** ist im Norden Persiens geboren. Seine Arbeitsbereiche sind, wie bei Akhondzade und Kermani, vorwiegend politischer, soziokultureller oder historischer Natur. Er steht zwar unter dem Einfluss von Akhondzade, setzt aber auf dem Wege der Aufklärung auf eine umgreifende Bildungspolitik des Volkes.

Tabrizi ist ein weiterer Aufklärer Persiens im 19. und im beginnenden 20. Jahrhundert. Er geht wie seine Vorgänger grundsätzlich von der Vernunft als Grundlage seiner Gesellschafts- und Aufklärungstheorie aus. Besonders bewandert ist er, neben der westeuropäischen Philosophie, auf dem Gebiet der russischen Philosophie sowie der Staatstheorie. Er verfolgt das Ziel, eine Demokratie zu realisieren, die der persischen Gesellschaft angemessen ist. Erst nach seinem 50. Lebensjahr beginnt er, seine Ideen schriftlich niederzulegen.

Ein Volk, das nicht ein Minimum an Bildung und Wohlstand hat und über kein Geschichtsbewusstsein verfügt, kann Tabrizi zufolge Aufklärung und Modernisierung weder verstehen noch umsetzen. Seine politische Philosophie verfolgt die Errichtung einer Staatsform, in welcher Bildung und Gerechtigkeit zum Imperativ wird. Anderenfalls würde das Land immer wieder in die Unmündigkeit zurückgeworfen, weil das Volk den Herausforderungen nicht gewachsen sei.[216]

Die persische Gesellschaft benötigt nach Tabrizi ein geistiges Erwachen, weil es seit Jahrhunderten von den russischen, britischen und den eigenen Despoten im Land durch strukturelle Gewalt einfältig gehalten wird.

> **Merke:**
> Tabrizi verfolgt das Ziel, eine grundsätzliche Trennung zwischen Politik und Religion herbeizuführen. In der Privatisierung des Glaubens erblickt er einen wesentlichen Schritt, der eher zur Intellektualisierung des Volkes und zur Modernisierung der Gesellschaft führen kann. Er hält Individualität für die Grundlage einer jeden Demokratie und sieht in der Religion und einer klerikalen Regierung ein theoretisches und praktisches Hindernis.

Eine radikale Abkehr von blinder Nachahmung, die Menschen irreleitet, ist für Tabrizi von großer Bedeutung. Ihn verwundert bspw. nicht, »dass die katholischen Päpste sich als Stellvertreter Gottes auf Erden betrachten, vielmehr wundere ich

---

216 Vgl. Ebenda, S. 4.

mich, dass sich die irren Anhänger dieser Kirche überhaupt manipulieren lassen und nicht mal in der Lage sind, ihren eigenen Verstand zu benutzen, um zu unterscheiden, was Gut und Böse ist.«[217]

Im Hinblick auf die Religion geht er, im Gegensatz zu seinen Vorgängern Akhondzade und Kermani, einen moderaten und sozial gangbaren Weg, indem er religiöse Volksfrömmigkeit nicht vehement zurückweist, aber zugleich an die Vernunft der Individuen appelliert, an der stets alles zu messen sei. Abkehr von Vernunft heißt dementsprechend Verfall in die Unwissenheit.

Ein wichtiges politisches Werk Tabrizis ist ›Masalekolmohsenin‹, ›Doktrin der Wohltäter‹, in dem der Verfasser einen Arzt und einen Architekten miteinander ins Gespräch kommen lässt. In diesem Dialog zeigt Tabrizi exemplarisch, dass die Stagnation in der persischen Gesellschaft nicht nur politischer oder sozialer Natur ist, sondern auch ökonomischen Charakter hat.[218] Seine politische Philosophie fasst Tabrizi in seinem Buch ›Masaleholhajat‹, ›Über das politische Leben‹, zusammen.[219] Dabei thematisiert er die Natur- und Menschenrechte und vor allem die Entwicklung der Zivilgesellschaft und die Probleme, die damit zusammenhängen.

Tabrizi vertritt einen empiristischen Ansatz und weist jede Form von Intuition zurück: »Wissen wir, wer und was wir sind, woher wir kommen und wohin wir gehen?« Seine Antwort darauf ist, »dass der Mensch ein Gefangener seiner Gedankenkonstrukte und seiner Vorlieben ist.«[220] Deshalb sind die menschliche Wahrnehmung der Welt und ihre Charakterisierung Ergebnisse seines Blickes. Tabrizi ist der Auffassung, dass der Mensch sich vom Tier dadurch unterscheidet, dass er stets die Frage nach dem ›Wie und Warum‹ stellt.

> **Merke:**
> Weil der Mensch über Vernunft und Verstand verfügt, ist er, jenseits der Determinanten der Macht, selbst verantwortlich dafür, inwieweit er sich selbst bestimmt und inwieweit er andere Menschen über sich verfügen lässt. »Blinder Gehorsam führt zur Düsternis, die blanken Fanatismus zur Folge hat.«[221] Dies entspricht einem der zentralen Grundsätze der persischen Verfassungsrevolution.

Für Tabrizi ist der Mensch aufgrund seiner Freiheit dazu bestimmt, sich selbst zu bestimmen und für sein Glück und Unglück selbst die Verantwortung zu tragen. Freiheit ist für ihn ein der Vernunft angemessenes und unveräußerliches Naturrecht. Er kann seine Vernunft für die Beruhigung »der Flamme seiner Eroberungsgier einsetzen und eine expansive Kolonialisierung der Welt anstreben, er kann aber auch seine Vernunft für die Befreiung von Fremdbestimmg einsetzen und Humanismus, Demokratie sowie Menschenrechte hervorbringen.«[222]

---

217 Ebenda, S. 18.
218 Vgl. Talbof Tabrizi, Mirza Abdolrahim: *Masalekolmohsenin* [Doktrin der Wohltäter], 1944.
219 Vgl. Ebenda.
220 Ebenda, S.101.
221 Ebenda, S.10.
222 Ebenda, S. 10.

> **Übungsaufgabe:**
> Diskutieren Sie das Anliegen von Tabrizi unter Berücksichtigung der Prämissen Interkultureller Philosophie.

3.3.4 Mohammad Ali Foroughi (1877-1942)

> **Kurzportrait:**
> Mohammad Ali Foroughi Zaka-almolk, genannt **Foroughi**, ist in Teheran, im Norden Persiens geboren. Seine Arbeiten umfassen neben der Historiographie des alten und modernen Persien sowie der Frage nach Bildungsphilosophie auch die Geschichte der Völker Asiens und die Geschichte der europäischen Philosophie.

Foroughi ist ein Gründer des modernen Pragmatismus im zeitgenössischen Iran. Sehr früh weist er darauf hin, dass wir in einer immer kleiner werdenden Welt leben, in der alle aufeinander angewiesen sind. Keine Nation kann für sich alleine existieren: »Soviel ist zu wissen, dass sich heute das menschliche Leben internationalisiert hat. Kein Volk kann ohne andere Völker existieren. Auch die inneren Angelegenheiten bleiben für andere Länder nicht ohne Konsequenzen, gegenwärtig noch mehr als in der Vergangenheit […]. Wenn ein Volk sein Land nicht aus eigenen Kräften modernisiert bzw. reformiert, um mit Anderen mitzuhalten, wird es zwangsläufig von Anderen beherrscht.«[223] Mit dieser Aussage gehört Foroughi zu den Vordenkern der Globalisierung.

Foroughis Gesinnungs- und Verantwortungsbewusstsein, verbunden mit der Hoffnung, einen fortschrittlichen Iran zu entwickeln, ist stark von der persischen Verfassungsrevolution von 1911 geprägt. Dies ist eine Zeit, in der alle Kräfte des Landes in Richtung einer praktischen Volkssouveränität konzentriert sind. Das spätere Scheitern dieses großen Projektes ist auch eine Niederlage des persischen Volkes, sich nicht gemäß seiner Potentiale zu entfalten.

In seiner Schrift ›Iran dar 1919‹, ›Iran im Jahre 1919‹, beschreibt er auch die kultursoziologische Problematik dieser Ereignisse und deren Folgen für die Zukunft Persiens. Als Justizminister weiß Foroughi über das Elend des Volkes Bescheid. Er beklagt Zeit seines Lebens, dass es in Persien »keine öffentliche Meinung« gäbe, die Grundvoraussetzung einer »würdigen Zukunft« sei.[224]

Nach diesem Konzept kommt der Regierung des Landes eine unreduzierbare Verantwortung zu: »Die Aufgabe der Regierung ist es, die Gerechtigkeit zu hüten. Gerechtes Regieren ist nur durch die Einführung von Gesetzen möglich. Hierbei ist zweierlei zu beachten: Gesetze zu verabschieden und danach zu handeln. […] Wenn nur ein einziger Mensch über alles entscheiden sollte, so endet alles in Despotismus. Aus diesem Grunde ist die Gewaltenteilung unverzichtbar, damit Entscheidungen kontrolliert werden können.«[225] Ohne eine demokratische Erziehung des

---

[223] Foroughi, Mohammad Ali: *Name ye xosusi be Mahmoud Vesal* [Privatbrief an Mahmoud Vesal], 1976, S. 71.
[224] Foroughi, Mohammad Ali: *Iran dar 1919* [Iran im Jahre 1919], 1974, S. 76.
[225] Foroughi, Mohammad Ali: *Hoqouqe asasije mashroutijjate melal* [Das Grundrecht der Völker], 1941, S. 2 ff.

Volkes sei es nicht möglich Fortschritte zu erzielen. In diesem Zusammenhang spielt für ihn die Gerechtigkeit eine grundlegende Rolle.

> **Merke:**
> Gerechtigkeit ist für Foroughi eine Notwendigkeit, die dazu beiträgt, dass Menschen gleich behandelt werden. Insofern habe die Regierung die Bürger zu begleiten und ihnen Freiheiten zu gewähren, damit sie sich angemessen entfalten und für die Belange der Gesellschaft einbringen können.

Foroughi bekommt im Alter von 22 Jahren die Gelegenheit, seine innovativen Gedanken zu verbreiten. Er nimmt eine Lehrtätigkeit an der Teheraner Universität für Geisteswissenschaften auf. Dabei macht er die umfassende Bildung des Volkes zu seiner Pflicht. 1907 übernimmt Foroughi die Leitung der Universität. In einer Korrelation des politischen und kulturellen Diskurses sieht er eine mögliche Etablierung praktisch umsetzbarer Zivilgesellschaft.

In seiner Abhandlung ›Farhangestan chist?‹, ›Was heißt Kultur?‹ stellt Foroughi fest: »Die Zivilisation ist die Grundlage der Zivilgesellschaft. Wenn ein Volk nicht nach diesem Ziel strebt, wird es sich nicht angemessen entwickeln können. Die Würde einer Nation steht und fällt mit der Bildung und Erziehung.«[226]

Auf diesem Wege verfolgt er andere Ziele als seine Vorgänger Akhondzade, Kermani und Tabrizi. Während diese durch Nationalismus und eine teilweise europazentrische Orientierung eine zivilgesellschaftliche Ordnung herbeiführen wollen, setzt Foroughi auf die bedingungslose Bildung der Menschen in allen Teilen des Landes. Tradition und Moderne sind für Foroughi keine Konkurrenten, die sich gegenseitig ausschließen.

Ein Scheitern aller Versuche, praktische Volkssouveränität in Persien als ein Beispiel für den gesamten Orient einzuführen, sieht er in Herrschaftsformen, in denen die Herrscher bestrebt sind, ihr eigenes Volk einzulullen[227], um sich ungestört bereichern zu können. Eine Möglichkeit der Herbeiführung der ersehnten Volkssouveränität, die Nachhaltigkeit und Wohlstand mit sich bringt, sieht er in der Schaffung eines Mittelstandes.

> **Merke:**
> Die Orientalen haben sich nach Foroughi einer neuen Selbsterkenntnis und Selbstkritik zu unterziehen, um sich gemäß ihrer Potentiale entwickeln zu können. Wenn die Völker im Orient ihre Ressourcen nicht aufgrund eigener Technologie verwalten können, so werden sich andere Mächte einmischen und sie bevormunden.

Ein zentrales Arbeitsgebiet Foroughis ist Philosophie und ihre Geschichte. Von besonderem Interesse ist seine mehrbändige Einführung in die ›Sejre Hekmat dar Oroupa‹, ›Geschichte der europäischen Philosophie‹.[228]

Zu dieser Einführung kommt er über einen Umweg: Zunächst übersetzt er den ›Discours de la méthode‹ von René Descartes (1596-1650), den er für eine wichtige

---

226 Foroughi, Mohammad Ali: *Farhangestan chist?* [Was heißt Kultur?], 1972, S. 172.
227 Vgl. Foroughi, Mohammad Ali: *Iran dar 1919* [Iran im Jahre 1919], 1974, S. 74.
228 Vgl. Foroughi, Mohammad Ali: *Sejre Hekmat dar Oroupa* [Geschichte der europäischen Philosophie] (in drei Bänden), 1938, 1939, 1941.

Figur der Weltgeschichte des Denkens hält. In der Abhandlung von Descartes sieht Foroughi die Vorzüge des vernünftigen Lebens und Denkens explizit gegeben. Bald fällt ihm auf, dass das Verständnis dieser Abhandlung ohne die Kenntnisse der abendländischen Philosophie schwerlich möglich ist.

Dies motiviert Foroughi in seiner Intention, die gesamte Geschichte der europäischen Philosophie in verständlicher Form zur Darstellung zu bringen. Seine Studie stößt im Lande auf große Anerkennung und bildet die Grundlage systematischer Forschungen über die europäische Philosophie. Diesem Kompendium fügt er die Übersetzung ›Discours de la méthode‹ bei.

Foroughi stellt zunächst die Entstehungs- und Entwicklungsgeschichte des griechischen Denkens vor, danach folgen alle Epochen der europäischen Philosophie bis in die Gegenwart hinein. Zu Beginn des ersten Bandes hebt er hervor, dass es zu den Rätseln der Denkgeschichte gehört, vielleicht nie herauszubekommen, wo die Philosophie, oder wie er dies nennt, ›hekmat‹, ihren Ursprung hat. Foroughi stellt zugleich fest, dass Philosophie und Philosophieren ein menschliches Phänomen darstellt und an dieser Entwicklung alle Nationen der Welt beteiligt sind.

Dem griechischen Geist schreibt Foroughi eine Genialität zu, großartige Systeme entwickelt zu haben, aus der nicht nur die iranische Kultur Erkenntnisse schöpfen könne, sondern auch die heutige europäisch-westliche Hemisphäre. Darin sieht er auch wiederum die Verdienste der orientalischen Philosophen, die durch ihre Übersetzungen, verbunden mit dem eigenen Philosophieren, dieses Denken den weiteren Teilen der Welt weitergeschenkt haben.

Foroughi ist methodisch bestrebt, europäisch-orientalisches Denken miteinander zu verbinden, um ein starkes Ganzes daraus hervorgehen zu lassen.

> **Übungsaufgabe:**
> Diskutieren Sie das Anliegen von Foroughi unter Berücksichtigung der Prämissen Interkultureller Philosophie.

3.3.5 Allameh Tabatabai (1900-1980)

> **Kurzportrait:**
> Allameh Seyyed Mohammad Hossein Tabatabai, genannt **Allameh Tabatabai**, ist im Norden Persiens geboren. Sein Tätigkeitsgebiet erstreckt sich nicht nur auf die Philosophie, sondern auch auf die Geschichte der Philosophie, Logik, Ontologie, Metaphysik, Ethik, Ästhetik und Religionsphilosophie. Allameh Tabatabai konzipiert die erste problemorientierte Geschichte des Rationalismus im orientalisch-okzidentalischen Denken.

Allameh Tabatabai ist im Vergleich zu Akhondzade, Kermani und Tabrizi ein Philosoph, der, wie Foroughi, einen verstehenden Umgang mit außereuropäischen Philosophien pflegt. Auch er will europäisch-westliche Philosophien mit der orientalischen Art derselben kritisch ins Gespräch bringen.

Allameh Tabatabai gehört zu den Philosophen des beginnenden 20. Jahrhunderts. Seine Philosophie ist rationalistisch-analytisch; sie basiert auf einem hermeneutischen Grundverständnis. Zwei Prinzipien bilden die Grundlage seiner Philosophie:

Methodisches Denken und ›حریت فکری‹, die ›Freiheit des Denkens‹, mit der eine Selbsterkenntnis des Menschen möglich gemacht wird.

Im Vergleich zu vielen seiner Vorgänger und Nachfolger sucht Allameh Tabatabai nicht das Neue, sondern kreiert es selbst und lebt nach diesen Maximen. Zwei Traditionslinien sind hier von Bedeutung, die er für unfruchtbar hält: Während die einen in ihrem denkerischen Handeln entweder bemüht sind, ausschließlich die europäisch-westliche Philosophie zu verstehen, um zu sich zu finden und eigene Wege zu definieren, schotten sich die anderen ab und bekämpfen jegliche Berührung mit dem Westen.

Diese zwei extremistischen Traditionslinien trügen weder zur Besserung der internen noch der externen Verhältnisse bei. Wie wir weiter unten sehen werden, ist eine Folge dieser Position eine selbstverschuldete Regressionshaltung, die sich durchgesetzt hat.

Vorausschauend versteht Allameh Tabatabai dieser tödlichen Logik des Entweder-Oder entgegenzuwirken. Er bringt das Verstehen-wollen und das Verstanden-werden-Wollen des Eigenen und des Anderen zusammen, um eine dialogische Verständigung zu etablieren, ohne die Divergenzen auszublenden. Diese Haltung zieht sich wie ein roter Faden durch sein Werk, von den religionsphilosophischen Schriften bis zu philosophiegeschichtlichen Reflexionen.

Zu seinen wichtigsten Studien gehört ›Tafsir al-Mizan‹, ›Das Kriterium der Interpretation‹. In diesem 20-bändigen Werk entwickelt Allameh Tabatabai eine systematische Methodologie der Hermeneutik, um den Koran nach diesen Kriterien zu kommentieren. Selbst im dialektischen Materialismus findet er wichtige Ansätze, die er zu studieren für würdig erachtet.

An dieser Stelle wird nicht Allameh Tabatabais Œuvre behandelt, sondern es soll nur auf seine Philosophie und sein philosophiehistoriographisches Verständnis eingegangen werden, das sich hauptsächlich in seinem fünfbändigen Kompendium ›Osule Falsafe wa Raweshe Realism‹, ›Prinzipien der Philosophie und Methoden des Realismus‹, wiederfindet.[229]

Mit diesem Werk, das aus einer Reihe von Vorlesungen besteht, prägt er eine ganze philosophische Tradition. Sein Schüler Morteza Mortahari (1920-1979), später Philosophieprofessor an der Teheraner Universität, führt diese Abhandlungen mit Marginalien versehen zusammen und gibt sie als eine Einführung in die Geschichte des methodischen Denkens heraus.

Mit der Frage: ›Was bedeutet Philosophie?‹ setzt Allameh Tabatabai die ›فلسفه قدیم‹, ›Falsafeye Qadim‹, die traditionelle Philosophie, mit der ›فلسفه جدید‹, ›Falsafeye Djadid‹, moderner bzw. neuer Philosophie, in Beziehung. Dabei unterscheidet er nicht zwischen traditioneller und moderner Philosophie, sondern geht von einem Philosophiebegriff aus, der sich immer erneuert.

---

229 Vgl. Tabatabai, Allameh Seyyed Mohammad Hossein: *Osule Falsafe wa Raweshe Realism* [Prinzipien der Philosophie und Methoden des Realismus], 1984.

> **Merke:**
> Philosophie ist nach Allameh Tabatabai »eine denkerische und vernunftgeleitete Tätigkeit, die sich mit der Frage nach dem/den Seienden und den Funktionsweisen der Welt beschäftigt. Sie unterwirft sich keinem bestimmten methodischen Diktat.«[230]

Allameh Tabatabai versteht unter Philosophie nach diesem Muster eine Tätigkeit des Geistes, die zwar keine Wissenschaft wie die der Mathematik darstellt, sich aber wissenschaftlicher Methoden bedient, die selbst Ergebnisse dieses Unternehmens sind.[231] Jede Wissenschaft beginnt, diesem Grundsatz nach, mit der Philosophie. Das Verhältnis zwischen Philosophie und Wissenschaft betrachtet er als dialogisch.

Auf der Grundlage dieses Vorverständnisses führt Allameh Tabatabai im ersten Band in die philosophische Terminologie ein. Seine applizierte Orientierungsmethode ist eine Mischung von historischer, systematischer und vergleichender Philosophie, mit der er die griechischen und orientalischen Philosophien seit ihren Anfängen bis in die Gegenwart hinein zum Gegenstand seiner Untersuchung erhebt.

Bei der Klärung seines Philosophie- und Wissenschaftsbegriffs setzt sich Allameh Tabatabai mit dem ›Homo-mensura-Satz‹ des Pythagoras und des skeptisch-nihilistischen Ansatzes des Gorgias (480-380 v.u.Z.) auseinander. Während Pythagoras im Menschen das Maß aller Dinge sieht, gibt es nach Gorgias nichts. Wenn es etwas gäbe, könnte es doch nicht erkannt werden, und wenn es erkannt werden könnte, könnte es doch nicht mitgeteilt werden.[232]

Allameh Tabatabai weist eine solche Anthropozentrik zurück und unterscheidet zwischen Idealismus und Realismus. Während der Realismus auf Vernunfterkenntnissen gründet, wie dies Aristoteles, Ibn Sina, Ibn Ruscht und Molla Sadra lehren, sieht er im Idealismus eine Haltung, die Realitäten außerhalb eigener Vorstellungskraft, die Pythagoras und Gorgias nicht wahrnehmen oder gar ablehnen. Allameh Tabatabai nimmt den Pluralismus ernst und weist darauf hin, »dass es jedem Philosophen zusteht, seine eigene Philosophie und sein eigenes Begriffsverständnis zu entwickeln.«[233]

Auf der Grundlage dieser Systematik baut Allameh Tabatabai Prinzipien seiner Philosophie und die Methode des Realismus auf. Hier behandelt er die Frage nach der Entstehung der Vielfalt sowie axiomatischer Logik in der menschlichen Wahrnehmung. Zur Darstellung kommen weitere Bereiche von Wirkung und Ursache und von der dynamischen Dialektik der Natur. Im letzten Band wendet sich Allameh Tabatabai der Religionsphilosophie zu und diskutiert Möglichkeiten, Bedingungen und Grenzen der Vernunft. Dabei stellt er fest, dass die Beschäftigung mit der Schöpfungsgeschichte sowie Sein und Nichtsein Gottes verschiedene Erkenntniswege darstellen und unterschiedlichen Voraussetzungen unterliegen.

---

230 Vgl. Ebenda, S. 44.
231 Vgl. Ebenda, S. 45.
232 Vgl. Gorgias von Leontinoi: *Reden, Fragmente und Testimonien*, 1989.
233 Tabatabai, Allameh Seyyed Mohammad Hossein: *Osule Falsafe wa Raweshe Realism* [Prinzipien der Philosophie und Methoden des Realismus], 1984, S. 60.

Allameh Tabatabai ist Gründer einer praktischen ›Erfan‹, die nicht nur eine transzendente, sondern auch eine immanente Dimension hat.

> **Merke:**
> Eine weitere Dimension der Tätigkeit von Allameh Tabatabai ist ›عرفان‹, ›Erfan‹. Dies lässt sich als eine Weltanschauung auffassen, in der die Frage nach der ›Wahrheit‹ nicht durch Vernunftleitung und methodisches Denken erfolgt, sondern *ausschließlich* durch reine Liebe, das Einswerden mit sich selbst und ›Vernunft des Herzens‹.

Während die transzendente Dimension der Erfan die Frage nach der Einswerdung von Leib und Seele sowie Kosmos beinhaltet, spricht die praktische Erfan die menschliche Psyche an. Der Mensch solle seine Kräfte angemessen verwalten und seine Grenzen kennenlernen.

> **Übungsaufgabe:**
> Diskutieren Sie das Anliegen von Allameh Tabatabai unter Berücksichtigung der Prämissen Interkultureller Philosophie.

3.3.6 Mehdi Haeri Yazdi (1923-1999)

> **Kurzportrait:**
> Mehdi Haeri **Yazdi** ist in der Stadt Qom, im Zentrum Persiens geboren. Seine vielfältigen Forschungstätigkeiten umfassen nicht nur die allgemeine Philosophie, sondern auch die analytische Philosophie, Logik, Ontologie, Metaphysik, Ethik, Ästhetik und Religionsphilosophie. Yazdi steht unter dem Einfluss von Allameh Tabatabai.

Haeri Yazdi ist ein Wanderer zwischen Orient und Okzident. In den 1960er Jahren geht er in die USA, um sich gründlich mit der europäisch-westlichen Philosophie zu beschäftigen. Nach dem Studium und langjähriger Lehrtätigkeit in den USA und Kanada kehrt er wieder in den Iran zurück und macht seine Ergebnisse für die orientalische Philosophie fruchtbar.

Haeri Yazdi rezipiert die Arbeiten von Sohrewardi und die von Molla Sadra, denen er Zeit seines Lebens verbunden bleibt. Zudem studiert er bei Ajatollah Ruohollah Moussavi Khomeini (1902-1989) die Philosophie des Molla Sadra. Haeri Yazdi gehört zweifelsohne zu den Philosophen des 20. Jahrhunderts, die neue Wege in der orientalischen Philosophie suchen.

In seiner Schrift ›Kawoschha-ye aql-e Nazari‹, ›Erforschungen der theoretischen Vernunft‹ (1968), stellt Haeri Yazdi sein philosophisches System vor und diskutiert Gründe, warum die orientalische Philosophie neue Wege gehen müsse.[234] Er sieht seine Aufgabe und damit auch die der orientalischen Philosophen darin, in erster Linie die eigene Philosophie und das eigene kulturelle Vermächtnis zu studieren. In einer solchen fundamentierten Selbsterkenntnis erblickt er die Möglichkeit, den anderen Nationen die orientalische Philosophie nahezubringen: »Wir müssen

---

[234] Vgl. Haeri Yazdi, Mehdi: *Kawoschha-ye aql-e Nazari* [Erforschungen der theoretischen Vernunft], 1968.

Selbsterkenntnis betreiben, um zu uns zu finden, und nicht, um uns zu verherrlichen.«[235]

Haeri Yazdi entwickelt eine Lesart des methodischen Denkens, die eine bedingungslose Selbstkritik der eigenkulturellen Geschichte und Gegenwart in sich trägt. Dabei hält er ein ausschließlich europazentrisches wie auch ausschließlich orientozentrisches Philosophieren für destruktiv. In der pluralistischen Offenheit der orientalischen Philosophie sieht er ein großes Potential, um einen Beitrag zur Völkerverständigung zu leisten.

> **Merke:**
> Haeri Yazdi zufolge haben die orientalischen Philosophen der Gegenwart ihre Philosophie und ihre Geschichte den Anderen nicht ernsthaft zugänglich gemacht. Mit dieser Auffassung spricht er zwei Strömungen an: diejenigen, die sich von der orientalischen Philosophie abwenden und ausschließlich die europäische Philosophie bevorzugen und diejenigen, die letztere ablehnen und nur von der islamischen Philosophie ausgehen. Haeri Yazdi hält jegliche Parteinahme des Eigenen oder des Anderen in der Philosophie für nicht würdig. Er schlägt daher einen dritten Weg ein, um zwischen diesen Positionen zu vermitteln.

An dieser Nahtstelle vertritt Haeri Yazdi eine Weltphilosophie, an der alle Philosophien unterschiedlich beteiligt sind. Er bevorzugt eine prinzipielle Offenheit anderen Philosophien gegenüber, insbesondere der europäisch-westlichen, ohne eigene philosophische Traditionen zu leugnen, inferior zu behandeln oder gar preiszugeben. In einer kulturellen Bodenhaftung sieht er die Möglichkeit, das Andere in seiner Andersartigkeit zu verstehen.

Haeri Yazdi geht von einer universalistischen Menschenwürde aus. Er sieht die Individuen als einen unzertrennlichen Teil eines Ganzen und betrachtet Philosophie als eine *ausschließlich* anthropologische Angelegenheit: »Philosophie liegt im Wesen des Menschen.«[236] Weil der Mensch sich seiner Rationalität und der Erkenntnissuche nicht entziehen könne, sieht er die Philosophie als einen Bestandteil des menschlichen Wesens. Sie ist für ihn geradezu eine Form freien Denkens.[237]

> **Merke:**
> Haeri Yazdi betrachtet die Metaphysik im Sinne der sadraischen Philosophie grundsätzlich als eine ›علم مادر‹[238], ›elme madar‹, eine Basiswissenschaft. Der Gegenstand dieser Wissenschaft ist die Pyramide der Welt und alles Seiende in ihr. Somit beschäftigt sich die Metaphysik mit unergründlichen Fragen. Weil das Wesen des Menschen unergründbar ist, ist die Metaphysik diejenige Wissenschaft, die sich auch mit dem Menschen befasst. Auch die Anthropologie gehört zu dieser Disziplin.

Im Zentrum der Philosophie des Haeri Yazdi steht die Vernunft. Die Aufgabe der Philosophie ist das denkende Erfassen des Seins, also der Existenz in ihrer Gesamtheit. Seine philosophische Ausrichtung ist existentialistisch; bestimmend ist die

---

235 Ebenda, S. G (Djim).
236 Ebenda, S. 4.
237 Haeri Yazdi, Mehdi: *Philosophie-Suche nach der Wahrheit und dem Sein*, 2002, S. 33.
238 Ebenda, S. Je (persischer Buchstabe für ›Z‹).

Rationalität. In diesem System sind Willensfreiheit, Gerechtigkeit, Verantwortung und damit alle ethischen Fragen Bestandteile der menschlichen Selbstbestimmung.

Haeri Yazdi spricht in seinem Denksystem von dem ›Neuen‹, das man als ›Moderne‹ übersetzen kann. Es bedeutet in diesem Sinne innovative Reflexivität und Eigendynamik der Kultur und Tradition, die miteinander in einem Wechselverhältnis stehen. Ein solches Verständnis des Neuen bedeutet eine Erneuerung der Denksysteme und Mentalitäten sowie die kritische Hinterfragung traditioneller Methodologien.

Wegweisend analysiert Haeri Yazdi die kulturelle Bodenhaftung der Traditionen und stellt fest, dass sich auch die europäische Moderne nicht einer solchen Grundverfasstheit entziehen könne. Er schlussfolgert, dass die Vorstellung des Neuen bzw. der Moderne je nach Tradition unterschiedlich ist, weil kulturelle Kontexte verschieden sind.

Haeri Yazdi bevorzugt eine vernunftorientierte Ethik, die das gesamte Leben des Menschen umfasst. Er unterscheidet zwischen religiöser Frömmigkeit und rationaler Denkart. Religiöse ›Wahrheiten‹ können zwar rational analysiert werden, sind aber nicht im Sinne der wissenschaftlichen ›Wahrheit‹ beweisbar, weil jeder Mensch sie anders erfährt oder erfahren kann. Betrachten wir die Historizität der europäisch-westlichen, orientalischen oder asiatischen Moderne, so ist diese Verschiedenheit offensichtlich, die selbst ein Ausdruck der Kulturpluralität darstellt.

Mit Haeri Yazdi gesprochen, ist die Annahme eines absolutistisch-universalistischen Ansatzes der Moderne, der zugleich einen Allgemeinverbindlichkeitsanspruch erhebt, empirisch irreführend. Er ist sich jedoch dessen bewusst, dass die Konzepte des Neuen innerhalb oder außerhalb der orientalischen Kulturen und Traditionen stets direkt oder indirekt aufeinander einwirken. Eine unverzichtbare Folge des Neuen für die orientalischen Philosophien ist die kritisch-erneuernde Lektüre der Geistesgeschichte.

> **Übungsaufgabe:**
> Diskutieren Sie das Anliegen von Haeri Yazdi unter Berücksichtigung der Prämissen Interkultureller Philosophie.

3.3.7 Mohammed Arkoun (1928-2010)

> **Kurzportrait:**
> Mohammed **Arkoun** ist in Algerien geboren. Nach dem Studium der Islamwissenschaften geht er nach Frankreich, wo er durch die Initiative seines Lehrers Robert Brunschvig (1901-1990) über Ibn Miskawayh promoviert wird. Zeit seines Lebens lehrt er in Paris islamische Geistes- und Kulturgeschichte. Seine Arbeiten umfassen Bereiche des islamischen Denkens, des arabischen Humanismus im 9. und 10. Jahrhundert sowie islamische Moral und Politik.

Arkoun steht in der Tradition von Klassikern der ersten Generation orientalischer Philosophie, allen voran Ibn Sinas, Ibn Miskawayhs und Ibn Ruschds. Er gehört, neben Mohammed Abed Al-Jabri (1935-2010) und Bassam Tibi (*1944), zu den Grenzgängern des modernen arabisch-islamischen Geisteslebens, die eine Brücke zwischen Orient und Okzident schlagen und neue Wege aufspüren wollen.

1969, bereits zu Beginn seiner wissenschaftlichen Laufbahn in Frankreich, übersetzt Arkoun ein Hauptwerk Ibn Miskawayhs, ›Tahzibe Akhlaq‹, Die Grundlagen der Moral[239], das ihm wegweisend wird. Es handelt sich um die erste systematische Konzeption der Ethik, die Ibn Miskawayh im 10. Jahrhundert auf der Grundlage der soziokulturellen Umstände seiner Zeit entwickelt. Er ist dabei stark beeinflusst von den lauteren Brüdern, denen auch er angehört.

Arkoun zeigt auf, dass Ibn Miskawayhs Theorie der Ethik eine Kombination der sartoschtischen (zarathustrischen), der orientalischen und der griechischen Zusammenkunft der Reflexionen darstellt.[240] In diesem Werk entdeckt Arkoun, dass ›ادب‹, ›adab‹, feine Bildung, für die Herausbildung einer dialogischen Vernunft und Verfeinerung der Sitten grundlegend ist.

Im Anschluss an diese Übersetzung gelingt es Arkoun in seiner Dissertationsschrift von 1970 über Miskawayh die Existenz eines orientalischen Humanismus nachzuweisen.[241] Die systematische Beschäftigung mit diesem Philosophen öffnet Arkoun neue Horizonte, weil Miskawayh jenseits allen Provinzialismus universalistisch verfährt und die historische Psychologie seiner Zeit vortrefflich erfasst.

Im Zentrum der politischen, philosophischen und islamwissenschaftlichen Schriften Arkouns steht die Frage nach der ›islamischen Vernunft‹, die er einer umfassenden Kritik unterziehen will. Dabei greift er die gängige Unterscheidung zwischen der ›westlichen‹ und der ›islamischen‹ Vernunft auf und hält solche Differenzmodelle für problematisch.

> **Merke:**
> Vernunft manifestiert sich für Arkoun »in ihrer analytischen Kraft, ihrem reflexiven Denkvermögen, in ihrer Bereitschaft zur kritischen Wahrnehmung. […] Demgemäß gibt es eine islamische Vernunft ebenso wie Vernunftformen, die sich innerhalb eines islamischen Kontextes manifestieren. Wohlgemerkt, es handelt sich dabei nicht um Kategorien der Vernunft, die per se spezifisch islamisch wären, sondern um solche, die sich im kulturellen und gesellschaftlichen Umfeld des Islam artikulieren.«[242]

Nach diesem Vorverständnis könne man von einer christlichen, islamischen, orientalischen oder okzidentalischen Vernunft sprechen, die dort beginnt, wo sie sich innerhalb eines bestimmten Ensembles von Inhalten, Themen, Vorschriften zu artikulieren beginnt, die einer Religion, einer Tradition oder Zivilisation zugehörig sind. Ein solches Vernunftverständnis wird dogmatisch, wenn eine bestimmte Lesart verabsolutiert und als die *einzig* denkbare Form der Vernunft Geltung beansprucht. Arkoun bezeichnet solche Vernunftformen, vornehmlich die europäischwestliche, als eine »hegemoniale Vernunft«[243]:

---

239 Vgl. Ibn Miskawayh: *Traité d'Éthique*, 1969.
240 Ebenda, S. XIII.
241 Vgl. Arkoun, Mohammed: *L'humanisme arabe au IVe/Xe siècle*, 1970.
242 Arkoun, Mohammed: ›Westliche‹ Vernunft kontra ›islamische‹ Vernunft? 1992, S. 270.
243 Ebenda, S. 265.

> **Merke:**
> »Der Raum und die Zeit, innerhalb derer sich die kollektiven Wahrnehmungen ausgebildet haben, das eigene Selbstverständnis formuliert wurde, prägende Weltbilder entstanden, sie sind ganz wesentlich von der westlichen Vernunft geprägt und monopolisiert worden, festgeschrieben in einem wissenschaftlichen Diskurs, den der Westen seit dem 18. Jahrhundert geführt, gestaltet und nach außen abgegrenzt hat. Nehmen Sie doch nur ein beiliegendes Buch zur Hand, das sich mit einem wesentlichen Themenkomplex des Wissens oder der Erkenntnis befaßt, und Sie werden feststellen, dass es voll und ganz, ohne die leisesten erkenntnistheoretischen Vorbehalte, im Geist eines Wissens verfasst wurde, das in Europa, im Westen ausgebreitet, entwickelt, revidiert, korrigiert und erweitert wurde und doch beansprucht, für alle Menschen, inklusive derer außerhalb Europas, gültig zu sein.«[244]

Diese Europäisierung der Welt ist eine Folge dieser hegemonialen Vernunft, die ein Kind des expansiven Kolonialismus ist. In jener Zeit paktieren die Machthaber der außereuropäischen Länder mit Kolonialisten und schicken ihre Eliten nach Europa. Diese sehen in der Regel nach ihrer wissenschaftlichen Ausbildung die eigene Religion, Kultur und Wissenschaft durch eine europäische Brille. In den Universitäten ihrer Länder preisen sie europäische Denk- und Lebensstile und lehren ihre Bücher. Es ist eine Folge dieser Zeit, dass sich die außereuropäischen Geisteswissenschaften aus den Übersetzungen europäisch-westlicher Philosophen speisen. Eine solche Selbstentfremdung hat in derartigen Gesellschaften nachhaltigen Widerstand hervorgerufen.

Arkoun sucht Erklärungen dafür, warum in den arabischen Gesellschaften Dissonanzen, Extremismus und soziokulturelle Unzulänglichkeiten bestehen. Hierbei wendet er, ähnlich wie Tibi, die Methoden der europäisch-westlichen Sozial- und Geisteswissenschaften auf den Islam an, um ihn fortschrittlich zu gestalten. Damit verfolgt er das Ziel, die Vielfalt innerhalb der islamischen Gesellschaften zu fördern. Die kritische Beschäftigung mit den autoritativen Schriften des Islam soll dazu beitragen, ein Neudenken innerhalb dieser Gesellschaften zu etablieren.

Während Arkoun in den orientalischen Philosophien der ersten Generation eine gute Grundlage der Weiterentwicklung sieht, hält er die gegenwärtige Denkart der arabischen Geisteswelt für stagnierend. Der Islam habe stets die freiheitlichen Errungenschaften des modernen kritischen Denkens abgelehnt.

> **Merke:**
> »Die islamischen Denker beteiligten sich«, Arkoun zufolge, »in keiner Weise an der Schaffung der Moderne. Sie verweigerten sich hartnäckig den Ideen der Aufklärung, und über Jahrhunderte, bis zur Abschaffung des osmanischen Sultanats 1923 durch Kemal Atatürk, ignorierten sie alle wissenschaftlichen und intellektuellen Ereignisse in Europa. Daraus resultiert die noch heute andauernde Schwäche islamischen Denkens, das damit auch leicht manipulierbar ist.«[245]

---

244 Arkoun, Mohammed: *Der Islam*, 1999, S. 265.
245 Arkoun, Mohammed: *Islam und Christentum müssen ihre gemeinsamen Wurzeln erkennen*, 1998, S. 1202.

In einer solchen Passivität sieht Arkoun den Grund für eine fehlende Rekonstruktion und Erneuerung von Geist und Gesellschaft in der islamischen Welt. Es geht Arkoun in erster Linie um die Befreiung der islamischen Tradition von intellektueller Starre durch fundamentale Kritik. Er merkt an, dass sich die islamische Vernunft innerhalb eines »geschlossenen Dogmatismus«[246] bewegt. In dieser Geschlossenheit sieht er eine große Gefahr des Verfalls.

Arkoun kritisiert weiterhin, er könne »kein Werk in einer der Sprachen des Islam (Arabisch, Persisch, Türkisch, Urdu) zitieren, in dem eine Kritik der theologischen Vernunft, der juristischen Vernunft, der politischen Vernunft, der exegetischen Vernunft und der historischen Vernunft [...] versucht würde.«[247]

In einem weiteren Schritt kritisiert Arkoun die Wahrnehmung, Analyse und Interpretation des Islam im Westen. Er moniert, dass die Islamwissenschaftler in Europa den Islam stets gesondert, unabhängig von Kultur und Zivilisation thematisieren. In dieser Einseitigkeit sieht er eine explosive Interpretation. Weiterhin stellt er fest, dass im Westen bereits der Name eines arabisch-islamischen Verfassers die Vorstellung eines subjektiv dargestellten Islam evoziert. Ein Werk, dessen Autor »Mohammed, Ali oder Fatima heißt«, werde skeptischer gesehen als das Werk eines Autors, der hingegen »den Namen Jean, Arthur oder Angelika« trägt. Hier seien sich »dieselben Leser auf einmal der ›Objektivität‹ des Autors vollkommen sicher«.[248]

Um diesen Missständen abzuhelfen, stellt er der existierenden europäisch-westlichen Islamwissenschaft eine ›Angewandte Islamwissenschaft‹ zur Seite. Während sich die westlich-traditionelle Islamwissenschaft »ausschließlich mit den Texten beschäftigt, die als repräsentativ für eine religiöse Tradition, ein Denken, eine Kultur, eine Zivilisation angesehen werden«[249], wendet sich Arkouns angewandte Islamwissenschaft von einer Textorientierung ab und bedient sich der Erkenntnisse mehrerer Disziplinen. Zwei integrale Bestandteile dieser Interdisziplinarität sind für ihn Sozial- und Rechtsgeschichte. Mittels eines radikalen Perspektivwechsels sucht Arkoun eine neue Lesart des zeitgenössischen Islam. Um seine Vermittlerrolle zwischen dem Orient und Okzident zu institutionalisieren und mit seinem eigenen Verständnis von Islamwissenschaft eine angemessenere Sicht auf die arabisch-islamische Welt zu fördern, gründet er 2001 in Paris ein ›Unabhängiges Institut für Islamstudien‹.

Arkoun gehört, neben Haeri und Al-Jabri, zu den ernstzunehmenden Akteuren der orientalischen Geisteswelt der Gegenwart. Seine reformerischen Ansätze bedeuten eine große Bereicherung für die Besserung der soziokulturellen Dimensionen orientalischer Gesellschaften. Seine Überlegungen bilden insofern eine fundierte Grundlage weiterer Forschungen.

Wie Haeri sucht auch Arkoun den gleichen Dialog. Während Haeri eine Erneuerung der orientalischen Geisteswelt aus sich heraus, anhand der entwickelten Me-

---

246 Arkoun, Mohammed: *Der Islam*, 1999, S. 116.
247 Ebenda, S. 14.
248 Ebenda, S. 15.
249 Ebenda, S. 168 ff.

thodologien aller drei orientalischer Generationen sucht, ohne die europäisch-westlichen Hemisphären zu marginalisieren, betrachtet Arkoun das gesamte Panorama der orientalischen Geschichte durch die Methodologie der europäisch-westlichen Brillen. Ein solches europalastiges Vorgehen schließt gewisse Myopien nicht aus.

Ebenso bleibt unerklärt, wie Arkoun zu der Feststellung kommt, er könne in der gesamten islamischen Welt kein kritisches Werk über die unterschiedlichen Arten der Vernunft finden. Neben dem erwähnten zwanzigbändigen Werk ›Tafsir al-Mizan‹ von Allameh Tabatabai (Persisch und Arabisch) sowie dem mehrbändigen Werk ›Kritik der arabischen Vernunft‹ von Al-Jabri (Arabisch) sind die Studien von Mohammad Mojtahed Shabestari (*1936)[250] sowie Seyyed Morteza Mardiha (Persisch) zu nennen, in denen alle von ihm vermissten Auseinandersetzungen mit der Vernunft in systematischer Absicht im Kontext der Geschichte und Gegenwart erfolgen.[251]

Arkoun und viele islamischen Intellektuelle der letzten 100 Jahre, die in europäisch-westlichen Hemisphären ihre Ausbildung genossen haben, schwelgen entweder in Erinnerungen an alte Zeiten oder verbreiten direkt oder indirekt eine Kultur der Auffassung ›Wir Orientalen können nichts‹, deshalb empfehlen sie zumeist indirekt eine ›Verwestlichung‹ der orientalischen Gesellschaften, die stets Widerstand hervorruft.

> **Übungsaufgabe:**
> Diskutieren Sie das Anliegen von Arkoun unter Berücksichtigung der Prämissen Interkultureller Philosophie.

3.3.8 Mohammed Abed Al-Jabri (1935-2010)

> **Kurzportrait:**
> Mohmamed Abed **Al-Jabri** ist in Marokko geboren. Er steht in der Tradition von Ibn Ruschd. Neben der Philosophie beschäftigt er sich mit Logik, Ontologie, Ethik, und Religionsphilosophie. Er ist einer der kritischen Gesellschaftstheoretiker der orientalischen Geisteswelt.

Al-Jabri gehört zu den führenden Kritikern der orientalischen Gegenwartsphilosophie, der von einer grundsätzlichen Selbstkritik der Vernunft und Erneuerung des Denkens ausgeht.

In seiner Schrift ›Kritik der arabischen Vernunft‹, die eine zusammenfassende Einführung seines mehrbändigen Werkes unter demselben Titel darstellt, sucht Al-Jabri eine Antwort auf die Frage[252]: ›Wie können wir gegenwärtig unser Verhältnis

---

250 Vgl. Shabestari, Mohammad Mojtahed: *Hermeneutic, The Scripture an The Tradition*, 1992.
251 Vgl. Mardiha, Seyyed Morteza: *Efae az aqlanijjat. Taqadomme aql bar din, siasat wa farhang* [Die Verteidigung der Vernunft. Vorrang der Vernunft vor Religion, Politik und Kultur], 1998. Zu erwähnen ist auch das Standardwerk ›Vernunft und Offenbarung‹, in dem begründet wird, warum unterschiedliche Vernunftformen zu notwendig sind, um Grenzen scharf zu konturieren. Vgl. Yousefian, Hassan und Ahmad Hossein Sharafi: *Aql wa Wahj* [Vernunft und Offenbarung], 1997.
252 Vgl. Al-Jabri, Mohmamed Abed: *Naqd al-aql al-arabi* [Kritik der arabischen Vernunft] (in vier Bänden), 1984 bis 2001.

zur Philosophie unserer Vorfahren, zur arabisch-islamischen Philosophie bestimmen?‹ Ihm geht es dabei um den Entwurf einer angemessenen Methode, um die arabische Welt aus der Krise zu führen.²⁵³

In der Diskrepanz von Tradition und Moderne sieht Al-Jabri die Stagnation bzw. die Regression des orientalischen Geistes. Dieser beruhe für ihn auf einem seit dem Mittelalter bestehenden Irrationalismus: »Weil der zeitgenössische arabische *Leser* durch seine Tradition eingeschränkt und durch seine Gegenwart erdrückt ist, was zunächst bedeutet, dass ihn die Tradition absorbiert, ihn der Unabhängigkeit und Freiheit beraubt. Seit seinem Eintritt in die Welt wird ihm unablässig die Tradition eingeimpft, in Form eines bestimmten Vokabulars und bestimmter Auffassungen, einer Sprache und eines Denkens; in Form von Fabeln, Legenden und imaginären Vorstellungen, von einer bestimmten Art des Verhältnisses zu den Dingen und einer Art des Denkens: in Form von Wissen und Wahrheiten. Er empfängt all dies ohne jegliche kritische Auseinandersetzung und ohne den geringsten kritischen Geist. Vermittelt über diese eingeimpften Elemente erfasst er Dinge, auf ihnen gründet er seine Meinungen und Betrachtungen. Die Ausübung des Denkens ist unter diesen Bedingungen wohl eher ein Erinnerungsspiel. Vertieft sich der arabische Leser in die traditionellen Texte, so ist seine Lektüre *erinnernd*, keineswegs aber *erforschend* und *nachdenkend*.«²⁵⁴

Für Al-Jabri ist folglich eine fehlende innere Dynamik der orientalischen Geistesgeschichte dafür verantwortlich, dass sie sich nicht »in der Produktion von neuen Diskursen« entfaltet, sondern sich in der »Reproduktion des Alten«²⁵⁵ ununterbrochen fortsetzt. Diese Traditionslinie ist für ihn verantwortlich für die gegenwärtige Regressionsbewegung.

Al-Jabri will diesem Desiderat konzeptionell entgegenwirken. Dabei ist er bemüht, die Tradition durch die Einführung einer Moderne systematisch zu überwinden, die den orientalischen Geist in seiner Gesamtheit und Lebensfülle umgreifen muss. In einem solchen Übergang erblickt er eine Wiedergeburt der Vernunft, die zu einer Modernisierung der Gesellschaftsstrukturen führen wird.

> **Merke:**
> Ein zentraler Punkt zu Al-Jabris Konzeption ist die Klärung der Begriffe ›Tradition‹ und ›Moderne‹. Wenn wir die Moderne grundsätzlich, wie Haeri es tut, als das Neue bzw. als Selbsterneuerung durch die Rückbesinnung der eigenkulturellen Werte betrachten, so erweist sich Al-Jabris Ansatz als ein weiterführender Versuch, eine reflektierte Bewegung im orientalischen Geist zu erzeugen.

Wie Haeri insistiert auch Al-Jabri, dass die Moderne aus eigenkultureller Perspektive heraus erfolgen müsse, die »auf Elemente eines kritischen Geistes«²⁵⁶ gestützt sein muss, »um im Inneren dieser Kultur eine Dynamik der Veränderung in Gang zu setzen.«²⁵⁷ Problematisch wird aber sein Ansatz, wenn er zugleich betont, die

---

253 Vgl. Ebenda, S. 217.
254 Ebenda, S. 86 f.
255 Ebenda, S. 56.
256 Ebenda, S. 57.
257 Ebenda, S. 57.

Moderne müsse auf ›Rationalität‹ und ›Demokratie‹ gründen. Solcherlei Grundannahmen sind aber gerade nicht durch die eigenkulturelle Kritik der Tradition gewonnen, wie er sie selbst einfordert, sondern sie gründen ihre Authentizität auf europäisch-westlichen Vorstellungen von Moderne.

Al-Jabri wirft weiterhin den orientalischen Philosophen, allen voran Ibn Sina und Ghazali, vor, sie hätten keine neuen Philosophien hervorgebracht, sondern versucht, »religiöse Weltanschauungen mit der Vernunft zu versöhnen und rationale Auffassungen aus einem religiösen Blickwinkel zu legitimieren.«[258] Al-Jabri unterstellt, Ibn Sina habe durch seine »orientalische Philosophie« – ein Werk, das Ibn Sina genannt, aber nie veröffentlicht hat –, »einer spiritistischen und gnostischen Strömung die Weihe gegeben, deren Wirkung entscheidend wurde für die Regressionsbewegung«[259] der arabisch-islamischen Welt. Ghazali und seine Anhänger sollen Ibn Sina zum »offiziellen Vertreter der Philosophie im Islam«[260] erhoben haben. Nach Al-Jabri verfolgten diese Philosophen lediglich das Ziel, das griechische Denken zu islamisieren.

Ferner ist Al-Jabri der Ansicht, dass sich die östlichen und westlichen Regionen der orientalischen Philosophie gedanklich auseinander entwickelt hätten. Während im östlichen Bereich eine ›irrationale‹ Philosophie von Ibn Sina, Sohrewardi oder Molla Sadra entwickelt worden sei, hätte der westliche Bereich durch Ibn Ruschd eine Tradition des kritischen Rationalismus hervorgebracht. Er schlussfolgert, dass die Rückständigkeit der orientalischen Welt in dieser Irrationalität und die Fortschrittlichkeit des Westens in der Rationalität begründet seien.

Al-Jabris Unterstellungen bleiben ohne Belege dahingestellt. Er lässt den Leser allein, weil er sich nicht direkt mit den Werken der von ihm kritisierten Philosophen beschäftigt. Weitere Engführungen dieses Werkes sind bereits im Titel und im Sprachduktus festzustellen. Der Ausdruck ›arabische Vernunft‹ im Titel und die erste Überschrift ›Auf dem Weg zu unserer Moderne‹ wie auch der Ausdruck ›wir Araber‹ verweist auf eine Begrenzung und Hervorhebung der arabischen Philosophie.

Indem Al-Jabri den genannten anderen Philosophen eine Ersetzung der auf aristotelischer Logik basierende Vernunft durch eine esoterische unterstellt, die er als eine bloße ›nationale‹, ›persische‹ Philosophie bezeichnet, spricht er sich für eine ›arabische Vernunft‹ aus, die ihren Niederschlag im Denken Ibn Ruschds finden soll. Reformer wie Afghani und Abduh, die auf ihre Weise Wege zur Erneuerung der orientalischen Kulturräume suchten, bezeichnet Al-Jabri als zwei Vertreter des fundamentalistischen Traditionalismus.

Diese zwei Denker wenden sich bekanntlich von einer ›Verwestlichung‹ in orientalischen Hemisphären ab und nehmen Bezug auf eigene Kultur und Tradition; sie wollen eine Erneuerung herbeiführen, ohne in Kulturalismus zu verfallen. Al-Jabri wirft diesen und solchen Ansätzen Fehler in der Sichtweise, d.h. Mangel an histori-

---

258 Ebenda, S. 114.
259 Ebenda, S. 135 f.
260 Ebenda, S. 137.

scher Perspektive, und Fehler in der Methode, d.h. Mangel an ›Objektivität‹, vor. Offen bleibt, ob es überhaupt eine Objektivität gibt.

Wer mit Vereinfachungen und Pauschalisierungen operiert, wird nicht die Subtilitäten der Philosophie analysieren können, sondern nur das Kind mit dem Bade ausschütten. In der Euphorie eines wenig förderlichen ethnisch-nationalistischen Arabertums verliert sich Al-Jabri in Behauptungen, anstatt faktisch zu verfahren und seine Äußerungen mit Belegen zu untermauern. Er ignoriert hierbei, dass die persische bwz. iranisch-islamische und arabisch-islamische Geisteswelt Zwillingsschwestern sind, die eng zueinander gehören.

> **Merke:**
> Al-Jabri tritt als Richter der arabischen Geisteswelt auf, der sie von den Ketten des ›Farabitums‹, des ›Ibn-Sinatums‹ und des ›Ghazalitums‹ befreien will, denen er vorwirft, Epigonen der Griechen zu sein, während er sich selbst als den wahren Kommentator des Aristoteles bezeichnet, dessen Philosophie er in Anlehnung an Ibn Ruschd als Heilmittel der orientalischen Regressionsbewegung ansieht. Mit der Verabsolutierung der Philosophie Ibn Ruschds als Anfang, Zukunft und Heilmittel für die Regressionsbewegung erweist Al-Jabri weder der Philosophie noch den bestehenden Problemen der arabischen Welt einen Dienst.

Al-Jabri hält es für unmöglich, »von den Arabern zu verlangen, den europäischen Liberalismus zu übernehmen«; dies würde bedeuten, »sie sollen in ihr Bewusstsein ein Erbe aufnehmen, dass ihnen […] fremd ist und nicht zu ihrer Geschichte gehört.« Er hebt hervor: »Ein Volk kann nur eine Tradition in sein Bewusstsein aufnehmen, die ihm gehört.«[261] Diese dogmatische Geschlossenheit erinnert an den totalitätsorientierten Kulturbegriff eines Herders, der Kulturen als in sich ruhende Kugeln betrachtet, die einander wesensfremd sind.[262] Deshalb ist es umso unverständlicher, dass Al-Jabri der aristotelischen Philosophie nacheifert, mit der er die Regressionsbewegung der eigenen Kultur überwinden möchte.

> **Übungsaufgabe:**
> Diskutieren Sie das Anliegen von Al-Jabri unter Berücksichtigung der Prämissen Interkultureller Philosophie.

3.3.9 Karam Khella (*1934)

> **Kurzportrait:**
> Karam **Khella** ist in Ägypten geboren. Seine Tätigkeit erstreckt sich nicht nur auf die Philosophie, sondern auch auf die Geschichte der Philosophie, hier insbesondere der orientalischen Philosophie. Er arbeitet auch auf dem Gebiet der Religionsphilosophie, Metaphysik, Logik, politischen Philosophie und Ethik.

Khella gehört zu den führenden Philosophen der Gegenwart innerhalb der orientalischen Welt und darüber hinaus. Nach Khella wird eine erste Philosophie in Ägypten im siebten Jahrtausend v.u.Z. entworfen und dem Isisgott Thot zugesprochen.

---

261 Ebenda, S. 230.
262 Vgl. Herder, Johann Gottfried: *Ueber die Würkung der Dichtkunst auf die Sitten der Völker in alten und neuen Zeiten*, 1967.

Dieser Gott-Gelehrte begründet lange vor der Entstehung der Schriftsprache ein vollständiges philosophisches System.[263]

> **Merke:**
> Im Zentrum der Philosophie Thots stehen die Lehren von Gleichgewicht, Harmonie, Aufrichtigkeit und dem Bestreben nach Vollkommenheit. Ethik und Moral ergeben sich von selbst, wenn die Grundregeln von Gleichgewicht und Harmonie eingehalten sind. Seine Philosophie erhält eine komplementäre Erweiterung durch umfassende Lehren zur Gerechtigkeit, die mit ›Maᶜat‹, Lehren der Göttin der Ägyptischen Mythologie, verbunden wird.

Die Philosophie Thots wird, nach Khella, zunächst mündlich überliefert. Nach der Entstehung eines Alphabets, aber noch im Rahmen der hieroglyphischen Schreibung, wird sie aus der mündlichen Tradition in koptischer Sprache auf Papyri übertragen und festgehalten. Eine solche Übertragung bewirkt, dass die Philosophie Thots nicht verloren geht. Diese Originalkodices, die zu den ältesten der Menschheit zählen, sind heute Bestand des Koptischen Museums in Kairo.

Interessierte Gelehrte aus allen Teilen der damals bekannten Welt besuchen die ägyptischen Schulen in Städten wie Achmim, Asyut, Aschmunain und erlernen das Hieroglyphische. Weil das Erlernen dieser Schriftsprache mühsam ist, suchen die ägyptischen Lehrmeister nach einer vereinfachenden Möglichkeit der schriftlichen Kommunikation. Das Produkt dieses langen Entwicklungsprozesses ist, Khella zufolge, eine in Buchstabenschrift geschriebene Sprache, die alphabetisch strukturiert und grammatisch kodifiziert ist. Der Ausdruck ›Alphabet‹ stammt nach Khella aus dem Koptischen, der Wortschatz ist den in der Region verbreiteten koptischen Sprachen entnommen.[264] Ein wichtiger Beitrag der koptischsprachigen Philosophie ist die Grosis, die neben die Philosophie des Thot und der ›Maᶜat‹ tritt.

Um den Studierenden der ägyptischen Schulen die Arbeit zu erleichtern, verfallen die Gelehrten der Idee, eine Kunstsprache zu entwickeln, eine gemeinsame, künstlich strukturierte Kommunikations- und Verkehrssprache: die Koine. Das Alphabet dieser Sprache stammt aus dem Koptischen, der Wortschatz wird aus den in der Region verbreiteten Sprachen entlehnt. Der Zweck der Koine, nämlich die Erleichterung des Studiums in Ägypten, prägt sie als eine Schriftsprache; sie wird nie zu einer Volkssprache.

Koine als Sprache der Wissenschaft

›Koine‹, was soviel wie ›öffentlich‹, ›allgemein‹, ›publik‹ bedeutet, wandelt sich, nach Khella, bald zu einer Sprache des wissenschaftlichen und philosophischen Diskurses. Sie wird vielerorts zur Schriftsprache schlechthin, vor allem dort, wo vorher keine geeignete oder überhaupt keine Schriftsprache vorhanden war. Die allgemeinen frühchristlichen Konzilien der alten Kirche verhandeln ausschließlich

---

[263] Vgl. hierzu Khella, Karam und Hamid Reza Yousefi: *Philosophie in orientalischen Traditionen*, 2012 (37-53).

[264] Vgl. Khella, Karam: *Zur Philosophie Afrikas aus universalistischer Sicht unter besonderer Berücksichtigung Ägyptens*, 2010.

in Koine. Eines der wichtigsten Produkte der Koine-Sprache ist die Septuaginta, die älteste vollständige Fassung des Alten Testaments.

> **Merke:**
> In der Literatur wird, nach Khella, Koine als ›Griechisch‹, ›Alt-Griechisch‹ oder auch ›Klassisch-Griechisch‹ bezeichnet, wobei zu vermerken ist, dass diese Sprachschöpfung im ägyptischen Kulturraum entwickelt worden ist, eine Schriftsprache bleibt und vom griechischen Volk nicht gesprochen wird.

Die Koine als die schriftliche Verkehrssprache im orientalischen Raum wird, Khella zufolge, im siebten christlichen Jahrhundert konkurrenzlos von der arabischen Sprache abgelöst, die nunmehr zur Sprache der Philosophie und Wissenschaft wird. Der Kreis derer, die sich der Koine bedienen, wird immer kleiner, und noch vor der Wende zum zweiten Jahrtausend verschwindet sie nahezu vollständig.[265]

Ob Koine eine wissenschaftliche oder gesprochene Sprache ist, lässt sich nicht eindeutig beweisen. Zu dieser Theorie gibt es verschiedene kontroverse Meinungen, auf die hier nicht näher eingegangen werden kann.

Khellas Philosophieverständnis

Die Philosophie Khellas ist sehr von den orientalischen, hier vor allem von den altägyptischen Philosophen geprägt.

> **Merke:**
> Khella beschreibt sein Philosophieverständnis wie folgt: Philosophie ist jedes Denken, das um eine Abstraktion bemüht ist. Nicht allein der Absolvent des Fachbereiches Philosophie oder gar der Inhaber eines Lehrstuhls kann Anspruch darauf erheben, ein Philosoph zu sein. Auch ein Analphabet betreibt Philosophie, wenn sein Denken abstrahiert ist und auf eine Meta-Ebene abhebt.[266]

Dessen ungeachtet können abstrakt-systematische Leistungen als ›Philosophie‹ im engeren Sinne qualifiziert und ihre Urheber als ›Philosophen‹ im speziellen Sinne geehrt werden. Im Unterschied zur Futurologie, die von der Extrapolation des Ist-Zustandes ausgeht, ist die Philosophie der Zukunft Khella zufolge bestrebt, ›praktische‹ Philosophie zu sein. Dies bedeutet, Prognosen über Entwicklungsmöglichkeiten zu erstellen und daraus Maximen für Interventionen abzuleiten.

In einer gespaltenen Welt, in der auch die Philosophie gespalten ist, gibt es keine Philosophie ohne Prädikat. Wir können bspw. zwischen ›destruktiver‹ und ›konstruktiver‹ Philosophie unterscheiden. Das Prädikat ›praktisch‹ bedeutet in diesem Zusammenhang für Khella, Philosophie nicht unabhängig von ethischen Fragen zu betreiben. Ethik ihrerseits sei existentiell. Aus der Analyse der herrschenden Verhältnisse und aus der Absicht, diese gemäß den Bedürfnissen aller Menschen zu verändern, würden ethische Gebote und Verbote abgeleitet.

---

265 Vgl. hierzu Khella, Karam: *Handbuch der arabischen Welt*, 1982.
266 Vgl. Khella, Karam: *Arabische und islamische Philosophie und ihr Einfluß auf das europäische Denken*, 2006.

Auch wenn Khella eine optimistische Grundeinstellung vertritt, findet sich in seinen Analysen eine realistische Darstellung der bedrohlichen Lage der Welt. Niemand kann eine Naturkatastrophe, welche die Existenz der Menschheit bedrohen könnte oder die Wahrscheinlichkeit, dass Menschen durch Menschen vernichtet werden, ausschließen. Hierbei denkt Khella an Massenvernichtungswaffen der USA und anderer Staaten, die über Atomwaffen verfügen. Er nimmt Bezug auf die Absurdität des so genannten ›Overkill-Systems‹, bei dem ein Staat derart viele Massenvernichtungswaffen besitzt, dass die Erde mehrfach gesprengt werden oder jeder Mensch dreimal hintereinander getötet werden könnte.

Khellas optimistisches Weltbild speist sich daraus, dass nicht nur die Katastrophe anthropogen ist, sondern ebenso die Errettung vor der Katastrophe. Die Überwindung von Destruktivität erfolge aber nicht automatisch, sondern die Zukunft der Menschheit müsse ›gemacht‹ werden. Als Eckpunkte einer optimistischen Zukunft sieht er die sofortige Beendigung von Angriffskriegen, von Rüstungsproduktion und Umweltzerstörung bei gleichzeitiger Etablierung eines Prinzips der Gerechtigkeit.[267]

Theorie des Universalismus

Ein Schwerpunkt von Khellas Arbeiten im akademischen Bereich umfasst die Theoriebildung. Verwiesen sei insbesondere auf die ›Universalistische Erkenntnis- und Geschichtstheorie‹, die Khella als Metatheorie begreift.

Ein Eckpunkt hiervon ist die ›Erkenntnispyramide‹. Die Theoriebildung im Rahmen des hierarchisch aufgebauten Erkenntnissystems des Menschen verlangt nach einer Ordnung, welche die Beziehungen zwischen den einzelnen Stufen des Erkennens, des Verstehens und der wissenschaftlichen Leistung klarstellt und ihr Verhältnis zueinander aufschlüsselt. Jede intellektuelle Leistung ist einer höheren Stufe untergeordnet, jede Ebene ist von einer Meta-Ebene abhängig. Die Erschließung dieser Beziehungen ist für die Erkenntnisreflexion der Meinungsbildung und der Wissenschaftsentwicklung grundlegend.

Die einzelnen Stufen der Erkenntnispyramide gliedern sich wie folgt[268]:

---

267 Vgl. hierzu Khella, Karam: *Überall, jederzeit mit allen Waffen*, 2011.
268 Vgl. Khella, Karam: *Arabische und islamische Philosophie und ihr Einfluß auf das europäische Denken*, 2006, S. 380.

Mit dieser Erkenntnispyramide rekonstruiert Khella den Weg des Universalismus zur Einheit und zurück. Zur Aufschlüsselung der Strukturen und zum Aufbau dieses Erkenntnissystems hält er eine Thesenbildung für besonders bedeutsam. Hierdurch gelingt es nicht nur zu klären, warum Lehrmeinungen voneinander abweichen und Unterschiede aufweisen, sondern auch, wie es zur völligen Individualisierung und Aufhebung der Einheit gekommen ist.

> **Merke:**
> Khella verweist damit auf das Problem der Aufsplittung der Wissenschaften in zahlreiche Einzeldisziplinen, die zwar zu profunden Fachwissenschaften auf den entsprechenden Gebieten führt, aber den Blick für die Gesamtheit nicht bewahrt.

Ein weiterer Teil von Khellas Theoriegebäude wird als ›Universalismus‹ bezeichnet. Inhalt dieser ›optimistischen Philosophie‹, wie er sie nennt, ist kein abwartendes Verhalten, sondern die Praxis. Die Zukunft wie auch deren Geschichte seien machbar, denn auch die Geschichte sei anthropogen.

In diesem Sinne ist Universalismus für Khella untrennbar mit Integration verbunden. Wie das Universum keine Anhäufung von Einzelteilen, sondern ein integriertes, zusammenhängendes, einheitliches System darstellt, so soll auch ein beliebiger Gegenstand in seinen historischen, gesellschaftlichen, ökonomischen, politischen und kulturellen Kontext eingeordnet und im Zusammenhang mit der menschlichen Wirklichkeit behandelt werden. Humanistisch ist Philosophie dann, wenn sie in allen Bereichen auf den Menschen, seine Bedürfnisse und Interessen fokussiert und den Gegenwartsbezug herstellt.

> **Merke:**
> Universalismus besteht nach Khella auf dem gegenseitigen Bezug von Erkenntnis und Handeln und der Einheit von Theorie und Praxis. Universalismus insistiert auf der permanenten Wahrung des Dreiecks aus Universalismus als Methode, Humanismus als Praxis und Einheit als Ziel.[269]

---

269 Vgl. Khella, Karam: *Die Universalistische Erkenntnis- und Geschichtstheorie*, 2007.

Khella formuliert seine These kontrastiv zur Lehre von Karl Marx (1818-1883) und Friedrich Engels (1820-1895) vom historischen Determinismus, welcher die Entwicklung von Widersprüchen auf die Produktionsverhältnisse zurückführt. Seine These steht auch im Gegensatz zu den Theorien Nicolò Machiavellis (1469-1527), welche die Unterwerfung des Menschen unter die Interessen der Politik darstellen. Der Einwand, Machiavelli sei ein Extremfall, lasse sich nicht halten. Eine genauere Lektüre der europäisch-westlichen Philosophie zeige eine weitgehende Rezeption von Machiavellis Ideen, selbst dort, wo vermeintlich ›humanistische‹ Philosophie vertreten wird, bspw. in der marxistischen Lehre. Insofern sei Machiavelli für die europäisch-westlichen Hemisphären noch lange nicht obsolet, weil sich die Politik, insbesondere der Militarismus europäischer Staaten, mit dessen Vorstellungen deckt.

Der Problematik der Negativität begegnet Khella mit dem Rat, Kritik nicht nur auf das auszurichten, was *expressis verbis* ausgedrückt wird, sondern gerade auch auf das, was man nicht öffentlich sagt. Dies exemplifiziert Khella am Verhalten einiger europäischer Philosophen und Wissenschaftler der Gegenwart, die sich mit Äußerungen zur Aggressivität und Destruktivität ihrer Staaten bewusst oder unbewusst zurückhalten und deren Publikationen und Verlautbarungen auf offensive Kritik in diese Richtung verzichten. Dies räume der NATO einen großen Handlungsspielraum ein, die diese gegenwärtig in der Weise nutze, dass die orientalischen Völker von Sanktionsmaßnahmen am härtesten betroffen seien.[270]

Die Philosophie Khellas steht unter dem Einfluss der ekhwanischen ›انسانية‹, ›inssaniyyat‹, ›Menschlichkeit‹, bzw. Menschengemäßheit, und fordert deshalb einen Primat der praktischen Philosophie, die ethische Komponenten in sich trägt. Er schlägt eine grundlegende Revision der Philosophiegeschichtsschreibung vor, welche die Rehabilitierung der Geschichte außereuropäischer Völker in europäischen Lehrwerken, insbesondere in Schulbüchern, einschließt. Khella verurteilt Bezeichnungen wie ›People without History‹ oder auch ›Orientalische Despotie‹ und fordert, diese durch neutrale Begriffe zu ersetzen.[271]

> **Übungsaufgabe:**
> Von welchem Philosophie- und Universalismusbegriff geht Karam Khella aus und warum?

3.4 Würdigung und kritische Anmerkungen

Die Heterogenität der orientalischen Philosophie ist ein Markenzeichen philosophischer Offenheit. Sie ist, gestern wie heute, stets zukunftsorientiert, wobei das Vermächtnis des Vergangenen immer kritisch-würdigend mitgenommen wird. Nicht nur im geschichtlichen Kontext, sondern auch in der gegenwärtigen orientalischen Philosophie ist dies charakteristisch.

Dies lässt sich wie folgt begründen: Orientalische Philosophie liegt an der Nahtstelle mehrerer Welten. Der islamische Orient trägt das Vermächtnis diverser Religionen, Philosophien, Denkrichtungen und Weisheitslehren aus der vorislamischen

---

270 Vgl. Khella, Karam: *Die gespaltene Welt*, 32002.
271 Vgl. Khella, Karam: *Die Universalistische Erkenntnis- und Geschichtstheorie*, 2007, S. 51-104.

Zeit in sich. Dieses geballte Wissen kommt mit dem griechischen Erbe, das selbst eine Reihe orientalischer Elemente besitzt, in Berührung, das von den orientalischen Philosophen wohlwollend und bisweilen kritisch-ablehnend aufgenommen wurde. Die Entdeckung philosophischer Werke wie die des Platon und Aristoteles zeugt von der Scharfsinnigkeit ihrer Entdecker:

> **Merke:**
> Wer Philosoph ist und auf dem festen Boden des Denkens steht, kann Philosophie und Philosophisches erkennen und Systeme entwickeln.

Eine weitere entscheidende Begegnung vollzieht sich in den Wellen der mittelalterlichen Philosophien Europas. Die orientalischen Philosophen haben das Konglomerat an Wissensvorräten und Erkenntniswegen nach Europa transferiert, woran sich der europäisch-mittelalterliche Geist schulte. An der Übersetzung der Werke der orientalischen Philosophen ins Lateinische und später in die entsprechenden modernen Sprachen entzündete sich eine Blütezeit der Philosophie in Europa.

Die orientalische Philosophie ist aus mehreren Gründen einzigartig. Beschäftigt man sich mit ihr in einer Gesamtschau, so kommt eine Systematik zum Vorschein, die bis heute nicht an Intensität verloren hat. Betrachten wir die philosophischen Schulen seit den Anfängen der orientalischen Philosophie, so ist festzustellen, dass die Mehrzahl der orientalischen Philosophen aus persisch-iranischen Kulturräumen stammt, die gerne die arabische Sprache als eine wissenschaftliche Sprache angenommen und sich tatkräftig für die vielseitige Förderung orientalischer Kultur eingesetzt haben.

Im heutigen Iran können wir die rege Kontroverse wie damals in unterschiedlichen Schulen hautnah erleben. Das Gleiche gilt mehr oder minder auch für die orientalischen Philosophien innerhalb der arabischen Kulturregionen. Innerhalb der orientalischen Philosophie ist seit ihren Anfängen keine Stagnation oder Diskontinuität eingetreten.

Der kurze Abriss über die Entstehungs- und Entwicklungsgeschichte der orientalischen Philosophie als festem Bestandteil der Weltphilosophie zeigt deren Stellenwert, indem sie bedeutende und bleibende Beiträge zu dieser beisteuert.

> **Merke:**
> Die orientalische Philosophie ist in der Vielfalt denkerischer Tätigkeiten im Weltkontext eine Reinform des interkulturellen Philosophierens *par excellence*, weil sie sich aus einer offenen Pluralität speist, in der viele Dimensionen der älteren Philosophien wirksam sind.

Die orientalische Philosophie zeigt, dass Philosophie und ein jedes offenes Denken in Geschichte und Gegenwart aus sich heraus interkulturell ist, weil Denken, ob systematisch, unsystematisch oder antisystematisch, eine *ausschließlich* anthropologische Verankerung hat.

> **Merke:**
> Zwei Kriterien bilden die Grundlage einer jeden wissenschaftlichen Aufgabenstellung: Zum einen die Mindestanforderungen der Wissenschaftlichkeit, zum anderen der gesellschaftliche Auftrag. Das heißt, die Beantwortung der Fragestellung oder das angestrebte Ziel muss implizit oder explizit zum Ausdruck bringen, warum überhaupt Wissenschaft betrieben wird. Wenn wir annehmen, dass die Beschäftigung mit der Wissenschaft Erkenntnisse für die bessere Gestaltung des Lebens bringen sollte, so erhielten viele Forschungstätigkeiten keine gute Note.

Lassen wir die europäisch-westlichen Philosophiegeschichtsschreibungen, die seit dem beginnenden 18. Jahrhundert ihren Anfang nahmen, Revue passieren, so werden wir die Sonderstellung oder gar eine angemessene Beschreibungsform der orientalischen Philosophie vermissen.

Orientalische Philosophie im Westen

Religionsphilosophie bildet einen integralen Bestandteil aller orientalischen Philosophien, wenn auch unterschiedlich und bisweilen kontradiktorisch. An dieser Nahtstelle treffen sich, wie wir weiter oben in unterschiedlichen Zusammenhängen sahen, Religion und Philosophie, wobei letztere bei der Begründung ersterer und deren Wesen ein methodisch universalistisches Instrumentarium darstellt.

Die ›systematische‹ Beschäftigung der europäisch-westlichen Wissenschaftler, die hauptsächlich Islamwissenschaftler oder Theologen sind, nimmt ihren Anfang zum größten Teil im 19. und in der ersten Hälfte des 20. Jahrhunderts. Der großartige Versuch dieser Wissenschaftler und ihre Verdienste sind von Schatten begleitet, die für das Orientbild im Westen grundlegend zu sein scheinen.

> **Merke:**
> Die Bemühungen der europäisch-westlichen Philosophen lassen sich im Allgemeinen in zwei Kategorien unterteilen:
>
> 1. Behauptungen, welche die orientalische Philosophie als Theologie oder religiöse Weisheit darstellen.
> 2. Behauptungen, welche die Rolle der orientalischen Philosophie auf die eines ›Briefträgers‹ reduzieren, der die antike Philosophie nach Europa gebracht hat.
>
> Gemeinsam ist ihnen allen, dass die orientalische (islamische) Philosophie ein mittelbares oder unmittelbares Epigonentum der Griechen darstellt.

Aufgrund dieser Erkenntnis ist festzustellen, dass alle Forschungstätigkeiten im Hinblick auf die orientalischen Philosophien selektiv und die damit einhergehenden Interpretationen willkürlich sind.

Ein grundlegendes Problem besteht darin, dass die orientalischen Philosophien in orientalistischen Instituten angesiedelt sind, die hauptsächlich von Islamwissenschaftlern betrieben werden. Von einer fachphilosophischen Auseinandersetzung mit solchen Philosophien kann in diesen theologisch betriebenen Instituten keine Rede sein, obwohl sie den philosophischen Fakultäten zugehörig sind.

Deshalb ist es nicht verwunderlich, wenn Gadamer oder Otfried Höffe (*1943) behaupten, dass es eine *genuine* ›islamische Philosophie‹ nicht gebe. Diese sei letzten Endes eine religiöse Denktätigkeit, die sich hauptsächlich mit der göttlichen Gnade beschäftigt und auf den Rahmen bestimmter religiöser Weisheiten beschränkt bliebe. »Wir finden uns völlig hilflos«, schreibt Gadamer, »wenn wir in unsere klassifizierenden Begriffe von Philosophie, Wissenschaft, Religion, Kunst und Dichtung etwa die Weisheit Ostasiens einordnen sollen.«[272] Höffe spricht dementsprechend von einem östlichen Denken, einer östlichen Lehre oder Religion.[273]

Selbst die Frage nach der islamischen Theologie kann aufgrund der vorhandenen selektiven Übersetzungen nicht angemessen beantwortet werden. Es ist paradox, wenn der Theologe Gerhard Ebeling (1912-2001) behauptet, es gebe keine islamische Theologie[274], während Josef van Ess (*1934), ebenfalls Theologe, einräumt, dass diese existiere.[275]

> **Merke:**
> Während die islamische Theologie für manche europäisch-westlichen Theologen zu *rational* anmutet, halten viele europäisch-westliche Philosophen die orientalische Philosophie für zu *theologisch*.

Womit mag diese ambivalente Haltung zusammenhängen? Lassen wir die Philosophiegeschichtsschreibungen in europäisch-westlichen Hemisphären der letzten 200 Jahren Revue passieren, so wird der Orient zunehmend mit »rückwärtsgewandten Tendenzen« sowie »Schriftgläubigkeit und Obskurantismus« verbunden.[276] Die Feststellung von Ulrich Rudolph (*1957) lässt sich in Lehre und Forschung beobachten.

Die Islamischen Institute greifen die lateinischen Übersetzungen auf, die schon damals sehr verkürzt ausgewählt waren und bestimmte Aspekte, hauptsächlich theologische Dimensionen, beinhalteten. Eine selektive Auswahl ist mit übersättigenden Fußnoten und Kommentaren in europäisch-westlichen Sprachen übersetzt. Diese Übersetzungen fußen somit auf Säulen, die eine fraglich-selektierende Vergangenheit aufweisen. Eine solche Übersetzungstätigkeit, die bis heute bestimmend ist und fortgesetzt wird, geht mit dem hartnäckigen Vorurteil einer, orientalische Philosophen seien ›Epigonen‹ der Griechen: Entweder seien diese Philosophen Platoniker, Neuplatoniker, Aristoteliker oder eine Mischung von allem.

Wollen Nachwuchswissenschaftler heute eine Arbeit über Themenbereiche wie ›Liebe‹, ›Transzendenz‹, ›Immanenz‹, ›Erkenntnistheorie‹, ›Rationalismus‹, ›Antirationalismus‹ oder ›Skeptizismus‹ in der orientalischen Philosophie anfertigen, so werden sie sich zwangsläufig mit diesen selektierten Texten und Kommentaren dazu auseinandersetzen müssen. Weil das Werk keines einzigen orientalischen Philosophen vollständig in europäisch-westlichen Übersetzungen vorliegt, bleibt den Nachwuchswissenschaftlern nichts anderes übrig, als das alte Vorurteil weiter-

---

272 Gadamer, Hans-Georg: *Bürger zweier Welten* (1985), S. 225.
273 Zit., nach: Frankfurter Rundschau, 30.09.1997. Nach einer Iran-Reise wird Höffe bewusst, dass er sich geirrt hat. Vgl. Höffe, Otfried: *Wie mir Kant in Teheran begegnet ist,* in: Frankfurter Allgemeine Zeitung, Nr. 140, vom 19.06.2004, S. 39.
274 Vgl. Ebeling, Gerhard: *Theologie,* 1962.
275 Vgl. Van Ess, Josef: *Theologie und Gesellschaft im 2. und 3. Jahrhundert Hidschra,* 1991-1997.
276 Rudolph, Ulrich: *Islamische Philosophie,* 2004, S. 7.

zupflegen, ohne sich dessen auch nur bewusst zu werden, dass hier ein strukturelles Problem vorliegt.

Die wenigen durchdacht ausgewählten Übersetzungen sind von Einleitungen und Nachworten ihrer Übersetzer umrahmt, die in der Regel länger sind als der eigentliche Text selbst, so dass der Interessierte Jahre braucht, um die Erkenntnisse der voran- und nachgestellten Sekundärtexte zu erschließen. Auch die Übersetzungen selbst sind mit unzähligen Erläuterungen und Marginalien versehen. Dies trägt unweigerlich dazu bei, dass der Lesende zunächst eine Flut von Zusatzinformationen zu verarbeiten hat.

Studierende und Forschende der Philosophie können sich mit den orientalischen Philosophien nicht konstruktiv beschäftigen, nicht nur, weil sie des Arabischen und Persischen nicht mächtig sind, sondern, weil sie Texte vorfinden, welche die Philosophie dieser Philosophen nicht widergibt, sondern Brüchstücke dessen, was der Herausgeber theologisch aufgearbeitet hat. Die sich wiederholenden Debatten über die Geisteswelt des Orients bleibt weiterhin ein Thema der Orient-Institute.

Menschen, die diese Werke lesen, erhalten ein unvollständiges und zumeist ein einseitiges Bild dieser Philosophien. Diese Erkenntnis bedarf nicht der Nennung eines speziellen Werkes, da die meisten europäisch-westlichen Forschungsergebnisse, Einführungen und Kompendien von dieser Selektivität befallen sind, welche die Mindestanforderungen der wissenschaftlichen Redlichkeit grob missachtet.

> **Merke:**
> Im umgekehrten Falle wäre es für einen europäischen Fachphilosophen unverständlich, wenn die Übersetzung einer Philosophie Kants ins Arabische auf wenige kleine theologische Abhandlungen oder andere Schriften reduziert werden würde. Wenn wir die Philosophie Kants bspw. durch die Übersetzung seines Werkes ›Physische Geographie‹[277] vorstellen, so werden wir ihn, wie Bernd Dörflinger (*1953) feststellt, für einen Rassisten halten, der mit Philosophie nichts zu tun hat.[278]

Dass dem fachkundigen Leser die Philosophie Kants als eine ›Revolution der Denkungsart‹ in Westeuropa vorenthalten würde, müsste als falsch und impertinent empfunden werden. Nur der philosophiegeschichtlich gut geschulte Leser würde somit bemerken, dass solche selektiven Übersetzungen nur Teile eines Kompendiums sind, das hier, aus welchem Grund auch immer, keine Beachtung findet oder finden darf.

Der kritische Leser mag sich am Ende meiner Ausführungen im Hinblick auf einige Klassiker der ersten und zweiten Generation sowie der Klassiker der Gegenwartsphilosophie des Orients fragen, warum diese wirkungsmächtige Philosophie, die überdeutlich vor Augen führt, dass die Philosophie *per se* interkulturell ist, in europäisch-westlichen Forschungen keine angemessene Würdigung erfährt und in den philosophischen Fakultäten stark auf einige wenige ältere Klassiker reduziert und marginalisiert zur Darstellung kommt.

---

277 Vgl. Kant, Immanuel: *Physische Geographie,* 1923.
278 Vgl. Dörflinger, Bernd: *Die Einheit der Menschheit als Tiergattung,* 2001.

Es wäre ungerecht, alles den europäisch-westlichen Forschungsintentionen anzulasten. Dies wäre eine leichte Übung, die eigene Unfähigkeit hinter solchen Behauptungen zu verbergen.

> **Merke:**
> Ein zentraler Grund der Verkennung der orientalischen Philosophie ist zunächst innerhalb der orientalischen Territorien zu suchen. Während die meisten schiitischen Philosophen grundsätzlich vom Islam als Ganzes sprechen, distanzieren sich viele sunnitische Vertreter von diesen. Die Folge einer solchen Unsitte ist für Entwicklung, Erhalt und Nachhaltigkeit der Wissenschaft und ihrer Gebiete verheerend. Dass diese tödliche Dichotomisierung auch außerhalb der orientalischen Gebiete in Forschungsarbeiten betont wird, mag dazu beitragen, dass diese Kluft immer größer wird.

Die orientalische Philosophie kann sich erhobenen Hauptes im Kreise der Weltphilosophie behaupten, weil sie von einer dialogischen Pluralität und Interkulturalität gekennzeichnet ist. Das Studium der orientalischen Philosophie macht deutlich, dass grundsätzliche Fragen der Vormoderne, Moderne und Postmoderne vorgedacht sind. Dass diese aufgrund konfessioneller Zugehörigkeiten intern unter den Teppich gekehrt und extern ignoriert werden, ist der Wissenschaft nicht förderlich. Nehmen wir Abstand von diesen Verhaltensweisen, so werden wir eine Blüte der Weltphilosophie erleben!

Weil Philosophie und Philosophieren in interkultureller Absicht bestrebt ist, die Geistesgeschichte zu dezentralisieren, um eine kritisch-würdigende Völkerverständigung herbeizuführen, ist es an der Zeit, die Werke der orientalischen Philosophen, wie Al-Kindi, Ikhwan as-Safa, Farabi, Ghazali, Ibn Sina, Ibn Ruschd, Ibn Khaldun, Tousi, Molla Sadra, Sohrewardi, Biruni, Razi, Foroughi, oder Haeri Yazdi, um nur einige Beispiele aus der Geschichte zu nennen, in ihrer Vollständigkeit zu übersetzen. Allein die Korrektur solcher Fehltaten wird ein Grund sein, die Philosophiegeschichtsschreibung völlig neu zu verfassen.

> **Übungsaufgabe:**
> Diskutieren Sie die hier vertretenen Thesen im Hinblick auf das Bild der orientalischen Philosophie im Okzident.

4. Ansätze der Interkulturellen Philosophie

4.1 Methoden – Modelle – Perspektiven

Das Konzept des Kapitels auf einen Blick

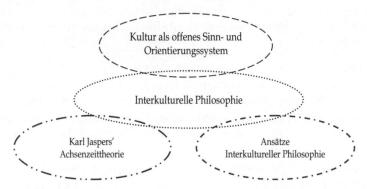

Es ist eine schwierige Aufgabe, alle Vertreter Interkultureller Philosophie zu diskutieren. Deshalb musste eine Auswahl getroffen werden. Hier werden die Ansätze von Karl Jaspers, Heinz Kimmerle, Franz Martin Wimmer, Raúl Fornet-Betancourt, Harald Seubert, Gregor Paul und Ram Adhar Mall vorgestellt.[279]

4.1.1 Karl Jaspers und seine Hypothese der ›Achsenzeit‹

Karl Jaspers entwickelt das Konzept einer Achse der Weltgeschichte[280], die als Theorie oder Hypothese der ›Achsenzeit‹ bekannt ist. Im Folgenden wird sie vorgestellt und kritisch gewürdigt:

> **Merke:**
> Den Ausdruck ›Achsenzeit‹ verwendet Jaspers zur Bezeichnung einer Umbruchsituation der menschlichen Geistesgeschichte vor etwa dreitausend Jahren, die im Wesentlichen zur Entfaltung von Strukturen und Denkformen geführt hat, die noch heute für uns prägend sind.

Mit der Achsenzeit wird eine Bewusstseinswende eingeleitet, welche die anfänglichen Wahrnehmungen von der Schöpfung und den Naturphänomenen mit anthropomorpher Natur- und Deutungsauffassung überwindet und in welcher der Mensch versucht, sich die Welt und ihre Phänomene grundlegend anders und tiefer

---

[279] An anderer Stelle finden sich Einzeldarstellungen dieser und weiterer Autoren, die auf dem Gebiet Interkultureller Philosophie arbeiten. Vgl. Yousefi, Hamid Reza und Heinz Kimmerle (Hrsg.): *Philosophie und Philosophiegeschichtsschreibung in einer veränderten Welt*, 2012.

[280] An anderer Stelle habe ich die Bedeutung der Philosophie von Jaspers für die Interkulturelle Philosophie und eine interkulturelle Philosophiehistoriographie systematisch herausgearbeitet. Vgl. Yousefi, Hamid Reza: *Interkulturalität und Geschichte*, 2010 und ders. *Karl Jaspers*, 2011.

ohne die ›Deutung von Gewitterwolken und Löwengebrüll‹ zu erklären. Sie verändert auch nachhaltig das Verhältnis des Menschen zu sich selbst und seinem Schicksal ebenso wie die Deutung des Seins und die Vorstellung vom Diesseits und Jenseits.

Bestehende Theorien zu Jaspers' Zeit

In den historischen Betrachtungen kurz vor und während des Wirkungszeitraums von Jaspers spielen die Überlegungen zur Entwicklungsgeschichte der Menschheit eine untergeordnete Rolle. Die großen ›Hoch‹kulturen und deren Leistungen sind bekannt, werden aber nicht miteinander in Verbindung gebracht. In der Achsenzeit sollen mehrere Völker epochale Veränderungen in ihrer Entwicklung durchgemacht haben, welche die Grundlagen zu den heute noch einflussreichen spirituellen und geistigen Ideen bilden.

Ein Vorreiter im frühen 19. Jahrhundert ist Peter Ernst von Lasaulx (1805-1861). Er stellt fest, es könne »unmöglich« ein Zufall sein, »daß ungefähr gleichzeitig, sechshundert Jahre vor Christus, in Persien Zarathustra [Sartoscht], in Indien Gautama-Buddha, in China Konfutse, unter den Juden die Propheten, in Rom der König Numa und in Hellas die ersten Philosophen, Jonier, Dorier, Eleaten, als die Reformatoren der Volksreligion auftreten.«[281] Lasaulx vertritt die Auffassung, in Natur und Geschichte walte ein göttlicher Logos, der von menschlicher Vernunft erfasst werden könne: »Alle Menschen zusammen, der vergangenen wie auch der künftigen Jahrhunderte, müssen [...] angesehen werden als ein und der selbe Mensch, der fortwährend in Entwicklung begriffen ist, gleichsam als ein universaler Mensch.«[282]

Victor von Strauß (1809-1899) argumentiert ähnlich. Ihm zufolge geht in der Lebenszeit von Lao-tse und Kung-fu-tse in China »eine wundersame Geistesbewegung durch alle Culturvölker. In Israel weissagten Jeremia, Habakuk, Daniel, Ezechiel, und von einem erneuerten Geschlechte wurde (521-516) der zweite Tempel in Jerusalem erbaut. Bei den Griechen lebte Thales von Milet (624-546 v.u.Z.) noch: Anaximander (610-547 v.u.Z.), Pythagoras, Heraklit von Ephesos (520-460 v.u.Z.), Xenophanes von Kolophon (570-470 v.u.Z.) traten auf, Parmenides von Elea (520/515-460/455 v.u.Z.) wurde geboren. Unter den Persern scheint eine bedeutende Reformation der alten Lehre Zarathustras durchgeführt zu seyn. Und in Indien trat Schakia-Muni hervor, der Stifter des Buddhismus.«[283]

Die meisten Zeitgenossen Jaspers' registrieren den ›Tatbestand der Achsenzeit‹, ohne daraus weitere Schlüsse zu ziehen. Jaspers ist wohl ein Vorläufer, der eine Hypothese der Achsenzeit aufstellt und darüber reflektiert, wie sich eine Achse der Weltgeschichte herausgebildet haben könnte.

---

281 Lasaulx, Ernst von: *Philosophie der Geschichte*, 1952, S. 115.
282 Ebenda, S. 68 f.
283 Strauß, Victor von: *Lao-tses Tao Te King* (1870), 2009, § 23, S. LXIV.

Merkmale der ›Achsenzeithypothese‹

Die ›Achsenzeit‹ kennzeichnet Jaspers als eine Bewusstseinswende im Leben der Menschen. Mit diesem Versuch will er Geschichte als ein Ganzes erfassen, um die Schritte der Entwicklung menschlichen Bewusstseins nachzuvollziehen.

> **Merke:**
> In seinen weltgeschichtlichen Betrachtungen bezeichnet Jaspers die Zeitspanne zwischen 800 und 200 v.u.Z. im Hinblick auf den stattfindenden ›geistigen Prozess‹ als Achsenzeit oder die Achse der Weltgeschichte.[284]

Das menschliche Dasein ist, wie der persische *Ai-Awashti*, der Aufklärer Sartoscht, etwa 4000 Jahre v.u.Z. in den Gathas berichtet, geprägt von nomadischer Lebensführung, Götzendienerei, Raub, grausamen Initiationsriten und Tieropfern. Hier steht der Mensch noch unter dem Eindruck der Naturgewalten und projiziert seine magisch-mythischen Gefühle in die Außenwelt hinein.[285]

Die einschneidende Umwälzung der Achsenzeit führt auch den Übergang von naiv-mythischer Daseinsweise zum rationalen Denken herbei und bildet die grundsätzliche Verankerung einer Achse der Weltgeschichte. Darin sieht Jaspers den tiefsten »Einschnitt der Geschichte«[286] und die geistige Grundlage der gegenwärtigen Menschheit.

> **Merke:**
> In dieser weltgeschichtlichen Epoche entstehen nach Jaspers drei voneinander *unabhängige* Zentren: Indien, China und Griechenland.

Diese Zentren oder ›Welten‹, die Jaspers als hermetisch voneinander abgeriegelt klassifiziert, betrachtet er als die *einzigen* geistigen Quellen, aus der alle übrigen Kulturregionen der Erde Erkenntnisse schöpfen, um sich zu entfalten. Die folgende Abbildung zeigt die Triade der Achsenzeit:

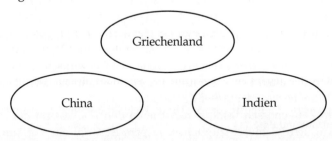

Übergang vom Mythos zum Logos

Mit seiner Hypothese der Achsenzeit verfolgt Jaspers das Ziel, ein Ordnungssystem zu entwerfen, das die Entwicklungsschritte der Menschheit in Geschichte und Ge-

---

284 Vgl. Jaspers, Karl: *Vom Ursprung und Ziel der Geschichte*, 81983, S. 19 f.
285 Vgl. Sartoscht: *Die Gathas des Sartoscht*, 2009. Über Leben, Wirken und Philosophie dieses Denkers vgl. Yousefi, Hamid Reza: *Zarathustra – neu entdeckt*, 2010.
286 Jaspers, Karl: *Vom Ursprung und Ziel der Geschichte*, 81983, S. 19 f.

genwart aufzeigt. Es handelt sich um »Grundkategorien [...], in denen wir bis heute denken, und es wurden die Ansätze der Weltreligionen geschaffen, aus denen die Menschen bis heute leben. In jedem Sinne wurde der Schritt ins Universale getan.«[287] Jaspers sieht in diesen prozessualen Umwälzungen die Entstehung einer Reflexionsbewegung innerhalb der Kulturen und Traditionen sowie zwischen ihnen. Dieses Ereignis unterzieht er einer kritischen Diagnose.

Eine Folge dieser Reflexionsbewegung besteht darin, dass das ›mythische Zeitalter‹ zu Ende geht und der geistige Übergang vom Mythos zum Logos stattfindet. Dies hat einen mittelbaren und unmittelbaren Einfluss auf das Selbstbild des Menschen und seine Weltwahrnehmung. Durch die Entdeckung der Rationalität versucht der Mensch, Gegensätze und Antinomien sowie die Struktur der Welt und des Seins zu erfassen. Nun weiß er, was Logos und was Mythos ist: »Die griechischen, indischen, chinesischen Philosophen und Buddha waren in ihren entscheidenden Einsichten, die Propheten in ihrem Gottesgedanken unmythisch [...]. Die alte mythische Welt sank langsam ab, blieb aber der Hintergrund des Ganzen durch den faktischen Glauben der Volksmassen.«[288]

Eine weitere Folge dieser Reflexionsbewegung sei, wie Jaspers hervorhebt, die Entstehung der Philosophie: »Zum ersten Mal gab es *Philosophen*«[289], weil Menschen es wagten, zu denken. Einsiedler und wandernde ›Denker‹ in China, ›Asketen‹ in Indien, ›Philosophen‹ in Griechenland und ›Propheten‹ in Israel gehören für Jaspers, trotz grundlegender Divergenzen im Hinblick auf Glauben, Sinngehalte und innere Verfassung, zusammen.

> **Merke:**
> Mit dieser Entwicklung schwingt sich der Mensch auf und sucht zunehmend nach Befreiung und Erlösung.

Jaspers begründet diese Reflexionsbewegung wie folgt:
- In China lebten Konfuzius (551-479 v.u.Z.) und Laotse im 6. Jahrhundert v.u.Z., entstanden alle Richtungen der chinesischen Philosophie, dachten Mo-Ti im 5. Jahrhundert v.u.Z., Tschuang-Tse (365-290 v.u.Z.), Line-Tse und ungezählte andere.
- In Indien entstanden die Upanischaden, lebte Buddha, wurden alle philosophischen Möglichkeiten bis zur Skepsis und bis zum Materialismus, bis zur Sophistik und zum Nihilismus, wie in China entwickelt.
- In Persien lehrte Zarathustra das fordernde Weltbild des ›dualistischen‹ Kampfes zwischen Gut und Böse.
- In Palästina traten die Propheten auf, von Elias über Jesaja und Jeremias bis zu Deuterojesaja.
- Griechenland sah Homer, die Philosophen – Parmenides, Heraklit, Plato – und die Tragiker – Thukydides und Archimedes.

All das, was durch solche Namen stellvertretend nur angedeutet wird, erwuchs, wie Jaspers hervorhebt, in diesen wenigen Jahrhunderten annähernd gleichzeitig in

---

287 Ebenda, S. 21.
288 Ebenda, S. 21.
289 Ebenda, S. 22.

China, Indien und Griechenland, ohne dass sie gegenseitig voneinander wussten.[290] Der Übergang vom Mythos zum Logos ist selbst in einer Zielgerichtetheit gedacht, die interkulturell problematisch ist.

Achsenzeit und die Struktur der Weltgeschichte

Diese entwicklungsgeschichtliche Reflexionsbewegung beschert dem Menschen ein neues Selbstbild, das zunehmend durch diverse Begegnungen mit den Angehörigen anderer Kulturregionen erweitert wird. Dieser neuen geistigen Welt entspricht nach Jaspers ein »*soziologischer Zustand*«[291], der in allen drei Gebieten Indien, China und Griechenland Analogien zeigt. Durch einen immer intensiveren gegenseitigen Kontakt bringen die Menschen diese geistige Bewegung in Umlauf.

In dieser hermeneutischen Bewusstseinswende reflektiert der Mensch als ein Teil der Natur und Geschichte über sich und seinen eigenen Werdegang in geschichtlicher Entwicklung; er fühlt sich nicht mehr der Allmacht und den Launen der Götter ausgeliefert, sondern will durch Einsicht, Erziehung und Reform begreifen, gestalten und perspektivisch planen.

Diese aus den drei ›Welten‹ hervorgegangene Reflexionsbewegung beeinflusst auch die Struktur der Weltgeschichte, weil alle Fragen und Maßstäbe, die aus der Anschauung der Achsenzeit entstanden sind, spätere Entwicklungen umfassen werden. Jaspers erläutert es in vier Thesen[292]:

> **Merke:**
> 1. Die Achsenzeit schmilzt die ›Jahrtausende alten Hochkulturen‹ ein und übernimmt sie, sei es, dass das gleiche Volk das Neue trägt, sei es, dass es andere Völker sind. Was vor der Achsenzeit war, konnte großartig sein wie die babylonische und ägyptische Kultur, die Indus-Kultur und die chinesische Urkultur, aber alles das wirkte wie ›unerwacht‹, d.h. unreflektiert und bis auf weiteres planlos. Die alten Kulturen durchdringen sich gegenseitig und gehen teilweise ineinander über. Auf diesem Wege entstehen auf der Grundlage des Alten neue Strukturen, die zur Entwicklung und Verbesserung der Verhältnisse und Lebensweisen beitragen sollen.
> 2. Historisch betrachtet speisen die in der Achsenzeit geschaffenen Strukturen und Errungenschaften die Entwicklung der Menschheit bis heute, indem sie erinnernd zu jenem früheren neuen Aufschwung zurückblickt und sich von dort her neu entzünden lässt. Diesen Vorgang bezeichnet Jaspers als Renaissancen. In der Rückkehr zu diesen Anfängen sieht Jaspers das immer wiederkehrende Ereignis früherer Entwicklungen in Griechenland, China und Indien. Dadurch verbindet er die Gegenwart mit der Vergangenheit.

---

290 Ebenda, S. 20.
291 Ebenda, S. 23.
292 Vgl. Ebenda, S. 25 ff.

> 3. Die Achsenzeit beginnt zunächst räumlich begrenzt, aber sie ist geschichtlich umfassend; von ihr aus erhält die Weltgeschichte die einzige Struktur und Einheit, die sich bis heute erhalten hat.
> 4. Zwischen Indien, China und Griechenland hält Jaspers ein gegenseitiges Verständnis bis in die Tiefe möglich, weil sie gegenseitig erkennen, dass es sich beim jeweils Andern auch um das Eigene handelt. Dies sei zwischen den Achsenvölkern und anderen Völkern aus den genannten Gründen nicht möglich.

Für Jaspers vollzieht sich unsere tatsächliche Geschichte zwischen einem Ursprung, den wir uns schlechthin nicht vorstellen oder ausdenken können und einem Ziel, das wir nicht angemessen in irgendeinem konkreten Bild entwerfen können.[293] Die Achsenzeit ist für Jaspers das einzige historische Phänomen, wo miteinander vergleichbare Prozesse auftreten, die nicht lediglich eine zufällige Koinzidenz darstellt.

Die voneinander unabhängigen Entwicklungen innerhalb der drei ›Welten‹ sind für Jaspers kultursoziologisch zu erklären, obschon er zu Recht einräumt, dass niemand annähernd begreifen kann, was hier geschah und aus welchen Gründen die drei ›Welten‹ zur Achse der Weltgeschichte wurden. Die folgende Abbildung visualisiert die Achsenzeithypothese. Die nach unten gerichteten Pfeile zeigen dabei den Einfluss dieser Zentren auf die übrigen Kulturregionen der Welt.

Jaspers ist der Auffassung, alles, was an den Entfaltungen der Achsenzeit nicht teilhabe, bleibe in der Art des ungeschichtlichen Lebens der Jahrzehntausende oder Jahrhunderttausende alten ›Naturvölker‹. Menschen außerhalb »der drei Welten der Achsenzeit sind entweder abseits geblieben, oder sie kamen mit einem dieser drei geistigen Strahlenzentren in Berührung«[294] und hätten so Anteil an dem Neuen gewonnen. Die Achsenzeit assimiliert folglich nach Jaspers alles Übrige. Die ›vorgeschichtlichen Völker‹ werden entweder aussterben oder bleiben so lange ›vorgeschichtlich‹, bis sie in der von der Achsenzeit ausgehenden geschichtlichen Bewegung aufgehen.

---

293 Ebenda, S. 46.
294 Ebenda, S. 26 f.

Sinn und Ziel der Achsenzeithypothese

Jaspers' Entwurf der Achse der Weltgeschichte ist eine Hypothese, da er nicht davon ausgeht, dass es in der Geschichte genau so zugegangen sein muss. Er nimmt an, dass es empirisch nachvollziehbar sein müsste, falls diese Hypothese zutreffend sein sollte.[295]

Die Frage nach dem Sinn der Achsenzeithypothese beantwortet Jaspers nicht nur theoretisch, sondern er sucht auch nach einer konkreten Anwendungsmöglichkeit. Ihr Sinn sei somit empirisch zu erfassen und müsse eine Antwort auf die Frage geben, welche Erkenntnis wir hieraus gewinnen, was uns daraus zuwächst.

> **Merke:**
> Mit der Hypothese der Achsenzeit verfolgt Jaspers das Ziel, einen Entwicklungsschritt zu konzeptualisieren, welcher »*der ganzen Menschheit gemeinsam ist.*«[296]

Zugleich ist Jaspers darauf bedacht, Partikularismus und Zentrismus zu überwinden und kommunikativ »den Horizont zu öffnen, in dem die Menschheit die Chance ihrer fälligen Solidarität ergreifen kann.«[297] Jaspers geht es somit darum, »die Einheit der Geschichte in Kommunikation mit jedem anderen menschlichen Grund zu denken«, damit »das eigene Bewusstsein dem fremden sich verbindet.«[298] Dies »hilft zur Klarheit über sich selbst, zur Überwindung der möglichen Enge jeder in sich abgeschlossenen Geschichtlichkeit, zum Absprung in die Weite.«[299]

Zusammengefasst bedeutet die Feststellung dieser gemeinsamen Achsenzeit für Jaspers eine »Aufforderung zur grenzenlosen Kommunikation.«[300] Die Kommunikation trage dazu bei, seine eigene Existenz zu erhellen und Klarheit über sich selbst und die eigene Umwelt zu schaffen. Der Anspruch dieser Kommunikation sei das beste Mittel gegen den Irrtum der Ausschließlichkeit einer Glaubenswahrheit.

Jaspers' Antwort auf die Frage, ob die Orientierung an der Achsenzeit Maßstab für alle Kulturen, Ethnien, Religionen und Philosophien ist, lautet: »Es ist gewiß, daß eine mechanische Bejahung dieser Frage falsch wäre. [...] Keineswegs kann die Geschichte in eine Rangordnung gebracht werden, einfach durch eine Universalvorstellung, die eine automatische Konsequenz hätte. [...] Nirgends ist auf Erden das letzte Wahre, das eigentliche Heil.«[301] Er weist auf die Hybridität der Kulturen und Menschheitsgeschichte hin, die auf gegenseitiger Erfahrung beruht.

Seine Theorie wertet Jaspers als einen empirischen Befund, was sich in seinem Begriffsinstrument vom »Tatbestand der Achsenzeit«[302] ausdrückt. Hiermit wendet er sich gegen die bisher gängige Ausprägung der Geschichtsphilosophie. Diese »hatte im Abendland ihren Grund im christlichen Glauben. In den großartigen Werken von Augustin bis Hegel sah dieser Glaube den Gang Gottes in der Ge-

---

295 Ebenda, S. 21.
296 Ebenda, S. 40.
297 Ebenda, S. 89.
298 Ebenda, S. 40.
299 Ebenda, S. 41.
300 Ebenda, S. 40.
301 Ebenda, S. 42.
302 Jaspers, Karl: *Vom Ursprung und Ziel der Geschichte*, 81983, S. 40.

schichte [...]. Der christliche Glaube aber ist *ein* Glaube, nicht *der* Glaube.«[303] Eine Achsenzeit mit einer Verankerung ausschließlich im christlichen Abendland wird von Jaspers zurückgewiesen. Er sucht eine empirisch fundierte »Achse der Weltgeschichte«, die »alle Menschen«, jenseits jeder Form von kultureller Gebundenheit, berücksichtigt, ohne »den Maßstab eines bestimmten Glaubensinhalts«[304] zugrunde zu legen.

Die ›Achsenzeithypothese‹ in der Kritik

Historische Fakten und Überlegungen

Jaspers datiert seine Achsenzeittheorie auf 800 bis 200 v.u.Z. In der Tat vollzieht sich in den von ihm genannten drei Zentren ein entscheidender Übergang in der menschlichen Entwicklung. Auf anderen Gebieten, auf die Jaspers nicht sein Augenmerk richtet, vollzieht sich eine vergleichbare Entwicklung jedoch bereits früher oder gleichzeitig.

An anderer Stelle habe ich gezeigt, dass Sartoscht bereits vor fast 4000 Jahren v.u.Z. von Vernunft und Freiheit spricht und damit eine Elementarethik entwickelt, indem er von der Triade ›wohl zu denken‹, ›wohl zu reden‹ und ›wohl zu handeln‹ ausgeht und die Wahrhaftigkeit zur Grundlage des menschlichen Zusammenlebens erhebt.[305] Hiermit vollzieht er eine Entmythologisierung des menschlichen Bewusstseins.

Die Sumerer entwickelten um 3000 v.u.Z. eine Schrift, die eine Bewahrung der damaligen Denkhorizonte ermöglichte.

> **Merke:**
> Ein markantes Beispiel ist die Ausformung der schriftlichen Gesetzgebung im Kodex des Hammurabi (1728-1686 v.u.Z.). Seine Gesetzessammlung, welche die Gleichbehandlung der Menschen vor dem Gesetz auf der Grundlage seines Menschenrechtskodex festhielt, gehört zu den ersten Kodifizierungen der Menschenrechte in der Menschheitsgeschichte.

Die Gesetzessammlung Hammurabis verzeichnet die Rechte zwischen den Bürgern und den Untergebenen der Regierung, die Achtung der Menschenrechte und rechtsstaatliche Grundfreiheiten.[306] Im Zweistromland lassen sich auch Einflüsse aus dem dravidischen Indien und den vorderasiatischen Staaten um 3000 bis 2000 v.u.Z. nachweisen. Das indisch-vedische Credo von dem ›Einen Wahren mit vielen Namen‹ legt neben Sartoschts Vernunftbetonung den Grundstein für ein Denken, das eine Pluralität der Wege bevorzugt.

Auch die ägyptische philosophische Schrift ›Die Lehren des Ptahhotep‹, die um 2880 v.u.Z entsteht, reiht Ägypten in die Reihe der ›Klassiker der Antike‹ ein.[307]

---

303 Ebenda, S. 19.
304 Ebenda, S. 19.
305 Vgl. hierzu Yousefi, Hamid Reza: *Zarathustra neu entdeckt*, 2010.
306 Vgl. hierzu Eilers, Wilhelm: *Die Gesetzesstele Chammurabis*, 1933.
307 Vgl. Erman, Adolf: *Die Literatur der Ägypter*, 1923, S. 87-96.

Ptahhotep fertigte diese Schrift als Wesir des Königs Djedkare-Isesi (Asosis) an, dem vorletzten Pharao der 5. Dynastie (Altes Reich, um 2400 v.u.Z.). Hierbei handelt es sich überwiegend um allgemeine Lebensweisheiten: »Sei nicht eingebildet auf dein Wissen, [sondern] unterhalte dich mit dem Unwissenden wie mit dem Wissenden. Nie erreicht man die Grenze der Kunst, und es gibt keinen Künstler«, der »vollkommen« ist.[308]

Ein weiterer Einwand gegen die Achsenzeithypothese ist, dass Jaspers von drei voneinander *unabhängigen* Welten Chinas, Indiens und Griechenlands ausgeht, die andere Kulturgebiete mittelbar oder unmittelbar beeinflusst haben sollen. Eine solche Reinheitsvorstellung von Kulturen ist schlichtweg unmöglich, weil Völker immer in einem unaufhebbaren Interdependenzverhältnis zueinander stehen. Griechische Philosophie ist in der Tat eine Ausnahme, welche die Menschheit einen Schritt nach vorne gebracht hat.

Jaspers entgeht, wie vielen anderen Wissenschaftlern gestern und heute, dass es innerhalb Chinas, Indiens, Griechenlands und allen anderen Kulturen und Traditionen eine interne Eigendynamik gibt, die stets unter externem und internem Einfluss steht. Kulturen sind in keiner Zeit hermetisch voneinander abgeriegelt. Sie waren schon immer offene und dynamisch veränderbare Sinn- und Orientierungssysteme, die lediglich aus kulturpolitischen Gründen als voneinander unabhängig erklärt wurden.

Jaspers aber geht beim Entwurf seiner Achsenzeithypothese somit nicht weit genug, um gerade diese Tatsache in das offene System seiner Philosophie mit einzubeziehen. Dennoch bleibt ihm der unbestreitbare Verdienst, eine zu ergänzende Hypothese in der weltgeschichtlichen Wahrnehmung ausgearbeitet zu haben.

> **Merke:**
> Wenn wir von Kulturen als offenen Sinn- und Orientierungssystemen ausgehen, so lassen sich die drei voneinander unabhängigen Säulen der Hypothese Jaspers' nicht aufrechterhalten, weil das Wissen der Völker durch Wanderungen und Handelsbeziehungen in alle Bereiche des menschlichen Lebens eingedrungen sein dürfte.

Auch wird bspw. die Nichtberücksichtigung sowohl des afrikanischen und des südamerikanischen Kontinents als auch der schriftlosen und animistischen Kulturgebiete kritisiert. Es mutet paradox an, wenn Jaspers Hegel zwar kritisiert, weil dieser von ›natur- und geschichtslosen Völkern‹ spricht, während er selbst aber ebenfalls eine Zentralperspektive einnimmt und diese ausgrenzt. Problematischer wird es noch, wenn er insinuiert, dass diejenigen Völker, die sich den drei ›Welten‹ der Achsenzeit nicht anschlossen, ›Naturvölker‹ blieben. Dann werden nach Jaspers hierzu wohl afrikanische und lateinamerikanische Traditionen gehören.

> **Merke:**
> Der Ausdruck ›Naturvolk‹ wird insbesondere im Hinblick auf die afrikanischen Traditionen in vielen einflussreichen Texten der Ethnologie in europäisch-westlichen Forschungen gebraucht.

---

308 Vgl. Hornung, Eric: *Altägyptische Dichtung*, 1996.

Jacob Emmanuel Mabe (*1959) führt in einer kritischen Studie in die afrikanische Philosophie ein und legt die historische Bedingtheit dieser Fehldeutung offen.[309]

Eine Fixierung der Achsenzeit steht somit nicht nur mit der von Jaspers vorgeschlagenen Idee einer grenzenlosen Kommunikation im Widerspruch, sondern auch mit der Überführung der ›Abendröte der europäischen Philosophie‹ in eine ›Morgenröte der Weltphilosophie‹.

Neuere Würdigungen

Ohne die Fülle der Kritik zur Achsenzeithypothese zu vernachlässigen, beschränke ich mich auf diese vier Würdigungen: Walter Reese-Schäfer (*1951), Heiner Roetz (*1950), Ninian Smart (1927-2001) und Elmar Holenstein (*1937).

Reese-Schäfer sieht in mehrfacher Hinsicht eine Überlegenheit gegenüber »der herkömmlichen unilinearen Philosophiegeschichte [...], weil sie die großen Denker in ihrem Kontext und von ihrem Kontext her versteht und damit über den reinen Ideenvergleich hinaus auch deren Bedingungen und öffentliche Bedeutung in den Blick nimmt.«[310] Das Argument der Achsenzeit erlaube es folglich, einen synchronischen Schnitt durch die Geschichte der Denktraditionen zu ziehen.

Roetz spricht von einem »eindrucksvolle[n] Porträt der Achsenzeit«[311] und sieht hierin drei Dimensionen, die nicht bloß eine Epoche von historischer Bedeutung liefern, sondern auch eine kommunikative Basis für die Beschäftigung mit dem Eigenen und dem Fremden: »1. Die *synchrone Dimension* betrifft die Gleichzeitigkeit ähnlicher Fortschritte im Denken auf einer geographischen Achse vom Mittelmeerraum bis nach Ostasien. 2. Die *diachrone Dimension* betrifft den grundlegenden, kulturstiftenden Charakter der Achsenzeit für die jeweiligen Kulturkreise, die sich in all ihren späteren Entwicklungen immer wieder auf sie beziehen. Sie ist die Achse, um die sich in Zukunft alles dreht. 3. Die *universalistische Dimension* betrifft die Perspektive auf eine gemeinsame Zukunft der Menschheit, die die Achsenzeit erstmals eröffnet.«[312]

Smart, der die Achsenzeithypothese Jaspers' ebenfalls für weiterführend hält, zeichnet gemäß seinem Verständnis von Jaspers' Theorie die Entwicklung des menschlichen Denkens auf regionaler Basis nach. Hierbei handelt es sich um jeweils knappe Beschreibungen von Philosophien wie der südasiatischen, der chinesischen, der koreanischen, der japanischen, der indischen sowie der griechischen, der orientalischen, der jüdischen, der lateinamerikanischen, der nordamerikanischen und der afrikanischen Philosophie.[313]

Für Holenstein lässt sich Jaspers' Theorie im Wesentlichen aufrechterhalten, »insbesondere dann, wenn man ›die Achsenzeit‹ in erster Linie als eine überlieferungsgeschichtliche und nur in Abhängigkeit von der Form der Überlieferung auch als eine ideengeschichtliche Aufbruchzeit betrachtet und nicht etwa als eine psychoge-

---

309 Vgl. Mabe, Jacob Emmanuel: *Denken mit dem Körper*, 2010.
310 Reese-Schäfer, Walter: *Aristoteles interkulturell gelesen*, 2007, S. 14.
311 Roetz, Heiner: *Die chinesische Ethik der Achsenzeit*, 1992, S. 46 ff.
312 Ebenda, S. 47.
313 Vgl. Smart, Ninian: *Weltgeschichte des Denkens*, 2002.

netische Epochenschwelle.«[314] Auch er kritisiert, Jaspers lasse den afrikanischen Kontinent außer Acht, und merkt an, der bleibende Beitrag Afrikas zur Philosophie sei nicht in irgendwelchen exotischen Welt- und Wertvorstellungen zu suchen, sondern er bestehe vielmehr »in der Entwicklung der kognitiven Fähigkeiten, die für das spezifische Sprachvermögen der Menschen und ihre philosophische Kompetenz gleicherweise grundlegend sind.«[315]

Unhaltbar ist in diesem Zusammenhang die Annahme, es habe vor der Achsenzeit Denken im eigentlichen Sinne nicht gegeben. Ebenfalls ist es ein Vorurteil anzunehmen, daß Menschen erst in den Achsenzeitkulturen kognitive Fähigkeiten erworben hätten, um solche Denkoperationen auszuführen. Die für ein philosophisches Denken notwendigen kognitiven Fähigkeiten und Kategorien hat der ›Homo sapiens sapiens‹, also der besonders kluge Mensch, mit großer Wahrscheinlichkeit zusammen mit seiner Sprachfähigkeit schon in der Zeit erworben, als er sich noch ausschließlich in Afrika aufhielt.

Mythos und Logos als Pole menschlichen Denkens

Eine Grundlage der Achsenzeithypothese Jaspers' ist die Annahme, während der Achsenzeit habe sich ein ›grundlegender Übergang vom Mythos zum Logos‹ vollzogen. Dies ist mit der Vorstellung verknüpft, die als Zentren der Achsenzeit ausgewiesenen Kulturen, hierunter insbesondere Griechenland, hätten das mythische Denken abgelegt, während dieses in den ›Naturvölkern‹ weiterhin fast ausschließlich gepflegt werde.

Diese Bestimmung ist problematisch. Es scheint nicht ein Entweder-Oder, sondern ein Sowohl-als-auch hinsichtlich des Verhältnisses zwischen Mythos und Logos zu geben. In allen Kulturregionen ist festzustellen, dass der Mensch sowohl im Bereich der mythischen, spirituell-religiösen Denkweise wie auch in dem des rationalen Denkens zu Hause ist, dies allerdings sicher in unterschiedlichen Abstufungen. Es bleibt eine offene Frage, ob sich ein solcher Übergang, durch den der Mythos schrittweise überwunden werden könnte, stufentheoretisch behandeln ließe.

> **Merke:**
> Der Versuch, den Mythos durch den Logos zu überwinden oder restlos zu ersetzen, ist illusorisch, denn hierbei wäre der Logos der Gefahr ausgesetzt, sich selbst zu mythisieren.

Kritische Anmerkungen

Es gilt nachzuforschen, warum Jaspers a) von lediglich drei Schriftkulturen, China, Indien und Griechenland ausgeht, in denen er den Übergang vom naiv-mythischen zum rationalen Denken ansiedelt, und b) warum er Afrika, die indianischen Welt-

---

314 Holenstein, Elmar: *Die Kulturgeschichte der Menschheit*, 1999, S. 163-184, insbesondere, S. 171, vgl. auch S. 50. Die Achsenzeit ist ein zentrales Thema von Shmuel N. Eisenstadt, er greift aber diesen Begriff auf, ohne sich mit ihm im Ansatz auseinanderzusetzen. Vgl. Eisenstadt, Shmuel N. (Hrsg.): *Kulturen der Achsenzeit*, 1992.
315 Holenstein, Elmar: *Philososophie-Atlas*, 2004, S. 80.

anschauungen Nordamerikas und Lateinamerikas völlig ausschließt. Ferner gebraucht Jaspers ›Griechenland‹ und ›Abendland‹ als Synonyme, wobei unklar bleibt, was ›Abendland‹ ist und welche Gebiete es umfasst.

Über zwei Jahrtausende waren den Menschen nur Texte zugänglich, die in jener Zeit verfasst wurden oder aber, wenn es ältere Texte waren, die damals redigiert wurden. Erst die archäologische Forschung der vergangenen 150 Jahre hat ältere Texte ans Licht gebracht. Obgleich diese Texte Jaspers bekannt sein müssten, hält er an seiner dreifachen Achsenzeithypothese fest und vernachlässigt Kontinente, die von erheblicher philosophischer Bedeutung für die Geschichte und Gegenwart sind.

Es ist darauf hinzuweisen, dass die Achsenzeit lediglich eine weltgeschichtliche Hypothese darstellt, weil Jaspers nicht voraussetzt, dass in der Achsenzeit alles gemäß seiner Erklärung genau so zugegangen sein muss. Sofern dies der Fall sein sollte, würde sie empirisch nachweisbar sein: »Eine Achse der Weltgeschichte, falls es sie gibt, wäre *empirisch* als ein Tatbestand zu finden, der als solcher für alle Menschen […] gültig sein kann.«[316] Viele Kritiker haben diese Tatsache übersehen und sind deshalb zu einseitigen Urteilen gekommen.

Trotz gewisser restriktiver Bestimmungen der Achsenzeit berührt Jaspers' Hypothese einen entscheidenden Punkt, der den groben Euro- und Christozentrismus auf dem Gebiet der Kultur, Philosophie und Religion überwinden will und den Blick auf eine Philosophie freigibt, die schon ›interkulturell‹ war, bevor die Philosophie als *genuin* griechisch oder abendländisch-europäisch erklärt worden ist. Für Jaspers stehen Achsenzeit und *philosophia perennis* in einem engen Zusammenhang. Sie ist eine Instanz, welche »die Gemeinsamkeit schafft, in der die Fernsten miteinander verbunden sind, die Chinesen mit den Abendländern, die Denker vor 2500 Jahren mit der Gegenwart.«[317]

> **Übungsaufgabe:**
> Erläutern Sie die Hypothese der ›Achsenzeit‹ und nehmen Sie kritisch Stellung dazu und diskutieren Sie die Auffassungen von Befürwortern und Kontrahenten.

4.1.2 Heinz Kimmerle (*1930)

Nach dem deutsch-niederländischen Philosophen Heinz Kimmerle kann sich die Philosophie nicht mehr darauf beschränken, die Philosophie eines Weltteils zu sein. Wenn auf vielen verschiedenen Gebieten – wie Wirtschaft und Politik, Wissenschaft und Kunst, Sport und Tourismus – Kontakte und Austausch zwischen allen Kulturregionen der Welt bestehen, können solche auch auf dem Gebiet der Philosophie nicht fehlen.

Philosophie wird dann als Interkulturelle Philosophie betrieben. Diese Art, Philosophie zu betrachten, ist aber *mehr* als von der europäisch-westlichen Welt aus mit nicht-westlichen Philosophien Kontakte zu suchen und Dialoge anzuregen. Für gleichwertige und gegenseitige Beziehungen zwischen allen Traditionen ist es wichtig, dass die Initiative gleichermaßen auch von nicht-westlichen Philosophien ausgeht.

---

316 Jaspers, Karl: *Vom Ursprung und Ziel der Geschichte,* 81983, S. 19.
317 Jaspers, Karl: *Weltgeschichte der Philosophie,* 1982, S. 56 und 163.

> **Merke:**
> Dabei ist Interkulturelle Philosophie nicht eine neue Disziplin »neben Geschichte der Philosophie, Logik, Erkenntnistheorie, Ethik, philosophischer Anthropologie, Wissenschaftstheorie, Rechtsphilosophie, politischer und Sozialphilosophie oder auch Kulturphilosophie, sondern eine neue Dimension des Philosophierens in allen seinen Disziplinen. Ihre Aufgabe kann auch innerphilosophisch als die mögliche und notwendige Akkumulation der kulturell unterschiedlich ausgeformten philosophischen Stile und Inhalte formuliert werden. Der Philosophiebegriff selbst wird auf diesem Weg erweitert und neu präzisiert.«[318]

Einige wichtige Ausgangspunkte innerhalb der europäisch-westlichen Philosophie sind »die Philosophien der Differenz [...], die sich vor aller das Ganze umfassenden philosophischen Systematik«, wie sie traditionell vorgeherrscht hat, »dem Anderen zuwenden, dessen Andersartigkeit nicht nur als das Andere (die spiegelbildliche Gegenseite) des Eigenen verstanden wird«.[319] Von daher können die Philosophien der Differenz nach Kimmerle als *ein* möglicher Weg zur Interkulturellen Philosophie gelten. Er hat sich bewusst für diesen Weg entschieden.[320]

Eurozentrismus und Dialoge der Philosophien

Mit der Zuwendung zum Anderen ist eine Kritik am Zentrismus insgesamt und am Eurozentrismus der europäisch-westlichen Philosophie insbesondere seit der Aufklärung verbunden.

> **Merke:**
> Hegel ist ein Vertreter des Eurozentrismus in der Philosophie. Er hat den Gedanken, dass es Philosophie ausschließlich in Europa gibt, in der radikalsten und deutlichsten Form ausgearbeitet.

Indessen gibt es schon während der Aufklärung selbst und verstärkt seit dem Beginn des 19. Jahrhunderts in Europa ein Interesse an nicht-westlicher Philosophie: »In England und Deutschland werden in dieser Zeit wichtige indische philosophische Texte übersetzt [...] Einen Meilenstein in dieser Entwicklung bildet ein Essay von Wilhelm von Humboldt (1767-1835) aus dem Jahr 1826, in dem er die *Bhagavadgita* im Zusammenhang des großen Werkes *Mahabharata* aus der frühen Geschichte der indischen Philosophie interpretiert.«[321]

Man kann darin den Anfang der Vergleichenden oder Komparativen Philosophie sehen, die sich von europäisch-westlichen Voraussetzungen aus mit der Philosophie des Ostasiens (Indien, China und später auch Japan) beschäftigt. Auch wenn es Ansätze gibt, die Komparative Philosophie auf eine allgemeinere Grundlage stellen, hat sie in ihrer relativ langen Geschichte innerhalb der Mehrheit der akademischen Philosophie in Europa und im Westen keine grundsätzliche Offenheit für nicht-westliche Philosophien bewirken können.

---

318 Vgl. Kimmerle, Heinz: *Der Philosophiebegriff der interkulturellen Philosophie*, 2009.
319 Kimmerle, Heinz: *Interkulturelle Philosophie*, 2002, S. 10.
320 Vgl. Kimmerle, Heinz: *Philosophien der Differenz*, 2000, S. 196-222.
321 Kimmerle, Heinz: *Hegels Begriff der ›eigentlichen‹ oder ›echten‹ Philosophie*, 2010, S. 76.

Auch in der europäisch-westlichen Philosophie selbst gibt es Ausnahmen von der eurozentrischen Denkweise der Aufklärung.

Von Schopenhauer über Friedrich Nietzsche bis zum späten Martin Heidegger und Derrida werden gegenüber der europäisch-westlichen Philosophie kritische Standpunkte eingenommen und bestimmte Motive aus nicht-westlichen Traditionen übernommen. Schopenhauer hat den Gedanken des Nichts und das Problem des Leidens aus dem Buddhismus übernommen.

Nietzsche sieht den Buddhismus weniger kritisch als die christliche Tradition, und der späte Heidegger öffnet sich für das japanische Denken und sucht ein Gespräch mit früher chinesischer Philosophie, insbesondere mit Laotse.

Derrida kritisiert ausdrücklich den Eurozentrismus der europäisch-westlichen Philosophie seit Jean-Jacques Rousseau (1712-1778) und verwirft die negative Qualifizierung von bestimmten Kulturen als ›schriftlos‹. Ganz besonders ist Kimmerle von Derrida und der poststrukturalistischen Philosophie beeinflusst. Er ist bestrebt, die Philosophie der Differenz mit der Philosophie in interkultureller Absicht zu verbinden.

In allen genannten Fällen kommt es jedoch nicht zu einem wirklichen Ernstnehmen der nicht-westlichen Philosophien. Es bleibt vielmehr immer wieder bei der »doppelten Bewegung des Sich-öffnens und zugleich auch Wieder-verschließens gegenüber anderen Kulturen«[322] und ihren Philosophien. ›In der Theorie und Praxis Interkultureller Philosophie hat sich die Kommunikationsform der polyphonen Dialoge als nützlich und adäquat erwiesen.‹

Dialoge setzen nach Kimmerle Gleichheit zwischen den Partnern, dem Rang nach und Verschiedenheit dem Inhalt nach voraus. Ferner ist Offenheit im Blick auf die zu erwartenden Ergebnisse und gemeinsame Bezogenheit auf die zu besprechende Sache konstitutiv. Man kann nach Kimmerle erst wirklich von Dialogen sprechen, wenn der Andere mir etwas zu sagen hat, das ich mir auf keine Weise auch selbst hätte sagen können.[323] Franz Martin Wimmer spricht in diesem Zusammenhang von »Polylogen«.[324]

Afrikanische und Interkulturelle Philosophie

Im Arbeitszusammenhang der Interkulturellen Philosophie hat sich Kimmerle besonders der afrikanischen Philosophie zugewandt, die durch Jahrhunderte primär mündlich betrieben und überliefert worden ist. Sie ist deshalb aus europäisch-westlicher Sicht in einem radikaleren Sinn *anders* als etwa orientalische, indische oder chinesische Philosophie, die eine alte bis sehr alte schriftliche Tradition kennen. Dialoge mit subsaharisch-afrikanischer Philosophie finden sich in mehreren seiner Werke.[325]

Die wichtigsten Beispiele sind Dialoge über den Zeitbegriff und die Entwicklungsproblematik sowie über das Verhältnis von Person und Gemeinschaft. In bei-

---

322 Vgl. Kimmerle, Heinz: *Prolegomena*, 1996, S. 25.
323 Vgl. Kimmerle, Heinz: *Dialoge als Form der interkulturellen Philosophie*, 2005, S. 97-117.
324 Vgl. Wimmer, Franz Martin: *Interkulturelle Philosophie*, 2004, S. 66-73.
325 Vgl. Kimmerle, Heinz: *Philosophie in Afrika – afrikanische Philosophie*, 1991 und *Die Dimension des Interkulturellen*, 1994.

den Fällen wird durch den Dialog eine gegenseitige Annäherung der Standpunkte und eine Klärung der bleibenden Unterschiede erreicht.

> **Merke:**
> Es kommt also nicht im Sinn der Hermeneutik Gadamers zu einer ›Horizontverschmelzung‹, zu einem neuen dritten Standpunkt, den die Dialogpartner dann gemeinsam vertreten.[326]

Mit dem Ernstnehmen der afrikanischen Philosophie ist der prinzipielle Schritt verbunden, dass auch Kulturen, die primär mündliche Formen der Kommunikation und Überlieferung praktizieren, Philosophie haben. Für Kimmerle haben alle Kulturen eine ihre zugehörige Philosophie, die irreduzibel sei. Dem steht aber, wie mehrfach bemerkt, die immer noch weit verbreitete Auffassung diametral entgegen, dass es Philosophie nur in der europäisch-westlichen Welt gebe.

Eingenommen ist nach Kimmerle der Standpunkt der Interkulturellen Philosophie noch keineswegs, wenn in Hinsicht auf die Kulturen der Welt selektiv verfahren wird, indem in Indien, China, Japan und vielleicht auch in der orientalischen Welt das Entstehen und Bestehen von Philosophie angenommen wird, die lateinamerikanischen, afrikanischen und sonstigen Philosophien aber dabei nicht beachtet werden.

> **Merke:**
> Der Eurozentrismus der europäisch-westlichen Philosophie, wie ihn am radikalsten Hegel vertreten hat, beruht nach Kimmerle auf einer Selbstüberschätzung des Westens und ist in der heutigen Welt nicht mehr haltbar.

Kimmerle ist durch die Kritik Hegels zur Interkulturellen Philosophie gekommen. Hegel hatte bekanntlich in Indien und China ›Vorformen‹ der Philosophie angenommen, die als solche aber erst und nur im antiken Griechenland entstanden sei. Afrika hatte aus seiner Sicht keine Geschichte, keinen Staat, keine hochstehende Religion und vor allem keine Philosophie. Kimmerle legt diese Überlegungen Hegels offen und zeigt, warum diese und ähnliche Haltungen verwerflich sind.[327]

Die Interkulturelle Philosophie ist, wie wir weiter oben gesehen haben, in konsequenter Betrachtung Weltphilosophie. Zur Weltphilosophie gehört eine Weltgeschichte der Philosophie. Damit ist, nach Kimmerle, der Gedanke obsolet geworden, dass es Philosophie und Philosophiegeschichte nur in der europäisch-westlichen Kultur gegeben hat und gibt.

Die Prinzipien der Philosophiegeschichte sind für jede Kultur, verstanden als offenes und dynamisch-veränderbares Sinn- und Orientierungssystem, aus der Philosophie abzuleiten, die ihr zugehörig ist. Nur im Nachhinein und vorläufig sind nach Kimmerle allgemeine Aussagen über Interkulturelle Philosophiegeschichtsbetrachtung möglich. Dabei ist an den Bezug auf die allgemeine Geschichte in der betreffenden Kultur zu denken und an das jeweilige Hervorgehen von Tradition aus einem stiftenden Anfang. Letzteres ist in vielen Kulturen zu beobachten, für Kimmer-

---

[326] Vgl. Kimmerle Heinz: *Das Verstehen fremder Kulturen und die interkulturelle philosophische Praxis*, 2002.
[327] Vgl. Kimmerle, Heinz: *Hegel und Afrika*, 1993, S. 303-325.

le vergleichbar mit dem Hervorgehen der europäisch-westlichen Philosophiegeschichte aus der Philosophie im antiken Griechenland.[328]

> **Übungsaufgaben:**
> 1. Welche Form des Philosophierens vertritt Heinz Kimmerle? Diskutieren Sie seinen Schwerpunkt.
> 2. Beschreiben Sie sein Verhältnis zum Zentrismus und zur Philosophiegeschichte.

4.1.3 Franz Martin Wimmer (*1942)

Philosophie und ihre Aufgaben

Dem österreichischen Philosophen Franz Martin Wimmer geht es um die Beantwortung der Frage, wie wir die traditionellen Philosophien für die heutigen Begegnungen der Denktraditionen fruchtbar machen können:

> **Merke:**
> »Ich verstehe unter ›Philosophie‹ ein denkerisches Projekt, das sowohl durch inhaltliche als auch durch methodische Vorgaben gekennzeichnet ist. Inhaltlich handelt es sich beim Philosophieren [...] stets um die Bemühung, einen oder mehrere von drei Problembereichen zu klären.«[329]

Hierbei geht es *erstens* um die »Frage nach der Grundstruktur von Wirklichkeit« durch die Hilfe von Teildisziplinen wie Metaphysik, Ontologie oder philosophische Anthropologie; *zweitens* handelt es sich um die »Frage nach der Erkennbarkeit der Wirklichkeit« durch die Erkenntnistheorie oder Logik und *drittens* geht es um die »Frage nach der Begründbarkeit normativer Sätze« durch Ethik und Ästhetik.[330]

Philosophie beinhaltet Sachverhalte, »in denen Auffassungen über die Grundstruktur der Wirklichkeit und/oder über deren Erkennbarkeit und/oder über Werte und Normen zum Ausdruck kommen. Philosophie könnte somit als Produktion und Kritik von Theorien, die bestimmte Bereiche des Denkens zum Gegenstand haben, definiert werden.«[331]

Wimmer hält einen Vorbegriff von Philosophie für grundlegend, um »einerseits Denkformen und -traditionen, die zu Unrecht oder aus kontingenten Gründen nicht unter diesen Begriff gefaßt worden sind, in ihrer Bedeutung zu erfassen; andererseits um abzugrenzen gegen solche, die nicht darunter fallen, obwohl sie auf dem Markt der Bücher und Ideen unter diesem Titel firmieren.«[332]

Bei der Bestimmung seines Philosophiebegriffs und damit auch seines Verständnisses von Interkultureller Philosophie geht Wimmer von den oben genannten drei Kernbereichen okzidentaler Philosophie aus, schränkt dies zugleich aber als eine Regionalphilosophie ein.

---

328 Vgl. Kimmerle, Heinz: *Philosophie – Geschichte – Philosophiegeschichte*, 2009, S. 89-96.
329 Wimmer, Franz Martin: *Thesen, Bedingungen und Aufgaben interkulturell orientierter Philosophie*, 1998, S. 5.
330 Ebenda, S. 5.
331 Wimmer, Franz Martin: *Interkulturelle Philosophie*, 2000.
332 Wimmer, Franz Martin: *Thesen, Bedingungen und Aufgaben interkulturell orientierter Philosophie*, 1998, S. 5.

> **Merke:**
> »Eine interkulturell orientierte Philosophie ist vonnöten, aber es muss in angebbarem Sinn Philosophie sein, was unter diesem Namen betrieben wird.«[333]

Um das Projekt interkulturellen Philosophierens zu fördern, schlägt er die Idee der ›Polyloge‹ vor. Damit ist eine Vielzahl von Dialogen auf der Grundlage unterschiedlicher Denkgewohnheiten und innerhalb verschiedener Traditionen im Weltkontext gemeint. Eine solche Orientierung »setzt eine Relativierung der in den einzelnen Traditionen entwickelten Begriffe und Methoden ebenso voraus wie einen neuen, nicht-zentristischen Blick auf die Denkgeschichten der Menschheit.«[334]

Für Wimmer ist die Interkulturelle Philosophie praktisch ausgerichtet und richtet sich nach Minimalregeln. Hierzu gehören die folgenden Punkte:

> **Merke:**
> Negativ formuliert: »Halte keine philosophische These für gut begründet, an deren Zustandekommen nur Menschen einer einzigen kulturellen Tradition beteiligt waren. […] Positiv formuliert: Suche wo immer möglich nach transkulturellen ›Überlappungen‹ von philosophischen Begriffen, da es wahrscheinlich ist, daß gut begründete Thesen in mehr als nur einer kulturellen Tradition entwickelt worden sind.«[335]

Die Einhaltung dieser Minimalregeln würde nach Wimmer zu »verändertem Verhalten in der Wissenschafts-, Kommunikations- und Argumentationspraxis führen.«[336] Die Praxis Interkultureller Philosophie setzt eine Reihe von Selbstüberwindungen voraus. Es gilt anzuerkennen, dass nicht nur die Primärsprachen, in denen Philosophierende grundsätzlich denken und ihre Gedanken ausdrücken, sehr verschieden sind, sondern die Idee, Philosophie sei *ausschließlich* eine Hervorbringung der Griechen, ein unhaltbares Vorurteil darstellt.

In diesem Sinne solle die Interkulturelle Philosophie implizite, kulturell bedingte Denkweisen analysieren, Stereotype der Selbst- und Fremdwahrnehmung kritisieren, Offenheit und Verständnis befördern, in gegenseitiger Aufklärung bestehen und Humanität und Frieden fördern.[337]

> **Merke:**
> Die Interkulturelle Philosophie ist zusammenfassend für Wimmer eine Fortsetzung des Programms der europäischen Aufklärung durch einen ›Polylog‹ der Traditionen.[338] Dadurch wird die Interkulturelle Philosophie zu einer europäischen Ethnophilosophie.

---

333 Wimmer, Franz Martin: *Ansätze einer interkulturellen Philosophie*, 1993, S. 29.
334 Wimmer, Franz Martin: *Thesen, Bedingungen und Aufgaben interkulturell orientierter Philosophie*, 1998, S. 6.
335 Wimmer, Franz Martin: *Interkulturelle Philosophie*, 2004, S. 51.
336 Ebenda, S. 50 f.
337 Vgl. Ebenda, S. 134.
338 Wimmer hat den Begriff ›Polylog‹ eingeführt. Vgl. Wimmer, Franz Martin: *Thesen, Bedingungen und Aufgaben interkulturell orientierter Philosophie*, 1998, S. 12.

Philosophiegeschichtsschreibung

Ein wichtiger Arbeitsbereich Wimmers bildet die Philosophiegeschichtsschreibung. Er weist nicht nur den Weiterbestand der traditionellen Historiographie der Philosophie zurück, sondern steht ihrer eurozentrischen Ausrichtung ablehnend gegenüber. Er hält die Erweiterung des eigenkulturellen Horizonts der Philosophiegeschichtsschreibung für nötig und machbar. Grundlegend seien dabei die Erschließung neuer Quellen, die Interpretation neuer Traditionen und die Berücksichtigung neuer Textsorten.

> **Merke:**
> »Es handelt sich darum, in einer hermeneutischen Zielsetzung das geistige Erbe der Menschheit aufzuarbeiten und für gegenwärtige Probleme und Fragen fruchtbar zu machen. In diesem Sinn sind möglichst klare und gleichzeitig umfassende Kategorien und Begriffe zu erarbeiten, was solange nicht gelingen kann, als die in der Geschichte praktizierte Beschränkung auf das Erbe nur einer Tradition oder Kultur nicht überwunden wird.«[339]

Wimmer hält die Philosophiehistoriographie aus einer Reihe von Gründen für modifikationsbedürftig. Hierzu formuliert er eine viergliedrige These:

1) »Kultur- und Philosophiegeschichte sind im Allgemeinen eurozentrisch. Damit ist eine Begrenzung und Beschränkung gegeben: Okzidentale Philosophie ist (auch) eine Regionalphilosophie (ebenso wie diejenige anderer Regionen).
2) Jede als universell geltend intendierte These ist möglicherweise kulturell geprägt; kulturell-partikulare Thesen sind jedoch in der Philosophie nach deren eigenem Anspruch nicht ausreichend.
3) Eine Ausweitung des kulturellen Horizonts der Philosophiegeschichte ist möglich und nötig: Neue Quellen sind zu erschließen, neue Traditionen zu interpretieren, neue Textsorten einzubeziehen.
4) Das Bewusstsein von der Überlegenheit europäischer philosophischer Tradition ist kritisierbar und zu kritisieren.«[340]

In sieben Thesen formuliert er seinen philosophiehistoriographischen Ansatz.[341] Alle Gegenstände der Philosophiehistorie sind Sachverhalte, in denen *erstens* Auffassungen über die Grundstruktur der Wirklichkeit und über deren Erkennbarkeit oder Werte und Normen zum Ausdruck kommen, in denen *zweitens* Sachverhalte sind, die auf individuelle menschliche Denktätigkeit zurückgeführt werden können, die *drittens* durch gegenwärtige Zeugnisse, d.h. durch empirische Belege erschließbar sind, die *viertens* Vergangenes darstellen und als solche historisch zu beschreiben sind, die *fünftens* im Bezug auf Periodisierungen, *sechstens* im Hinblick auf Klassifikationen von philosophischen Positionen und *siebtens* in Bezug auf deren Interpretationen kulturübergreifend sein sollen.

---

339 Wimmer, Franz Martin: *Interkulturelle Philosophie*, 1990, S. 239.
340 Wimmer, Franz Martin: *Thesen, Bedingungen und Aufgaben interkulturell orientierter Philosophie*, 1998, S. 10 f.
341 Vgl. Wimmer, Franz Martin: *Interkulturelle Philosophie*, 2004, S. 89-117.

> **Übungsaufgaben:**
> 1. Erläutern Sie den Philosophiebegriff von Franz Martin Wimmer. Diskutieren Sie die von ihm genannten drei Problembereiche. Nehmen Sie kritisch Stellung dazu, ob Interkulturelle Philosophie auf einer bestimmten Philosophie begründet werden kann.
> 2. Thematisieren Sie Wimmers Verhältnis zur Philosophiegeschichte. Erläutern Sie dabei seine sieben Thesen und versuchen Sie, diese zu erweitern.

4.1.4 Raúl Fornet-Betancourt (*1946)

Interkulturalität und Befreiung

Der kubanisch-deutsche Philosoph Raúl Fornet-Betancourt ist der Ansicht, die lebendige Gegenwart der Philosophie müsse als ein Panorama sichtbar gemacht werden, in dem die vielen Traditionen der Menschheit buchstäblich am Werke sind, mit dem Ziel, eine Kultur des Zusammenlebens zu ermöglichen:

> **Merke:**
> Eine neue »Gestaltung der Philosophie [...] des Philosophierens [ist zu suchen]; denn es wird nicht einfach eine Umgestaltung der Philosophie als akademische Disziplin gefordert, sondern eine Erneuerung der philosophischen Tätigkeit, der Beschäftigung mit der Philosophie im allgemeinen, wobei genau die verschiedenen Praktiken des Philosophierens, mit denen uns die Vielfalt der Kulturen der Menschheit konfrontiert, berücksichtigt werden.«[342]

Fornet-Betancourt steht unter dem Eindruck des Philosophen José Martí (1853-1895), der in seinen Vorlesungen zur Philosophie in Guatemala im Jahre 1877/1878 von den verschiedenen Entstehungsorten der Philosophie sprach und dazu die gleichberechtigte Einbeziehung der altamerikanischen Denkformen in die Philosophie einforderte.[343] Auch haben ihn die Kulturtheoretiker Fernando Ortíz (1880-1969) und Jorge Mañach (1898-1969), die als Wegweiser interkulturellen Philosophierens gelten, unterschiedlich geprägt.[344]

Die Haltung der Interkulturalität entwickelt Fornet-Betancourt während seines Philosophiestudiums. Entscheidend bei diesem Prozess sind Kontakte zu Mexiko und Peru, also zu Ländern mit ausgeprägtem indianischem Profil. Fornet-Betancourt beschäftigt sich mit dem Anliegen der Dekolonisation oder, positiver formuliert, der Befreiung der Vielfalt. Er lernt, die kulturelle Mannigfaltigkeit Lateinamerikas mit neuen Augen zu betrachten und bringt die Idee der Interkulturalität von vornherein in eine enge Verbindung zu seinem eigenen Kulturraum. In einer interkulturellen Orientierung sieht er das Gleichgewicht der Menschheit.

---

342 Fornet-Betancourt, Raúl: *Zur interkulturellen Transformation der Philosophie in Lateinamerika*, 2002, S. 9.
343 Vgl. Fornet-Betancourt, Raúl: *José Martí interkulturell gelesen*, 2007.
344 Vgl. Mañach, Jorge: *Teoría de la frontera*, 1970.

> **Merke:**
> Der Begriff des ›Denkens‹ steht im Zentrum der Philosophie Fornet-Betancourts. Denken heißt für ihn, sich mit den Lebensumständen auseinanderzusetzen, unter denen eine Idee entstanden ist: »Wer Philosophie auf Textkritik reduziert und dabei nur Exegese der Texte im Hinblick auf das Verstehen ihrer reinen Textualität betreibt, verfehlt die andere Dimension philosophischer Texte und verkürzt den Sinn von Philosophie.«[345]

Als bloß exegetische Textkritik reduziere sich Philosophie nach diesem Verständnis auf eine Karikatur von Philosophie und sei »im Grunde philosophisch disqualifiziert, da philosophische Texte zweidimensionale Kompositionen sind, mit denen man sich nicht beschäftigen kann, ohne auf das ihre Textur ausmachende Zusammenspiel von Denken und Situation verwiesen zu werden.«[346]

Interkulturalität in diesem Sinne ist eine Haltung, die uns heute bei der Aufgabe des Aufbaus einer anderen, in ihrer Vielfalt im Gleichgewicht stehenden Welt orientieren soll. Aber gerade deshalb ist Interkulturalität mit Schwierigkeiten verbunden, wobei Fornet-Betancourt weniger ihre Theorie als vielmehr ihre Praxis meint.

Es darf weder übersehen noch unterschätzt werden, dass die Idee der Interkulturalität in einer Welt vertreten wird, die sich gerne als ›globale Welt‹ versteht bzw. die durch die Globalisierung charakterisiert wird. Weil nicht alle Kulturen in diesem Prozess gleichgewichtig ›globalisiert‹ werden, sondern durch gezielte Finanz- und Marktstrategien, aber auch durch militärische Interventionen ein westliches neoliberales Modell expandiert, ist Globalisierung ein weiterer Ausdruck westlicher Hegemonie bzw. des altbekannten kolonial-imperialistischen Anspruchs des Westens. Fornet-Betancourt befürchtet, dass in diesem Weltkontext eine kulturalistisch verkürzte Interkulturalität toleriert wird, die theoretisch bleibt und die Machtfrage ausklammert.

> **Merke:**
> Interkulturalität aber, die sich als Praxis neuer Beziehungen zwischen den Völkern versteht, wird es schwer haben, weil sie auch ein Gegenmodell zum System darstellt, das ganz konkrete politische Forderungen als Bedingung für die Herstellung einer solidarischen Ordnung des kulturellen Gleichgewichts impliziert, wie z.B. die Forderung nach einer demokratisierenden interkulturellen Umstrukturierung der internationalen Institutionen.

Unter den Bedingungen der heute verbreiteten hegemonialen Globalisierung wird Interkulturalität zu einer theoretisch-praktischen weltverändernden Kraft, die im Widerstand der Kulturen gegen die Uniformität in ganz besonderer Weise zum Ausdruck kommt und die daher die vielen alternativen Bewegungen auf der ganzen Welt als Quelle ihrer faktischen Möglichkeit hat. Soziale Bewegungen wie z.B. jene, die für die Selbstbestimmung indigener Völker mitstreiten oder für die Kulturrechte von Migranten eintreten, stehen für Vielfalt auf der Welt und sind somit Impuls für eine Praxis interkultureller Beziehungen zwischen Menschen verschie-

---

345 Fornet-Betancourt, Raúl: *Modelle befreiender Theorie,* 2002, S. 19.
346 Ebenda, S. 19.

dener Kulturen. Die Praxis weltweiter Solidarität zwischen den unterdrückten Kulturen macht heute Interkulturalität möglich.[347]

Aus dieser Sicht folgt für Fornet-Betancourt die Konsequenz, dass die Frage der Gerechtigkeit zum Kernbereich eines interkulturell inspirierten Programms der Weltveränderung gehört. Ohne die Schaffung einer gerechten Weltordnung, in der gerechte Beziehungen und Strukturen auf allen Ebenen menschlichen Handelns den freien, gleichberechtigten Austausch zwischen allen Völkern gewährleisten, kann die Forderung der Interkulturalität nicht erfüllt werden. Die Praxis der Interkulturalität in einer wirklich ›freien‹ Welt setzt somit Gerechtigkeit voraus, die, wie im Zusammenhang mit interkultureller Toleranz dargestellt, kein biologisches Prinzip ist. Wohl deshalb sei sie unter den gegenwärtigen Bedingungen heute eine subversive Forderung.

Ohne die Bedeutung der Arbeit über die hermeneutischen Bedingungen interkultureller Verständigung oder über erkenntnistheoretische Grundlagen des Dialogs der Kulturen unterschätzen zu wollen, sieht Fornet-Betancourt als Beitrag zur Interkulturellen Philosophie die Aufgabe als wichtig an, die Artikulation mit den alternativen sozialen Bewegungen zu verstärken und dadurch das Gespräch mit den Traditionen und Visionen zu intensivieren, von denen aus sie Widerstand leisten.

> **Merke:**
> Es käme konkret darauf an, die Interkulturelle Philosophie zur Begleiterin von Transformationsprozessen zu machen, bei denen um Vielfalt und um deren Kommunikation gekämpft wird.

Philosophiegeschichtsschreibung

Die Konzeptualisierung einer interkulturellen Historiographie der Philosophie ist für Fornet-Betancourt deshalb notwendig, weil dadurch der nach wie vor vorhandene philosophische Eurozentrismus positiv überwunden werden kann. Indem man die Geschichte der Philosophie nicht am Leitfaden der expansiven Entwicklung des westlichen Logos, sondern aus der Vielfalt der verschiedenen Denk- und Handlungstraditionen der Menschheit heraus rekonstruiert, kann gezeigt werden, dass die Geschichte der Philosophie ein pluraler Ort ist, an dem viele Argumentationsgeschichten entstehen und sich entwickeln und die ihre eigene Form behalten – auch wenn sie sich in ihrer Entfaltung häufig kreuzen –, so dass man sie nicht unter eine einzige Geschichte subsumieren kann. In der Philosophie kann man daher den Ansatz der Interkulturalität nicht vertreten, ohne die Geschichte der Philosophie pluralistisch neu zu schreiben, wobei ›pluralistisch‹ die interkulturelle Aneignung der Vergangenheit bedeutet.

Eine interkulturelle Historiographie der Philosophie geht über die Pluralität der Interpretationen bzw. der Darstellungen des durch die Menschheit Gedachten hinaus. Damit soll gezeigt werden können, dass die Philosophie viele Wege kennt, die in ihrer jeweiligen Notwendigkeit und Bedeutung anzuerkennen sind. Denn in

---

347 Vgl. Fornet-Betancourt, Raúl: *Neue Formen der Solidarität zwischen Nord-Süd: Gerechtigkeit universalisieren*, 2006.

einer interkulturell angelegten Philosophiegeschichtsschreibung geht es darum, die philosophische Historiographie von der Dominanz der Zentrismen zu befreien, um anderen Traditionen einen gleichberechtigten Platz einzuräumen. Dieser geschichtlichen Vielfalt müsse nach Fornet-Betancourt eine interkulturelle Geschichte der Philosophie Rechnung tragen.[348]

> **Übungsaufgaben:**
> 1. Thematisieren Sie das Philosophieverständnis von Raúl Fornet-Betancourt. Nehmen Sie dazu kritisch Stellung.
> 2. Was kritisiert Fornet-Betancourt an den bestehenden Philosophiegeschichtsschreibungen und welche Alternativen schlägt er vor?

4.1.5 Harald Seubert (*1967)

Die philosophische Orientierung des deutschen Philosophen Harald Seubert ist in der Hermeneutik und der Phänomenologie begründet. Interkulturelle Philosophie ist für ihn die Erschließung des Raumes der ›philosophia perennis‹, aus komplementär einander ergänzenden Philosophien der verschiedenen Kontexte der Weltkulturen.

> **Erklärungsversuch:**
> »Interkulturelle Philosophie ist nicht einfach ein Applikationsverhältnis der Philosophie nach außen. Ihre Anforderungen formen und verändern vielmehr den Philosophiebegriff im Ganzen. Man könnte geradezu von einer Umkehr und Umwendung der Philosophie sprechen.«[349]

Der Sinn einer solchen Perspektive und ihre Notwendigkeit ergeben sich für Seubert zuerst aus innerphilosophischen Gründen. Aus einer solchen Denkart geht, so seine Zielperspektive, teils in Schnittmengen, teils in Gegensätzen eine vielstimmige Weltphilosophie hervor, die sich aus dem ›inter‹, den Begegnungsräumen konstituiert und wechselseitige Infragestellungen und Ergänzungen ermöglicht.

Seuberts Konzeption setzt, genealogisch und in der Sache, bei der Neulektüre großer Ansätze der ›philosophia perennis‹ im Licht der meist implizit oder unterschwellig vorhandenen interkulturellen Perspektive an.[350] Wesentlich an solchen Neulektüren ist für Seubert einerseits die Hervorhebung interkultureller Potentiale, andererseits die Konfrontierung jener Philosophien mit Konzeptionen aus anderen Weltregionen.

Im Ansatz Seuberts werden, auf dieser Erkenntnis aufbauend, die Bedingtheit von Denkformen und Methoden europäisch geprägter Philosophien, aber auch die Annäherungen von Denkformen, die in verschiedenen Kulturregionen geprägt worden sind, thematisiert und befragt. Sich dieser Interferenzen bewusst zu sein,

---

348 Vgl. Fornet-Betancourt, Raúl: *Zur interkulturellen Kritik der neueren lateinamerikanischen Philosophie*, 2005, S. 115 ff.
349 Seubert, Harald: *Eine phänomenologische Topographie interkulturellen Philosophierens*, 2010, S. 193.
350 Hierzu gehören Nikolaus Cusanus (1401-1464), Friedrich Wilhelm Schelling (1775-1854), Max Weber und phänomenologische Bereiche, über die Seubert Einführungen vorgelegt hat. Vgl. Seubert, Harald: *Nicolaus Cusanus interkulturell gelesen*, 2005; *Max Weber interkulturell gelesen*, 2006 und *Schelling interkulturell gelesen*, 2006.

führt im Denken Seuberts zu einer erweiterten Rationalität, die methodisch und in der Sache nicht linear, sondern gleichsam ›aus mehreren Gründen‹ verfährt. Maßgeblich ist dabei zugleich eine ›rettende Kritik‹ im Sinne von Walter Benjamin (1892-1940), die alle solche Gedanken und Denkformen neu in ihr Recht einsetzt, die auf den dominierenden Wegbahnen der okzidentalen Rationalität nicht oder nicht genügend zur Sprache kamen.

An diesen und ähnlichen Fragen hat Seubert vor allem in Zwiesprache mit anderen Vertretern Interkultureller Philosophie wie Kimmerle und Ram Adhar Mall gearbeitet.[351] Relativität und zugleich interkulturelle Berechtigung von Dialektik bilden dabei einen besonderen Schwerpunkt. Für Seubert ist das Verhältnis von Philosophie und Religionen ein ›nervus probandi‹ der interkulturellen Selbstthematisierung und Selbstinfragestellung der Philosophie, da eben hier schon die Kategorien infrage stehen und europäische Modelle, bspw. von Säkularisierung, ›fides‹ und ›ratio‹ keineswegs allgemein verbindlichen Anspruch erheben können.

Kritik und Skepsis

Nach diesem Vorverständnis wird zugleich deutlich, was Interkulturelle Philosophie für Seubert nicht ist. Sie ist nämlich *erstens* nicht die Vorbereitung einer *trans*-differentiellen neuen globalen Universalphilosophie. Die Gefahr einer solchen ›lingua franca‹ liegt darin, dass sie die verschiedenen konkreten Ansätze und Sprachen der Philosophie verdeckt und unsichtbar zu machen droht. Interkulturelle Philosophie ist *zweitens* auch nicht reine Differenzphilosophie im Sinne der Hypostase der ›différence‹ in der französischen Gegenwartsphilosophie oder der Theorien radikaler Unübersetzbarkeit, weil solche Konzeptionen, streng genommen, gar nicht gesprächsfähig sein können. Interkulturelle Philosophie kann *drittens* auch nicht als eine nur politisch-ethisch motivierte Kompensation der Verschuldungen der imperialen Kolonialgeschichte verstanden werden. Seuberts Skepsis gegenüber solchen nur postkolonialen Diskursen hängt damit zusammen, dass jeder funktionale oder nur kulturtheoretische Gebrauch des interkulturellen Elementes in eklatanter Weise defizient ist.

Diese dreifache Defizienz bedeutet – wie Seubert immer wieder betont – eine Gefahr, derer die Interkulturelle Philosophie sich bewusst sein muss.[352] Seubert unterstreicht die Notwendigkeit einer Umfigurierung tradierter Philosophie im interkulturellen Sinn: Klassische philosophische Konzeptionen neigen dazu, den Grund, auf dem sie entwickelt sind, und damit ihre Bedingtheit, selbst nicht zu bedenken und zu reflektieren. Das Ich der Transzendentalphilosophie ist weitgehend weltlos verfasst, der Freiheitsbegriff wird aus der Geschichtssituation der Neuzeit beschrieben, ohne dass diese selbst in ihrer Relativität artikuliert würde. An diesem Punkt folgt Seubert der These von Heinrich Rombach (1923-2004), dass alle explizite propositionale Philosophie, d.h. jede behauptete Philosophie, auf realen Grundphilosophien aufbaut, die sich in Architektur, Kunst oder Stilrichtung manifestieren.[353]

---

351 Vgl. Seubert, Harald: *Der Blick über den Graben*, 2006.
352 Vgl. Seubert, Harald: *Die Lebensmacht der Religion und die säkulare Vernunft*, 2010, S. 211-227.
353 Vgl. Seubert, Harald: *Heinrich Rombach interkulturell gelesen*, 2005.

Philosophiegeschichtsschreibung

Im Gegenzug kamen immer wieder rigide Infragestellungen jener philosophischen Rationalität auf, die philosophische Wahrheitsansprüche selbst als Täuschung oder Illusion decouvrieren wollten, bspw. Nietzsches genealogische Kritik. Daraus geht nach Seubert die weitere Defizienz eines Selbstdefaitismus der philosophischen Vernunft in der Richtung einer bloßen Wissenschafts- oder Erkenntnistheorie hervor, wie sie nach wie vor Teile der analytischen Philosophie bestimmt. Sprachanalytische Philosophie überspringt im Sinne der Kritik, die Seubert ihr gegenüber einnimmt, die Differenz zwischen einzelnen Sprachen allzu leicht mit ihrer Tiefen- und Oberflächengrammatik. Sie versagt daher auch vor dem Problem der Übersetzung und verfolgt einen Reduktionismus, der nur so lange überzeugend ist, wie eine westlich geprägte Rationalität zugrunde gelegt wird.

Die Engführung zwischen Metaphysik und Metaphysikkritik sowie Vernunft und Vernunftkritik, die Wiederanknüpfung an die großen Fragen der ›philosophia perennis‹ werden aus einem Kulturraum allein kaum geleistet werden können. Schon dazu bedarf es im Sinn von Seubert zwingend der interkulturellen Perspektive.

Eine zentrale Kritik Seuberts richtet sich, wie die Kimmerles, gegen Philosophiegeschichtsschreibung, die sich auf bloße Doxographie, also Sammlung der Aussagen von Philosophen beschränkt und sei es auch auf einem noch so differenzierten Niveau der Quellenerschließung; sie bleibt der philosophischen Fragebewegung äußerlich. Er wendet sich, bezogen auf dieses Defizit, strikt gegen die sterile Trennung von Geschichte der Philosophie und systematischer Philosophie. Seubert steht auch teleologischen sowie deszendenztheoretischen Verkürzungen der Philosophiegeschichte ablehnend gegenüber.

Philosophie hat, wie Seubert etwa mit Kurt Flasch (*1930) diagnostiziert, eine Geschichte. Dies darf aber nicht bedeuten, dass im Stil des Historismus Fragen der Wahrheitsgeltung in solche der Genesis aufgelöst werden. Ansätzen, diese Scheidung normativ zur Geltung zu bringen, wie bei Lorenz Bruno Puntel (*1935) [354], ist im Sinne von Seubert zu misstrauen; ebenso der Methodengewissheit, nach der vergangenes Denken aus einem anderen Kulturhorizont reformuliert und aktualisiert werden kann. Die – bedenkliche – hermeneutische Maxime, dass ein Besser-Verstehen umstandslos möglich wäre, wird durch interkulturell orientierte Philosophiegeschichtsschreibung selbst modifiziert werden müssen.[355]

Im Unterschied zu solchen Annahmen folgt Seubert eher der bei Hegel anzutreffenden Vorstellung, dass sich der Geist wie ein Maulwurf immer tiefer in einige Grundfragen einwühle. Darin sieht er die Möglichkeit einer interkulturellen Überprüfung und Modifizierung der Philosophiegeschichtsschreibung. Auf diesem Wege müssten bisherige Epocheneinteilungen, Genealogien und Kausalitäten grundsätzlich überprüft werden. Seubert hält eine solche fundamentale Neutralisierung der Philosophiegeschichtsschreibung für eines der vornehmsten Ziele der Interkulturellen Philosophie, das dann auch den systematischen Fragehorizont neu eröffnen würde.

---

354 Vgl. Puntel, Lorenz Bruno: *Wahrheitstheorien in der neueren Philosophie*, 31993.
355 Vgl. Seubert, Harald: *Der ›sensus communis‹ in Kants Theorie der Urteilskraft*, 2008.

Der geschichtliche Horizont Interkultureller Philosophie ist demzufolge auch insofern unerlässlich, als sie nicht ein Neubeginn der Philosophie *ab ovo* sein kann, sondern das vergangene Philosophieren insgesamt in einen veränderten Horizont rückt. In der Methodologie einer solchen Philosophiegeschichtsschreibung steht nicht weniger als *alles* zur Debatte, auch der Begriff der Geschichte, ihrer Sinnstruktur und ihrer Bedeutung selbst.[356]

> **Übungsaufgaben:**
> 1. Welche Form des Philosophierens vertritt Harald Seubert?
> 2. Diskutieren Sie die Rolle der Philosophiegeschichte und der philosophischen Systematik in seinem Denken.

4.1.6 Gregor Paul (*1947)

Für den deutschen Philosophen Gregor Paul bezeichnet ›Interkulturelle Philosophie‹ eine Philosophie, die sich in kritisch-rationaler Weise mit Fragestellungen, Diskussionen und Lösungsvorschlägen auseinandersetzt, die in allen Kulturregionen entwickelt wurden. Ziel und Methode Interkultureller Philosophie beschreibt Paul wie folgt:

> **Merke:**
> »Das […] höchste Ziel Interkultureller Philosophie ist eine gewaltfreie interkulturelle Verständigung. Dieses Ziel ist am besten durch argumentative Qualität zu erreichen. Sie ist auch das beste Mittel, um den rassistischen, kulturalistischen und politischen Instrumentalisierungen des Kulturellen zu begegnen, die solch einer Verständigung in gefährlicher Weise entgegen wirken.«[357]

Interkulturelle Philosophie könne in der Tat eine betont argumentative Disziplin sein, ohne dabei ethnozentrischen oder kulturzentrischen Vorurteilen – wie etwa einem ›Logozentrismus‹ – zu folgen. Paul unterscheidet Interkulturelle Philosophie von bloßer Geschichtsschreibung und spricht ihr als ›Praktischer Philosophie‹ normativen Charakter zu. Interkulturelle Philosophie besitzt für Paul die allgemeinen Merkmale der Philosophie überhaupt. Wie Kimmerle und Seubert ist er zu Recht der Ansicht, jede Philosophie sei letztlich interkulturell.

> **Merke:**
> Paul steht jeder Form von Historizismus ablehnend gegenüber und hält es, anders als insbesondere Hegel oder Marx, für unmöglich, aus der Geschichte naturgesetzähnliche Prinzipien ihres allgemeinen Verlaufs abzulesen und daraus Prognosen abzuleiten. Kultur versteht er als in sich uneinheitliche von Menschen gestaltete Komplexe, die sich stets verändern.

Von diesen Vorstellungen ausgehend, kommt Paul in kritischen, an Regeln der Konsistenz und allgemeinen Erfahrung orientierten Analysen verschiedener Kulturen und ihrer Philosopheme – wie insbesondere grundlegenden Lehrstücken der

---

356 Vgl. Yousefi, Hamid Reza: *Interkulturalität und Geschichte*, 2010.
357 Paul, Gregor: *Einführung in die Interkulturelle Philosophie*, 2008, S. 11.

Logik, Ethik und Ästhetik – zu einem theoretischen Universalismus, der in seiner praktischen Relevanz durch das Prinzip des kleineren Übels einzuschränken sei.[358]

Kulturen entwickeln nach Paul *unabhängig* voneinander eigene Normen und Logik[359], wobei er in einem anderen Zusammenhang argumentiert, in unterschiedlichen Kulturregionen existierten zwar unterschiedliche Logikkonzeptionen, die aber keine radikale Andersartigkeit im Denken, Reden und Handeln insinuieren.[360] Darüber hinaus verwendet er die Bezeichnungen ›Interkulturelle Philosophie‹ und ›Komparative Philosophie‹ gleichbedeutend.[361]

Philosophische Abgrenzungen

Paul unterscheidet Interkulturelle Philosophie unter anderem von der deskriptiven Historiographie, weil Interkulturelle Philosophie nicht auf die bloße Darstellung von Konvergenzen und Divergenzen beschränkt bleiben dürfe. Reine Beschreibungen könnten ohnehin kaum als Philosophie gelten, sondern Gemeinsamkeiten und Unterschiede seien vielmehr als ›Material‹ bzw. Basis und Ausgang für weitergehende philosophische Überlegungen anzusehen.

Dieses Material könne zur Entwicklung von Konzepten der Allgemeingültigkeit und der Toleranz benutzt werden. Paul denkt dabei an eine Verbindung der Maxime von der Integrität der Menschenwürde mit dem Prinzip der Goldenen Regel. Ein Beispiel derartiger Verknüpfung sieht er in der Tatsache, dass kein Mensch gefoltert und ›schlechter‹ als andere behandelt werden darf. Von solchen Erfahrungen ausgehend, lasse sich dann die Norm etablieren und verteidigen, den Schutz der Menschenwürde so sicherzustellen, wie es nur möglich sei. Freilich müssten die begrifflichen Kontexte der Menschenwürde und Menschenrechte im Vergleich und Verständnis der Kulturen im oben beschriebenen Sinne genauestens ermittelt werden.[362]

Für Paul sind bei alldem nur solche Differenzen und Übereinstimmungen ausführlicher philosophischer Reflexion wert, die in bestimmter Hinsicht wichtig sind. Dabei sei anzugeben, warum etwas wichtig ist oder nicht. In einer Ethik der Menschenrechte sollte man deshalb zwar bestehendes positives Recht und dessen theoretische und praktische, psychologische, soziologische und politische Kontexte etc. kennen. All dies betrachtet Paul jedoch primär als Material für philosophische Überlegungen – wie etwa für eine Erörterung der Fragen, ob ein bestimmtes Recht logisch konsistent, auch sonst wohlbegründet, gerecht oder verbesserungswürdig sei.[363]

---

358 Ebenda, S. 19 und 107.
359 Vgl. Paul, Gregor: *Logik, Verstehen und Kulturen*, 1998, S. 118 f.
360 Vgl. Paul, Gregor: *Einführung in die Interkulturelle Philosophie*, 2008, S. 50 ff.
361 Ebenda, S. 22.
362 Paul, Gregor: *Konfuzius und Konfuzianismus*, 2010, S. 53-60.
363 Paul, Gregor: *Einführung in die Interkulturelle Philosophie*, 2008, S. 39 f.

Kritik anderer Ansätze

Paul lehnt Philosophien wie die des späten Heidegger schon wegen der seiner Meinung nach ›inakzeptablen Sprachform‹ und der damit verbundenen Esoterik und Mystifizierung sowie deren politischen Implikationen ab.

Im Hinblick auf die Interkulturelle Philosophie hält Paul Übergeneralisierungen für problematisch. In diesem Sinne lasse sich z.B. nicht von Merkmalen des Zen und dessen begrenzter Verbreitung auf allgemeine Züge einer Kultur Ostasiens schließen. Noch problematischer seien die zahlreichen mehr oder weniger kulturrelativistisch ausgeprägten Versuche, welche die Andersheit überbetonen.

Paul insistiert, dass es keine ›ganz anderen‹ oder ›völlig fremden‹ Kulturen geben könne, wenn wir tatsächlich anerkennen, dass alle Menschen gleichwertige Menschen und alle Kulturen Menschenwerk sind. Bspw. würden überall und für alle und alles dieselben Naturgesetze gelten.

> **Merke:**
> Paul hält die Verwendung von Ausdrücken wie ›östliche‹, ›westliche‹ oder ›buddhistische‹ Kultur oder ›chinesische Philosophie‹ für irreführend. Großraumkulturen ließen sich kaum in philosophisch signifikanter inhaltlicher Form gegeneinander abgrenzen. Wendungen wie ›chinesische Kultur‹ unterstellen überdies die Existenz einer Art kulturessentialistischen Mentalismus, den es nicht geben könne. Klarer sei es, etwa von Philosophie in der Geschichte Chinas zu sprechen.[364]

Paul kritisiert ferner die herkömmlichen Formen der Geschichtsschreibung. Insbesondere den Anspruch, dass Geschichte als solche normativen Charakter besitze, hält er für problematisch. Allgemeiner formuliert, betrachtet er die Verwechslung von Sein und Sollen bzw. die daraus resultierenden Fehlschlüsse als logischen und überdies ethisch fatalen Irrtum. Dies bedeutet für ihn, dass keine Tradition, so alt und ›ehrwürdig‹ sie auch sein mag, als solche ihr Bestehen rechtfertigen kann, und dass keine deskriptive Historiographie auf irgendeine Weise Geschichtsverläufe, ›Zustände‹ oder den Erhalt eines ›Zustandes‹ zu begründen vermag. Wie dargestellt, lehnt er auch jeden Historizismus ab.

> **Übungsaufgaben:**
> 1. Analysieren Sie das Philosophieverständnis von Gregor Paul. Nehmen Sie dazu kritisch Stellung.
> 2. Diskutieren Sie die Ansichten Pauls zur Logik und Gleichsetzung der Komparatistik und Interkultureller Philosophie.

4.1.7 Ram Adhar Mall (*1937)

Der indisch-deutsche Philosoph Ram Adhar Mall geht von einem offenen Kulturbegriff aus und legt dementsprechend einen interkulturellen Philosophiebegriff zugrunde. Sein Arbeitsbereich umfasst Empirismus, Phänomenologie, Religionsphilosophie, Anthropologie und Hermeneutik.

---

364 Wenn wir Paul Folge leisten wollten, dann müssten wir auch von der ›Philosophie in der Geschichte Europas‹ oder der ›Philosophie in der Geschichte des Orients‹ usw. sprechen.

In der indischen Philosophie gilt sein Interesse insbesondere dem Buddhismus. Sein Ansatz ist neben den Strömungen indischen Denkens auch von Max Scheler (1874-1928) und Karl Jaspers in Europa beeinflusst. Philosophie ist für Mall anthropologisch verankert; sie ist ein Denk- und Lebensweg.

> **Merke:**
> Interkulturelle Philosophie ist »eine philosophische Grundüberzeugung, eine Einstellung, ja eine Denkrichtung, die alle kulturellen Prägungen der einen *philosophia perennis* wie ein Schatten begleitet und verhindert, daß diese sich verabsolutieren.«[365]

Ein solches Philosophieverständnis privilegiert weder das Eine noch das Andere, sondern plädiert für eine Vermittlung zwischen dem Besonderen der jeweiligen Philosophien und dem Allgemeinen der einen universellen Philosophie. Dementsprechend kennen philosophische Fragestellungen keine rein geographischen, kulturellen oder traditionellen Grenzen. So sei Philosophie ›orthaft‹ und ›ortlos‹ zugleich.[366]

Mall zufolge erwirbt ein Philosoph seine Identität in erster Linie durch philosophische Fragestellungen, Probleme und Lösungsansätze und nicht durch sein Europäischsein oder Asiatischsein. Ansichten gegen die eigene philosophische Meinung sind immer als berechtigte Argumente einer anderen Sichtweise anzuerkennen, insbesondere, wenn »sich diese auch konträr oder gar kontradiktorisch«[367] auf unsere eigene Sicht richten.

Philosophie lebt für Mall »in und mit der Spannung, sowohl über das Zeitliche als auch das Zeitlose, das Partikulare als auch das Universale, das Historische als auch das Nichthistorische sprechen zu müssen. Sie ist und bleibt ortlos, aber doch orthaft.«[368]

Transkulturalität und Hermeneutik

Der Ansatz der Transkulturalität wird von Mall kritisch beurteilt. Seine Einwände richten sich gegen die Universalisierungstendenz der Vorsilbe ›trans...‹. Ein solcher Ansatz unterschlägt nach Mall das Vorhandensein der kulturellen Gestalten der Philosophie, weil die *trans*philosophische Bestimmung das ›Zwischen‹ im Voraus festlegt. Die Vorsilbe ›inter...‹ sei hingegen frei von diesen Mängeln, weil sie sich als ein im Gespräch stattzufindendes Erlebnis eines ›Zwischen‹ versteht, wenn sich philosophische Fragen und Lösungsansätze im Vergleich der weltphilosophischen Traditionen begegnen.

Dieser Ansatz scheint nach Mall auf den ersten Blick ein dezentralisierender zu sein. Bei genauerem Hinsehen liebäugelt der Ansatz der Transkulturalität mit einer

---

365 Yousefi, Hamid Reza und Ram Adhar Mall: *Grundpositionen der interkulturellen Philosophie*, 2005, S. 127.
366 Vgl. Yousefi, Hamid Reza u.a. (Hrsg.): ›*Orthafte Ortlosigkeit der Philosophie*‹, 2007.
367 Yousefi, Hamid Reza und Ram Adhar Mall: *Grundpositionen der interkulturellen Philosophie*, 2005, S. 110.
368 Mall, Ram Adhar: *Interkulturalität und die Morphologie einer Weltkultur*, 1993, S. 49.

bestimmten Ideologie in europäisch-westlicher Verankerung, die zentristisch vorgeht.

Malls Ansatz ist hermeneutisch ausgerichtet. Indem er die duale, traditionelle Hermeneutik kritisiert, die *ausschließlich* auf ein Selbst- und Fremdverstehen hinausläuft, ist er bemüht, die anderen Seiten der Hermeneutik zum Tragen zu bringen.

> **Merke:**
> Mall nennt seinen hermeneutischen Ansatz in Abgrenzung von Identitäts- und Differenzhermeneutik ›analogische Hermeneutik‹, die Überlappungen »bejaht, sucht, findet und vergrößert [...], die aus vielerlei Gründen zwischen den Kulturen und Philosophien da sind. Es sind diese Überlappungen, die erst Kommunikation auf jedweder Ebene ermöglichen.«[369]

Hier fragt er danach, wie der Andere sich und mich versteht. In reduktiven Verstehensmethoden sieht er theoretische Gewalttätigkeit, weil diese das ›Fremde‹ nicht als etwas Selbständiges zu Wort kommen lassen. Um das Anliegen des Anderen zu verstehen und einen Dialog zwischen den Positionen zu ermöglichen, geht er von der Universalität der Vernunft aus und sucht die Überlappungen zwischen diesen Positionen, ohne die erhellenden Divergenzen unberücksichtigt zu lassen.[370]

Um eine traditionelle Mentalität zu überwinden, sucht Mall eine angemessene Philosophie der Hermeneutik, welche die philosophische Wahrheit ›orthaft ortlos‹ sein lässt und sie nicht in einer bestimmten philosophischen Tradition *ausschließlich* manifestiert sieht.

Komparatistik und Philosophiegeschichte

Mall hält das Prinzip der ›offenen Frage‹ von Plessner für überragend und sieht in der ›Achsentheorie‹ und ›philosophia perennis‹ von Jaspers eine gute Grundlage für die Idee eines künftigen Philosophierens. Er ist in den asiatischen wie auch in den europäisch-westlichen Philosophien kundig, die er in vielfältiger Variation miteinander in Beziehung setzt. Mall hält die Auffassung vieler europäischer Philosophen für fraglich, die der indischen Philosophie vorwerfen, sie sei zu religiös. Auch steht er Theologen, welche die indische Religion für zu philosophisch halten, kritisch gegenüber.

Diese Auffassung zieht sich durch die Orientalistik und die Ethnologie. In deren Ergebnissen sieht Mall »ein Indiz dafür, daß Europa sich fast immer als Subjekt präsentierte und dabei von außerphilosophischen Faktoren unterstützt wurde. Da aber das reziproke Verstehen heute keine Einbahnstraße mehr sein kann, stellt sich die Frage, wer wen, wann, wie und warum besser oder am besten versteht. Dies gilt sowohl inter- als auch intrakulturell. Dabei ist zu beachten, daß das Selbstverstehen zwar zu jedem Verstehen gehört, d.i. das Prinzip des hermeneutischen Zirkels, der aber nicht den alleinigen Maßstab bildet. Wäre dies nicht so, dann wäre ein jedes Fremdverstehen eine Verdoppelung des Selbstverstehens.«[371]

---

369 Mall, Ram Adhar: *Philosophie im Vergleich der Kulturen*, 1995, S. 3.
370 Vgl. Ebenda.
371 Mall, Ram Adhar: *Essays zur interkulturellen Philosophie*, 2003, S. 158.

In seinem Denken ist Mall darauf ausgerichtet, Analoges miteinander zu vergleichen und zugleich die bestehenden Erkenntnislücken in Bezug auf die östliche Philosophie zu schließen: »Das Studium der vergleichenden Philosophie aus inter- und nicht nur intrakultureller Sicht zeigt im Vergleich der Kulturen in Lehre und Forschung, in Theorie und Praxis grundsätzliche Ähnlichkeiten und Differenzen. Die interkulturelle Orientierung zielt gerade auf das Erarbeiten der Bedingungen für die Möglichkeiten einer Komparatistik.«[372]

Wer nach Mall »eine bestimmte Geschichte erzählt und dabei den Anspruch erhebt, die *eine einzig richtige* Geschichte zu erzählen, verhält sich wie der chinesische Brunnenfrosch, der die einzige Perspektive in den absoluten Stand setzt.«[373] Auf diesem Wege plädiert er dafür, Philosophiegeschichte aus interkultureller Perspektive heraus zu betrachten und zu schreiben. In einer künftigen Philosophiegeschichtsschreibung sollten alle Denktraditionen im Weltkontext Berücksichtigung finden.

> **Übungsaufgaben:**
> 1. Diskutieren Sie das Philosophieverständnis von Ram Adhar Mall.
> 2. Was bemängelt er an europäisch-westlichem Philosophieverständnis?
> 3. Wo liegt das zentrale Problem der Komparatistik für ihn und wie soll die künftige Philosophiegeschichte gestaltet sein?

---

[372] Ebenda, S. 146.
[373] Mall, Ram Adhar: *Mensch und Geschichte,* 2000, S. X.

5. Das Modell einer Interkulturellen Philosophiegeschichtsschreibung[374]

Das Konzept des Kapitels auf einen Blick

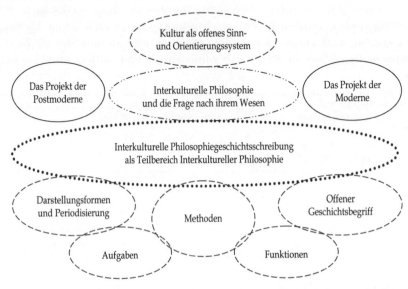

Befragen wir die europäisch-westlichen Formen der Philosophiegeschichtsschreibung daraufhin, ob und inwieweit in ihnen die außereuropäischen Denkformen diskutiert worden sind, so ist das Ergebnis ernüchternd. Die Darstellung der Denkformen in asiatischen, lateinamerikanischen, afrikanischen oder orientalischen Traditionen wird weitestgehend vernachlässigt.[375] Erst wenige neuere Studien von Forschern wie Mall, Fornet-Betancourt, Jacob Emmanuel Mabe, Kimmerle oder Eun-Jeung Lee (*1963) unterstreichen, dass Vernunft und Vernunftformen auch in außereuropäischen Traditionen fest verankert sind.

Während Malls interkulturelle Theorie der Vernunft und eine Reihe seiner weiteren Arbeiten auf dieses Desiderat verweisen[376], verwirft Fornet-Betancourt in seinem Beitrag ›Zur interkulturellen Transformation der Philosophie in Lateinamerika‹ alle Formen von kulturalistischen Philosophieauffassungen, die Vernunft so

---

374 Vgl. hierzu Yousefi, Hamid Reza: *Interkulturalität und Geschichte*, 2010, S. 108-125 und 217-261.
375 Vgl. hierzu vor allem Habermas, Jürgen: *Theorie des kommunikativen Handelns*, 1981; Welsch, Wolfgang: *Vernunft*, 1996; Apel, Karl-Otto und Matthias Kettner (Hrsg.): *Die eine Vernunft und die vielen Rationalitäten*, 1996; Jamme, Christoph (Hrsg.): *Grundlinien der Vernunftkritik*, 1997 und Därmann, Iris: *Fremde Monde der Vernunft*, 2005.
376 Vgl. Mall, Ram Adhar: *Zur interkulturellen Theorie der Vernunft*, 1994 (750-774).

sehr an eine Kultur binden, dass sie nicht zwischen ihnen agieren kann.[377] Mabe argumentiert in seinen Überlegungen zur Geistesgeschichte Afrikas in die gleiche Richtung wie Kimmerle und zeigt die Bedeutung der afrikanischen Philosophien und ihre strukturelle Verkennung im Westen auf.[378] Lee legt in ihrer Studie zu Konfuzius das Vorurteil offen, dieser werde im ›Westen‹ aufgrund willkürlicher Vergleiche nicht als Philosoph, sondern als »Moralist« behandelt, obgleich sein Denksystem philosophisch ausgerichtet sei. Man übersehe, dass Konfuzius in China genauso geachtet sei wie Platon und Aristoteles in Griechenland und in Europa.[379]

Das Gleiche gilt für die orientalischen Traditionen, die lediglich als ›Epigonen der Griechen‹ deklariert werden. Diejenigen Philosophen, die im Westen überhaupt Beachtung finden, repräsentieren nur Bruchteile der orientalischen Philosophie. Hinzu kommt, dass die Auswahl in der Regel religiös ausgerichtet ist. Dies rührt daher, dass dieses Fach hauptsächlich von Islamwissenschaftlern und Orientalisten behandelt wird und die Textauswahl aufgrund der Interessenlage dieser Forscher in der Regel theologischer Orientierung folgt. Dieser Umstand führte zu der irrigen Annahme, die gesamte orientalische Philosophie sei religiös durchdrungen.

Mit anderen außereuropäischen Philosophien, die hauptsächlich Forschungsgegenstand asiatischer und afrikanischer Institute sind, verhält es sich nicht anders. Auch hier wird die Philosophie gewissermaßen in ›geschlossenen Gesellschaften‹ von Forschern behandelt, die nicht primär ausgebildete Philosophen sind.

> **Merke:**
> Eine Folge der eurozentrischen Forschungsrichtungen, die seit dem 18. Jahrhundert andauert, ist die einseitige Bewertung oder schlichtweg die Nichtbeachtung außereuropäischer philosophischer Traditionen. Finden sie dennoch am Rande Erwähnung, so werden sie als ›Weisheit‹ oder ›Religion‹ abgetan.

Eine weitere Schieflage wird erzeugt durch die Periodisierung der Philosophiehistoriographie aller Kulturgebiete, die am Leitfaden der eigenen geschichtlichen Entwicklung und Entfaltung ausgerichtet wird. Damit geht eine einseitige Komparatistik einher, die andere Formen der Geschichtsschreibungen ausschließlich nach eigenem Epochenverständnis unterteilt und benennt. Damit sind weitere unzutreffende Bewertungen und die Vernachlässigung außereuropäischer Kulturen verbunden.

Als eine Folge der Kolonialideologie wurden die Richtlinien und Maßstäbe aller akademischen und politischen Institutionen bis in die Mitte des 20. Jahrhunderts hinein auf der Grundlage einer regionalen, eurozentrischen Anthropologie bestimmt.

Das zentrale Thema der folgenden Überlegungen ist die Ausarbeitung eines interkulturellen Entwurfs der Philosophiegeschichtsschreibung aus den bisher gewonnenen Erkenntnissen, die aus mehreren Schritten besteht. Begonnen habe ich mit der Theorie eines offenen Kulturbegriffs, auf dem die Disziplin der Interkultu-

---

377 Vgl. Fornet-Betancourt, Raúl: *Zur interkulturellen Transformation der Philosophie in Lateinamerika*, 2002.
378 Vgl. Mabe, Jacob Emmanuel: *Mit dem Körper denken*, 2010 und Kimmerle, Heinz: *Afrikanische Philosophie im Kontext der Weltphilosophie*, 2005.
379 Vgl. Lee, Eun-Jeung: *Konfuzius interkulturell gelesen*, 2008.

ralität als wissenschaftlicher Disziplin aufgebaut wurde. In einem nächsten Schritt kam die Interkulturelle Philosophie zur Darstellung, die ein Teilgebiet der Interkulturalität bildet. Die Interkulturelle Philosophiegeschichtsschreibung ist wiederum ein Teilgebiet der Interkulturellen Philosophie. Die folgende Pyramide, die von oben nach unten und von unten nach oben zu betrachten ist, visualisiert den strukturellen Aufbau dieser Schritte:

Meine Ausführungen konzentrieren sich nun nach diesem Strukturprinzip auf die kritische Bestimmung von Funktionen, Aufgaben und Methoden Interkultureller Philosophiegeschichtsschreibung, der ein ergebnisoffener Geschichtsbegriff zugrunde liegt.

> **Merke:**
> Das interkulturelle Konzept der Philosophiegeschichtsschreibung will im Endziel der Geschichte menschlichen Denkens nachspüren, verschüttete sowie vernachlässigte Quellen freilegen und die Vielfalt philosophischer und wissenschaftlicher Zugänge zur Welt dokumentieren.

Dieses Konzept offeriert die Grundlage eines gemeinsamen Diskursfeldes, auf dem diverse Denkformen samt ihren jeweils unterschiedlichen Begründungsweisen und Lösungsansätzen zu Wort kommen.

5.1 Einige Themenkomponenten

5.1.1 Kritikoffenes Geschichtsbewusstsein

Ich beginne mit der Klärung dessen, was Geschichte bedeutet. Diese gründet in der Seinsbeschaffenheit der menschlichen Gattung und umfasst alles, was Menschen hervorbringen. Sie ereignet sich im geographischen Nebeneinander und im chronologischen Nacheinander der Ereignisse und Zustände in den Zeitläufen.

> **Erklärungsversuch:**
> Geschichte bewahrt und enthält im Allgemeinen die im vergangenen Geschehen gebildeten und modellierten Identitäten, denen zugleich das Bild einer Differenz gegenübersteht.

Insofern ist Geschichte ein Zeugnis der Menschheit, ein Ausdruck menschlicher Erfahrung und Entwicklung, menschlichen Erfolges, Fortschritts und Rückschritts. Mit und in der Geschichte wandelt sich unser Selbst- und Fremdbild sowie unsere Selbst- und Fremdkritik. Daher stellt Geschichte – die reale Geschehnisse in einem umfassenden Sinne dokumentiert – keine gegebene unveränderliche Größe dar, sondern sie ist eine wandelbare und vieldeutig auffassbare menschliche Erzählung über sich und die jeweilige Umwelt.

Individuelle und kulturelle Ausprägungen einerseits und die Intention des Erzählers andererseits spielen bei diesem Prozess eine grundlegende Rolle. Nie ist eine bloße Nacherzählung anzutreffen, sondern eine Analyse geschichtlicher Faktizitäten, deren Authentizität auch angezweifelt und in Abrede gestellt werden kann. Die Subjektivität des Philosophiehistorikers ist stets zu berücksichtigen. Er wählt in der Regel »Anfang, Mitte und Ende seiner Geschichte«.[380] Dabei wählt er bewusst Methoden aus, um das gewünschte Ziel leichter zu erreichen. In dieser Orientierung liegt in der Regel ein erhebliches Maß an Friedens- oder Gewaltpotential.

Zwei Erinnerungskulturen der Philosophiegeschichtsschreibung lassen sich in diesem Zusammenhang voneinander unterscheiden: eine *völlig* positive und eine *total* negative:

> **Erklärungsversuche:**
> Die *völlig positive* Erinnerungskultur beschreibt ein Geschichtsbild von etwas, das einseitig sein kann. Sie wird in der Regel von den Siegern oder vom selbsternannten Wissenschaftsestablishment postuliert. Sie versteht sich als die eigentliche und offizielle Lesart der philosophiegeschichtlichen Zusammenhänge.
>
> Die *total negative* Erinnerungskultur beschreibt ein Geschichtsverständnis und Geschichtsinteresse, das einseitig ausgerichtet ist. Sie lehnt die *völlig* positive Form der Philosophiegeschichtsschreibung ab.

Solche Erinnerungskulturen ignorieren andere Erinnerungskulturen in der Regel teils aus kulturchauvinistischen Gründen und teils aus machtpolitischen Erwägungen. Beide Erinnerungskulturen sind sowohl theoretisch als auch praktisch unterschiedlich gewalttätig, wenn sie sich verabsolutieren. Hier gibt es eine dritte Möglichkeit der Philosophiegeschichtsschreibung:

> **Erklärungsversuch:**
> Die *kritisch-dialogische* Erinnerungskultur ist bemüht, im Gegensatz zu den erwähnten Modellen, die Fehlleistungen eigener und anderer Philosophiegeschichtsschreibungen auf der Grundlage der historischen Fakten zur Darstellung zu bringen und deren untereinander bestehende Beziehungen zu analysieren.

Diese Darstellungsform ist eine kritisch-dialogische Erinnerungskultur. Es handelt sich um den Entwurf einer Interkulturellen Philosophiegeschichtsschreibung.

---

380 Flasch, Kurt: *Philosophie hat Geschichte*, 2005.

> **Übungsaufgaben:**
> 1. Diskutieren Sie die Pyramide auf dem Wege zur Philosophiegeschichtsschreibung. Nehmen Sie dazu kritisch Stellung.
> 2. Was bedeutet Geschichte und welche Formen der Erinnerungskulturen gibt es? Begründen Sie diese mit jeweils einem Beispiel.
> 3. Diskutieren Sie die Haltung einer *völlig* positiven, einer *total* negativen und einer *kritisch-dialogischen* Erinnerungskultur. Bringen Sie Beispiele aus Geschichte und Gegenwart.
> 4. Analysieren Sie das Endziel einer interkulturellen Philosophiegeschichtsschreibung.

5.1.2 Strukturelle Funktionen

Interkulturelle Philosophiegeschichtsschreibung konstituiert sich aus geschichtlich und regional unterschiedlichen Ursprüngen, die sich nicht gegenseitig aufeinander reduzieren lassen. Sie ist keine geschlossene und exklusive ›Galerie der edlen Geister‹ in Hegelscher Manier, sondern sie unterliegt einem offenen Prozess, in dem möglichst alle historischen Gestalten als gleichberechtigt vorkommen und einander kritisch und korrigierend begegnen. Darin besteht ihr Sinn und ihre Relevanz. Sie ist ein Teilbereich der Interkulturellen Philosophie und grenzt sich von den methodischen Zugängen bestehender Philosophiegeschichtsschreibungen nicht gänzlich ab.

> **Merke:**
> Interkulturelle Philosophiegeschichtsschreibung ist stets bestrebt, diese als ein ›Aggregat von Lokalgeschichten‹ (Jaspers) zu identifizieren und selbige für eine künftige Philosophiegeschichtsschreibung fruchtbar zu machen.

Bei der Philosophiegeschichtsschreibung in interkultureller Absicht geht es um die Problemstellungen und deren Lösungsweisen, die Ausbildung der Hypothesen und Theorien der Philosophie. Eine strukturelle Reflexion über die Geschichte der Philosophie zeigt vergleichend die Bedeutung und Grenzen des Denkens, erörtert empirische Beziehungen und legt Konsequenzen offen. Ein wichtiges Ziel dieser Reflexion ist es, die bislang ignorierten Perspektiven in der Geschichte zu berücksichtigen und sie ins Bewusstsein zu heben.

Interkulturelle Philosophiegeschichtsschreibung erläutert, dass die bisherigen Erkenntnisse auf diesem Gebiet nicht schicksalhaft vorgegeben, sondern durch Menschen gewonnene und konstruierte Ergebnisse sind. Über diese Bedingtheit und ihre gesellschaftlichen Auswirkungen sowie über die Fremdbestimmungen der individuellen Existenzen klärt sie auf und führt veränderte Sichtweisen als Korrektiv ein – dies mit dem Hinweis, dass auch diese Perspektive nur eine unter vielen sein kann und keine absolute Position einnimmt. Andere philosophische Traditionen realisieren nicht selten alternative Möglichkeiten, die in der eigenen Tradition entweder gar nicht oder nur bedingt am Rande behandelt werden.

> **Merke:**
> Das Konzept einer künftigen Philosophiegeschichtsschreibung will die traditionellen Formen derselben interkulturell neu durchdenken und ihre Folgen für das Verhältnis der Kulturen und Traditionen analysieren.

Dieser Entwurf beruht auf dem Bewusstsein der Notwendigkeit einer interkulturellen Kulturanthropologie; einer Anthropologie, die Menschen, Kulturen und Traditionen, denen sie angehören, nicht in primitiv und zivilisiert unterteilt, sondern Konvergenzen und Divergenzen gleichermaßen in den Blick nimmt.

Der eigentliche Unterschied zwischen einem interkulturellen Entwurf der Philosophiegeschichtsschreibung und den traditionellen Konzeptionen derselben besteht darin, dass letztere zumeist entweder von *völlig* positiven oder *total* negativen Erinnerungskulturen ausgehen, während erstere keinen Ort zum *alleinigen* Zentrum oder zur *singulären* Ausgangsposition erhebt. Diese grundlegend neue Orientierung baut eine Dialogbrücke zwischen Vergangenheit, Gegenwart und Zukunft; damit modifiziert sie das *intra*kulturelle und das *inter*kulturelle Gedächtnis. Die traditionellen Konzeptionen erheben in der Regel einen Universalitätsanspruch und marginalisieren alternative Entwürfe.

> **Merke:**
> Wer erkennt, dass auch andere Denkwege, Lebensentwürfe und Wirklichkeitsauffassungen ihr Recht haben, kann die Bereitschaft und das Vermögen entwickeln, eine andere Wirklichkeit kommunikativ wahrzunehmen und weiter zu entfalten.

Es handelt sich um Philosophiegeschichtsschreibung im Plural, und dies nicht nur in ihrer Darstellung, sondern auch in ihrer konzeptionell-methodischen Ausrichtung ebenso wie in ihrer Erforschung.

> **Übungsaufgabe:**
> Was sind die strukturellen Funktionen einer interkulturellen Philosophiegeschichtsschreibung? Versuchen Sie, dies kritisch zu ergänzen.

5.1.3 Systemische Aufgaben

Interkulturelle Philosophiegeschichtsschreibung analysiert Denkströmungen einzelner Gestalten oder Probleme in ihrer historischen und geistigen Wirklichkeit sowie in ihrer Wirkung auf die Gegenwart, ohne Anspruch auf Vollständigkeit.

> **Merke:**
> Interkulturelle Philosophiegeschichtsschreibung analysiert Fragestellungen, Begriffsbildungen und Theorieentwürfe im Gespräch mit früheren und in anderen Kulturen vorkommenden philosophischen Denktraditionen und sensibilisiert dafür, dass jede Generation in ihrer jeweiligen Kultur ihre vorhandene Philosophiegeschichte korrigiert und vervollständigt.

Es spricht für die Eigendynamik der Philosophiegeschichtsschreibung, wenn sie jede Generation erneut befragt. Eine andauernde Erneuerung und Überprüfung unseres historischen Wissens trägt dazu bei, jede Form von Zirkularität im historiographischen Denken zu vermeiden. Solche Tendenzen provinzialisieren das geschichtliche Denken.

Interkulturelle Philosophiegeschichtsschreibung untersucht unterschiedliche Formen von Auseinandersetzungen um Geschichtsbilder, Legenden und Mythen. Daher sind Vergangenheitserforschung und Gegenwartserfahrung miteinander verbunden. Die Deutung der Vergangenheit wird oft nicht nur zum Streitfall, sondern auch zum Ziel politischer Einflussnahme. Eine interkulturelle Betrachtung der Geschichte, der Philosophie und Philosophiegeschichte verändert die Blickrichtungen der Forschungen und trägt dazu bei, dass diese nicht allein aus den Zentren der Macht heraus betrachtet und analysiert werden. Um dieses Ziel zu erreichen, ist Interkulturalität als eine Disziplin in besonderer Weise auf eine interdisziplinäre Aufgeschlossenheit gegenüber allen Theorien in ihrer Breite angewiesen.

Interkulturelle Philosophiegeschichtsschreibung gibt die Illusion auf, *a primis fundamentis* philosophierend anzufangen. Damit geht es methodisch einher, dass andere philosophische Parteien, ob innerhalb oder außerhalb der eigenen Tradition, keinesfalls in eine bestimmte Rolle gedrängt werden. Hier bringt sich das Andere selbst zum Tragen und seine Bevormundung wird vermieden. Eine Verständigung in dieser Form ist stets auf kommunikative Empathie und Kritikoffenheit angewiesen.

> **Merke:**
> Beispielsweise spreche ich bei der Lektüre eines Werkes von Goethe mit dem Werk und versuche die Mitteilungsabsichten dieses Werkes unter Berücksichtigung des Gesamtkontextes zu verstehen. Das eigene Verstehen-Wollen wird mit dem Verstandenwerden-Wollen des Anderen in Beziehung gesetzt.

Diese Reziprozität bleibt bestehen, wenn wir Ziel und Intention des Werkes aus seiner Selbstpräsentation heraus nachzuvollziehen versuchen.

In einem nächsten Schritt kann der Frage nachgegangen werden, welche Affekte und Konnotationen diese Selbstpräsentation in mir als Mensch und Forscher auslöst und welche Verbindungen meine Welt mit der Welt des Autors eingehen kann. Vernachlässigen wir diesen dialektisch offenen Schritt, so führen wir ein Selbstgespräch über das Werk Goethes und verstehen, analysieren und interpretieren es auf der Grundlage eines willkürlichen Maßstabes. Dieser Denkstil wird im Kontext einer interkulturellen Philosophiegeschichtsschreibung kritisiert, weil sich der Sachverhalt so zwangsläufig von seinem eigenen Kontext löst und beliebig in einen anderen Kontext gestellt wird, was in sich widersprüchlich und irreführend sein kann.

Eine Interkulturelle Philosophiegeschichtsschreibung sieht ihre Aufgabe auch darin, durch interkulturell neu durchdachte Definitionen und Erklärungen diverse Fragen und Problemzusammenhänge unter Berücksichtigung von Kontextualitäten wahrzunehmen und miteinander kritisch in Beziehung zu setzen. Sie demonstriert damit auch das Gestaltungs- und Entfaltungsvermögen dieser Zusammenhänge für einen gemeinsamen Weg zu polyphonen Dialogen. Sie fragt nach Handlungszielen, symbolischen Formen, Weltbildern und der Logik der Ereignisse im Vergleich und Verständnis der Kulturen. Diese kommunikative Form, sich und die anderen in geschichtlichen und gegenwärtigen Kontexten zu befragen, setzt Möglichkeiten frei, um komplexere Diskursformen im Rahmen unterschiedlicher Denkformen gemeinsam zu entwickeln. So verschafft sie sich breite Legitimation in politischen Institutionen und in gesellschaftlichen Organisationen, welche die mannigfaltigen und gemeinsam erarbeiteten Lösungsansätze in Lehre und Forschung umzusetzen helfen. Interkulturelle Philosophiegeschichtsschreibung strebt weder an, europäische gegen außereuropäische Philosophiegeschichtsschreibungen zu stellen, noch diese gegeneinander auszuspielen.

> **Merke:**
> Interkulturelle Philosophiegeschichtsschreibung ist bestrebt, eine Vermittlung zwischen diesen Möglichkeiten zu realisieren.

Diese geht über jede Form von Provinzialität hinaus und reflektiert kulturübergreifend, ohne sie stufentheoretisch zu thematisieren oder miteinander zu vergleichen. Sie dokumentiert Veränderungen, Entwicklungen und Umwälzungen im Denken und Wahrnehmen der Völker. Ein kommunikatives Dialogfeld wird eröffnet, um eine Brücke zwischen gestern und heute sowie zwischen unterschiedlichen Traditionen und Denktraditionen innerhalb der ›Kulturen‹ wie auch zwischen ihnen zu bauen.

Der Entwurf einer solchen Philosophiegeschichtsschreibung bedarf einer systematischen Pionierarbeit und einer soliden Grundlage. Die Ergebnisse werden in einem Kompendium zusammengebracht. Ohne die Zusammenarbeit von Philosophiehistoriographen und umfassender Übersetzungsarbeit aller Dokumente im Weltkontext wäre dies illusorisch. Ein solch umfangreiches und kulturübergreifendes Projekt geht mindestens von drei Voraussetzungen aus:

> **Merke:**
> 1. die Akzeptanz, dass Philosophiegeschichte weder einen bestimmten Ort als Geburtsort und Anfang kennt noch teleologisch aufgefasst werden kann,
> 2. die Anerkennung, dass trotz aller erhellenden Unterschiede ein materieller, immaterieller, methodischer und funktionaler Zusammenhang zwischen allen Formen von Historiographien im Weltkontext besteht,
> 3. der grundsätzliche Verzicht auf die Absolutsetzung dieser Zusammenhänge und das Aneignen eines dialogischen Bewusstseins über die Vorläufigkeit solcher Versuche.

Auf der Suche nach philosophischer ›Wahrheit‹ oder philosophischen ›Wahrheiten‹ ergibt sich die Verpflichtung des Forschenden, nicht nur eine Rezeption der vorhandenen Philosophiegeschichte zu betreiben, sondern aktiv an der Vervollkommnung der bestehenden Kenntnisse mitzuwirken.

Die Art und Weise des Denkens des Philosophiehistorikers nimmt dabei, wie erwähnt, unmittelbaren und/oder mittelbaren Einfluss auf seine Arbeit und Ziele. Temperament, individueller Charakter und die Dimensionen der einzelnen Lebensgeschichte bedingen seine geistige Eigenart, aus der heraus er andere historische Gestalten sieht, analysierend bewertet, versteht, sich mit ihnen auseinandersetzt, sie bejaht, sie kritisiert, sie unterstützt oder zu widerlegen versucht. Interkulturelle Philosophiegeschichtsschreibung besteht weder in der bloßen Suche, wer was wann gesagt hat, noch geht es um eine museale Ergänzung des Gesagten und Gedachten.

> **Merke:**
> Die Voraussetzung, um philosophiegeschichtliche Zusammenhänge verstehen und analysieren zu können, ist, selbst zu philosophieren.

Dazu gehört die Fähigkeit, bei der Auswertung von Quellen dortige Lückenhaftigkeit, Verworrenheit, Mehrdeutigkeit oder Widersprüche und Entstellungen zu erkennen und entsprechend zu deuten. Hierzu sind unter anderem die biographischen Dimensionen des Philosophen und historische sowie zeitgenössische Einflüsse zu berücksichtigen.

Die Aufgaben eines Philosophiehistoriographen

Eine Aufgabe des Philosophiehistorikers besteht darin, den Anfang, den Aufstieg und die Entwicklung historischer Auffassungen und Vorurteile möglichst präzise zu ermitteln. Er vermeidet eine dichotome oder dichotomisierende Komparatistik, in der die eine Seite als Zentrum und zugleich als Maßstab aller Vergleiche Geltung beansprucht, während die andere Seite diesem Zentrum lediglich als Objekt dient. Er ist sich dessen bewusst, dass alle Formen von Geschichtsschreibungen keine Objektivität beanspruchen können, besonders wenn es um die Darstellung diverser Denkformen geht.

Ein Historiker wird auch in Konflikten der Gegenwart nicht immer neutral urteilen können. Das Eintreten für seine eigene Sichtweise ist sogar eine moralische Pflicht[381], was auch immer unter Pflicht verstanden werden mag. Der Philosophiehistoriograph weiß sich dennoch so weit wie möglich der Neutralität verpflichtet und vermeidet jede Form von Apologie. Für ihn hat die Sache ›Philosophie‹ Vorrang vor der Zugehörigkeit zu einer Tradition.

> **Merke:**
> Zum Aufgabenbereich eines interkulturellen Philosophiehistoriographen gehört die geschichtliche und gegenwärtige Erforschung der Entstehungsbedingungen und Rationalitätsauffassungen, deren Gültigkeitsanspruch, Grenzen, temporäre Überlagerungen und Überlappungsmöglichkeiten.

In einem solchen hermeneutischen Erforschen lassen sich auch Konfliktbereiche besonders deutlich beobachten. Ein allgemeinverbindlicher Kanon der Rationalität existiert nur durch willkürliche Definition. Eine Letztbegründung der Rationalität ist fraglich.

Die Legitimation der historischen und gegenwärtigen Forschung hängt auch von der Aufstellung eines gemeinsamen Regelwerkes in Form einer ›interkulturellen Begriffsenzyklopädie‹ ab, die darin besteht, festzustellen, an wie vielen Stellen ein bestimmter Begriff innerhalb einer Tradition oder eines Kontextes auftritt. Wichtig sind die kontextuelle Wortbedeutung und der Stellenwert des Begriffs.

Die Verwirklichung einer solchen Welt-Enzyklopädie wird ein Erfolg sein, wenn alle philosophischen Traditionen daran beteiligt sind.

---

381 Nipperdey, Thomas: *Kann Geschichte objektiv sein?*, 1986, S. 222.

Das Modell einer Interkulturellen Philosophiegeschichtsschreibung 207

> **Übungsaufgaben:**
> 1. Was sind die systemischen Aufgaben einer interkulturellen Philosophiegeschichtsschreibung?
> 2. Beachten Sie dabei die Rolle des Philosophiehistoriographen: Worauf muss er achten und worauf hat er zu verzichten?

5.1.4 Perspektivische Methoden

Interkulturelle Philosophiegeschichtsschreibung bedarf stringenter Methoden, um Erkenntnisse zu gewinnen, sie zu sammeln, auszuwerten, einzeln zu verstehen, zu analysieren, zu kontrollieren und schließlich in den Kontext einzuordnen. Modelle, die Philosophiegeschichtsschreibung unterschiedlich darstellen oder gliedern, können sich an der Geschichte der Philosophie einzelner Völker orientieren, an einzelnen Zeitabschnitten oder Systemen, philosophischen Schulen, der Entwicklung einer philosophischen Wissenschaft, philosophischen Lehren und Grundsätzen oder Auseinandersetzungen, an philosophischen Methoden, an der philosophischen Sprache oder an den Biographien von Philosophen.

> **Merke:**
> Die Methode der Interkulturellen Philosophiegeschichtsschreibung ist wie die Methode der Interkulturalität und Interkulturellen Philosophie pluralistisch ausgerichtet.

Diese Methode ist aus den unterschiedlich aufgeführten Komponenten zusammengesetzt. Die folgende Abbildung zeigt diese Komposition:

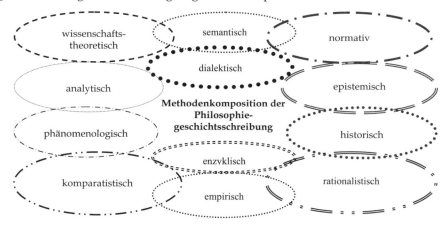

Eine solche dialogisch aufgebaute methodische Ausrichtung beachtet neben anderen Darstellungsformen vor allem die lebensgeschichtlichen Hintergründe unter Berücksichtigung kultureller und religiöser Interdependenzen, die zu der Erhellung ideengeschichtlicher Zusammenhänge beitragen können. Auch hier sind die begrifflichen Kontexte zu berücksichtigen. Es gilt die Frage zu beantworten, was diese methodischen Begriffe in unterschiedlichen Denktraditionen im Weltkontext bedeuten und welche Ideen und Entwicklungsgeschichten zugrunde liegen.

Die interkulturell historischen, systematischen und vergleichenden Orientierungsbereiche der Interkulturalität und damit auch der Interkulturellen Philosophie bilden ebenfalls im Kontext der Interkulturellen Philosophiegeschichtsschreibung eine grundlegende Dimension. Fragestellungen und Lösungsansätze werden in jeweiligen Kontexten gesehen und behandelt. Die Wechselwirkung zwischen angemessener Konzeptbildung und treffender Operationalisierung ist charakteristisch für eine interkulturelle Philosophiegeschichtsschreibung.

> **Übungsaufgabe:**
> Was sind die perspektivischen Methoden einer Interkulturellen Philosophiegeschichtsschreibung? Versuchen Sie diese kritisch zu erweitern.

5.1.5 Korrelative Darstellungsformen

Eine Reihe von philosophiehistoriographischen Modellen lassen sich als methodisch verschiedene Darstellungsformen voneinander unterscheiden, die für den Entwurf einer künftigen Philosophiegeschichtsschreibung von Bedeutung sind.

Die folgende Abbildung visualisiert die Zusammenhangsstruktur dieser methodischen Darstellungsformen:

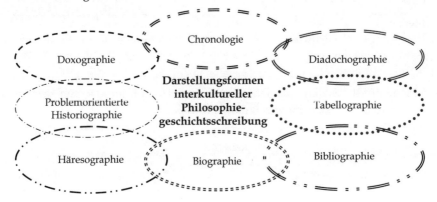

Diese Ellipsen zeigen die intrinsische Verschränkung dieser Methoden, die von einer großen Variabilität geprägt sind:

Chronologie stellt die Aufzeichnung philosophiegeschichtlicher Denktraditionen, Probleme und Begriffe nach ihrem zeitlichen Ablauf dar. Es geht im Allgemeinen um eine eher narrative Darstellungsform eines Zeitraums mit der Abfolge von historischen Ereignissen in einem speziellen Kontext.

Doxographie beschreibt die Sammlung der Aussagen von Philosophen und deren Einsortierung in ein Raster unter bestimmten feststehenden Rubriken. Hierzu gehören die Philosophen sowie deren entscheidende Entdeckungen, Schlussfolgerungen und wichtige philosophische Beweise oder die Lehrmeinungen bestimmter Schulen, welche die Philosophen für sich reklamierten.

Biographie umfasst die mündliche oder schriftliche Darstellung des Lebenslaufes, die privater, berufsbezogener oder akademischer Natur sein kann. Bei dieser lebensgeschichtlich orientierten Methode werden philosophische Fakten um einen Menschen angeordnet, für den ein Bedürfnis nach Erinnerung aufgrund von dessen besonderen Qualitäten besteht. Hierbei sind weniger die Taten als vielmehr die Gesinnung, die Haltung und der Charakter des agierenden Menschen von Bedeutung.

Diadochographie bzw. Institutionengeschichte ist eine Ausrichtung, die philosophische Traditionslinien nach Schulen klassifiziert und aufzeichnet. Es gab zwar auch in früherer Zeit Schulen, aber erst das Aufblühen von Philosophieschulen und deren institutionalisierte Verwaltung ließ eine bedeutendere Diadochographie entstehen. Ziel ist es, empirisch-sozialwissenschaftliche Erklärungsmuster für die Entfaltung und den Fortgang der Philosophiegeschichte zu finden oder die jeweils zeitgenössische Wissenschaftsplanung durch den Verweis auf die historische Entwicklung zu unterstützen.

Häresographie versteht sich als die Abgrenzung einer verwandten zu einer gegensätzlichen Lehre oder deren Unterscheidung. Das Wesen des Philosophen wird hier maßgeblich dadurch bestimmt, dass jeder aus freien Stücken diejenige Auffassung als Lehrmeinung wählen kann, die ihm am schlüssigsten erscheint.

Problemorientierte Historiographie ist darauf ausgerichtet, zentrale Probleme der Philosophie in einem bestimmten Kontext zu analysieren. Sie zeichnet sich durch einen logisch-systematischen Zusammenhang von Denkrichtungen aus, die in zeitlicher Reihenfolge auftreten und ihr gegenseitiges Auftreten bedingen. Problemographie hat hauptsächlich mit Interpretation, Deutung, Wertung und schließlich dem Vergleich von Konzeptionen zu tun. Der Fokus liegt auf Problemen, die überhaupt das philosophische Interesse rechtfertigen.

Tabellographie beschreibt in der Regel eine chronologische Vorgehensweise, die sowohl Lebensdaten der Philosophen als auch ihre wichtigsten Werke mit zentralen Ideen in knappen Sätzen übersichtlich präsentiert. Auch werden philosophische und philosophiegeschichtliche Tatsachen einschließlich der Quellwerke in Form von Tabellen zusammengefasst.

Bibliographie bedeutet die Werkdarstellung einzelner Personen im Kontext ihrer Zeit und darüber hinaus. Es geht um die Erstellung von Verzeichnissen, welche die Bücherbeschreibung primärer oder sekundärer Natur oder beides zugleich sein können.[382]

Es ist selbstverständlich, dass jeder Form von Philosophiegeschichtsschreibung, insbesondere aber die interkulturelle Art derselben, eine Kombination von diesen Methoden immanent ist. Hinzu kommt, dass ihr die drei Orientierungsbereiche der Interkulturalität, nämlich historische, systematische und vergleichende, ebenfalls inhärent sind.

> **Merke:**
> Mindestens drei Typen von philosophiegeschichtlichen Arbeitsformen lassen sich voneinander unterscheiden: feldbezogene, textbezogene und quellenbezogene Formen.

Die feldbezogene Arbeit bezieht sich auf die Erhebung von Fakten und Erzählungen durch eigene Forschungen in der Praxis. Das textbezogene Vorgehen bevorzugt *ausschließlich* diejenigen Philosophien, die schriftlich niedergeschrieben sind, wobei

---

382 Diese Darstellungsformen habe ich an anderer Stelle eingehend untersucht. Vgl. hierzu Yousefi, Hamid Reza: *Interkulturalität und Geschichte*, 2010, S. 107-126. Vgl. auch Wimmer, Franz Martin: *Interkulturelle Philosophie*, 2004, S. 119-134.

die primär mündlichen Philosophien keine Berücksichtigung finden. Die quellenbezogene Arbeitsweise umfasst eine Vielzahl verschiedener Quellen, wie Bücher, Notizen und Briefe, die als Primärquellen zu bezeichnen sind. Sinnvoll wäre eine Kombination dieser drei Formen unter Berücksichtigung von primär mündlichen Philosophien zu bevorzugen.

> **Übungsaufgabe:**
> Diskutieren Sie die korrelativen Darstellungsformen einer interkulturellen Philosophiegeschichtsschreibung.

5.1.6 Dialogische Periodisierung

Epocheneinteilungen der Philosophiegeschichtsschreibung sind in der Regel dadurch charakterisiert, dass der Fokus auf bestimmte Aspekte gerichtet wird, oft aber weitere Aspekte ausgeblendet bleiben. Strenge Epocheneinteilungen der Philosophie tragen dazu bei, diverse, für alle Zeiten relevante Textmassen als vernachlässigungswürdig zu betrachten. Obgleich Jaspers zu den einflussreichen Systematikern der Philosophiehistoriographie des 20. Jahrhunderts gehört, ist auffällig, dass der Philosophiehistoriograph Kurt Flasch in seiner zweibändigen Studie ›Philosophie hat Geschichte‹ diesen Philosophen außer Acht lässt.[383]

> **Merke:**
> Die europäisch-westliche Einteilung der Philosophiegeschichte in ›Antike‹, ›Mittelalter‹ und ›Neuzeit‹ entstand im 19. Jahrhundert und verstand sich in ihrer Zeit als die einzige Norm der Geschichtseinteilung, die sich verabsolutiert und weitestgehend durchgesetzt hat.

Mit dem Aufkommen der Interkulturellen Philosophie wurde diese Epocheneinteilung fraglich, weil sie sich einseitig auf europäische Umstände bezieht und die Welt ausschließlich von dieser Perspektive her betrachtet. Diese historisch-methodische Orientierung lässt sich unter weltphilosophischen Aspekten nicht halten.

In vielen philosophischen Traditionen gibt es unterschiedliche Periodisierungen, die in der europäisch-westlichen Philosophiegeschichtsschreibung kaum Erwähnung finden.[384] Es ist der Sache nach problematisch, von einer kulturell strikt periodisierten Philosophiegeschichtsschreibung auszugehen und diese für universal zu halten. Hierbei hält sich eine Lokalgeschichte gar für die eigentliche Weltgeschichte. Jeder Unifizierungsversuch tut den selbstverständlichen kulturellen, religiösen, weltanschaulichen und philosophischen Grenzen Gewalt an, dies sowohl *intra*- als auch *inter*kulturell. Philosophien sind vielfältigen und heterogenen Einflüssen ausgesetzt, die zuweilen schwer zu entwirren sind.

Dies hängt damit zusammen, dass es in kulturellen Kontexten unterschiedliche Periodisierungen gibt, von denen keine als das alleinige Modell bevorzugt werden kann. Es geht hier nicht um die kulturgebundenen Periodisierungen und Epocheneinteilungen, die wichtig sind, sondern um die universalisierende Verabsolutierung

---

383 Vgl. Flasch, Kurt: *Philosophie hat Geschichte*, 2005.
384 Vgl. Roetz, Heiner: *Die chinesische Ethik der Achsenzeit*, 1992, S. 46 ff.

Das Modell einer Interkulturellen Philosophiegeschichtsschreibung

einer bestimmten Klassifikationsform der Perioden und Epochen innerhalb der eigenen Philosophiegeschichtsschreibung.

Interkulturelle Orientierung geht von einer Regionalität und Kontextualität der Philosophie aus und privilegiert keine bestimmte Tradition, Sprache, Kultur und Philosophie. Ein Sinn der Geschichte wird durch den Blick auf das Ganze offenbar[385], wobei deutlich wird, dass die Unüberblickbarkeit des Ganzen ein Ausdruck der entschiedenen Begrenztheit des menschlichen Erkenntnisvermögens ist. Obwohl eine Periodisierung der Weltgeschichte ein nützliches Orientierungsgerüst bedeutet, weist eine Philosophiegeschichtsschreibung in interkultureller Absicht alle Formen von philosophischer Apartheid und damit verbundenen Einseitigkeiten zurück.

Wenn wir von einem einheitsparadigmatischen Epochenbild ausgehen, verfehlen wir in der Regel die denkenden Individuen in diversen Traditionen und die Pluralität von Konflikten in diesen Kontexten. Im Rahmen einer interkulturellen Philosophiegeschichtsschreibung wird auf eine streng gegeneinander abgegrenzte Periodisierung in Epochen verzichtet. Kurt Flasch hält eine solche Sichtweise für eine »vielheitsfeindliche Manier.«[386] Derartige Einteilungen erschweren unnötig die Herausbildung struktureller Zusammenhänge und Rückbezüge zwischen unterschiedlichen Konzeptionen und Denktraditionen im Weltkontext.

Mit Gefahren gehen diese Einteilungen einher, wenn an einer einzigen festgelegten Periodisierung alle übrigen gemessen werden. Die ›orientalische‹ Renaissance und Aufklärungsepoche ist ein klassisches Beispiel hierfür. Diese fand im 7. und 8. Jahrhundert statt und wurde von den Mutaziliten mit der Entwicklung der dialektischen Methode eingeleitet.[387] Wie die europäischen Aufklärer im 18. Jahrhundert stellten die Mutaziliten die religiöse Frage zum ersten Mal mit den Mitteln der kritischen Vernunft und betrachteten auch den ›unkritisierbaren‹ Koran textkritisch.

> **Merke:**
> Der Beginn der ›orientalischen‹ Aufklärung und Moderne ist viel älter als der des Westens. Es stellt sich die Frage, welche Periodisierung hier am ehesten Sinn haben würde, so dass beide Epochen gleichermaßen zum Tragen kämen.

Festzuhalten bleibt, dass alle Periodisierungen in der Regel idealtypisch und damit kultur- und kontextgebunden sind, wobei die Grenzen der Zeit bzw. der Zeiten stets ineinander greifen. Wenn wir bspw. vom Mittelalter ausgehen, ist der Frage nachzugehen, was und wer in diese Zeit eingereiht wird und warum. Insofern bleibt jede Periodisierung ein offener und kontextabhängiger Versuch.

Die Entwürfe einer interkulturellen Philosophiegeschichtsschreibung sind einem tatsachenorientierten Geschichtsbild verpflichtet. Eine solche Orientierung kann nur durch ständig erneuernde Forschungsarbeit und durch eine entsprechende Darstellung gewonnen werden, die auf diversen Forschungsergebnissen im Vergleich und Verständnis der Philosophien beruht.

---

385 Jaspers, Karl: *Weltgeschichte der Philosophie*, 1982, S. 140.
386 Flasch, Kurt: *Philosophie hat Geschichte*, Bd. 2, 2005, S. 64.
387 Vgl. hierzu Davari Ardakani, Reza: *We and the History of Islamic Philosophy*, 2011.

> **Merke:**
> Keine Philosophiegeschichtsschreibung ist endgültig, sondern stets vorläufig und unvollständig. Vielmehr sind alle Beurteilungen der »Weltgeschichte [...] ständig zu revidieren.«[388]

Folglich ist die Ermittlung eines möglichst umfassenden und zuverlässigen Geschichtsbildes anzustreben, in dem historische Gestalten der Philosophie im Weltkontext zu unseren Zeitgenossen werden. Zeitkonstruktion und Aneignungskultur sind elementare Bedingungen einer künftigen interkulturellen Philosophiegeschichtsschreibung.

Die ideale Form ist die zweckmäßige Verbindung beider Umgangsformen mit der Geschichte zu einem wissenschaftlichen Ganzen, bei der ein Zusammenhang zwischen den Begebenheiten zu konstruieren ist. Sie stehen »a) als Begebenheiten in dem Verhältnisse der Zeitfolge oder Gleichzeitigkeit; b) sie haben ihre äußeren Ursachen und Wirkungen; c) sie haben ihre inneren Gründe in der Natur des menschlichen Geistes [...]; d) sie beziehen sich auf einen Zweck der Vernunft.«[389] Das Problem besteht nicht darin, Periodisierungen oder Epochalisierungen der geistesgeschichtlichen Linien vorzunehmen. Die Schwierigkeit entzündet sich daran, wenn diese als Maßstab für alle Philosophien im Weltkontext Geltung beanspruchen.

Wie würden Sie die künftigen Periodisierungen und Epocheneinteilungen der Philosophiegeschichtsschreibung gestalten?

---

388 Jaspers, Karl: *Weltgeschichte der Philosophie*, 1982, S. 161.
389 Tennemann, Wilhelm Gottlieb: *Grundriß der Geschichte der Philosophie für den akademischen Unterricht*, 51829, S. 6.

Schlussbetrachtungen

Die kritische Erläuterung von Begriffsbestimmungen der Multi-, Trans und Interkulturalität im *ersten* Kapitel leitet uns auf der Grundlage eines offenen Kulturbegriffs zur Interkulturellen Philosophie, die eine Teildisziplin der Interkulturalität ist.

Dies bildet eine Grundlage des *zweiten* Kapitels. Auf diesem Wege analysieren wir das Verhältnis zwischen der modernen, postmodernen und Interkulturellen Philosophie. Letztere nimmt eine Position zwischen diesen unversöhnlichen Polen ein. Wir arbeiten heraus, dass eine tragfähige Interkulturelle Philosophie, die den Herausforderungen des Gegenwärtigen und möglicherweise des Künftigen Rechnung tragen will, theoretisch wie praktisch kontextuell zu verfahren haben wird.

Bei der Bestimmung von Methoden und Aufgaben Interkultureller Philosophie betonen wir, dass sich die Universalität der Vernunft in unterschiedlichen Erscheinungsformen offenbart. Zur Darstellung kommen hier auch einige Forderungen Interkultureller Philosophie, zu denen vor allem der Verzicht auf jede Form von Zentrismus und Reduktionismus sowie Verabsolutierung des eigenen Standpunktes gehören.

Dies setzen wir im *dritten* Kapitel am Beispiel der orientalischen bzw. islamischen Philosophie fort. Wir unterteilen sie in drei aufeinanderfolgende Traditionslinien: Klassiker der ersten, zweiten und dritten Generation. Behandelt wird hierbei eine Reihe von Philosophen, die diese Traditionslinien miteinander verbinden. Wir zeigen, dass die orientalische Philosophie *per se* interkulturell darstellt, weil sie vom Denken als eine anthropologische Eigenschaft ausgeht, die niemandes Besitz alleine ist.

Im *vierten* Kapitel behandeln wir Karl Jaspers, der Zeit seines Lebens bestrebt ist, die Abendröte der europäisch-westlichen Philosophie, die sich im Weltkontext als die *einzige* Bühne des Denkens deklarierte, in eine Morgenröte der Weltphilosophie zu überführen. Dies setzen wir mit der Darstellung der Ansätze Interkultureller Philosophie fort.

Auf dem Wege erfolgt eine kritische Würdigung der Theorien von Heinz Kimmerle, Franz Martin Wimmer, Raúl Fornet-Betancourt, Harald Seubert, Karam Khella, Gregor Paul und Ram Adhar Mall. Diese Philosophen sind in ihren erkenntnisleitenden Motiven darauf ausgerichtet, einen polyphonen Dialog zwischen unterschiedlichen Denktraditionen und innerhalb dieser im Weltkontext in Gang zu bringen. Ihnen geht es darum zu begründen, dass es viele Bühnen des Denkens gibt: Philosophie ist stets im Plural zu gebrauchen.

Im *fünften* Kapitel formulieren wir die Idee eines interkulturell-dialogischen Modells der Philosophiegeschichtsschreibung. Grundlegend für einen solchen Entwurf ist ein kritikoffenes Geschichtsbewusstsein, das für die Bestimmung der strukturellen Funktionen, systemischen Aufgaben und perspektivischen Methoden, korrelativen Darstellungsmethoden sowie dialogischen Periodisierungen und Epocheneinteilungen richtungsweisend ist.

Das Ziel der vorliegenden Studie ist somit kein Plädoyer für die Überwindung der herkömmlichen Philosophien, sondern die kritische Würdigung und dialogische Erweiterung der historischen und gegenwärtigen Erkenntnisse, um neue Perspektiven einer künftigen Philosophie und Philosophiegeschichtsschreibung zu entwickeln und zu formulieren.

Begriffserklärungen

Absolut
bedeutet losgelöst von jeder Bindung, Beziehung, Bedingung und Abhängigkeit.

Aggregat
heißt Anhäufung von Teilen zu einem äußerlichen Zusammenhang.

Ahistorisch
beschreibt eine historische Gegebenheit, die vernachlässigt wird.

Akkomodation
bezeichnet Lern- und Anpassungsprozesse bei Personen, die sich infolge eines Lebensortwechsels grundlegende Regeln der Kommunikation der anderen Gesellschaft aneignen, ohne die eigenen grundlegenden Überzeugungen zu ändern.

Akkulturation
bedeutet Übernahme von Elementen einer anderen Kultur, geht also über die Akkomodation hinaus, d.h. die eigenen Überzeugungen unterliegen Veränderungen.

Akosmismus
heißt Wertlosigkeit bzw. Leugnung der Welt als selbständiger Existenz.

Akzeptanz
bedeutet die Bereitschaft, etwas bestehen zu lassen oder sogar anzunehmen; sie ist mit Respekt und Wertschätzung verbunden.

Akzeptanzgrenzen
sind gemeinsam ausgehandelte Nenner als Handlungsgrundlage des menschlichen Miteinanders.

Alternative
ist die entscheidende Wahl zwischen zwei Möglichkeiten.

Altruismus
ist eine ethische Lehre, welche die Selbstlosigkeit als hauptsächliches Merkmal der Sittlichkeit bezeichnet und ein Handeln fordert, das auf das Wohl Anderer gerichtet ist.

Ambiguität
bedeutet Widersprüchlichkeit, Assoziation; beschreibt das gedankliche Herstellen eines Zusammenhanges bei der Betrachtung eines Gegenstandes oder beim Hören eines Wortes.

Ambiguitätstoleranz

beschreibt die Fähigkeit und Bereitschaft, sich durch Rollenflexibilität auf mehrdeutige, ambivalente oder gar widersprüchliche Situationen einzustellen, um Irritationen und Dissonanzen kommunikativ auszuhalten.

Amoralisch

bezeichnet eine Haltung bzw. Gesinnung, welche die Frage nach dem Moralischen ausblendet.

analytisch vorgehen

bedeutet, das Untersuchungsobjekt in seine Bestandteile zu zerlegen, um es zu verstehen.

Andere, das (interkulturelle Ausdrucksform)

wird in der Regel als das bezeichnet, was wir in gewohnter Umgebung nicht kennen, was aber eine vertraute Nähe ausstrahlt.

Anerkennung

bedeutet, dem Andersdenkenden die Möglichkeit einzuräumen, sich seiner Lebensweise, Überzeugung oder Einstellung nach an gesellschaftlichen Prozessen zu beteiligen.

Anerkennung, ablehnende

heißt, den anderen als Person und als Teil der Gesellschaft unter Bewahrung seiner Würde anzuerkennen, ohne damit die Pflicht zu verbinden, seine Einstellungen und Überzeugungen mit einzuschließen.

Anpassung, kulturelle

beinhaltet die Orientierung eines Individuums an den Erwartungen einer anderen Umwelt und Kultur; teilweise Übernahme anderskultureller Muster zur Vermeidung von Konflikten.

Anthropologische Konstante

bedeutet, dass etwas zum Menschsein selbst gehört.

Anthropozentrisch

ist auf den Menschen als Mittelpunkt des Ganzen bezogen.

Antinomie

stellt Überlegungen, Überzeugungen oder Meinungen dar, die zueinander in Widerspruch stehen und gleichermaßen begründet sind.

Apartheid

bedeutet diskriminierende Benachteiligung von bestimmten Rassen, Menschengruppen oder Ethnien.

Aporie

beschreibt eine Ausweglosigkeit, einen Sachverhalt, in dem Schwierigkeiten auftauchen, die zu widersprüchlichen Ergebnissen führen.

Artefakt

bezeichnet ein vom Menschen geschaffenes Kunstwerk, Werkzeug oder sonstiges Erzeugnis.

Assimilation

bedeutet das Aufgehen und die gänzliche Übernahme von Werten, Normen und Lebensweisen in einem bestimmten Kulturgebiet, welche die Aufgabe eigenkultureller Zugehörigkeit zur Folge hat.

Assoziation

Verknüpfung von Vorstellungen, die wie eine Kettenreaktion auseinander hervorgehen.

Attributierung

bedeutet Zuweisung und Zuschreibung.

Autopoiesis

beschreibt einen Prozess der Selbsterschaffung bzw. Selbsterhaltung eines Systems.

Autopoietisches System

ist eine Funktionsweise, die besagt, dass der Mensch alles aus sich heraus produziert.

Autoritarismus

beschreibt gesellschaftliche Bedingungen, welche die Entwicklung autoritärer Personen fördern.

Bedeutungsgewebe

bezeichnet ein Verständnis von Kultur, das einen zeichenhaft-semiotischen Charakter der Kultur voraussetzt. Aus eigenen Eindrücken und Interpretationen, gepaart mit seinen kulturellen Vorprägungen, schafft sich der Mensch ein ›selbstgesponnenes Bedeutungsgewebe‹, das sich, je nach den gemachten Erfahrungen, permanent im Wandel befindet.

Begriffsenzyklopädie

ist der Name eines Index oder eines Registers, eine alphabetisch geordnete Auflistung von Begriffen, die in kulturellen Kontexten verwendet werden. Eine zentrale Funktion der Begriffsenzyklopädie besteht darin, festzustellen, an wie vielen Stellen ein bestimmter Begriff innerhalb einer Tradition oder eines Kontextes auftritt. Wichtig sind die kontextuelle Wortbedeutung und der Stellenwert des Begriffs.

Behaviorismus

ist der Name eines psychologischen Konzeptes, das sich mit dem Verhalten und seinen Auslösern beschäftigt.

Bibliographie

bedeutet die Werkdarstellung einzelner Personen im Kontext ihrer Zeit und darüber hinaus. Es geht um die Erstellung von Verzeichnissen, welche die Bücherbeschreibung primärer oder sekundärer Natur oder beides zugleich sein können.

Bilingualität

bedeutet Zweisprachigkeit.

Binnendifferenzierung

ist eine Vorgehensweise, bei der die einzelnen Teilnehmenden einer Lerngruppe eine jeweils an ihre Fähigkeiten angepasste Förderung erfahren.

Biographie

umfasst die mündliche oder schriftliche Darstellung des Lebenslaufes, die privater, berufsbezogener oder akademischer Natur sein kann.

Biologisierung

heißt Zurückführung von sozialen Zusammenhängen oder Verhaltensweisen auf vermeintliche biologische Ursachen.

Chronologie

stellt die Aufzeichnung von Denktraditionen, Problemen und Begriffen nach ihrem zeitlichen Ablauf dar. Es geht im Allgemeinen um eine eher narrative Darstellungsform eines Zeitraums mit der Abfolge von historischen Ereignissen in einem speziellen Kontext.

Coaching, interkulturelles

ist eine kulturübergreifende Beratungsform, die Menschen dazu befähigt, mit kulturell bedingten Divergenzen situationsgemäß umzugehen.

Community

bedeutet Gemeinschaft, Einrichtung oder die Bildung von Minderheiten.

Definition

bedeutet den offenen Versuch, die inhaltliche Bedeutung eines Begriffs, eines Systems oder einer Reihe von Ereignissen so klar wie möglich und eindeutig wie nötig auf eine Formel zu bringen.

Defizienz

beschreibt den Mangel oder das Fehlen von etwas.

Dekonstruktion

bedeutet Zerlegen oder Aufhebung gesellschaftlicher Konstruktionen.

Derogativ

beschreibt einen Sachverhalt, dem Geringschätzung entgegengebracht wird.

Determination

bedeutet, einem Zwang ausgesetzt zu sein.

Diadochographie bzw. Institutionengeschichte

ist eine Ausrichtung, die philosophische Traditionslinien nach Schulen klassifiziert und aufzeichnet.

Dialektisch vorgehen

bedeutet, die internen Gegensätze in einem Untersuchungsobjekt aufzusuchen und die darin enthaltene Dynamik im Rahmen eines umfassenden Ganzen herauszustellen.

Diaspora

beschreibt die Zerstreuung einer Gruppe, die als Minderheit innerhalb einer anderen Gesellschaft lebt.

Dichotomisierung

beschreibt die Zerlegung einer Sache oder eines Gegenstands in zwei Teilgesamtheiten, sodass ausschließlich zwei Ausprägungen unterschieden werden.

Didaktik, interkulturelle

bezeichnet im Allgemeinen die Wissenschaft des Lehrens und Lernens für Theorie und Praxis in kulturübergreifender Hinsicht.

Differenz, ausschließende

beschreibt eine Situation, in der sich eine bestimmte Gruppe das Recht herausnimmt, durch vorgefasste Forderungen den Freiheitsspielraum einer Gruppe festzulegen oder zu begrenzen.

Differenz, sanktionierende

stellt eine Situation dar, in welcher der gemeinsam entwickelte Kontrollmechanismus nicht zulässt, dass eine bestimmte Gruppe das Gleichheitsprinzip verletzt.

Dissidenz

beschreibt eine Haltung, die von der offiziellen Meinung abweicht.

Dominanz

beschreibt eine Überlegenheit, die sich kontextuell immer anders expliziert.

Doxographie

beschreibt die Sammlung der Aussagen von Philosophen und deren Einsortierung in ein Raster unter bestimmte feststehende Rubriken.

Dritt-Kultur-Perspektive

beschreibt eine gemeinsam erarbeitete Basis, die auf unterschiedlichen kulturellen Perspektiven fußt.

Egozentrisch

ist eine menschliche Verhaltensweise, die alles auf sich als Mittelpunkt bezieht und alles von sich aus betrachtet, bewertet und beurteilt.

Eigene, das

ist das Vertraute und uns Bekannte. Das Eigene stellt das Umgekehrte des Anderen dar.

Eigengruppe

umschreibt eine Gruppe, der eine Person angehört oder anzugehören glaubt.

Eisbergmodell

verdeutlicht, dass immer nur ein kleiner Teil eines kulturellen Spezifikums sichtbar oder wahrnehmbar ist.

Eklektizismus

bezeichnet eine Denkrichtung, die darauf ausgerichtet ist, Elemente unterschiedlicher Systeme und Methoden zu einem neuen Ganzen zusammenzustellen.

Emisch

ist die Innensicht bzw. Binnenperspektive von Mitgliedern einer Kultur.

Empathie

beschreibt den Versuch, sich aus der Perspektive eines Anderen durch Verständnis seiner Gefühle in dessen Gefühlszustand hineinzuversetzen.

Empirisch vorgehen

bedeutet, von Erfahrungen auszugehen, dabei Wertungen zu vermeiden und bemüht zu sein, gewonnene Erfahrungen systematisch zu erfassen und auszuwerten.

Enkulturation

heißt Übernahme der Lebensform einer bestimmten Kultur im Rahmen der Primärsozialisation.

Enzyklisch vorgehen

bedeutet, das Untersuchungsobjekt umfassend in den Blick zu nehmen und verstehend zu begreifen.

Epistemisch vorgehen

bedeutet, das Untersuchungsobjekt auf eine erkenntnistheoretische Grundlage zu heben und logische Strukturen herauszuarbeiten.

Erlaubnis-Konzeption

ermöglicht einer Minderheit, nach eigenen Überzeugungen zu leben, ohne die Vorherrschaft der Autorität infrage zu stellen.

Erlebniskultur

ist ein zentrales Merkmal der Konsumkultur, in der Waren dazu genutzt werden, erlebnishafte Erfahrungen zu machen.

Erziehung, interkulturelle

beschreibt den Lern- und Aneignungsprozess kulturell unterschiedlicher Denkstrukturen und Wahrnehmungsformen, die verschiedene Werte und Normen hervorbringen und pflegen.

Eskapismus

bezeichnet die bewusste oder unbewusste Fluchthaltung.

Essentialisierung

ist die Festschreibung des Anderen auf seine Andersartigkeit bzw. des Eigenen auf seine ursprüngliche Wesenheit, wobei innere Differenzen nivelliert werden.

Essentialismus

beschreibt die Annahme, dass Gegenstände eine ihnen zu Grunde liegende, alle Veränderungen überdauernde Essenz aufweisen.

Essenz

beschreibt im Gegensatz zur Existenz das Wesen einer Sache.

Etisch

ist die distanzierte Aussensicht bzw. Außenperspektive von Mitgliedern einer Kultur.

Ethik

stellt die Theorie der Moral dar. Es handelt sich konkret um die Begründung moralischer Normen und um die Analyse der Herkunft von Werten, geschichtlichen und kulturellen sowie interkulturellen Geltungsansprüchen und Geltungsgrenzen.

Ethik, deskriptive

thematisiert und problematisiert Normen- und Wertsysteme auf einem empirischen Weg. Dabei geht es um die Beschreibung dieser Phänomene unter Berücksichtigung klimatischer, geographischer, kultureller, religiöser und anderer Faktoren sowie um die Frage nach dem Geltungsanspruch verschiedener Normen.

Ethik, interkulturelle

erklärt, wann, wo und unter welchen Voraussetzungen eine menschliche Handlung als gut oder schlecht, angemessen oder unangemessen beurteilt wird. Sie untersucht Gründe, die Individuen zu bestimmten Handlungen motivieren. Dies umfasst die Begründung kulturell bedingter Besonderheiten in Sitten, Gebräuchen, Gepflogenheiten, Traditionen und Kulturen oder Rechtssystemen im Vergleich und Verständnis der Kulturen unter Berücksichtigung kultureller Kontexte.

Ethik, normative

thematisiert und problematisiert die Prinzipien eines für alle guten Lebens, den Maßstab moralisch richtigen Handelns und den Soll- und Musszustand kultureller Kontexte. Dabei geht es um unterschiedliche Imperative des Kulturellen, des Religiösen und des Gesellschaftlichen.

Ethnie

beschreibt Menschen, die sich durch gemeinsame Geschichte, Kultur und Religion miteinander verbunden fühlen, die sich auch innerhalb eines Territoriums befinden.

Ethnizität

beschreibt eine gemeinsame regionale Herkunft mit einer gemeinsamen Sprache und Geschichte einer bestimmten Gruppe.

Ethnophilosophie

stellt eine bestimmte philosophische Position dar, die stark exotisierend und damit marginalisierend betrachtet wird.

Ethnozentrismus

ist eine Vorstellung, die das Referenzsystem der eigenen Gruppe verabsolutiert und alle anderen Gruppen nach dem eigenen Maßstab bewertet. Dies führt zur Überhöhung der eigenen Kultur und zur Abwertung oder stufentheoretischen Behandlung der Fremdgruppen.

Evaluation

beschreibt die wissenschaftliche Überprüfung und Bewertung von Maßnahmen.

Evidenz

heißt unmittelbar einleuchtende Gewissheit über einen Sachverhalt.

Externalisierung

bedeutet Verlagerung von Unerwünschtem nach außen.

Exklusivität

bedeutet Ausschließlichkeit und ist stets mit einem Wahrheits- und Absolutheitsanspruch verbunden, der je nach Kontext auch strategisch eingesetzt werden kann.

Exotisierung

ist eine eigentümliche und befremdende Beschreibung des Anderen, die eine Art positiven Rassismus darstellt.

Exotismus

bedeutet, den Anderen nicht in dessen Bezugssystem zu erfahren, sondern ihn mit eigenen Idealen vergleichend zu betrachten und ihn in ethnozentrischer Ausschmückung als radikal verschieden zu interpretieren.

Extension

beschreibt und umfasst die Menge aller Dinge, die unter einen Begriff fallen.

Falsifizierbarkeit

beschreibt die Möglichkeit, eine Aussage theoretisch zu widerlegen.

Forschung, interkulturelle

ist der Name einer Tätigkeit mit einem dialogtheoretischen und dialogpraktischen Charakter, die darauf ausgerichtet ist, traditionelle Methoden und Theorieansätze, die außereuropäische Traditionen nicht angemessen kritisch gewürdigt haben, interkulturell neu zu durchdenken, um neue Wege in Aussicht zu stellen.

Fremde, das (traditionelle Ausdrucksform)

wird in der Regel als das bezeichnet, was wir in gewohnter Umgebung nicht kennen.

Fremdgruppe

umschreibt eine Gruppe, zu der eine Person nicht gehört oder nicht zu gehören glaubt.

Gattungsbegriff

ist ein Begriff, der eine Reihe wesentlicher Merkmale untergeordneter Arbeitsbegriffe zu einer in sich zusammengehörenden gedanklichen Einheit zusammenfasst.

Gehäusedialog

ist ein Scheindialog, der von vornherein eine verabsolutierte Meinung pflegt und letzten Endes die eigene Auffassung von Dialog durchsetzen will.

Gehäusetoleranz

ist eine Scheintoleranz, die eine verabsolutierte Meinung von vornherein und fraglos praktiziert und nur ein bestimmtes Toleranzverständnis akzeptiert, nämlich das eigene.

Gender

bezieht sich auf die sozial und kulturell konstruierten, Männern und Frauen zugeschriebenen Rollen und die daraus resultierenden Beziehungen.

Genozid

bezeichnet die systematische und geplante Auslöschung einer bestimmten Menschengruppe, eines Volks oder einer Volksgruppe.

Geographie des Denkens

bedeutet anzunehmen, dass es bspw. Kulturregionen gibt, in denen Menschen holistisch denken bzw. handeln, und es andere Kulturgebiete gibt, wo Menschen linear-analytisch denken bzw. handeln.

Gesellschaft, multikulturelle

stellt eine Gesellschaftsform dar, in der Menschen unterschiedlicher kultureller Herkunft, samt ihrer Religionen und Sprachen, zusammenleben.

Gewalt, strukturelle

liegt vor, wenn eine Person, eine Gruppe von Menschen ohne ständige direkte Gewaltausübung einen Kontinent oder einen Teil der Weltgemeinschaft für unterentwickelt erklärt und entsprechend behandelt.

Ghettoisierung

beschreibt die Ausgrenzung von Andersdenkenden oder Andererzogenen.

Globalisierung

beschreibt die weltweiten Veränderungen auf allen Ebenen der menschlichen Beziehungen in Wissenschaft, Politik, Religion, Kunst und Gesellschaft.

Globalisierung, kulturelle

besagt, dass es auch auf der Ebene kultureller Vorstellungen, Entwürfe und Identitäten zu zunehmenden wechselseitigen Verflechtungen und Beeinflussungen kommt.

Glokalisierung

zusammengesetzt aus den Begriffen ›Globalisierung‹ und ›Lokalisierung‹, bezeichnet sie die Verbindung und das Nebeneinander des multidimensionalen Prozesses der Globalisierung und seiner lokalen bzw. regionalen Auswirkungen und Zusammenhänge.

Häresographie

versteht sich als die Abgrenzung einer verwandten zu einer gegensätzlichen Lehre oder deren Unterscheidung.

Habitualisierung

beschreibt Angewohnheiten.

Haltung

beschreibt eine Einstellung, die zum Ausdruck bringt, welchen Werten man verpflichtet ist und welcher Weltanschauung man angehört.

Harmonie

bedeutet Übereinstimmung und Einklang innerhalb eines Sachverhaltes.

Hermeneutik, apozyklische

ist eine Interpretations- und Verstehensmethode, die restaurativ-reduktiv verfährt. Sie beschränkt sich auf Selbsthermeneutik und betrachtet andere Denkformen nur aus der eigenen Perspektive heraus.

Hermeneutik, enzyklische

versteht sich als eine argumentative Methode, die darauf ausgerichtet ist, durch vielfaches Hin- und Hergehen das beziehungslose Nebeneinander des Eigenen und des Anderen in ein interaktives Miteinander zu verwandeln.

Hermeneutik, interkulturelle

ist ein methodisches Regelwerk des Verstehens, der Auslegung und der Erklärung von Texten, Kunstwerken und Zusammenhangsstrukturen in unterschiedlichen kulturellen Kontexten, in denen es um das Wechselverhältnis zwischen dem Eigenen und dem Anderen geht.

Heterogenität

beschreibt die Vielfalt und Andersartigkeit kultureller Kontexte.

Heterophilie

beschreibt den Zustand der Freundlichkeit dem Anderen gegenüber.

Heterophobie

beschreibt den ablehnenden Zustand des Anderen.

Heuristik

heißt Erfindungskunst, eine Vermutung oder Annahme allgemeiner Art, die zur Auffindung neuer Einsichten dient.

Heuristisch

bedeutet erfinderisch suchend. Ein heuristisches Prinzip ist eine Vermutung oder Annahme allgemeiner Art, die zur Auffindung neuer Einsichten dient. Ein solches Verfahren zeigt, auf welchem Weg Erkenntnisse entdeckt und weitergeführt werden.

Historisch vorgehen

bedeutet, das Untersuchungsobjekt in einen historischen Zusammenhang zu stellen und es aus dieser Perspektive heraus zu erfassen.

Homogenität

bringt die Uniformität bzw. Gleichmäßigkeit eines Sachverhaltes zum Ausdruck.

Homonymie

bezeichnet lautliche Übereinstimmung von Wörtern mit verschiedener Bedeutung und Herkunft.

Horizontenüberlappung

beschreibt eine reflektierte Schnittmenge unterschiedlicher Denkhorizonte, die ihre Selbigkeit beibehalten und offen sind für Alteritäten.

Horizontenverschmelzung

bedeutet das Zusammenschweißen verschiedener Denkhorizonte, das zumeist ohne ausreichende Reflexion geschieht.

Hybridität

ist ein anderer Ausdruck für Mischformen, die kultureller, religiöser oder traditioneller Art sein können.

Hypostase

ist die Bezeichnung für die Personifizierung göttlicher Attribute bzw. die Grund- oder Unterlage von etwas.

Hypostasierung

bedeutet etwas zu vergegenständlichen oder als gegenständlich zu betrachten.

Identität

umfasst die kennzeichnende und unterscheidende Eigentümlichkeit eines Menschen als Individuum.

Indifferentismus

heißt, sich anderen Anschauungen und Bestrebungen gegenüber gleichgültig zu verhalten.

Indifferenz

beschreibt einen Sachverhalt, in dem alles unterschiedslos einander gegenübergestellt wird.

Indigen

bedeutet eingeboren.

Infantilisieren

bedeutet, jemanden als Kind zu behandeln.

Ineffizienz

bedeutet Unwirksamkeit.

Inklusivität

heißt Einschließung und beschreibt die reziproke Art und Weise, in der Menschen ›im Kommunikationszusammenhang‹ aufeinander einwirken und gemeinsame Wege gestalten.

Inkommensurabilität

bedeutet, dass eine These in gleicher Art nicht messbar ist wie eine andere These. Gibt es kein gemeinsames Maß zwischen zwei oder mehreren Thesen, das Vergleichbarkeit garantiert, so sind sie inkommensurabel.

Integration

heißt Eingliederung einer Person in eine Gruppe, eine Gemeinschaft oder Gesellschaft bzw. einer Gruppe in eine größere Gruppe.

Intelligenz, Künstliche

bezeichnet den Versuch, durch die Automatisierung intelligenten Verhaltens eine menschenähnliche Intelligenz nachzubilden.

Intelligenz, Naturbezogene

umfasst die Erkenntnis von Anpassungsnotwendigkeiten an klimatische und wetterbedingte Gegebenheiten.

Intelligenz, Soziale

befähigt den Menschen sich als ein soziales Wesen zu entdecken, das in Gruppen, gegen Gruppen und zwischen Gruppen interagiert.

Intelligenz, Spirituelle

gibt der angeborenen Sehnsucht die Willensdynamik, um die Welt in ihrer ganzen Mannigfaltigkeit und Hintergrundstruktur zu begreifen.

Intelligenz, Technische

bezieht sich auf diverse Zweckrationalismen bei der Herstellung von Werkzeugen, um das eigene Überleben zu sichern.

Interaktion

bedeutet das Zusammenwirken von verschiedenen Menschen.

Interferenz, interkulturelle

beschreibt Prozesse gegenseitiger, oft auch voreiliger und fälschlicher Übertragung eigener Kulturmuster auf die jeweils anderen kulturellen Kontexte.

Intension

bezeichnet die Merkmale und die wechselseitigen Beziehungen der Merkmale eines Begriffs.

Interdisziplinarität

bezeichnet eine fachübergreifende Arbeitsweise bzw. die Kooperation zwischen verschiedenen Fachrichtungen, um eine Aufgabe angemessen zu lösen.

Interkulturalität

ist der Name einer Theorie und Praxis, die sich mit dem historischen und gegenwärtigen Verhältnis aller Kulturen und den Menschen als ihren Trägern auf der Grundlage ihrer völligen Gleichwertigkeit beschäftigt. Sie ist eine wissenschaftliche Disziplin, sofern sie diese Theorie und Praxis methodisch untersucht.

Interkulturalität, historische

untersucht im Kontext der sozial-, geistes- und kulturwissenschaftlichen Geschichtsschreibung interkulturelle Begegnungen und analysiert ihre Kontinuität und Diskontinuität.

Interkulturalität, systematische

umfasst ›Korrelatbegriffe‹, die die Bereiche des Eigenen und des Anderen, der Kompetenz, der Toleranz, Semantik, Hermeneutik und Komparatistik sowie der Ethik und ihre Terminologien, also Begriffsapparate, zum Gegenstand haben. Alle genannten Begriffe dienen zur Herstellung gelungener interkultureller Kommunikation, die wiederum eine Teildisziplin der Interkulturalität darstellt.

Interkulturalität, vergleichende

untersucht Divergenzen und Konvergenzen in der sozial-, geistes- und kulturwissenschaftlichen Geschichtsschreibung und setzt Theorien und Überlegungen miteinander in Beziehung, die sich mit den Themenfeldern der Interkulturalität befassen, oder Bereiche, die für die Interkulturalitätsforschung relevant sind.

Interkulturell (Adjektiv)

bezeichnet einen Zwischenraum, in dem ein Austauschprozess stattfindet, durch den Menschen mit unterschiedlichem kulturellem Hintergrund in Kontakt treten.

Intermundien

bedeutet Zwischenwelten.

Intersubjektivität

bringt zum Ausdruck, dass ein Sachverhalt oder eine Einstellung für alle Menschen gleichermaßen erkennbar und nachvollziehbar ist.

Intertextualität

stellt die Beziehungen zwischen Texten aus unterschiedlichen Kontexten dar.

Intoleranz, äußere

beschreibt eine Haltung gegenüber Gemeinschaften, die nicht der Eigenen angehören.

Intoleranz, formale

lässt »fremden Glauben nicht unangetastet, sondern zwingt ihre Vertreter zur Unterwerfung unter eine sakrale Institution eines Staates oder einer Kirche, deren formale Einheit durch abweichende Glaubens- und Kultformen gestört werden würde«.

Intoleranz, inhaltliche

bekämpft andere Überzeugungen, um der vermeintlichen Wahrheit willen oder im Namen einer bestimmten Ideologie.

Intoleranz, innere

wird praktiziert gegenüber den als Häresie oder Ketzerei bezeichneten Abweichungen vom eigenen offiziellen Glauben.

Isomorphie

beschreibt eine Kommunikationssituation, in der zwei Meinungen eine Entsprechung erfahren.

Koexistenz-Konzeption

beschreibt eine Konzeption, in der sich zwei ungefähr gleich starke Gruppen gegenüberstehen, die einsehen, dass sie um des sozialen Friedens und ihrer eigenen Interessen willen Toleranz üben sollen.

Koinzidenz

heißt Zusammenfall von unterschiedlichen Ansichten und Intentionen.

Kolonisation

ist das Herrschafts-, Macht- und Ausbeutungssystem der europäisch-westlichen Hemisphären gegenüber anderen Völkern.

Kommensurabilität

bedeutet, dass eine These in gleicher Art messbar ist wie eine andere These.

Kommunikation, direkte

bezeichnet eindeutige Sprechakte im interpersonalen oder interkulturellen Kontext, die sich auf eine bestimmte Person beziehen.

Kommunikation, indirekte

beschreibt mehrdeutige Äußerungsformen im interpersonalen oder interkulturellen Kontext.

Kommunikation, interkulturelle

ist eine Diskursform, in der Menschen aus kulturell unterschiedlichen Kontexten miteinander ins Gespräch kommen. ›Interkulturelle Kommunikation‹ dient als Grundlage und Ausgangsposition vieler Korrelatbegriffe, weil der Mensch ein kommunikatives Wesen ist und ohne Kommunikation im Leben nicht auskommen kann.

Kommunikation, komplementäre

umschreibt eine Gesprächsituation, in der durch Lehrkultur eine gegenseitige Ergänzung von Divergenzen angestrebt wird.

Kommunikation, nonverbale

ist sprachungebunden und besteht aus Gestik und/oder Mimik.

Kommunikation, symmetrische

beschreibt das Bestreben nach Gleichheit und Verminderung von Unterschieden zwischen den Partnern.

Kommunikation, verbale

ist sprachgebunden und besteht aus Worten, Zeichen oder sonstigen Informationsträgern.

Komparatistik, interkulturelle

vergleicht Sachverhalte aus kulturell unterschiedlichen Kontexten gemäß ihrer inneren Logik, setzt diese mit anderen Themen, Themenbereichen oder Problemen in Beziehung und schlussfolgert, ohne das *tertium comparationis* ausschließlich in einer Tradition zu verankern.

Komparatistisch vorgehen

bedeutet, unterschiedliche Modelle miteinander in Beziehung zu setzen, Übereinstimmungen und Unterschiede zu konstatieren, ohne diese gegenseitig aufeinander zu reduzieren oder gegeneinander auszuspielen.

Kompatibilität

umschreibt den Zustand des Zusammenpassens zweier Sachverhalte, Gegenstände oder Ideen.

Kompetenz, interkulturelle

ist eine Fähigkeit, die einen Aneignungsprozess von Informationen und Verhaltensweisen beschreibt, die uns dazu verhelfen, eine Aufgabe zu meistern, einer Herausforderung zu begegnen oder eine Tätigkeit in interkulturellen Kontexten auszuführen. Die Aneignung von Kompetenzen wird erforderlich, wenn unterschiedliche Denkformen, Handlungsmuster oder Lebensentwürfe miteinander in Berührung kommen. Damit sind auch Werte- und Normenorientierung sowie begriffliche und theoretische Bezugssysteme gemeint, die nicht immer expliziert sind.

Konflikt

nennt man das Vorhandensein gegensätzlicher Einstellungen und Überzeugungen, die einen Dialog erschweren oder gar unmöglich machen. Insofern beschreibt der Konflikt eine unversöhnliche Haltung zwischen den Parteien.

Konflikt, interkultureller

beschreibt eine Situation, in der zwischen verschiedenen Kulturen entweder ein Unbehagen im Raum steht oder verschiedene Einstellungen und Überzeugungen aus unterschiedlichen kulturellen Kontexten mehr oder weniger unversöhnlich einander gegenüberstehen.

Konstrukt

ist eine Meinung, Urteilsform ohne empirische Basis oder eine Erkenntnis ohne reale Grundlage.

Kontext

beschreibt einen Zusammenhang, in dem sich etwas abspielt.

Kontextuelles Verfahren

bedeutet, unterschiedliche Traditionen mit ihren jeweils eigenen Terminologien, Fragestellungen und Lösungsansätzen als gleichberechtigte Diskursbeiträge von ihren verschiedenen Positionen her zur Sprache kommen zu lassen, um gemeinsame Perspektiven entwickeln zu können.

Kontingent

bedeutet, in der Anordnung, zusammen mit mehreren Gattungsbegriffen, benachbart zu sein.

Kontingenz

bedeutet Zufälligkeit oder Möglichkeit des Anders-sein-Könnens.

Kontrast

verweist auf einen Unterschied zwischen verschiedenen Modellen, die als gegensätzlich deklariert werden.

Konvention

beschreibt eine Festlegung, die in Form eines Vertrags zwischen zwei oder mehreren Personen getroffen wird.

Korrelation

beschreibt den Zusammenhang zwischen zwei oder mehreren Eigenschaften.

Korrelativ

bezeichnet das gegenseitige Aufeinanderbezogensein von Begriffen, Theorien und Sachverhalten.

Kritisch-dialogische Erinnerungskultur

Bedeutet Analyse der Fehlleistungen eigener und anderer Einstellungen zu etwas auf der Grundlage der historischen Fakten und deren untereinander bestehenden Beziehungen.

Kultur

impliziert als ein offenes und dynamisch veränderbares Sinn- und Orientierungssystem, wie die Beziehungen einer Gruppe strukturiert sind und wie diese erfahren, verstanden und interpretiert werden.

Kulturalismus

bedeutet die Überbetonung der ethnischen Anteile eines Kulturraumes.

Kulturalisierung

bedeutet die Instrumentalisierung des Bezugsrahmens kultureller Argumentationsweisen für die Durchsetzung eigener Interessen.

Kulturbegriff, symbolisch-struktureller

umfasst ein Konzept, in dem Akteure die Bedeutung ihrer Handlungen mit symbolischen Ordnungen identifizieren und die Bedeutung dieser Handlung auf Strukturen beziehen.

Kulturbegriff, intellektualistischer

umfasst ein Konzept, das zwar rein intellektualistisch in der Theorie beheimatet ist, das aber unter normativen Aspekten gedeutet werden kann.

Kulturbegriff, normengebender

umfasst ein normgebendes und nach festen Regeln beurteilendes und wertendes Konzept. Dies setzt einen idealen Lebensentwurf voraus, der einen universalistischen Anspruch erhebt. Eine Lebensform wird favorisiert, die den realen Umständen des Lebens in der Regel nicht entspricht.

Kulturbegriff, geschlossener

umfasst ein regionalisierendes und nationalisierendes Konzept, nach dem Kulturen wie Kugelgestalten ohne Bezug zueinander aufgefasst werden.

Kulturfelder

umfassen Bereiche wie Nationalität, Organisation, Religion, Geschlecht, Generation, Familie.

Kulturgut

umfasst die materiellen und immateriellen Erscheinungs- und Ausdrucksformen einer Kultur.

Kulturimperialismus

beschreibt eine expansionistische Haltung, welche die Welt unter einer bestimmten Herrschaftsideologie zu gestalten bemüht ist.

Kulturmuster

bezeichnet die Organisation von einzelnen Kulturelementen zu charakteristischen Ganzheiten oder Mustern.

Kulturoptimismus

ist eine positiv-hoffnungsvolle Anschauungsform bzw. Bewertung der Kulturen.

Kulturpessimismus

ist eine negativ-skeptische Anschauungsform bzw. Bewertung der Kulturen.

Kulturrelativismus

bezeichnet die Haltung, nach der kulturelle Phänomene nur in ihrem eigenen Kontext verstanden, beurteilt und bewertet werden.

Kulturschock

umschreibt Formen der Verunsicherungen von Menschen im Kontakt zu Angehörigen anderer Kulturräume im In- und Ausland.

Kultursensibilität

bezeichnet einen respektvoll-feinfühligen Umgang mit kulturellen Divergenzen oder Andersheiten.

Kultursensitiv

bedeutet die Berücksichtigung soziokulturell eingespielter Einstellungen, Wertungen, Stereotypen oder Ideologien eines Wortes oder eines Verhaltens.

Kulturtourismus

bezieht sich auf alle Arten von Reisen der Menschen zu kulturellen Attraktionen inner- oder außerhalb des eigenen Landes.

Kulturwandel

bedeutet Umwälzung bestimmter oder aller Ebenen einer Kultur.

Kulturzentrismus

ist der Versuch, die eigene kulturelle Prägung in den Mittelpunkt der Betrachtung zu stellen und andere abzuwerten.

Leitkultur

beschreibt die von der Mehrheitsgesellschaft bestimmten und praktizierten Werte und Normen, die gegenüber denen der Minderheiten höher stehen.

Lernen, interkulturelles

bedeutet das Erlernen kultureller Divergenzen und Konvergenzen im Vergleich und Verhältnis der Kulturen und Traditionen.

Macht

ist eine Fähigkeit, im Kontext eines sozialen Netzwerkes darauf ausgerichtet zu sein, den eigenen Willen, notfalls auch gegen den Willen des/der Anderen, gewaltsam zum Erfolg zu verhelfen.

Macht, negative

ist eine Fähigkeit, die darauf ausgerichtet ist, alles nach einer apodiktischen Selbstgesetzgebung, ohne Rücksicht auf die Interessen des/der Anderen, zu beherrschen.

Macht, positive

ist eine Fähigkeit, die darauf ausgerichtet ist, alle möglichen Machtformen einzusetzen, um eine gleichheitsorientierte Kommunikation zwischen unterschiedlichen Formen des Denkens und Handelns zu ermöglichen.

Management, interkulturelles

beschäftigt sich mit Geschäftsaktivitäten und -feldern von Unternehmen, deren Akteure aus kulturell unterschiedlichen Ländern stammen, die wiederum unterschiedliche Wertvorstellungen haben und sich durch divergierende Denk- und Handlungsweisen auszeichnen.

Mediation, interkulturelle

ist eine dialogische Verfahrensform, um zwischen zwei oder mehreren disparaten Einstellungen zu vermitteln. Sie verbindet das Verstehen-Wollen und Verstandenwerden-Wollen von Partnern miteinander und bietet eine solide Grundlage für ein gewaltfreies Konfliktlösungsverfahren ohne Verlierer.

Medien

lässt sich als ein Sammelbegriff für alle audiovisuellen Mittel und Verfahren auffassen, die zur Verbreitung von Informationen aller Art durch Zeitungen, Zeitschriften, Radio, Fernsehen, Internet sowie Belletristik oder Fachliteratur beitragen.

Menschenrechte

sind Rechte, die jedem Menschen ohne Berücksichtigung seiner Herkunft und Hautfarbe gleichermaßen zustehen.

Menschenwürde

ergibt sich daraus, dass der Mensch nicht ohne Bewusstsein lebt, sondern sich denkend, lernend, verstehend und fühlend mit seinen Mitmenschen in Beziehung setzt. Das Gefühl der Achtung zu sich selbst und anderen gegenüber, das Pflichtgefühl, sich am Leben zu erhalten und gewissenhaftes sowie verantwortungsvolles Handeln sind Eigenschaften, die nur im Menschen ihren Ausdruck finden. Diese variablen Attribute machen die Einzigartigkeit der menschlichen Gattung und ihre Würde aus. Freiheit, dem ureigenen Bedürfnis des Menschen, sich selbstbestimmend zu entfalten, ist ein Bestandteil der Menschenwürde.

Metaethik

thematisiert und problematisiert die Sprache und Logik moralischer Diskurse, die Methoden moralischer Argumentationen sowie die Tragfähigkeit und Umsetzbarkeit ethischer Theorien in unterschiedlichen Kontexten.

Metakommunikation

meint, dass Kommunikation sich auf verschiedenen Reflexionsebenen vollziehen kann. Es geht um eine Kommunikation über kulturspezifische Formen von Kommunikation, die bspw. für die Entfaltung des interkulturellen Lernens fruchtbar gemacht werden kann.

Methode

ist eine strukturierte Verfahrensweise. Sie bringt zum Ausdruck, wie eine Aufgabe formuliert und effizient gelöst werden kann und befähigt dazu, Erkenntnisse zu gewinnen, zu sammeln, auszuwerten, einzeln zu verstehen, zu analysieren, zu kontrollieren und schließlich in einem planvollen Vorgehen in den Kontext einzuordnen.

Methodenpluralismus

meint die Anwendung verschiedener Methoden im Prozess einer Problemlösung oder in einem Arbeitsfeld.

Migration

beschreibt die Wanderung, räumliche Bewegung bzw. Mobilität von Individuen oder Gruppen in Form eines relativ dauerhaften Wechsels des Wohn- bzw. Lebensortes.

Monotheismus

beschreibt eine Religion, in der von einem einzigen Gott ausgegangen wird.

Moral

ist ein System von Verhaltensweisen, die sich in diversen *intra*- oder *inter*kulturellen Kontexten unterschiedlich vollziehen und die das Handeln des Menschen als gut oder schlecht, angemessen oder unangemessen bestimmen sollen.

Motivation

beschreibt unsere persönliche Energiequelle, unsere Energiebereitstellung für das Erreichen eines Zieles. Dabei geht es um den Versuch, wie Verhalten zustande kommen und mit Energie versorgt werden. Motivation beinhaltet stets ein Bündel von Motiven.

Motivation, Äußere

verweist auf die Möglichkeit extrinsischer Motive, durch eine Person, Gruppe oder Institution.

Motivation, Innere

beschreibt autonome oder selbstgewirkte Motive, die ohne äußere Einflüsse in einer Person entstehen.

Motivation, Primäre

heißt Identifikation der inneren Motive mit dem Ziel bzw. mit der Tätigkeit.

Motivation, Sekundäre

beschreibt die Wechselhaftigkeit der Motivationen, die zustande kommen, wenn eine Tätigkeit nur Mittel zum Zweck wird.

Motivationsanalyse

bedeutet differenzierte Ergründung von Beweggründen und deren Zusammenspiel und Dissonanzen.

Motive

sind zielgerichtete Beweggründe, die zur bewussten oder unbewussten Befriedigung eines Bedürfnisses beitragen.

Multikulturalität

kennt verschiedene Perspektivierungen des Kulturbegriffs: von Offenheit bis zur Geschlossenheit. Ihre Extremform geht von Kulturen als homogenen, ›separaten Einheiten‹ bzw. ›geschlossenen Systemen‹ aus. In diesem Sinne artikuliert sie Schutz und Anerkennung kultureller Unterschiede. Danach existieren Kulturen nebeneinander und sind einander wesensfremd.

Negative Erinnerungskultur

beschreibt ein Geschichtsverständnis und Geschichtsinteresse, das einseitig ausgerichtet ist.

Normativ vorgehen

bedeutet, den Untersuchungsgegenstand vor dem Hintergrund der Wertvorstellungen zu untersuchen, auf denen er beruht.

Objektivation

bedeutet, etwas zum Objekt zu machen oder zu verdinglichen.

Ontogenese

beschreibt die biologische Entwicklung eines Individuums.

Partikularität

heißt Gebundenheit einer Idee, einer Theorie, eines Sachverhaltes oder eines Prinzips an eine bestimmte, besondere Kultur.

Partikularität der Ethik

bedeutet, dass jedes Volk gewisse traditionsgebundene Gewohnheiten hat, die für es spezifisch und damit verbindlich sind.

Paternalismus

bedeutet Bevormundung.

Perspektivenwechsel

bedeutet, sich von seinen festgefahrenen Ansichten und immerwährenden Absichten bewusst zu distanzieren, um die Argumente des Gegenübers angemessen zu verstehen und zu würdigen.

Phänomenologisch vorgehen

bedeutet, unterschiedliche Formen der Selbstwahrnehmung und der Wahrnehmung des Anderen zu beschreiben, um dadurch dialogische Aspekte zu gewinnen.

Philosophie, Interkulturelle

darunter wird, als einer Teildisziplin der Interkulturalität, diejenige philosophische Tätigkeit verstanden, die in Theorie und Praxis darauf ausgerichtet ist, die Vielfalt philosophischer Zugänge zur Welt kritisch-würdigend zu thematisieren und mithin unterschiedliche Traditionen und Kontexte miteinander ins Gespräch zu bringen.

Polyamorie

bezeichnet eine Lebensform der sozialen Beziehungsebene und des zwischenmenschlichen Kontaktes, bei dem mehrere Liebesbeziehungen parallel von einer Person geführt werden.

Polis

beschreibt die politische Form des Staates im alten Griechenland.

Positive Erinnerungskultur

beschreibt ein Geschichtsbild von etwas, das einseitig sein kann.

Polysemie

bezeichnet das Vorhandensein mehrerer Bedeutungen zu einem Wort.

Polytheismus

beschreibt eine Religion, in der mehrere Gottheiten angenommen werden.

Polyzentrismus

beschreibt die geschlossene Eigenständigkeit der Kulturen, die beziehungslos nebeneinander stehen.

Postkolonialismus

bezeichnet die Befreiungszeit der kolonialisierten Völker.

Präexistenz

deutet auf die Existenz eines Gegenstandes oder einer Angelegenheit hin, und zwar zu einem früheren Zeitpunkt als dem jetzigen Sein.

Prestige

artikuliert die Zuschreibung von Werturteilen, die eine Erhöhung von Rang, Status, Stellung, Ansehen, Ruhm, Vorrang, Würde, Größe oder Erhabenheit eines potentiellen Prestigeträgers ergeben.

Problemorientierte Historiographie

ist darauf ausgerichtet, zentrale Probleme der Philosophie in einem bestimmten Kontext zu analysieren.

Projektion

beschreibt eine Situation, in der eine Person ihre eigenen Wesenszüge auf andere Personen projiziert.

Propositional

verweist auf die inhaltliche Ebene eines Satzes.

Prozess

bezeichnet Dauer und Verlauf eines Sachverhaltes.

Psychologisierung

bezeichnet die Verlagerung eines sozialen Vorganges in die Psyche des Menschen.

Rassismus

ist eine Konstruktion von tatsächlichen oder fiktiven Divergenzen, die Diskriminierung legitimiert.

Rationalistisch vorgehen

bedeutet, die Fähigkeiten der Vernunft zu benutzen und zu beachten, welche unterschiedlichen Argumentationsformen diese im Vergleich und Verständnis der Kulturen hervorbringen.

Rechtspluralismus

verweist auf die Tatsache, dass es in einem Staat mehr oder weniger koexistierende Rechtsmechanismen geben kann.

Reduktionismsus

heißt, ein Phänomen auf ein bestimmtes Verständnis zu begrenzen, die Überbetonung eines aus dem Ganzen herausgesuchten Einzelteils, von dem aus generalisiert wird.

Reflexion

bedeutet rückbezügliches Denken, spezifisch und gezielt über etwas nachzudenken und Überlegungen anzustellen.

Reformismus

beschreibt die Bestrebung auf eine allmähliche Reform innerhalb von etwas.

Remigration

bedeutet Rückwanderung.

Repertoires, kulturelle

ist die Menge menschlicher Gewohnheiten und Ideen, die Menschen unter bestimmten historischen Verhältnissen verwenden und die in jeder konkreten Situation immer wieder, auf den Einzelfall abgestimmt, neu arrangiert werden.

Respekt-Konzeption

geht von einer moralisch begründeten Form der wechselseitigen Achtung der sich tolerierenden Individuen bzw. Gruppen aus, insbesondere in einer rechtsstaatlich verfassten politischen Gemeinschaft.

Responsivität

beschreibt eine antwortende Haltung, eine Antwortbereitschaft oder das Eingehen auf die Interaktions- und Kommunikationsversuche des Anderen.

Rigorismus

umschreibt das unbedingte Festhalten an etwas.

Schablonisierung

bezeichnet eine Gussform, nach der eine Sache oder ein Problem gemäß einem vorgefertigten Muster generalisiert wird.

Segregation

beschreibt eine Trennung von Bevölkerungsgruppen, auch unter Anwendung von Gewalt.

Selbstdefaitismus

bezeichnet die Selbstaufgabe bzw. die Überzeugung, dass keine Aussicht auf Erfolg zu erwarten ist.

Selbsterkenntnis

ist das reflektierte Wissen einer Person über sich selbst.

Semantik, interkulturelle

beschäftigt sich mit kulturell und kontextuell bedingten Äußerungsformen und den daraus hervorgehenden Missverständnissen in der interkulturellen Kommunikation. Sie bezieht sich auf einen Ausschnitt interkultureller Kommunikationsvorgänge, nämlich die Beschreibung kulturspezifischer Wortbedeutungen. ›Interkulturelle Semantik‹ steht für die Erweiterung von Kompetenzbereichen der Semantik.

Semantisch vorgehen

heißt, Begriffsbedeutungen einzelner sprachlicher Äußerungen zu klären und miteinander in einen reziproken Zusammenhang zu setzen.

Solipsismus

bezeichnet den Standpunkt, nach dem nur das eigene Ich als wirklich gilt, während andere Ich-Formen nur als Bewusstseinsinhalte ohne eigene Existenz angesehen werden.

Spiritualität

beschreibt die Vorstellung einer geistig-meditativen Verbindung zum Jenseits oder zur Unendlichkeit.

Subkultur

ist eine kleine Kultur innerhalb einer Kultur.

Stereotype

sind persönlich-negative, ablehnende Beurteilungen oder persönlich-positive, aufwertende Beurteilungen, die generalisiert werden. Dies beschränkt sich nicht nur auf X oder Y aus einer Kultur oder einer Gruppe, sondern umfasst alle Menschen aus dieser oder jener Kultur.

Stigmatisierung

bedeutet Zuschreibung von negativen Eigenschaften, die eine Ausgrenzung begründen.

Symbiose

bedeutet das Zusammenleben von Lebewesen bei gegenseitiger Abhängigkeit und gegenseitigem Nutzen.

Synkretismus

beschreibt in der Regel eine kritiklose Vermischung verschiedener Systeme, ohne Durchdringung und Ausgleichung ihrer Prinzipien.

Tabellographie

beschreibt in der Regel eine chronologische Vorgehensweise, die sowohl Lebensdaten der Philosophen als auch ihre wichtigsten Werke mit zentralen Ideen in knappen Sätzen übersichtlich präsentiert.

Tautologie

verdeutlicht, dass eine Aussage, unabhängig von ihrem Wahrheitswert, immer wahr ist. Sie bezeichnet eine Formulierung oder Ausdrucksform, die gleichbedeutend verwendet wird.

Tertium Comparationis

bedeutet Vergleichsmaßstab.

Tolerant sein

stellt eine grundsätzliche Einstellung dar, die anderen Formen des religiösen oder politischen Denkens und Handelns nicht ablehnend gegenübersteht, sondern diese in ihrem eigenen Recht gelten lässt.

Toleranz

ist ein Streitbegriff, der eine schöpferische Haltung beschreibt, die bei der Bewertung einer Sache oder einer Streitfrage als das weise Maß angesehen werden kann, um das Nebeneinander in ein Miteinander zu überführen.

Toleranz, äußere

bezieht sich »auf die außerhalb der eigenen Religion stehenden Religionen.« Die äußere Toleranz erkennt die Echtheit und den Gültigkeitsanspruch von Verhaltensweisen an, deren Motive nicht in der eigenen Religion verankert sind.

Toleranz, formale

ist in vielen Verfassungen als staatlich garantierte Glaubensfreiheit verankert.

Toleranz, inhaltliche

beschränkt sich nicht auf ein bloßes Unangetastetlassen anderer Religionen, sondern bedeutet ihre positive Anerkennung als echte und berechtigte religiöse Möglichkeit der Begegnung mit dem Heiligen.

Toleranz, innere

spielt sich innerhalb der eigenen Religionsgemeinschaft ab. Sie betont den Unterschied zwischen formaler und inhaltlicher Haltung durch »formale Duldung oder positive Anerkennung von Divergenzen [...] innerhalb der eigenen Religion bzw. des eigenen Religionsorganismus«.

Toleranz, interkulturelle

ist eine Fähigkeit, Konvergenzen und Divergenzen sowie Überlappungen im Vergleich und Verständnis der Kulturen und kulturellen Kontexte zu suchen, um gemeinsame Regeln für den Umgang miteinander zu formulieren.

Toleranz üben

ist eine Haltung, die einen kommunikativen Charakter hat und durch aktive Anteilnahme zur Anerkennung Anderer führen will.

Tradition

bezeichnet die Weitergabe von Handlungsmustern, Überzeugungen und Glaubensvorstellungen innerhalb einer Kultur, Religion oder Weltanschauung.

Training, interkulturelles

beschreibt unterschiedliche Lern- und Handlungsprozesse, die dazu befähigen, sich auf Situationen in verschiedenen kulturellen Kontexten adäquat und zielführend einstellen zu können.

Transkulturalität

ist ein Ansatz, der eine gemeinsame Kultur jenseits bestehender kultureller Eigenheiten annimmt. Die Kombination von Elementen verschiedener Herkunft kann so ein Individuum transkulturell erscheinen lassen.

Universalismus

beschreibt den Anspruch, die Wirklichkeit der Gesamtheit aller Phänomene zu erfassen und auf ein einziges Prinzip zurückzuführen.

Universalität

heißt Kulturungebundenheit einer Idee, einer Theorie, eines Sachverhaltes oder eines Prinzips.

Universalität der Ethik

bedeutet, dass es über die kulturgebundenen Wert- und Normsysteme hinaus eine ethisch-moralische Verankerung anthropologischer Natur gibt, die allgemein verbindlich ist.

Universalität der Vernunft

bedeutet, dass das menschliche Denken stets Argumente, Begründungen, Kritik und Rechtfertigungen für Ansichten hervorbringt, und zwar über Themenbereiche wie Anthropologie, Erkenntnistheorie, Logik, Metaphysik oder Ethik.

Überschneidungssituation, interkulturelle

artikuliert eine Situation, in der sich unterschiedliche Horizonte, Entwürfe oder Dispositionen annähern und die Basis einer konstruktiven Kommunikation schaffen.

Verifizierbarkeit

bedeutet die Möglichkeit, eine Aussage theoretisch zu akzeptieren.

Vernunft

ist ein kognitives Vermögen oder ein Erkenntnisorgan – sie ist ein Instrumentarium der Urteilsbildung und verfährt reflexiv-ordnend und synthetisch; sie stellt ein regulatives Vermögen dar, weil das vernünftige Denken, Reden und Handeln immer mit einem Ziel verbunden ist, nach dem der Mensch strebt.

Verstehen, emisches

beschreibt den Versuch, die Besonderheiten eines kulturellen Gebildes von innen heraus zu verstehen.

Verstehen, etisches

beschreibt den Versuch, die Besonderheiten eines kulturellen Gebildes von außen heraus zu verstehen.

Viktimisierung

bedeutet, einen Menschen zum Opfer zu degradieren.

Vorurteile

sind persönlich-negative, ablehnende Beurteilungen oder persönlich-positive, aufwertende Beurteilungen, die einem Menschen, einer Menschengruppe oder einem Sachverhalt gegenüber gepflegt werden.

Vor-Urteile

beschreiben eine revidierbare Erwartungshaltung bzw. eine Wahrscheinlichkeitskalkulation, in der versucht wird, über einen Sachverhalt Informationen zusammenzutragen, ohne diese von vornherein positiv oder negativ zu bewerten, sondern bemüht zu sein, dies durch eigene Erkundung zu überprüfen.

Wahrheits- und Absolutheitsanspruch, exklusiver

ist in die Tiefe der eigenen Einstellung oder Überzeugung gerichtet, verbunden mit dem gleichzeitigen Versuch, dies nach außen zu manifestieren.

Wahrheits- und Absolutheitsanspruch, inklusiver

ist in die Tiefe der eigenen Einstellung oder Überzeugung gerichtet, ohne den Anspruch, dies nach außen zu manifestieren.

Wertschätzungs-Konzeption

Nimmt, in einer anspruchsvolleren Form wechselseitiger Anerkennung als die der Respekt-Konzeption, die Überzeugungen und Praktiken der Mitglieder anderer Gemeinschaften als ethisch wertvoll wahr.

Wissenschaftstheoretisch vorgehen

bedeutet, den Fragen nach Theoriebildung, der Bestimmung von Begriffsapparaten und der Explikation von Vorannahmen nachzugehen.

Xenophobie

heißt Angst vor dem Anderen.

Zentrismus

beschreibt eine Haltung, die sich selbst in den Mittelpunkt stellt und zugleich den Anspruch erhebt oder erheben kann, Maßstab aller Vergleiche zu sein.

Zentrismus, Exklusivistischer

ist in der Regel universalistisch ausgerichtet und besitzt missionarischen Charakter. Diese Form von Zentrismus, die expansionistisch angelegt ist, bestimmt das Eigene als Zentrum und das Andere als Peripherie.

Zentrismus, Inklusivistischer

ist integrativ ausgerichtet und steht jedem Expansionismus ablehnend gegenüber. Diese Form von Zentrismus vermeidet konsequent ein Zentrum-Peripherie-Verhältnis.

Zivilgesellschaft

beschreibt ein Modell des Zusammenlebens, das von Menschen als engagierten Subjekten getragen wird.

Zivilisierungsprozess

beschreibt eine Haltung, die theoretische und praktische Gewalt vermeidet und friedensorientiert ist.

Literatur

Abu Ru'yan, Muhammad Ali: *Tarikh al fekr al falsafi al islam* [Geschichte des philosophischen Denkens im Islam], Kairo 1980.
Adamijjat, Fereydun: *Ideologije nehsate mashruteje Iran* [Philosophie der Verfassungsbewegung im Iran], Teheran 1975.
—: *Andishehaje Mirza Fathali Akhondzade* [Die Philosophie des Mirza Fathali Akhondzade], Teheran 1979.
Adorno, Theodor W.: *Negative Dialektik*, Frankfurt/Main 1966.
Al-Biruni: *In den Gärten der Wissenschaft*, Leipzig 1991.
Al-Farabi: *Über die Wissenschaften. De scientiis*, Hamburg 2005.
Al-Jabri, Mohmamed Abed: *Naqd al-aql al-arabi* [Kritik der arabischen Vernunft] (in vier Bänden), Beirut 1984 bis 2001.
—: *Kritik der arabischen Vernunft. Die Einführung*, Berlin 2009.
Al-Kindi: *Die Erste Philosophie*, Freiburg 2011.
Akhondzade, Mirza Fathali: *Se maktub* [Drei Briefe], hrsg. v. Bahram Chubine, Frankfurt/Main 2006.
Apel, Karl-Otto und Matthias Kettner (Hrsg.): *Die eine Vernunft und die vielen Rationalitäten*, Frankfurt/Main 1996.
Aristoteles: *Metaphysik: Bücher I (A)-VI (E)*, Hamburg 1989.
Arkoun, Mohammed: *L'humanisme arabe au IVe/Xe siècle. Miskawayh, philosophe et historin*, Paris 1970.
—: ›Westliche‹ Vernunft kontra ›islamische‹ Vernunft? Versuch einer kritischen Annäherung, in: Der Islam im Aufbruch. Perspektiven der arabischen Welt, hrsg. v. Michael Lüders, München 1992 (261-274).
—: Islam und Christentum müssen ihre gemeinsamen Wurzeln erkennen. Gespräch mit Adalbert Reif, in: UNIVERSITAS 53, Nr. 630, 1998 (1202-1212).
—: *Der Islam. Annäherung an eine Religion*, Heidelberg 1999.
Ateş, Seyran: *Der Multikulti-Irrtum. Wie wir in Deutschland besser zusammenleben können*, Berlin 2007.
Auernheimer, Georg: *Einführung in die interkulturelle Erziehung*, Darmstadt 1990.
Augé, Marc: *Nicht-Orte*, München 2010.
Averroes: *Die Hauptlehren des Averroes,* übersetzt v. Max Horten, Bonn 1913.
—: *Die entscheidende Abhandlung und die Urteilsfällung über das Verhältnis von Gesetz und Philosophie*, Hamburg 2009.
Bartelborth, Thomas: *Begründungsstrategien. Ein Weg durch die analytische Erkenntnistheorie*, Berlin 1996.
Becka, Michelle: *Anerkennung im Kontext interkultureller Philosophie. Ein ethischer Beitrag im Ausgang von bolivianischen Liedtexten*, Frankfurt/Main 2005.
Bhabha, Homi K.: *Die Verortung der Kultur*, Tübingen 2000.
Bloor, David: *Die Logik der Zande und die westliche Logik*, in: Soziale Struktur und Vernunft. Jean Piagets Modell entwickelten Denkens in der Diskussion kultur-

vergleichender Forschung, hrsg. v. Traugott Schöfthaler u. a., Frankfurt/Main 1984 (157-168).

Boeckh, August: *Enzyklopädie und Methodenlehre der philologischen Wissenschaften* (1886), hrsg. v. Ernst Bratuscheck, Darmstadt 1966.

Brodbeck, Karl-Heinz: *Der Zirkel des Wissens.* Vom gesellschaftlichen Prozeß der Täuschung, Aachen 2002.

Cappai, Gabriele: *Der interkulturelle Vergleich.* Herausforderungen und Strategien einer sozialwissenschaftlichen Methode, in: Kulturen vergleichen. Sozial- und kulturwissenschaftliche Grundlagen und Kontroversen, hrsg. v. Ilja Srubar u.a., Wiesbaden 2005 (48-78).

Corbineau-Hoffmann, Angelika: *Einführung in die Komparatistik,* Berlin 2000.

Davari Ardakani, Reza: *We and the History of Islamic Philosophy,* Teheran 2011.

Därmann, Iris: *Fremde Monde der Vernunft.* Die ethnologische Provokation, München 2005.

Demorgon, Jacques u.a.: *Multikultur, Transkultur, Leitkultur, Interkultur,* in: Interkulturell denken und handeln. Theoretische Grundlagen und gesellschaftliche Praxis, hrsg. v. Hans Nicklas u.a., Bonn 2006 (27-36).

Deussen, Paul: *Vedanta, Platon und Kant.* Kultur und Weisheit der alten Inder, Wien 1917.

Dinani, Gholamhossein Ebrahimi: *Schoae andishe wa schohud.* Falsafeje Sohrewardi [Intuition und das Leuchten des Denkens. Philosophie des Sohrewardi], Teheran 1990.

Dörflinger, Bernd: *Die Einheit der Menschheit als Tiergattung.* Zum Rassebegriff in Kants physischer Anthropologie., in: Kant und die Berliner Aufklärung. Akten des IX. Internationalen Kant-Kongresses, Bd. 4, hrsg. v. Volker Gerhardt u.a. Berlin 2001 (342-352).

Duala-M'bedy, Munasu L.J.: *Xenologie.* Die Wissenschaft vom Fremden und die Verdrängung der Humanität in der Anthropologie, Freiburg 1977.

Ebeling, Gerhard: *Theologie,* in: RGG3, Bd. 6, 1962 (754-769).

Ehlers, Simon: *Der Kreis und die Linie.* Die Geografie des Denkens, in: PSYCHOLOGIE HEUTE 2/2004 (48-53).

Eilers, Wilhelm: *Die Gesetzesstele Chammurabis* (Der Alte Orient), Bd. 31, Heft 34, Leipzig 1933.

Eisenstadt, Shmuel N. (Hrsg.): *Kulturen der Achsenzeit.* Ihre Ursprünge und ihre Vielfalt, Frankfurt/Main 1992.

Elm, Ralf: *Notwendigkeit, Aufgaben und Ansätze einer interkulturellen Philosophie.* Grundbedingungen eines Dialogs der Kulturen (Zentrum für Europäische Integrationsforschung: Discussion Paper C 88), Bremen 2001.

Erman, Adolf: *Die Literatur der Ägypter,* Leipzig 1923.

Fabian, Johannes: *Präsenz und Repräsentation.* Die Anderen und das anthropologische Schreiben, in: Kultur, soziale Praxis, Text. Die Krise der ethnologischen Repräsentation, hrsg. v. Eberhard Berg und Martin Fuchs, Frankfurt/Main 1993 (335-364).

Faiz Kaschani, Molla Mohsen: *Al-Mahjol-Beyza fi Tahzibol-Ehya* [Wiederbelebung der Wiederbelebung], in 4 Bänden, Teheran 1991.

—: *Usulol Ma'aref* [Prinzipien der Erkenntnistheorie], Teheran 1992.
—: *Akhlaqe nabowat wa Emamat* [Ethik der Prophetie und Imamat], Teheran 2012.
Falaturi, Abdoldjavad: (Hrsg.): *Der Islam in den Schulbüchern der Bundesrepublik Deutschland* (in 6 Bänden), Braunschweig 1986-1990.
Farabi, Abu Nasr Mohammad ibn: *Arae ahle Madinatolfazele* [Ansichten der Bewohner eines vortrefflichen Staates], Teheran 2003.
Farzaneh Poor, Hossein: *Tasahol wa Modara dar andishe-je sijasi-je Eslam* [Ta-sahol und Modara im politischen Denken des Islam], Teheran 2007.
Fichte, Johann Gottlieb: *Versuch einer neuen Darstellung der Wissenschaftslehre (1797/98)*, hrsg. v. Peter Baumanns, Hamburg 1984.
Flasch, Kurt: *Philosophie hat Geschichte* (in zwei Bänden), Frankfurt/Main 2005.
Fornet-Betancourt, Raúl: *Zur interkulturellen Transformation der Philosophie in Lateinamerika*, Frankfurt/Main 2002.
—: *Modelle befreiender Theorie in der europäischen Philosophiegeschichte*. Ein Lehrbuch, Frankfurt/Main 2002.
—: *Zur interkulturellen Transformation der Philosophie in Lateinamerika*, Frankfurt/Main 2002.
—: *Zur interkulturellen Kritik der neueren lateinamerikanischen Philosophie*, Frankfurt/Main 2005.
—: *Neue Formen der Solidarität zwischen Nord-Süd: Gerechtigkeit universalisieren*, Frankfurt/Main 2006.
—: (Hrsg.): *Dominanz der Kulturen und Interkulturalität* (Denktraditionen im Dialog: Studien zur Befreiung und Interkulturalität), Frankfurt/Main 2006.
—: *José Martí interkulturell gelesen*, Nordhausen 2007.
Foroughi, Mohammad Ali: *Sejre Hekmat dar Oroupa* [Geschichte der europäischen Philosophie] (in drei Bänden), Teheran 1938, 1939, 1941.
—: *Hoqouqe asasije mashroutijjate melal* [Das Grundrecht der Völker], Teheran 1941.
—: *Farhangestan chist?* [Was heißt Kultur?], Teheran 1972.
—: *Persien dar 1919* [Iran im Jahre 1919], Teheran 1974.
—: *Name ye xosusi be Mahmoud Vesal* [Privatbrief an Mahmoud Vesal], Teheran 1976.
Fromm, Erich: *Haben oder Sein*, München [15]1986.
Gadamer, Hans-Georg: *Bürger zweier Welten* (1985), in: Hermeneutik im Rückblick. Gesammelte Werke, Bd. 10, Tübingen 1995 (225-237).
Geertz, Clifford: *Dichte Beschreibung*. Beiträge zum Verstehen kultureller Systeme (1966), übersetzt von Brigitte Luchesi und Rolf Bindemann, Frankfurt/Main 1987.
Gernert, Dieter: *What can we learn from internal observers?*, in: Inside versus outside. Endo- and exo-concepts of observation and knowledge in physics, philosophy and cognitive science, hrsg. v. Harald Atmanspacher u.a., Berlin 1994 (121-133).
Ghazali, Abu Hamid Mohammad ibn Mohammad: *Das Elixier der Glückseligkeit*, Köln 1979, [2]2008.
—: *Die Nische der Lichter*, Hamburg 1987.
—: *Tahafut al falasifa* [Das Ungenügen der Philosophen], Teheran 1987.
—: *Der Erretter aus dem Irrtum*, Hamburg 1988.

—: *Ihya ulum ad-din* [Wiederbelebung der Religionswissenschaften], vierter Band: Das Buch des Denkens, Teheran 1990.
—: *Das Kriterium des Handelns,* Darmstadt 2006.
Goethe, Johann Wolfgang: Faust. Der Tragödie zweiter Teil, in: Sämtliche Werke, Band 18.1, hrsg. v. Gisela Henckmann und Dorothea Hölscher-Lohmeyer, München 2006.
Gorgias von Leontinoi: *Reden, Fragmente und Testimonien,* Hamburg 1989.
Habermas, Jürgen: *Theorie des kommunikativen Handelns* (in zwei Bänden), Frankfurt/Main 1981.
Haeri Yazdi, Mehdi: *Kawoschha-ye aql-e Nazari* [Erforschungen der theoretischen Vernunft], Teheran 1968.
—: *Philosophie-Suche nach der Wahrheit und dem Sein,* in: Islam im Dialog, hrsg. v. Islamische Akademie Deutschland e.V. und Islamisches Zentrum Hamburg, Jg., 1., Nr. 3, 2002.
Hegel, Georg Wilhelm Friedrich: *Vorlesungen über die Philosophie der Weltgeschichte,* Band I., hrsg. v. J. Hoffmeister, Hamburg [5]1955.
—: *Vorlesungen über die Philosophie der Religion,* Bd. 2, Frankfurt/Main 1969.
—: *Vorlesungen über die Geschichte der Philosophie,* Bd. 18, Frankfurt/Main 1971.
—: *Grundlinien der Philosophie des Rechts,* Oldenburg 2005.
Heidegger, Martin: *Aufenthalte,* in: Gesamtausgabe, III Abteilung: Unveröffentlichte Abhandlungen – Vorträge – Gedachtes, Bd. 75, Zu Hölderlin. Griechenland, Frankfurt/Main 2000 (218-245).
Herder, Johann Gottfried: *Ueber die Würkung der Dichtkunst auf die Sitten der Völker in alten und neuen Zeiten,* in: Sämtliche Werke, hrsg. v. Bernhard Suphan, Bd. 8, Hildesheim 1967 (334-346).
Holenstein, Elmar: *Menschliches Selbstverständnis.* Ichbewußtsein – Intersubjektive Verantwortung – Interkulturelle Verständigung, Franfurt/Main 1985.
—: *Die Kulturgeschichte der Menschheit.* Ihre Konzeption bei Hegel (bis 1831), bei Jaspers (1949) und heute (1999), in: Karl Jaspers – Philosophie und Ethik, hrsg. v. Reiner Wiehl und Dominic Kaegi, Heidelberg 1999 (163-184).
—: *Philosophie-Atlas:* Orte und Wege des Denkens, Zürich 2004.
Holzbrecher, Alfred: »*Vielfalt als Herausforderung*«, in: Holzbrecher, Alfred (Hrsg.): Dem Fremden auf der Spur. Interkulturelles Lernen im Pädagogikunterricht (Didactica Nova. 7.), Hohengehren 1999 (2-28).
Horkheimer, Max: *Zur Kritik der instrumentellen Vernunft,* Frankfurt/Main 1985.
Hornung, Eric: *Altägyptische Dichtung,* Stuttgart 1996.
Hountondji, Paulin J.: *Afrikanische Philosophie.* Mythos und Realität, Berlin 1993.
Ibn Khaldun: *Die Muqaddima.* Betrachtungen zur Weltgeschichte, München 2011.
Ibn Miskawayh, Abu Ali Ahmad ibn Mohammad: *Traité d'Éthique,* übersetzt von Mohammed Arkoun, Damas 1969.
—: *Gavidan Kherad* [986-992] (Ewige Vernunft), Teheran 1976.
—: *Tahzibe Akhlaq* [Die Grundlagen der Moral], Teheran 1996.
—: *Al-Fauz Al-Asghar* [Das kleine Glück in der Philosophie], Teheran 2010.
Ibn Sina, Abu Ali al-Hussain ibn Abdullah: *Dar haghighat va kejfiat mogoudat* [Über die Wahrheit und Qualität der Dinge], Teheran 2004.

—: *Elahiat* [Die Metaphysik], Teheran 2004.
Ikhwan as-Safa wa khillan al-wafa: *Rasail Ikhwan as-Safa wa khillan al-wafa* [Abhandlungen von Brüdern und Schwestern der Lauterkeit und Freunden der Treue], in vier Bänden, hrsg. v. Taha Hussain und Ahmad Zaki, Kairo 1928.
Jaeger, Friedrich u.a.: *Handbuch der Kulturwissenschaften* (in drei Bänden), Stuttgart 2004.
Jamme, Christoph (Hrsg.): *Grundlinien der Vernunftkritik*, Frankfurt/Main 1997.
Lasaulx, Ernst von: *Philosophie der Geschichte*. Neuer Versuch einer alten, auf die Wahrheit der Tatsachen gegründeten Philosophie der Geschichte (1856), hrsg. v. E. Turnher, München 1952.
Jaspers, Karl: *Vom Ursprung und Ziel der Geschichte*, München 1949.
—: *Einführung in die Philosophie* (1950), München ⁶1958.
—: *Philosophie und Welt*. Reden und Aufsätze, München 1963.
—: *Antwort*. Zur Kritik meiner Schrift ›Wohin treibt die Bundesrepublik?‹, München 1967.
—: *Weltgeschichte der Philosophie*. Einleitung. Aus dem Nachlaß hrsg. v. Hans Saner, München 1982.
—: *Vom Ursprung und Ziel der Geschichte*, München ⁸1983.
Kant, Immanuel: *Physische Geographie*, hrsg. v. KPAW, Bd. IX, Berlin 1923.
—: *Bestimmung des Begriffs einer Menschenrace*, hrsg. v. KPAW, Bd. VIII, Berlin 1923.
—: *Verkündigung des nahen Abschlusses eines Traktats zum ewigen Frieden in der Philosophie* (1798), hrsg. v. KPAW, Bd. VIII, Berlin 1923.
—: *Grundlegung zur Metaphysik der Sitten* (1785), (Werke in zehn Bänden, hrsg. v. Wilhelm Weischedel), Schriften zur Ethik und Religionsphilosophie, Bd. 6, Erster Teil, Darmstadt 1983.
—: *Die Beantwortung der Frage: ›Was ist Aufklärung?‹*, in: Interkulturelle Orientierung. Grundlegung des Toleranz-Dialogs, Teil I: Methoden und Konzeptionen, hrsg. v. Hamid Reza Yousefi u.a., Nordhausen 2004 (553-559).
Khella, Karam: *Handbuch der arabischen Welt*, Hamburg 1982.
—: *Das europäische Orientbild*, in: Wider den Zeitgeist. Festschrift für Schapour Ravasani, hrsg. v. Andreas Lembeck u.a., Oldenburg 1996 (181-205).
—: *Die gespaltene Welt*, Hamburg ³2002.
—: *Arabische und islamische Philosophie und ihr Einfluß auf das europäische Denken*. Geschichte und Inhalte: Ideen, Erkenntnisziele, Lehren, Aktualität, Hamburg 2006.
—: *Die Universalistische Erkenntnis- und Geschichtstheorie*, Hamburg 2007.
—: *Zur Philosophie Afrikas aus universalistischer Sicht unter besonderer Berücksichtigung Ägyptens*, in: Das Bild von Afrika. Von kolonialer Einbildung zur transkulturellen Verständigung, Berlin 2010 (27-74).
—: *Überall, jederzeit mit allen Waffen*, Hamburg 2011.
—: (mit Hamid Reza Yousefi): *Philosophie in orientalischen Traditionen*, in: Philosophie und Philosophiegeschichtsschreibung in einer veränderten Welt. Theorien – Probleme – Perspektiven, hrsg. v. Hamid Reza Yousefi und Heinz Kimmerle, Nordhausen 2012 (37-53).

Kiesel, Doron: *Das Dilemma der Differenz.* Zur Kritik des Kulturalismus in der Interkulturellen Pädagogik, Frankfurt/Main 1996.

Kimmerle, Heinz: *Philosophie in Afrika – afrikanische Philosophie.* Annährungen an einen interkulturellen Philosophiebegriff, Frankfurt/Main 1991.

—: *Hegel und Afrika.* Das Glas zerspringt, in Hegel-Studien 21, 1993 (303-325).

—: *Die Dimension des Interkulturellen.* Philosophie in Afrika – afrikanische Philosophie. Zweiter Teil: Supplemente und Verallgemeinerungsschritte, Amsterdam 1994.

—: *Prolegomena,* in: Das Multiversum der Kulturen. Beiträge zu einer Vorlesung im Fach ›Interkulturelle Philosophie‹ an der Erasmus Universität Rotterdam, hrsg. v. Heinz Kimmerle, Amsterdam, 1996 (9-29).

—: *Philosophien der Differenz.* Eine Einführung, Würzburg 2000 (196-222).

—: *Interkulturelle Philosophie.* Zur Einführung, Hamburg 2002.

—: *Das Verstehen fremder Kulturen und die interkulturelle philosophische Praxis,* in: Verstehen und Verständigung. Ethnologie, Xenologie, Interkulturelle Philosophie, hrsg. v. Wolfdietrich Schmied-Kowarzik, Würzburg 2002 (290-302).

—: *Afrikanische Philosophie im Kontext der Weltphilosophie* (Interkulturelle Bibliothek Bd. 60), Nordhausen 2005.

—: *Das Eigene – anders gesehen.* Ergebnisse interkultureller Erfahrungen, Nordhausen 2007.

—: *Der Philosophiebegriff der interkulturellen Philosophie,* Nordhausen 2009.

—: *Philosophie – Geschichte – Philosophiegeschichte,* Nordhausen 2009.

—: *Hegels Begriff der ›eigentlichen‹ oder ›echten‹ Philosophie,* in: Interkulturalität. Diskussionsfelder eines umfassenden Begriffs, hrsg. v. Hamid Reza Yousefi u.a., Nordhausen 2010 (75-90).

Klein, Wassilios: *Abu Reyhan Biruni und die Religionen.* Eine interkulturelle Perspektive, Nordhausen 2005.

Lee, Eun-Jeung: *Konfuzius interkulturell gelesen,* Nordhausen 2008.

Lévy-Bruhl, Lucien: *Das Denken der Naturvölker,* Wien 1926.

—: *Die geistige Welt der Primitiven,* Düsseldorf 1966.

Lévi-Strauss, Claude: *Strukturale Anthropologie* (in zwei Bänden) Frankfurt/Main 1991-1992.

Lueken, Geert-Lueke: *Inkommensurabilität als Problem rationalen Argumentierens,* Stuttgart 1992.

Lyotard, Jean-François: *Das postmoderne Wissen,* hrsg. v. Peter Engelmann, Wien 2006.

Lüthe, Rudolf: *Der Ernst der Ironie.* Studien zur Grundlegung einer ironistischen Kulturphilosophie der Kunst, Würzburg 2002.

—: *Absurder Lebensstolz.* Postmoderne Auseinandersetzungen mit der Philosophie Albert Camus', Münster 2012.

Mabe, Jacob Emmanuel: *Denken mit dem Körper.* Eine kleine Geistesgeschichte Afrikas, Nordhausen 2010.

Maletzke, Gerhard: *Interkulturelle Kommunikation.* Zur Interaktion zwischen Menschen verschiedener Kulturen, Opladen 1996.

Malinowski, Bronislaw: *Eine wissenschaftliche Theorie der Kultur,* Frankfurt/Main 1975.
Mall, Ram Adhar: *Interkulturalität und die Morphologie einer Weltkultur,* in: Dialektik Heft 2, 1993 (49-58).
—: *Zur interkulturellen Theorie der Vernunft.* Ein Paradigmenwechsel, in: Vernunftbegriffe in der Moderne, hrsg. v. Hans Friedrich Fulda u.a., Stuttgart 1994 (750-774).
—: *Philosophie im Vergleich der Kulturen.* Interkulturelle Philosophie – Eine neue Orientierung, Darmstadt 1995.
—: *Konzept der interkulturellen Philosophie,* in: Jahrbuch Deutsch als Fremdsprache, Heft 26, 2000 (307-326).
—: *Mensch und Geschichte.* Wider die Anthropozentrik, Darmstadt 2000.
—: *Essays zur interkulturellen Philosophie,* eingel. u. hrsg. v. Hamid Reza Yousefi, Nordhausen 2003.
Mañach, Jorge: *Teoría de la frontera,* Madrid 1970.
Mardiha, Seyyed Morteza: *Efae az aqlanijjat.* Taqadomme aql bar din, siasat wa farhang [Die Verteidigung der Vernunft. Vorrang der Vernunft vor Religion, Politik und Kultur], Teheran 1998.
Mecklenburg, Norbert: Das *Märchen aus der Fremde.* Germanistik als interkulturelle Literaturwissenschaft, München 2008.
Mir Damad: *Dschazawad* [Die Feuerflamme], Teheran 1986.
Mohanty, Jitendra Nath: *Philosophie zwischen West und Ost,* in: Wege zur Philosophie. Grundlagen der Interkulturalität, hrsg. v. Hamid Reza Yousefi, Klaus Fischer und Ina Braun, Nordhausen 2006 (287-307).
Molla Sadra, Mohammad ibn Ibrahim Sadreddin Shirazi: *Das philosophische System von Schirazi,* übersetzt und erläutert von Max Horten, Straßburg 1913.
—: *Al-Hekma al-Motealiya fil-asfar al-Aqlia al-Arbaa* [=Asfar], [Transzendentalphilosophie. Der vierfache Weg zur Erkenntnis], Band 1, Teheran 2001.
Mommsen, Wolfgang Justin: *Objektivität und Parteilichkeit im historiographischen Werk Sybels und Treitschkes,* in: Objektivität und Parteilichkeit in der Geschichtswissenschaft (Beiträge zur Historik, Bd. 1), hrsg. v. Reinhart Kosellek u.a., München 1977 (134-158).
Nakamura, Hajime: *Ways of thinking of Eastern peoples. India, China, Tibet, Japan,* Honolulu 1978.
Naraghi, Molla Ahmad: *Meradjul-Sa'ada* [Die Himmelfahrt der Glückseligkeit], Teheran 2006.
Nestle, Wilhelm: *Die Vorsokratiker,* Jena ^{3}1929.
—: *Vom Mythos zum Logos,* Berlin 1941.
Neubert, Stefan u.a.: *Multikulturalität in der Diskussion.* Neuere Beiträge zu einem umstrittenen Konzept, Wiesbaden ^{2}2008.
Neuner, Gerhard und Hans Hunfeld: *Methoden des fremdsprachlichen Deutschunterrichts.* Eine Einführung, Berlin 1993.
Nicklas, Hans u.a.: *Theoretische Grundlagen und gesellschaftliche Praxis.* Theoretische Grundlagen und gesellschaftliche Praxis, Frankfurt/Main 2006.

Nipperdey, Thomas: *Kann Geschichte objektiv sein?* In: Nachdenken über die deutsche Geschichte. Essays, München 1986 (218-234).

Nisbett, Richard E.: *The Geography of Thought. How Asians and Westerners Think Differently ... and Why,* New York 2003.

Nohl, Arnd-Michael: *Pädagogik der Dinge,* Kempten 2011.

Paul, Gregor: *Logik, Verstehen und Kulturen,* in: Einheit und Vielfalt. Das Verstehen der Kulturen, Amsterdam 1998 (111-132).

—: *Einführung in die Interkulturelle Philosophie,* Darmstadt 2008.

—: *Konfuzius und Konfuzianismus,* Darmstadt 2010.

Plessner, Helmuth: *Zwischen Philosophie und Gesellschaft.* Ausgewählte Abhandlungen und Vorträge, Frankfurt/Main 1979.

Puntel, Lorenz Bruno: *Wahrheitstheorien in der neueren Philosophie.* Eine kritisch-systematische Darstellung, Darmstadt ³1993.

Ranke, Leopold von: *Weltgeschichte* (14 Bände in 7 Büchern), Hamburg 1935.

Razi, Abu Bakr Mohammad ibn: *Moallafat wa mosnnafat* [Einführung in die Schriften], Teheran 1992.

Reckwitz, Andreas: *Die Transformation der Kulturtheorien.* Zur Entwicklung eines Theorieproblems, Göttingen 2006.

Reese-Schäfer, Walter: *Aristoteles interkulturell gelesen,* Nordhausen 2007.

Ricœur, Paul: *The Creativity in Language,* in: *Reflection and Imagination. A Ricœur Reader,* hrsg. v. Valdés, J. Mario, New York 1991.

Roetz, Heiner: *Die chinesische Ethik der Achsenzeit.* Eine Rekonstruktion unter dem Aspekt des Durchbruchs zu postkonventionellem Denken, Frankfurt/Main 1992.

Rudolph, Ulrich: *Islamische Philosophie.* Von den Anfängen bis zur Gegenwart, München 2004.

Sabzewari, Molla Hadi: *Asrarel Hekma* [Rätsel der Philosophie], mit einer Einleitung von Toschihiko Izutzu, Teheran 1982.

—: *Scharhe Manzoume* [Das System des Universums], Teheran 1995.

Sartoscht: *Die Gathas des Sartoscht,* aus dem Persischen übersetzt und hrsg. v. Reza Madjderey, Nordhausen 2009.

Shabestari, Mohammad Mojtahed: *Hermeneutic, The Scripture an The Tradition,* Teheran 1992.

Schopenhauer, Arthur: *Über die Universitäts-Philosophie,* Sämtliche Werke, Bd. 5., hrsg. v. Arthur Hübscher, Leipzig 1938.

—: *Über Philosophie und ihre Methode,* Sämtliche Werke, Bd. 6., hrsg. v. Arthur Hübscher, Leipzig 1938.

Seubert, Harald: *Nicolaus Cusanus interkulturell gelesen,* Nordhausen 2005.

—: *Heinrich Rombach interkulturell gelesen,* Nordhausen 2005.

—: *Max Weber interkulturell gelesen,* Nordhausen 2006.

—: *Schelling interkulturell gelesen,* Nordhausen 2006.

—: *Der Blick über den Graben.* Auf der Suche nach interkulturellen Denkformen, Orthafte Ortlosigkeit der Philosophie. Festschrift für Ram Adhar Mall zum 70. Geburtstag, hrsg. Hamid Reza Yousefi u.a., Nordhausen 2006 (413-430).

—: *Der ›sensus communis‹ in Kants Theorie der Urteilskraft.* Zu einem Problem am Rande der Kantischen Kritik und seinen Implikationen, in: Perspektiven der Philosophie 34, 2008 (147-179).

—: *Die Lebensmacht der Religion und die säkulare Vernunft.* Religionsphilosophie am Beginn des 21. Jahrhunderts. Eine Skizze, in: Religion als Lebensmacht. Eine Festgabe für Gottfried Küenzlen, hrsg. v. J. Bohn und Th. Bohrmann, Leipzig 2010 (211-227).

—: *Eine phänomenologische Topographie interkulturellen Philosophierens,* in: Von der Hermeneutik zur interkulturellen Philosophie. Festschrift für Heinz Kimmerle zum 80. Geburtstag, hrsg. v. Hamid Reza Yousefi, Hermann-Josef Scheidgen u.a., Nordhausen 2010 (177-195).

Schickel, Joachim (Hrsg.): *Grenzenbeschreibung: Gespräche mit Philosophen,* unter Mitwirkung von Margherita von Brentano, Hamburg 1980.

Schirazi, Ghotb al-Din: *Nihayat al-idrak fi dirayat al-aflak* [Die Grenzen der Durchdringung des Wissens über den Himmel], Teheran 1980.

Smart, Ninian: *Weltgeschichte des Denkens.* Die geistigen Traditionen der Menschheit, Darmstadt 2002.

Sohrewardi, Shahabeddin Yaha: *Hekmat ol Eshragh* [Philosophie der Erleuchtung], Teheran 2004.

—: *Aqle sorkh* [Morgenröte der Vernunft], Teheran 2006.

Srubar, Ilja u.a. (Hrsg.): *Kulturen vergleichen.* Sozial- und kulturwissenschaftliche Grundlagen und Kontroversen, Wiesbaden 2005.

Strauß, Victor von: *Lao-tses Tao Te King* (1870), aus dem Chinesischen ins Deutsche übersetzt, eingeleitet und kommentiert, Leipzig 2009.

Tabatabai, Allameh Seyyed Mohammad Hossein: *Osule Falsafe wa Raweshe Realism* [Prinzipien der Philosophie und Methoden des Realismus] (in fünf Bänden), Teheran 1984.

Talbof Tabrizi, Mirza Abdolrahim: *Masalekolmohsenin* [Doktrin der Wohltäter], Teheran 1944.

Taylor, Charles: *Multikulturalismus und die Politik der Anerkennung,* Frankfurt/Main 1992.

Tennemann, Wilhelm Gottlieb: *Grundriß der Geschichte der Philosophie für den akademischen Unterricht,* 5. vermehrte und verbesserte Auflage oder dritte Bearbeitung von Amadeus Wendt, Leipzig ⁵1829.

Thomasius, Christian: *Ausübung der Vernunftlehre* (1691), (Ausgewählte Werke, Bd. 9), hrsg. v. Werner Schneiders, Hildesheim 1998.

Tousi, Khage Nasireddin: *Tadjrid dol arajed* [Philosophische Abstraktionen], Teheran 1994.

—: *Akhlaq-e Naseri* [Über das Wesen der Moral], Teheran 1996.

Tworuschka, Udo: *Abdoldjavad Falaturi: Ein Wanderer zwischen den Kulturen,* in: DIALOG. Zeitschrift für interkulturelle und interreligiöse Begegnung, Heft 20/21, 2012 (109-117).

Van Ess, Josef: *Theologie und Gesellschaft im 2. und 3. Jahrhundert Hidschra.* Eine Geschichte des religiösen Denkens im frühen Islam, 6 Bde., Berlin 1991-1997.

Waldenfels, Bernhard: *Topographie des Fremden.* Studien zur Phänomenologie des Fremden, Frankfurt/Main 1997.
—: *Grundmotive einer Phänomenologie des Fremden,* Frankfurt/Main 2006.
Weber, Max: *Wirtschaft und Gesellschaft.* Grundriss der verstehenden Soziologie, Frankfurt/Main 2010.
Weggel, Oskar: *Die Asiaten,* München 1989.
Welsch, Wolfgang: *Vernunft.* Die zeitgenössische Vernunftkritik und das Konzept der transversalen Vernunft, Frankfurt/Main 1996.
—: *Transkulturalität.* Zwischen Globalisierung und Partikularisierung, in: Jahrbuch Deutsch als Fremdsprache, Heft 26, 2000 (327-351).
—: *Ästhetisches Denken,* Stuttgart 2003.
Wierlacher, Alois: *Handbuch interkulturelle Germanistik,* (hrsg. v. Alois Wierlacher), Stuttgart 2003.
Wimmer, Franz Martin: *Interkulturelle Philosophie,* Wien 1990.
—: *Ansätze einer interkulturellen Philosophie,* in: Philosophische Grundlagen der Interkulturalität, hrsg. v. Ram Adhar Mall u.a., 1993 (29-40).
—: *Thesen, Bedingungen und Aufgaben interkulturell orientierter Philosophie,* in: Ansätze interkulturellen Philosophierens, Nr. 1., 1998 (5-12).
—: *Interkulturelle Philosophie.* Probleme und Ansätze. Skriptum zur Vorlesung, Wien 2000.
—: *Interkulturelle Philosophie.* Eine Einführung, Wien 2004.
Wiredu, Kwasi: *Cultural Universals and Particulars.* An African Perspective, Bloomington 1996.
Yousefi, Hamid Reza und Ram Adhar Mall: *Grundpositionen der interkulturellen Philosophie* (Interkulturelle Bibliothek Bd. 1), Nordhausen 2005.
Yousefi, Hamid Reza u.a. (Hrsg.): *›Orthafte Ortlosigkeit der Philosophie‹.* Eine interkulturelle Orientierung, hrsg. v. Hamid Reza Yousefi u.a., Nordhausen 2007.
—: *Theoretische Grundlagen und interdisziplinäre Praxis interkultureller Philosophie,* in: ›Orthafte Ortlosigkeit der Philosophie‹. Eine interkulturelle Orientierung, hrsg. v. Hamid Reza Yousefi u.a., Nordhausen 2007 (31-50).
—: *Interkulturalität und Geschichte.* Perspektiven für eine globale Philosophie, Reinbek 2010.
—: *Viele Denkformen – eine Vernunft?* Über die vielfältigen Gestalten des Denkens, hrsg. v. Hamid Reza Yousefi und Klaus Fischer, Nordhausen 2010.
—: *Zarathustra – neu entdeckt.* Theoretische und praktische Grundlegung einer verkannten Philosophie, Münster 2010.
—: *Interkulturalität.* Diskussionsfelder eines umfassenden Begriffs, hrsg. v. Hamid Reza Yousefi und Klaus Fischer, Nordhausen 2010.
—: mit Ina Braun: *Interkulturalität.* Eine interdisziplinäre Einführung, Darmstadt 2011.
—: *Karl Jaspers.* Grundbegriffe seines Denkens, hrsg. v. Hamid Reza Yousefi u.a., Reinbek 2011.
—: *Philosophie und Philosophiegeschichtsschreibung in einer veränderten Welt.* Theorien – Probleme – Perspektiven, hrsg. v. Hamid Reza Yousefi und Heinz Kimmerle, Nordhausen 2012.

—: mit Heinz Kimmerle: *Einleitung der Herausgeber,* in: Philosophie und Philosophiegeschichtsschreibung in einer veränderten Welt. Theorien – Probleme – Perspektiven, hrsg. v. Hamid Reza Yousefi und Heinz Kimmerle, Nordhausen 2012 (7-18).

—: *Wissensgesellschaft im Wandel.* Bildung, Bolognaprozeß und Integration in der Diskussion, hrsg. v. Hamid Reza Yousefi, Nordhausen 2011.

—: mit Ina Braun: *Interkulturalität.* Eine interdisziplinäre Einführung, Darmstadt 2011.

—: *Interkulturalität als eine akademische Disziplin,* in: Das interkulturelle Lehrerzimmer. Perspektiven neuer deutscher Lehrkräfte auf den Bildungs- und Integrationskurs, hrsg. v. Karim Fereidooni, Wiesbaden 2012 (177-192).

—: *Toleranz im Weltkontext.* Geschichten – Entstehungsorte – Neuere Entwicklungen, hrsg. v. Hamid Reza Yousefi und Harald Seubert, Wiesbaden 2013.

—: *Verstehen und Verständigung in einer veränderten Welt.* Theorien – Probleme – Perspektiven, hrsg. v. Hamid Reza Yousefi und Klaus Fischer, Wiesbaden 2013.

—: *Wir reden miteinander.* Eine Einführung in die interkulturelle Kommunikation, Darmstadt 2013.

Yousefian, Hassan und Ahmad Hossein Sharafi: *Aql wa Wahj* [Vernunft und Offenbarung], Teheran 1997.

Zarrinkoub, Abdolhossein: *Na sharghi, na gharbi – ensani* (Weder östlich noch westlich – menschlich), Teheran 2001.

Namenverzeichnis

—A—
Abduh, Mohammed 139
Abu Ru'yan, Muhammad Ali 119, 253
Adamijjat, Fereydun 140, 141, 253
Adorno, Theodor W. 30, 253
Afghani, Jamaleddin 139, 159
Aigner, Hans-Dieter 13
Akhondzade, Mirza Fathali 140, 141, 142, 143, 144, 146, 148, 253
Al-Ashari, Abu l-Hasan 86, 90
Al-Azm, Sadiq Jalal 139
Albertus Magnus 105
Al-Jabri, Mohammed Abed 112, 153, 156, 157, 158, 159, 160, 253
Al-Kindi, Abu Yusuf Yaqub ibn Ishaq 54, 86, 87, 88, 169, 253
Allameh Tabatabai, Seyyed Mohammad Hossein 148, 149, 150, 156, 261
Al-Mamun 83, 85
Anaximander 172
Apel, Karl-Otto 201, 253
Arbab, Hadj Aqa Rahim 128
Archimedes 174
Aristoteles 29, 30, 86, 96, 100, 102, 105, 112, 114, 116, 118, 126, 130, 149, 159, 165, 202, 253
Arkoun, Mohammed 153, 154, 155, 156, 157, 253
Ateş, Seyran 21, 253
Auernheimer, Georg 65, 253
Augé, Marc 51, 253

—B—
Bahauddin, Amili 128
Barloewen, Constantin von 42
Bartelborth, Thomas 54, 253
Barthes, Roland 50

Becka, Michelle 43, 44, 253
Benjamin, Walter 193
Bhabha, Homi K. 21, 22, 253
Biruni, Abu Reyhan Mohammad ibn Ahmad 54, 94, 103, 105, 106, 169, 253
Bloor, David 37, 39, 253
Boeckh, August 38, 254
Bollnow, Otto Friedrich 29
Braun, Ina 13, 21, 259, 262
Brodbeck, Karl-Heinz 30, 254
Buddha 84, 172, 174

—C—
Cappai, Gabriele 62, 254
Clifford, Geertz 18, 62, 63, 68, 255
Corbineau-Hoffmann, Angelika 61, 254
Cusanus, Nikolaus 192

—D—
Därmann, Iris 201, 254
Davari Ardakani, Reza 112, 139, 214, 254
Demorgon, Jacques 23, 254
Derrida, Jacques 30, 43, 50, 184
Deussen, Paul 67, 68, 254
Deuterojesaja 174
Dinani, Gholamhossein Ebrahimi 119, 139, 254
Dörflinger, Bernd 168, 254
Duala-M'bedy, Munasu L. J. 48, 254

—E—
Ebeling, Gerhard 167, 254
Ehlers, Simon 76, 77, 78, 80, 254
Eilers, Wilhelm 178, 254
Eisenstadt, Shmuel N. 181, 254
Elberfeld, Rolf 42
Elias 174
Elias, Norbert 18

Elm, Ralf 23, 254
Engels, Friedrich 164
Erman, Adolf 178, 254
—F—
Fabian, Johannes 63, 254
Faiz Kaschani, Mohammad ibn Mahmoud Molla Mohsen 128, 133, 134, 135, 254
Falaturi, Abdoldjavad 42, 43, 255
Farabi, Abu Nasr Mohammad ibn Mohammad ibn Tarkhan 54, 83, 89, 90, 91, 92, 95, 96, 99, 100, 102, 103, 106, 113, 121, 126, 169, 253, 255
Farzaneh Poor, Hossein 91, 255
Ferdosi, Abolqasem 141
Fichte, Johann Gottlieb 117, 255
Flasch, Kurt 194, 204, 213, 255
Fornet-Betancourt, Raúl 42, 44, 61, 171, 189, 190, 191, 192, 201, 202, 217, 255
Foroughi, Mohammad Ali Zakaalmolk 145, 146, 147, 148, 169, 255
Foucault, Michel 50
Fromm, Erich 71, 255
—G—
Gadamer, Hans-Georg 30, 54, 167, 185, 255
Gernert, Dieter 13, 57, 255
Ghasempour, Morteza 42
Ghazali, Abu Hamid Mohammad 16, 29, 54, 83, 107, 108, 109, 110, 111, 112, 113, 114, 115, 116, 120, 121, 130, 132, 133, 135, 158, 169, 255
Goethe, Johann Wolfgang 66, 81, 207, 256
Gorgias von Leontinoi 149, 256
Goschtassb 142
—H—
Habermas, Jürgen 54, 201, 256
Haeri Yazdi, Mehdi 150, 151, 152, 169, 256
Hamacher, Hans-Gerd 13, 54

Hanafi, Hasan 139
Hegel, Georg Wilhelm Friedrich 29, 30, 41, 42, 49, 54, 67, 177, 179, 183, 185, 194, 195, 256
Heidegger, Martin 43, 54, 66, 68, 99, 132, 184, 197, 256
Heraklit von Ephesos 172, 174
Herder, Johann Gottfried 18, 20, 21, 23, 159, 160, 256
Hermes 117
Höffe, Otfried 167
Holenstein, Elmar 61, 180, 181, 256
Holzbrecher, Alfred 66, 256
Homer 174
Horkheimer, Max 113, 256
Hornung, Eric 179, 256
Horten, Max 114, 253, 259
Hountondji, Paulin J. 47, 256
Hulagu Khan 119, 120
Humboldt Wilhelm von 183
Hunfeld, Hans 57, 259
Huntington Samuel P. 18
Huntington, Samuel P. 21
—I—
Ibn Khaldun, Wali ad-Din Abd ar-Rahman ibn Mohammad ibn Mohammad ibn Abi Bakr Mohammad ibn al-Hasan 104, 123, 124, 125, 126, 169, 256
Ibn Miskawayh, Abu Ali Ahmad ibn Mohammad ibn Ya'qub Razi 30, 54, 100, 101, 102, 153, 256
Ibn Ruschd, Abu l-Walid Mohammad ibn Ahmad ibn Mohammad 83, 112, 113, 114, 115, 116, 153, 157, 158, 159, 169, 253
Ibn Sina, Abu Ali al Hossein ibn Abbdollah 33, 54, 102, 103, 104, 105, 106, 113, 114, 121, 122, 129, 135, 149, 153, 158, 169, 256
Iqbal, Muhammad 139
—J—
Jaeger, Friedrich 73, 257

Jamme, Christoph 201, 257
Jaspers, Karl 12, 29, 31, 34, 132, 171, 172, 173, 174, 175, 176, 177, 178, 179, 180, 181, 182, 198, 199, 205, 213, 214, 215, 217, 256, 257
Jeremias 174
Jesaja 174
Jesus 16

—K—
Kant, Immanuel 18, 29, 33, 43, 49, 54, 67, 80, 112, 132, 168, 257
Kaschani, Molla Mohammad 128
Kermani, Mirza Aghakhan 142, 143, 144, 146, 148
Kettner, Matthias 201, 253
Khella, Karam 13, 81, 93, 112, 160, 161, 162, 163, 164, 217, 257
Kiesel, Doron 22, 258
Kimmerle, Heinz 12, 13, 19, 42, 43, 44, 70, 171, 182, 183, 184, 185, 186, 193, 194, 195, 201, 202, 217, 257, 258, 261, 262, 263
Klein, Wassilios 106, 258
Konfuzius 172, 174, 196, 202, 258, 260

—L—
Laotse 172, 174, 184
Lasaulx, Ernst von 172, 257
Lee, Eun-Jeung 201, 202, 258
Lévi-Strauss, Claude 37, 38, 39, 258
Lévy-Bruhl, Lucien 37, 258
Locke, John 142
Lueken, Geert-Lueke 61, 258
Luhmann, Niklas 18
Lüthe, Rudolf 9, 13, 33, 50, 51, 258
Lyotard, Jean-François 50, 52, 258

—M—
Mabe, Jacob Emmanuel 42, 180, 201, 202, 258
Machiavelli Nicolò 164
Machiavelli, Nicolò 164
Maletzke, Gerhard 79, 258
Malinowski, Bronislaw 18, 62, 63, 68, 259
Mall, Ram Adhar 42, 43, 44, 62, 171, 193, 197, 198, 199, 200, 201, 217, 259
Mañach, Jorge 189, 259
Mardiha, Seyyed Morteza 156, 259
Martí, José 189, 255
Marx, Karl 29, 164, 195
Mecklenburg, Norbert 47, 259
Mesbahi, Mohamed 139
Mir Damad, Mir Mohammad Bagher ibn Mohammad Astarabadi 126, 127, 128, 133, 259
Mir Findiriski, Abol-Qasim Findiriski 128
Mohammad 81
Mohanty, Jitendra Nath 78, 259
Molla Sadra, Mohammad ibn Ibrahim Sadreddin Shirazi 40, 54, 122, 126, 128, 129, 130, 131, 132, 133, 135, 138, 149, 150, 151, 158, 169, 259
Mommsen, Wolfgang Justin 49, 259
Montesquieu, Charles Louis de 142

—N—
Nagarjuna 54
Nakamura, Hajime 79, 80, 259
Naraghi, Molla Ahmad 134, 135, 136, 137, 259
Nasr, Seyyed Hossein 128, 139
Nestle, Wilhelm 39, 259
Neubert, Stefan 20, 259
Neuner, Gerhard 57, 259
Nicklas, Hans 19, 254, 259
Nietzsche, Friedrich 30, 43, 54, 184, 194
Nipperdey, Thomas 209, 260
Nisbett, Richard E. 76, 77, 78, 80, 260

—O—
Ockham, Wilhelm von 118
Ōhashi, Ryōsuke 42
Ortíz, Fernando 189
—P—
Parmenides von Elea 172, 174
Pascal, Blaise 111
Paul, Gregor 12, 13, 20, 42, 171, 195, 196, 197, 217, 260
Pferdekamp, Jürgen 13
Platon 29, 30, 54, 86, 89, 112, 117, 165, 174, 202
Plessner, Helmuth 60, 63, 93, 199, 260
Puntel, Lorenz Bruno 194, 260
Pythagoras von Samos 98, 149, 172
—R—
Ranke, Leopold von 49, 260
Razi, Abu Bakr Mohammad ibn Zakariya 54, 88, 89, 169, 260
Reckwitz, Andreas 18, 260
Reese-Schäfer, Walter 180, 260
Ricœur, Paul 75, 260
Roetz, Heiner 180, 213, 260
Rombach, Heinrich 193, 194, 260
Rousseau, Jean-Jacques 184
Rudolph, Ulrich 167, 260
—S—
Sabzewari, Molla Hadi 128, 138, 139, 260
Sartoscht 38, 54, 83, 117, 118, 119, 131, 141, 142, 143, 172, 173, 178, 260
Schah Ismail I. 128
Scheidgen, Hermann-Josef 261
Scheler, Max 198
Schelling, Friedrich Wilhelm 192
Schickel, Joachim 64, 261
Schirazi Ghotb al-Din 122
Schirazi, Ghotb al-Din 121, 122, 138, 261
Schopenhauer, Arthur 30, 67, 184, 260

Seubert, Harald 12, 13, 42, 171, 192, 193, 194, 195, 217, 260
Shabestari, Mohammad Mojtahed 156, 260
Sharafi, Ahmad Hossein 156, 263
Smart, Ninian 180, 261
Sohrewardi, Shahabeddin Yahya 116, 117, 118, 119, 122, 127, 129, 131, 138, 140, 150, 158, 169, 261
Sokrates 29, 89
Spengler, Oswald 18
Srubar, Ilja 61, 261
Stenger, Georg 42
Strauß, Victor von 172, 261
Sybel, Heinrich von 49
—T—
Tahmaseb I. 128
Talbof Tabrizi, Mirza Abdolrahim 143, 144, 145, 146, 148, 261
Taylor, Charles 21, 22, 261
Tenbruck Friedrich 18
Tennemann, Wilhelm Gottlieb 215, 261
Thales von Milet 172
Thomas von Aquin 105
Thomasius, Christian 49, 261
Thukydides 174
Tibi, Bassam 153
Tousi, Khage Abu Djafar Nasireddin Mohammad ibn Mohammad ibn Hassan 119, 120, 121, 122, 169, 261
Toynbee, Joseph 18
Turki, Mohammed 42
Tworuschka, Udo 43, 261
—V—
Van Ess, Josef 167, 261
Voltaire, François Marie Arouet 141
—W—
Waldenfels, Bernhard 23, 24, 42, 63, 75, 262
Weber, Max 58, 60, 192, 262
Weggel, Oskar 78, 80, 262

Weizsäcker, Carl-Friedrich von 64
Welsch, Wolfgang 23, 24, 50, 52, 54, 201, 262
Wierlacher, Alois 42, 44, 262
Wimmer, Franz Martin 12, 42, 43, 44, 74, 171, 184, 186, 187, 188, 189, 212, 217, 262
Wiredu, Kwasi 42, 48, 262
Wittgenstein, Ludwig 30
—X—
Xenophanes von Kolophon 172

—Y—
Yamaguchi, Ichiro 42
Yousefi, Hamid Reza 13, 17, 21, 24, 39, 41, 44, 45, 52, 69, 81, 92, 139, 160, 171, 173, 178, 195, 198, 201, 212, 257, 258, 259, 260, 261, 262, 263
Yousefian, Hassan 156, 263
—Z—
Zakariya, Fuad 139
Zarrinkoub, Abdolhossein 79, 80, 263
Zimmermann, Rainer E. 42